解説
労働者派遣法

木村 大樹 著

経営書院

目 次

はじめに…………………………………………………………………… 1

第1部　派遣法の制定と改正

第1章　派遣法制定前の状況 …………………………………… 11
1　職業安定法が制定される前………………………………………… 11
2　職業安定法制定から派遣法施行までの状況……………………… 13

第2章　派遣法の制定 …………………………………………… 21
1　派遣法が制定された背景…………………………………………… 21
2　派遣法の制定に至る経緯…………………………………………… 27

第3章　派遣事業制度の改正 …………………………………… 51
1　平成2年の見直し…………………………………………………… 51
2　平成6年の高年齢者の派遣事業の特例の創設…………………… 52
3　平成8年における見直し…………………………………………… 52
4　平成11年の適用対象業務のネガティブリスト化などの改正…… 55
5　平成16年施行の法改正……………………………………………… 63
6　平成20年の日雇派遣労働者対策の強化…………………………… 67
7　平成24年施行の法改正……………………………………………… 67
8　平成27年施行の法改正……………………………………………… 85
9　平成29年施行の改正法……………………………………………… 111

第2部　派遣法の内容

第4章　派遣法の概要と基本的な概念 …… 117

1　派遣法の概要 …… 117
2　法律の題名 …… 118
3　法律の目的 …… 118
4　用語の意義 …… 120
5　船員に対する適用除外 …… 199
6　運用上の配慮 …… 201

第5章　派遣元が事業を行うための許可 …… 203

1　派遣事業の許可の申請 …… 204
2　欠格事由 …… 211
3　許可基準 …… 217
4　許可・不許可の決定と許可証の交付・申請者への不許可の通知 …… 231
5　許可証の備付け・提示と許可証の再交付 …… 232
6　許可の条件 …… 233
7　許可の有効期間 …… 234
8　変更の届出 …… 237
9　派遣事業の廃止の届出 …… 238
10　派遣事業の許可証の返納 …… 239
11　派遣事業の名義貸しの禁止 …… 240
12　(旧)特定派遣事業に関する経過措置 …… 240

第6章　派遣元と派遣先が締結する派遣契約 …… 245

1　「派遣契約」とは …… 245
2　派遣契約の契約事項の定め …… 246

3　派遣労働者の人数の定め……………………………………………… 252
　4　海外派遣の場合の派遣契約の定め…………………………………… 253
　5　派遣元による労働者派遣の停止・派遣契約の解除………………… 256
　6　派遣契約の解除の不遡及効…………………………………………… 257

第7章　派遣元の事業の適正な運営 …………………… 259

　1　派遣事業を行うことが禁止されている業務………………………… 260
　2　事業報告書と収支決算書の提出……………………………………… 269
　3　グループ企業（関係派遣先）への派遣割合の制限………………… 271
　4　海外派遣の届け出……………………………………………………… 274
　5　マージン率などの派遣事業に関する情報提供……………………… 275
　6　労働争議に対する不介入……………………………………………… 278
　7　個人情報の保護………………………………………………………… 280
　8　秘密を守る義務………………………………………………………… 284
　9　派遣契約の締結の際の許可を受けている旨の明示………………… 285
　10　派遣先の事業所単位の派遣期間の制限の抵触日を通知しない派遣先との
　　 派遣契約の締結の禁止 ………………………………………………… 285
　11　派遣先の事業所単位および派遣労働者個人単位の派遣期間の制限……… 290
　12　日雇労働者についての労働者派遣の原則禁止……………………… 292
　13　1年以内に派遣先を離職した労働者についての労働者派遣の禁止……… 308
　14　派遣労働者を特定することを目的とする行為に対する協力の禁止……… 309

第8章　派遣元による派遣労働者の雇用管理 ………… 311

　1　派遣労働者に対する雇用安定措置…………………………………… 312
　2　派遣労働者に対するキャリアアップ措置…………………………… 318
　3　均衡を考慮した待遇の確保のための措置…………………………… 323
　4　派遣労働者の福祉の増進など………………………………………… 326
　5　適正な派遣労働者の就業の確保……………………………………… 327
　6　待遇などに関する説明………………………………………………… 330
　7　派遣労働者であることの明示など…………………………………… 332

- 8 派遣労働者の雇用を制限することの禁止……………………………… 335
- 9 就業条件などの明示……………………………………………………… 338
- 10 派遣料金の額の明示……………………………………………………… 343
- 11 派遣先への通知…………………………………………………………… 345
- 12 派遣元責任者の選任……………………………………………………… 348
- 13 派遣元管理台帳の作成・記載・保存…………………………………… 353
- 14 派遣元指針………………………………………………………………… 356

第9章　派遣先が行わなければならない事項……………………… 369

- 1 適用除外業務についての労働者派遣の役務の提供の受入れの禁止……… 370
- 2 無許可の派遣事業を行う者からの労働者派遣の役務の提供の受入れの禁止……………………………………………………………………… 371
- 3 派遣先の事業所単位の派遣期間の制限の抵触日の通知……………… 372
- 4 派遣先の事業所単位の期間制限………………………………………… 373
- 5 派遣労働者個人単位の期間制限………………………………………… 380
- 6 派遣労働者を特定することを目的とする行為の禁止………………… 382
- 7 1年以内に派遣先を離職した労働者の労働者派遣の役務の提供の受入れの禁止………………………………………………………………… 384
- 8 いわゆる偽装請負による労働者派遣の役務の提供の受入れの禁止（派遣法第40条の6第1項第5号）……………………………………… 385
- 9 派遣契約を遵守するための措置………………………………………… 387
- 10 苦情の適切かつ迅速な処理……………………………………………… 389
- 11 派遣先による均衡待遇の確保…………………………………………… 394
- 12 適切な就業環境の維持などの措置……………………………………… 398
- 13 特定有期派遣労働者の雇用の努力義務………………………………… 401
- 14 労働者の募集情報の周知………………………………………………… 402
- 15 派遣契約の解除などに関する措置……………………………………… 404
- 16 不当な理由による派遣契約の解除の禁止……………………………… 406
- 17 派遣先責任者の選任……………………………………………………… 408
- 18 派遣先管理台帳…………………………………………………………… 411

	19	労働契約申込みみなし制度……………………………………………… 415
	20	派遣先指針………………………………………………………………… 418
	21	日雇指針…………………………………………………………………… 434

第10章　紹介予定派遣……………………………………………… 435

　1　紹介予定派遣とは………………………………………………………… 435
　2　派遣労働者を特定することを目的とする行為の禁止に関する努力義務の
　　　適用除外 …………………………………………………………………… 435
　3　紹介予定派遣において行わなければならない事項…………………… 437

第11章　労働基準法などの適用……………………………………… 443

　1　労働基準法の適用の特例など…………………………………………… 445
　2　労働安全衛生法の適用の特例など……………………………………… 449
　3　じん肺法の適用の特例など……………………………………………… 456
　4　作業環境測定法の適用の特例…………………………………………… 460
　5　男女雇用機会均等法の適用の特例……………………………………… 461
　6　育児・介護休業法の適用の特例………………………………………… 462

第12章　行政による指導監督など…………………………………… 465

　1　派遣労働者などからの相談に対する助言援助………………………… 466
　2　派遣元などの法違反に関する派遣労働者の申告……………………… 466
　3　派遣事業協力員による派遣元、派遣先、労働者などに対する相談・助言
　　　……………………………………………………………………………… 467
　4　報告の聴取………………………………………………………………… 468
　5　立入検査…………………………………………………………………… 468
　6　派遣元および派遣先に対する派遣事業の適正な運営や派遣労働者の適正
　　　な就業を確保するための指導・助言 …………………………………… 470
　7　労働者派遣の役務を特定の者に提供することのみを目的として行われる
　　　派遣事業についての目的・内容の変更の勧告 ………………………… 473
　8　関係派遣先派遣割合に関する指示……………………………………… 475

- 9 特定有期雇用派遣労働者に対する雇用安定措置に関する指示……………477
- 10 事業運営の改善命令……………………………………………………479
- 11 派遣先が派遣労働者を適用除外業務に従事させている場合の労働者派遣の停止命令 ……………………………………………………………480
- 12 許可の取消しと事業の停止命令………………………………………482
- 13 是正防止措置の勧告と企業名の公表…………………………………486
- 14 労働契約申込みみなし制度に関する助言・指導・勧告………………488
- 15 無許可派遣事業主の公表………………………………………………488

はじめに

1 派遣法に関する行政はどうして法律に基づかなくてよいのか

（1）違法な事業を許可制の事業に当たるとする監督部署責任者（部長）の国会答弁

　派遣事業は、それまでの労働者供給事業から切り離して、その一部を制度化したもので、派遣事業は許可制で行うことができるが、派遣事業が切り離された労働者供給事業は依然として禁止されていて、労働組合だけが許可制で無料でしか行うことができないということくらいは、派遣事業に関係する人たちはご存知なのではないでしょうか。あるいは、少なくとも知っておくべきなのではないでしょうか。

　そして、派遣事業は、派遣法の目的の規定の次に最初に登場する「労働者派遣」すなわち「自己の雇用する労働者を、当該雇用関係の下に、かつ、他人の指揮命令を受けて、当該他人のために労働に従事させることをいい、当該他人に対し当該労働者を当該他人に雇用させることを約してするものを含まないもの」を「業として行うこと」をいうくらいは知っておいて欲しいものです。

　ここでいう「他人」というのは「派遣先」のことですから、「労働者派遣」の後半部分は「派遣先に対し派遣労働者を派遣先に雇用させることを約してするものを含まない」となるので、簡単に言えば「派遣労働者を派遣先に雇用させるものを含まない」という趣旨だということくらい分かるのではないでしょうか。

　そうなると、「派遣労働者を派遣先に雇用させるもの」は何になるのでしょうか。

　上記のように、派遣事業が切り離された残りの部分は労働者供給事業のままということですので、労働者供給事業に該当します。

　ところが、平成27年に施行された改正派遣法の法案審議が行われていた平成26年11月5日の衆議院厚生労働委員会の議事録を読むと、政府参考人が「派遣の場合については、派遣会社と派遣先というような、雇用主が異なる2つの方が出てくると

いうような中での問題になります」と発言しているのです。

この政府参考人の肩書は、厚生労働省派遣・有期労働対策部長です。つまり、労働者供給事業の禁止の徹底を図り、派遣事業が派遣法に基づいて的確に行われるよう監督する部署の責任者なのです。

そういう人が禁止されている労働者供給事業を、許可を受ければ行うことができる派遣事業だと、改正法案の国会審議で答弁しているのです。

ところが、この答弁が問題になった気配は全くありません。

議事録を読むと、淡々と流れていった様子が伺えます。

議場には、衆議院厚生労働委員会の委員である国会議員、厚生労働大臣だけではなく、労働者供給事業の禁止や派遣法の施行を直接担当する厚生労働省派遣・有期労働対策部の職員もお付きで数多くいたはずですが、気が付かない、あるいは気が付かないふりをしているだけかもしれませんが、そのお陰で本書の筆者も議事録で上記のことを読むことができました。しかし、これは大きな衝撃です。

改正法案の答弁の事務方の責任者が、その法律が対象とする範囲を理解せず、誤解したまま答弁しているのです。

さらに、お付きの担当職員たちも理解していない可能性が高いのです。

しかし、これはほんの一例に過ぎません。

この答弁とは逆のケース、例えば許可を受ける必要のない請負事業を、許可が必要な派遣事業と言ったり、さらにはそもそも違法であるかのような表現を行い、効率的な作業を阻害したり（偽装請負問題）、適法に期間制限なしに行える業務の範囲を突然狭くして期間制限を課し、数多くの官製派遣切りを行ったり（26業務適正化プラン事件）しているのです。

（2）相撲協会の「故意による無気力相撲」と厚生労働省の「偽装請負」

何年か前に、大相撲の八百長事件というのがありました。

そのとき、相撲協会の当時の放駒理事長は「八百長」と呼ばずに、「故意による無気力相撲」という表現をしていました。

おそらく、相撲協会の規則か何かに「無気力相撲」という表現があるのでしょう。

そのために、「故意による無気力相撲」という表現をしたのだと思います。

日本相撲協会と厚生労働省とを比べてみるのも変なのですが、日本相撲協会がいくら公益財団法人だからといって、国の機関である厚生労働省ほど公的な性格のものではないでしょう。

　そうなると、普通であれば、より公的な性格の強い厚生労働省の方が規則に即した表現を使うものだと通常は考えるのではないでしょうか。

　ところが、もう何年も前から現在に至るまで、厚生労働省のホームページに請負基準疑義応答集というのが掲載されています。

　その後その第2集が掲載されるようになりましたので、上記のものを「第1集」と呼ぶことが多くなりましたが、その「第1集」の問と答にはすべて「偽装請負」という表現が使われています。

　では、その「偽装請負」というのは、どこかの法令などに規定されているかと言えば、そんなことはありません。「第1集」の中で定義しているのかと言えば、そういうこともせずに使っているのです。

　おまけに、「第2集」では、「第1集」で「偽装請負」と表現したものを「派遣事業」あるいは「派遣事業または労働者供給事業」と表現しているのです。

　つまり、「偽装請負」の正体は「派遣事業」あるいは「派遣事業または労働者供給事業」だったのです。

　「派遣事業」あるいは「派遣事業または労働者供給事業」なら法律に規定されている表現です。

　請負基準でも、派遣事業と規定してあります。

　それなのに、法律に規定されている表現を使わずに、俗語らしきものを定義なしで使っています。これは、派遣法に関する行政の体質なのではないでしょうか。

　つまり、法令などの規定よりも訳のわからない俗っぽい表現を優先させるという。

　そのことは、表現だけの問題ではありません。行政のやり方がそうなっているのです。

（3）派遣法に関する行政はどうして法律に基づかなくてよいのか

　我が国は法治国家であるという言い方は良く耳にすると思います。

　その大きな柱が「法律に基づく行政」と呼ばれるもので、行政を進めるに当たっ

ては法律に基づいて行わなければなりません。

　仮に、行政の一部である警察や検察が法律の根拠なしに逮捕・拘留したとすれば、どうでしょう。冤罪と呼ばれる大問題です。

　「法律に基づく行政」が求められるのは、警察や検察だけではありません。

　「派遣法に関する行政」だって同じです。

　ところが、上で述べたのはほんの一部ですが、「派遣法に関する行政」はそうはなっていません。

　「派遣法に関する行政はどうして法律に基づかなくてよいのか」

　声を大にして言いたいと思います。

2　派遣法に関する行政はどうして継続性がなくてよいのか

（1）施行30年後に制定時の担当課長を座談会に呼ぶ労働基準法と制定時の考え方を理解しようとしない派遣法

　本書の筆者が社会人となって配属された部署は当時の労働省の労働基準法の施行を担当するところで、昭和52年（1977年）のことでした。

　ちょうど労働基準法が施行されて30年後のことで、労働基準法の制定時、つまり30年前の課長を呼んで座談会を開き、それを広報誌に掲載していました。

　施行後30年経っても制定時の課長の発言がそのまま通用する、これが行政の継続性というものだというのが本書の筆者の基本認識です。

　派遣法は昭和60年（1985年）6月に成立し、翌昭和61年（1986年）7月に施行されましたから、施行後30年が経ちます。

　その少し前の平成27年改正派遣法の法案審議のときにも、実は制定時の考え方についての質問があり、上記の政府参考人である厚生労働省派遣・有期労働対策部長などが答弁していますが、例えば、「労働者派遣制度制定当時におきましては、本来派遣先で直接雇用すべき労働者に取ってかわることがないようにすることを前提にいたしまして、特に専門性の高い業務等において（平成27年5月15日衆議院厚生労働委員会）」とか「いわゆる間接雇用、こういった形態につきましては、一般論として、直接雇用と比べまして、やはり中間搾取や強制労働が行われやすい（平成

27年7月30日参議院厚生労働委員会)」などといった発言には、派遣法の制定時に直接携わった者としては違和感を覚えています(詳細は本文をご覧ください)。

(2) 司馬遼太郎没後20年の番組と30年前の派遣法の制定時の審議会の報告書
　しばらく前に司馬遼太郎没後20年を記念したテレビ番組が放送されましたので、司馬遼太郎ファンの本書の筆者は楽しみにして観ましたが、司馬遼太郎が書いたものをつまみ食いしてつなぎ合わせたものという印象で、本書の筆者が思い描いていた司馬遼太郎の作品とは余りにも違うものでしたので、もし司馬遼太郎が生きていて、こういう番組を観たらどう思うだろうかと考えてしまいました。
　司馬遼太郎は亡くなりましたが、派遣法の制定時の審議会の報告書の原案を書いた本書の筆者は今でも生きています。
　報告書は審議会のものですから、本書の筆者に著作権がないことは分かっていますが、少なくとも報告書の内容は認識しています。
　その認識からすれば、上記の厚生労働省部長の国会答弁や例えば、参考人として呼ばれた現在の審議会の部会長の「派遣制度を法的に容認する理由の一つは、労働者供給事業が使用者性が曖昧である、果たして派遣先が使用者なのか、派遣元が使用者なのか、この曖昧さが派遣労働者の保護においてマイナスであるということから、この派遣制度というものが法的に容認されている(平成27年6月2日衆議院厚生労働委員会)」といった発言などは、口をアングリとさせてしまいます。

(3) 派遣法に関する行政はどうして継続性がなくてよいのか
　ここまで述べたのは30年前の派遣法の制定時の考え方が継承されていないということですが、実は派遣法に関する行政については、もっと短期で行政が継続していないことが珍しくありません。
　最近の例では、平成24年や平成27年の改正派遣法が成立し、施行されると、厚生労働省の担当の課長が交代することなどが良くありますが、そうなると、前の課長が広言していたことがその通りにならないなどということが良く起こっているのです。
　さらに驚いたのは、もう何代か前の厚生労働省の担当の課長が業界団体で行っていた講演で、「請負事業を行おうとする場合には、事前に労働者派遣を行って技術

を習得した上で請負事業を行った方が良い」旨の発言を何度かしていましたので、業界関係者はすっかりその気になっていました。

　ところが、その課長が交代して2月も経たない頃に、その業界に属する会社の担当者が厚生労働省の担当課の職員に前の課長が講演で言っていたことについて尋ねてみたところ、前の課長が講演で言っていたようなやり方をしてはいけないとの回答だったそうです。

　その前の課長と回答した職員の勤務した時期が重なったかどうかは分かりませんが、外に向かって発言している内容が課内にも浸透していなかったことになります。

　そうなると行政の継続性以前の問題になってしまいますが、いずれにせよ派遣法に関する行政はどうして継続性がなくてよいのでしょうか。

3　強きを助け、弱きをくじく行政はこれからも続くのか

　テレビや映画のヒーローといえば、「弱きを助け、強きをくじく」というのが定番ですが、派遣法に関する行政を見ていると、「強きを助け、弱きをくじいている」のではないかと思えてなりません。

　いわゆる偽装請負問題の時は、くじいた相手は大企業のメーカーやそこで仕事を請け負った請負会社かもしれませんが、発端は全国紙の新聞社のキャンペーンであり、その全国紙の新聞社に迎合したために、本来自らが所管している派遣法の「労働者派遣」の定義規定や請負基準を無視した運用を行っていて、同じ規定のはずなのに、請負の自主点検表が情報サービスの場合と製造の場合とでは大違いという事態を引き起こしています。

　これは、少なくとも全国紙の新聞社という強きを助けているとしか言いようがありません。

　もう1つ26業務適正化プランの場合には、上司である「○○○厚生労働大臣の指示」により行ったことがその報道発表文に記載されています。

　議院内閣制ですから与党の国会議員である大臣の指示に従うことは当然のことですが、それでも法令の規定を捻じ曲げて良いという裁量は与えられていません。

これも大臣という強きを助けているのですが、さらに現場では、業界団体が都道府県労働局の派遣法に関する指導に当たっての態度を問題にした要望書を出したことがあります。
　また、指導の結果、事務用機器操作の派遣労働者の場合、わずか3年の間にその人数が42万人から18万人に半数以下に大激減するという事態を引き起こしています。
　これらは、弱きをくじいている例の典型でしょう。
　そして、これまで行われてきた行政が十分に問題視されてこなかったために、これからもこういうことを繰り返すのではないかという危惧があります。

4　ブラック行政から身を守るために、ブラック行政から脱却するために

　これまで述べると、本書は行政批判を目的としたものではないかと勘違いされる方もいらっしゃるかもしれません。
　しかし、そういうことを目的としている訳ではありません。
　最近では、ブラック企業という言い方が普通に使われるようになりました。
　しかし、ブラックなのは何も企業だけではありません。行政にもあるのです。
　ブラック行政の先駆けとして、社会保険庁―社会保険事務所の行政があることは、皆さんご存知だと思います。
　社会保険行政のブラック行政ぶりを表面化させた最大の功労者は、26業務適正化プランをやるように指示した〇〇〇氏が与党になる前の野党時代のことです。
　しかし、ブラック行政なのは社会保険行政に限りません。
　社会保険行政は組織が解体され、民営化されましたが、派遣法に関する行政も劣らずにブラックなのではないでしょうか。
　社会保険行政のブラック行政ぶりを表面化させた最大の功労者である〇〇〇氏が派遣法に関する行政のブラック化の一翼を担ったのは皮肉なことですが。
　いずれにせよ、ブラック行政が存在するとすれば、そこから身を守ることが必要です。
　本書は、ブラック行政から身を守るための材料を提供することを目的とするもの

です。

　さらに言えば、派遣法に関する行政がブラック行政から脱却してくれれば、最も望ましいことです。

　派遣法に関する行政がブラック行政になるまでには、多くの人たちの関与や行為があったと思われます。

　それを克服しようとすれば、並々ならぬ努力が必要となります。

　そうした努力が行われるとすればそれは素晴らしいことで、そういう方向につながってくれることを切に願っています。

　終わりに、本書の執筆に当たっては、①各種法令、通達などの表題、法令用語などについて多くの略称を用いていること、②本書の章立てや構成が派遣法の章や各規定の順番通りになっておらず、誰がその事項を行わなければならないか、各規定の内容・性格などに応じて構成し直していること、③分かりやすくするために正確さに欠ける表現になっている場合があること、④上記の本書執筆の目的のために、随所に「コメント」として、行政の解釈や取扱いなどの問題を指摘する欄を設けていること、を申し上げたいと思います。

平成28年6月
木村　大樹

第1部
派遣法の制定と改正

　派遣事業は、自己の雇用する労働者を他企業に派遣し、その指揮命令を受けて業務に従事するという特殊な形態であるために、その問題点の解消を図り、一定のルールを設けるために、昭和60年（1985年）に「労働者派遣事業の適正な運営の確保及び派遣労働者の就業条件の整備等に関する法律」（その後「就業条件の整備」を「保護」に改正）が制定（施行は翌昭和61年）されました。派遣法は、その後の社会経済情勢の変化などに対応して見直しがなされ、平成2年、平成6年、平成8年、平成11年、平成15年、平成20年、平成24年、平成27年、平成28年にそれぞれ法改正などが行われています。
　そこで、派遣法が制定される前の状況を概観した上で、派遣法の制定と改正の経緯について解説します。

第1章
派遣法制定前の状況

1 職業安定法が制定される前

　我が国の労働力の需給調整は職業紹介を中心に展開されてきましたが、江戸時代には既に肝煎、桂庵などの民営の事業として行われており、それが大正10年（1921年）の職業紹介法の制定によって公営の職業紹介制度として整備されるようになりました。

　一方、後に労働者供給事業と呼ばれる形態の事業については、仲仕、土木建築人夫、工場雑役などを工場・事業場に供給する事業として、口入れ屋などと呼ばれ、古くから存在していましたが、大正10年の職業紹介法では直接の規制の対象とはされていませんでした。

　その後昭和13年（1938年）に職業紹介法が改正され、同法第8条で労務供給事業が許可を受けて行うことのできる事業になりました。

職業紹介法（昭和13年4月1日法律第61号）
第8条　労務供給事業ヲ行ハントスル者又ハ労務者ヲ雇用スル為労務者ノ募集ヲ行ハントスル者ニシテ命令ノ定ムルモノハ地方長官（東京府ニ在リテハ東京府知事及警視総監トス）ノ許可ヲ受クベシ
　　前項ノ労務供給事業及ビ労務者ノ募集ニ関シ必要ナル事項ハ命令ヲ以テ之ヲ定ム
第9条　左ノ各号ノ一ニ該当スル者ハ6月以下ノ懲役又ハ500円以下ノ罰金ニ処ス
　二　第8条ノ規定ニ依ル許可ヲ受ケズシテ有料又ハ営利ヲ目的トスル労務供

給ヲ行ヒタル者

　ただし、同法第8条第2項の規定に基づいて制定された労務供給事業規則（昭和13年厚生省令第18号）は、同規則の適用を受ける範囲を「臨時ニ使用セラルル労務者ヲ有料ニテ又ハ営利ノ目的ヲ以テ常時30人以上供給スル事業」とされるなどすべての労務供給事業を対象としていた訳ではないようです。

労務供給事業規則（昭和13年6月29日厚生省令第18号）
第1条　本令ハ職業紹介法（以下法ト称ス）第8条ノ規定ニ依ル労務供給事業ニ之ヲ適用ス
第2条　法第8条第1項ノ規定ニ依リ許可ヲ受クベキ労務供給事業ハ臨時ニ使用セラルル労務者ヲ有料ニテ又ハ営利ノ目的ヲ以テ常時30人以上供給スル事業トス
第8条　供給事業者ハ左ニ掲グル行為ヲ為スコトヲ得ズ
　一　事業ニ関シ誇大又ハ虚偽ノ広告又ハ掲示ヲ為スコト
　二　所属労務者ノ意思ニ反シテ供給ヲ為スコト
　三　金品ヲ給与シ又ハ貸付ケテ所属労務者タルコトヲ勧誘スルコト
　四　被傭中ノ者ヲ勧誘シ所属労務者トスルコト
　五　所属労務者ニ対シ其ノ財物ノ保管ヲ求メ又ハ保管シタル財物ノ返還ヲ故ナク拒ムコト
　六　所属労務者ニ対シテ財物ノ売買又ハ質入ヲ勧誘スルコト
　七　所属労務者ノ財物ヲ買受ケテ不当ノ利益ヲ得ルコト
　八　所属労務者ニ対シ風俗ヲ紊ル虞アル行為ヲ為スコト
　九　所属労務者ニ対シ遊興ヲ勧誘シ又ハ其ノ案内ヲ為スコト
　一〇　所属労務者ノ外出、通信若ハ面接ヲ妨ゲ其ノ他所属労務者ノ自由ヲ拘束シ又ハ苛酷ナル取扱ヲ為スコト
　一一　当該官吏又ハ所属労務者ヲ保護スル者ニ対シ所属労務者ノ所在ヲ隠蔽シ又ハ之ヲ偽ルコト
　一二　所属労務者ノ宿泊施設ニ定員ヲ超エテ宿泊セシムルコト
　一三　故ナク所属労務者ノ宿泊施設ニ所属労務者ニ非ザル者ヲ宿泊セシム

コト

　労務供給事業規則は、昭和15年（1940年）の改正によりその適用範囲が常時10人以上供給する者に拡大され、さらに昭和16年（1941年）の改正によりすべての労務供給事業を行う者が同規則の適用を受けることになりました。

　昭和14年（1939年）10月現在の労務供給事業の状況は、供給業者数2,461、所属労務者数は124,805人で、その職種は、人夫、仲仕、職夫、土工、大工、左官、雑役、派出婦、看護婦、附添婦、自動車運転手、メッセンジャー、店員、料理人、浴場従業人などであったと言われています。

2　職業安定法制定から派遣法施行までの状況

（1）職業安定法の制定

　太平洋戦争後、国民主権、恒久平和、基本的人権の尊重を基本原理とする日本国憲法が制定されましたが、新憲法の職業選択の自由（憲法第22条第1項）、生存権の保障（同第25条第1項）の実現を目的として職業安定法が昭和22年の第1回国会に提出され、同年12月1日から施行されました（昭和22年11月30日法律第141号）。

　職業安定法は、従来の労務の統制配置を目的とした職業紹介法を附則により廃止した上で、新憲法の精神に則る法律として制定されたものですが、労働者供給事業については、労働者の保護と労働の民主化を図る趣旨から、労働組合が許可を受けて無料で行うものの外は、中間搾取を行い、労働者に不当な圧迫を加える例が少なくないという理由で、全面的に禁止されました。

　すなわち、労働者供給事業は、臨時的な作業、常用労働者が嫌う作業である土建、荷役、運送、鉱山、雑役などで行われていましたが、このような職業の性質（臨時性、移動性）によって、たえず失業の危険があり、そのため生活の庇護が必要であり、また、一人前の技術を習得するための修業の機会が必要であることなどの理由により、部屋制度が生まれ、ここに親分・子分の関係に基づく労務供給的色彩の濃い就労形態が発生すると考えられたため、封建的な雇用慣習の名残であり、労働の民主化を図ろうとする日本国憲法の精神に反するものとされました。

（２）職業安定法施行規則第４条の追加

　職業安定法の制定により労働者供給事業の禁止が図られることになりましたが、請負契約に基づき主として労働力を使用して作業を完成する場合について、これが労働者供給に該当するか否かの認定が困難な問題として生じました。

　このため、昭和23年２月には、請負契約に基づく事業が労働者供給事業に該当するか否かの認定基準を明らかにするため職業安定法施行規則に次の第４条が追加されました。

　第４条　労働者を提供しこれを他人に使用させる者は、たとえその契約の形式が請負契約であっても、次の各号のすべてに該当する場合を除き、法第４条第６項の規定による労働者供給の事業を行う者とする。
　一　作業の完成について事業主としての財政上並びに法律上のすべての責任を負うものであること。
　二　作業に従事する労働者を指揮監督するものであること。
　三　作業に従事する労働者に対し、使用者として法律に規定されたすべての義務を負うものであること。
　四　自ら提供する機械、設備、器材（業務上必要なる簡単な工具を除く）若しくはその作業に必要な材料、資材を使用し、又は専門的な企画、技術を必要とする作業を行うものであって、単に肉体的な労働力を提供するものではないこと。

　職業安定法施行規則第４条により請負事業として労働者を使用して作業を完成する場合であっても、同条各号の要件を充たさないものは労働者供給事業に該当することになった結果、社外工はもとより運輸、土木、建築関係の下請の多くが労働者供給事業に該当することになりました。

　また、職業安定法施行規則第４条の追加に合わせて、「労働者供給事業に関する件」という通達（昭和23年２月５日付職発第81号）が出され、労働者供給事業の禁止に伴う対策として次のような方針が示されました。
① 　労働者は原則として従来の供給先において常用または臨時の直用労働者とする。

② 従来の供給先に直用化できないときは、その労働者を公共職業安定所に登録して、積極的に適職のあっ旋を行い、就職を確保する。
③ 従来の労働者供給事業者が、供給事業以外の事業を持っていてそれに専従する場合、労働者をその専属労働者にする。
④ 労働者の間に、労働組合法第2条に規定された諸条件を具備し正式の手続により認められた労働組合があって、許可を受けた場合は、無料の労働者供給事業を行うことができる。
⑤ 従来の労働者供給事業者に対しては転業を勧奨するとともに、労働に必要な宿舎、器材、什器などは、できる限り従来の供給先に売渡、貸与の方途を講ずる。

（3）違法な労働者供給事業者から労働者の供給を受けて使用している供給先への罰則の適用と職業安定法施行規則第4条への第2項の追加

　労働者供給事業の禁止の徹底が図られることとなりましたが、労働者供給事業を利用する工場事業場などが罰則の適用を受けないために、違法な労働者供給事業者から労働者の供給を受けて使用している事例が多く、また、行政庁に職権がないために、官吏が工場事業場などに出向いて、労働者供給事業を利用しているかどうかなどについて法的根拠のある調査を行うことができないために、これらのことが労働者供給事業の禁止の大きな支障になっていました。

　このため、労働者供給事業者から供給される労働者の使用を禁止し、違反には罰則を適用することを内容とする職業安定法の改正が行われました（昭和23年6月30日法律第72号）。

　その後、産業別の認定基準が逐次作成され、労働者供給事業の排除が図られましたが、職業安定法施行規則第4条各号の要件を形式的に整えて合法を偽装している労働者供給事業が存在していることが認められたため、職業安定法施行規則第4条の改正が行われ（昭和25年10月12日省令第29号）、同条に第2項として、「前項（旧第4条）各号の要件全てに該当する場合であっても、それが法違反を免れるため故意に偽装されたもので、その事業の真の目的が労働力供給にあるときは、労働者供給事業であることを免れない」旨の規定が追加されました。

（4）職業安定法施行規則第4条第1項の要件の改正

昭和23年2月に施行された職業安定法施行規則第4条により、同条第1項に定める要件に合致しない請負事業は労働者供給事業とされ、さらにその後の行政機関による指導監督、親事業所や下請事業所における業態の整備の進展などの結果、労働ボスの排除は成果を上げましたが、一方、職業安定法第44条による労働者供給事業の禁止が、労働ボスの排除の目的を超えて、企業の健全な事業活動に過重な負担を強いる事態もみられるようになりました。

　このような状況に対応するため、昭和27年2月には、企業運営の実情に適合するよう合理的な調整を図るとの観点から、職業安定法施行規則第4条第1項について改正が行われました。

　この改正は、当時の企業運営が専門的な経験を重視する実態を踏まえ、同項第4号の「専門的な企画、技術」を「企画若しくは専門的な技術若しくは専門的な経験」と改めたものです。

職業安定法施行規則第4条第1項の改正	
改正前	改正後
第1号から第3号まで 四　自ら提供する機械、設備、器材（業務上必要なる簡易な工具を除く。）若しくはその作業に必要な材料、資材を使用し又は専門的な企画、技術を必要とする作業を行うものであつて、単に肉体的な労働力を提供するものでないこと。	（変更なし） 四　自ら提供する機械、設備、器材（業務上必要なる簡易な工具を除く。）若しくはその作業に必要な材料、資材を使用し又は企画若しくは専門的な技術若しくは専門的な経験を必要とする作業を行うものであつて、単に肉体的な労働力を提供するものでないこと。

　なお、昭和27年当時労働省職業安定局に勤務していた故中島寧綱氏は、この改正に関して、「『企画』にしたのは、段取りを行っていれば、職業安定法施行規則第4条第1項第4号の要件を満たすという趣旨である旨の説明を当時受けた」旨の証言を、派遣法制定前に行った本書の筆者らのヒアリングにおいて行っていました。

　また、この職業安定法施行規則第4条第1項の改正の際、従来の労働者供給事業に関する産業別認定基準は廃止され、新しい認定基準は作成されないことになりま

した。

（5）職業安定法施行規則第4条第1項の解釈

　昭和27年に改正された職業安定法施行規則第4条第1項については、その当時、次のように解釈されていました。

> 1　第1号について
> 　第1号においては「責任を負うもの」に実際にその責任を負う意思能力があるかどうかを重視すべきである。従って単に形式上事業主として責任を負う立場にあれば良いとして放置するのではなく、その請負者の企業体としての資格能力即ち、資金、機械設備、器械などの整備保有状況、人的機構陣容、従来の事業実績などに細心の考慮を払い、その者が単に労働者の供給を業とするものでないことの根拠を見出すことに努めなければならない。
> 　この結果、請負業者が請負企業体として、完全な資格を備えている場合には、たとえ、その行う特定の作業がたまたま職業安定法施行規則第4条第1項第4号の要件に欠けるところがあるときにも、なお労働者の供給を事業として行うものでないと認められる場合もあるから、注文主が請負作業者を選定するに当りこの点を充分考慮するよう指導すべきである。
> 2　第2号について
> 　第2号の指揮監督とは、作業に従事する労働者について身分上および作業上指揮監督することをいうが、殊に作業上の監督は仕事の割付け、順序、緩急の調整、技術指導などを内容とし、作業の成否に重大な影響をもたらすものであるから、請負者に対する信用が充分でない場合には往々にして注文主が自らその指揮監督面に介入して来る例が少なくない。
> 　要するに注文主がその発注した作業に介入する範囲はおのずから一定の限度があるべきで、その限度は概ね次のとおりである。
> （1）請負者またはその代理者に対する注文上の限られた要求または指示の程度を超えるものでないこと。
> （2）請負者側の監督者が有する労働者に対する指揮監督権に実質上の制限を加えるものではないこと。

（3）作業に従事する労働者に対して直接指揮監督を加えるものでないこと。

　注文主がこの限度を超えて干渉を行う場合には、請負者が「自ら指揮監督するもの」とは解し難く、かつ第1号の請負事業者としての責任能力にも欠くるところがあり、また第4号の企画、技術、経験などを必要とする作業を行うものでないと認められる場合も多い。

3　第3号について

　第3号の要件は従来労働者供給事業の典型的な弊害とされていた中間搾取、強制労働などを含む労使間の非民主的支配従属関係を排除する最も実質的な効果を期待する規定である。

　労働者供給事業禁止の目的は窮極においては現行諸法規において課せられたすべての義務が完全に履行されることによってその大半の目的を達成し得るものであることに鑑み、「義務を負うもの」であるかどうかの判定に当たっては、その請負者が単に形式上義務を負うべき立場にあることのみをもって足りるとすることなく、義務履行に対する誠意を総合的なその履行状況およびその実績にまで進んで検討を加え、真に義務履行に対する誠意と理解とその能力の有無を確認する必要がある。

　ことに常時専ら日雇的労働者を使用して請負を行う土建、運輸業などの中小業者の中には使用者としての義務について理解と誠意に欠くるものが決して少なくない現状である点に留意すべきである。

　しかしながら、すべての場合に単に本号の義務不履行のみを理由として「使用者としての義務を負うもの」でないと断ずることは早計であり、1号、2号および4号の各要件の具備状況などから判断して単に不履行の責任のみに止まる場合もあり得る。

　このような場合には、法令上の責任として別途追求されるべきである。

4　第4号について

（1）職業安定法施行規則第4条第1項第4号中「機械、設備、器械」「材料資材」について

1）第4号の「自ら提供使用する」とは自己の責任と負担において準備調弁して使用することを意味するのであって、必ずしもその所有関係や購入経路などに特別の制限を付けるべきではない。

したがって、たとえその機械、資材などが注文主から借入れまたは購入されたものであっても、これが別個の双務契約の上に立つ正当なものと認められ、かつ、法を免れるため故意に偽装したものと認められる根拠がない場合には差支えないと解すべきである。

2）機械、資材などの提供度合については、注文主より提供を受ける部分および請負者が提供する労働者数との比重などの問題があり、従来往々疑義を生じているが、このような場合に特定の比率を設けて判断の基準とするなどの便宜措置は避けるべきであって、その請負作業など一般における通念に照らし、通常提供すべきものが作業の進捗状況に応じて随時提供使用されており、総合的に見て、単に名目的に極めて軽微な部分を提供するに止まるものでない限り、特別に量的な限界を設けるべきではない。

なお「簡単な工具」であるかどうかの判断も単に機械、器具それ自体の機動性や原動力の如何のみによって区別すべきものではなく、それぞれの産業または作業の特殊性や機械化の段階上即応する業界の一般通念を尊重して実情に即した判断を下すことが必要である。

（2）規則第4条第1項第4号中「企画」「専門的な技術」「専門的な経験」について

1）「企画」とは請負作業の遂行に必要な計画または段取りを行うことを意味するのであるが、これらの計画や段取りは、多種多様でその難易の程度も作業によって異なるので、とかく企画の内容程度が問題となる。

しかしながら、およそ企画を行うには必ず一定の技術または経験を必要とし、このような技術または経験を有する者が、その技術経験を駆使して企画を行うのであるから企画性の有無を判定するに当っては、概ねその企画を行う者の技術力または経験度を基準とし、なおその技術経験を必要とする程度の企画であるかどうかによって判断することが適当である。

而してその技術または経験の性格および程度は本号にいう「専門的な技術」または「専門的な経験」と同様に解すべきである。

2）請負者の有する専門的な経験として普通に予想されるものの中には、①事業経営者としての経験、②労務管理的経験、③作業施行技術上の経験などがあり、これらの諸経験が有機的に総合発揮されて作業が遂行されるのであ

る。
　そして、本号にいう「専門的な経験」は③の作業施行技術上の経験を指すのであって、①または②の経験を意味するものではない。
　しかしこのことは必ず③の経験が必要であることを要件とするのであって、単に①または②の経験のみに止るものではないとの趣旨だから、例えば労働者の統率力などの技能経験を特に排除するものではない。
　「専門的な技術」の性格についても同様の趣旨に解すべきである。
　また、企画についても、経営者としての企画、労務管理者としての企画が作業の施行面と直接の関連がなく行われる場合には本号にいう「企画」には該当しない。

第2章
派遣法の制定

1 派遣法が制定された背景

(1) 派遣法が制定された経済社会的背景

派遣法が昭和60年（1985年）に制定された背景としては、いわゆる人材派遣業が、サービス経済化、企業における外注・下請化の進行、労働者の意識の変化を背景として外資によって導入されたことにあります。

すなわち、派遣法が制定された経済社会的背景として次の3点を挙げることができます。

1）サービス経済化に伴う職業の専門分化

第1点は、いわゆる「サービス経済化」に伴う職業の専門分化です。

高度経済成長の過程で、我が国では大量生産技術を中心にして、巨大企業が数多く誕生しましたが、大規模経営を管理運営していくためには、高度に専門的な技術、知識および経験を身につけた人材を多数必要としました。

このため、大規模経営では、従来の技術職以外の業務分野にも専門職が大量に必要とされるようになってきました。

このような職業の専門分化を中心として、海外から輸入したビジネスモデルとして、新しいタイプの対事業所サービス業である人材派遣業が誕生したと考えられています。

2）外注化の進行

第2点は、企業が経営の効率化を求める過程で、外注化が進行してきたことによる影響です。

企業が事業遂行していく上で、自ら行う事業分野と必ずしもそうでない間接業務

分野とがありますが、このうち間接業務分野についてはそれぞれ専門の業者に委託した方が経済効率の高まるものがあります。

こうしたことから、外注委託化が進み、このような外注委託の一形態として、いわゆる人材派遣業が発展しました。

また、直接的な事務部門においても臨時的、突発的に仕事が増える場合がありますが、その場合のコストの増加を防ぐ1つの有力な手段として利用されました。

3）労働者の意識の変化

第3点は、働く側の変化があります。

人材派遣業で働く者の中には、特定の会社に長く勤めているよりも、むしろ自分の好きな日時に自己の専門的な知識、技術、経験を生かして働くことを望んでいるものがおり、このような新しい勤労観を持った労働者が増大していました。

ところが、我が国では、このような労働者の雇用機会は十分に提供さているとはいえず、企業、とりわけ大企業では、新規学卒者を定期的に採用し、企業の中で熟練技能、職業知識を身につけさせて昇進昇格させていくという、終身雇用と呼ばれる長期雇用慣行が一般的です。

この長期雇用慣行は、安定的な雇用を築く基礎にもなっていますが、一方、このような雇用慣行の下では中途入職には困難を伴います。

人材派遣業は、これらの中途入職の困難な層、特に子育てを終えて再度職業に復帰したいという女性に雇用機会を提供しています。

また、高年齢者の雇用も大きな政策課題ですが、人材派遣業は、このような高年齢層に対しても雇用機会を提供しています。

このように、人材派遣業は、労働力の需要側と供給側の構造変化を背景に需要と供給がマッチングする形で発展していたのです。

（2）人材派遣業の抱える問題点

当時増加していた人材派遣業は、労使双方のニーズに合致した労働力需給の迅速かつ的確な結合を図るという役割を果たしており、昭和50年（1975年）頃から人材派遣業に関するルール作りの必要性が主張されるようになっていましたが、ルール作りをするに当たっては、人材派遣業が抱える課題に対処する必要がありました。

すなわち、人材派遣業については、職業安定法第44条で労働者供給事業が原則禁

止されていることとの関係において問題が生ずるおそれがあるとともに、労働基準法などの使用者責任が派遣元にあるのか、派遣先にあるのかが不明確であるため、派遣される労働者の保護に欠ける場合があるということが大きな問題となっていました。

1）職業安定法第44条の労働者供給事業原則禁止との関係

昭和22年に制定された職業安定法は、戦前広く行われていた労務供給業において強制労働、ピンハネなどの弊害が発生していたことを踏まえて、これらの弊害を除去し、労働の民主化を図るため、自己の支配下にある労働者を他人に供給して使用させるという事業、すなわち労働者供給事業を禁止するとともに、同法施行規則第4条において、具体的に労働者供給事業に該当するか否かを認定するための基準を定めていました。

人材派遣業は、自己の雇用する労働者を他の企業に派遣し、そこで業務を処理させるという形態をとって行われる事業であることから、労働者供給事業に類似した面を有しており、かねてより、職業安定法第44条との関係が問題とされていました。

しかしながら、経済社会構造や労働者の意識が変化する中で、人材派遣業は、企業側のニーズはもとより、労働者側のニーズにも合致するものとして増加し、労働力需給の迅速かつ的確な結合を図るという役割を果たしていました。

また、労働者供給事業禁止の理由とされた強制労働や中間搾取などの弊害が発生する余地も極めて小さくなっていました。

こうした経済社会や労働の実態からみて、新たな観点から現行法制を見直す必要がありました。

すなわち、職業安定法制定当時には予想されなかったタイプの、いわば反社会性のない一部の労働者供給事業については、一律に禁止するのではなく、一定の規制を行った上で、労働力需給調整システムの一つとして制度化していく必要があったのです。

その場合、労働者供給事業を禁止している法律の精神を堅持する必要がありますが。

コメント1　常用代替の防止が派遣法制定時の前提であったのか？
　最近の国会質疑、特に政府側の答弁には、派遣法制定時の考え方とは明らかにかい離していると思われるものが数多くあります。
　例えば、平成27年5月15日の衆議院厚生労働委員会において、公明党議員は「派遣法のこの常用代替防止こそが、これまでの派遣法の主な目的だったと思います」と発言し、政府参考人（厚生労働省派遣・有期労働対策部長）は「労働者派遣制度制定当時におきましては、本来派遣先で直接雇用すべき労働者に取ってかわることがないようにすることを前提にいたしまして」と答弁するなど常用代替の防止が派遣法制定時の大前提であるかのような答弁を繰り返していますが、実際に派遣法制定に直接携わった本書の筆者にはそのような認識はなく、雇用慣行との調和の規定を設けてはいますが、それはあくまで「調和」ということで、前提ということではありません。
　このため、昭和59年11月に出された中央職業安定審議会派遣事業等小委員会報告書においては「我が国の雇用慣行にどのような影響が出るか、十分見極める必要がある」旨記載されています。
　むしろ、派遣法制定時に前提としたのは、上記の「労働者供給事業を禁止している法律の精神を堅持する」ことにありました。

コメント2　間接雇用は直接雇用と比べて中間搾取や強制労働が行われやすいのか？
　同様に、平成27年7月30日の参議院厚生労働委員会において政府参考人（厚生労働省派遣・有期労働対策部長）は「間接雇用、雇用契約上の使用者と業務の指揮命令を行う方が異なる形態につきましては、一般論として、直接雇用と比べまして、中間搾取や強制労働が行われやすいというような問題がある」旨答弁しています。
　また、同国会においては、労働者供給事業禁止の理由として、直接雇用が原則であることを指摘する発言も数多くありました。
　しかし、派遣法制定時の考え方は、上記のように「労働者供給事業禁止の理

由とされた強制労働や中間搾取などの弊害が発生する余地も極めて小さくなっている」という認識であり、また、当時の労働者供給事業については先との関係で間接雇用の形態も直接雇用の形態もある中で、「自己の雇用する労働者を他企業に派遣し、その指揮命令を受けて業務に従事するという形態（間接雇用）」のものが「反社会性のない」ものと判断しており、特に中間搾取に関しては「派遣元による労働者の派遣は、労働関係の外にある第3者が他人の労働関係に介入するものではなく、労働基準法第6条の中間搾取に該当しない（昭和61年6月6日基発第333号）」としています。

　政府参考人の答弁にあるように、もし間接雇用の方が直接雇用と比べて中間搾取や強制労働が行われやすいというのであれば、間接雇用形態の現在の派遣事業を禁止し、直接雇用形態の現在の労働者供給事業を行うことができるようにする抜本的な制度改正を行うべきではないでしょうか。

　そうなると、上記の「労働者供給事業を禁止している法律の精神を堅持する」ことは維持できなくなりますが。

2）使用者責任の明確化

　人材派遣業の抱える第2の問題は、使用者責任の問題です。派遣される労働者側についてみると、請負契約で業務が行われている以上、労働者に対する使用者責任は、すべて請負事業主である派遣元が負うことになりますが、実際には注文主の企業で就業するため、具体的な就業条件が不明確となる場合が起こります。

　また、業務遂行上の指揮命令の実態いかんでは、労働基準法などの労働者保護法規に定める使用者としての責任をどちらの事業主が負うべきかが不明確となる場合も起こります。

　このように、派遣元、派遣先いずれに使用者責任があるのかが不明確であり、また、労働者派遣についてのルールがないため就業条件が不明確であることにより、労働者の保護や雇用の安定に欠けるようなケースがしばしば指摘され、派遣労働者の保護と雇用の安定を図るために新たな方策を講じていく必要が生じていました。

コメント3　労働者供給事業は使用者性が曖昧なのか？
　平成27年6月2日の衆議院厚生労働委員会において参考人（労働政策審議会

需給制度部会長）は「派遣制度を法的に容認する理由の1つは、労働者供給事業が使用者性が曖昧である、果たして派遣先が使用者なのか、派遣元が使用者なのか、この曖昧さが派遣労働者の保護においてマイナスであるということから、この派遣制度というものが法的に容認されている」と述べています。

「労働者供給」については、職業安定法制定以来同法第4条第6項に定義規定が置かれていますから、その定義規定に沿って判断すれば使用者性が曖昧になるということはありません。

上記で問題にしているのは、派遣事業が制度化される以前の段階で実際に存在した人材派遣業において使用者責任を負うべき者が誰なのかが明確でないために明確にする必要があるということです。

実際に存在する人材派遣業について記載した内容を法律に定義された労働者供給事業と混同したためにこのような発言になったと思われますが、上記の記載を誤解した内容となっています。

コメント4　派遣法は最近まで派遣労働者保護を目的としていなかったのか？

例えば、平成27年5月15日の衆議院厚生労働委員会において、公明党議員は「派遣労働者保護ではなくて、いかに正社員を守るか。これは、もともとの成り立ちもそうですし、また、そもそも派遣労働者を守るという規定も入ったのは最近ですから」と発言しています。

確かに派遣法の表題と目的に「保護」が使われるようになったのは平成24年の改正ですが、その改正は「適正な就業条件の整備」を「保護」に変更したものです。

派遣法は当初から、上記のように「派遣労働者の保護と雇用の安定を図るための方策を講じていく」ことを目指していて、そのことを「適正な就業条件の整備」と表現していたのですが、「保護」という用語が使われていないことだけで、このような発言が行われるのは不思議です。

2 派遣法の制定に至る経緯

（1）派遣法制定前に労働者供給事業に該当することが疑われる事業への対応
1）臨検検査・是正指導の状況

　派遣法制定前には、職業安定法第44条に違反し、労働者供給事業に該当する疑いのある事業については、公共職業安定所において、事業所への立入検査、関係者などからのヒアリングなどにより実態を把握し、同条に抵触すると判断した場合には、職業安定法施行規則第4条の要件を満たして適正に事業が遂行されるよう必要な是正指導を行うことにしていました。

　公共職業安定所が実際に臨検検査を行った件数は労働者派遣法制定前の昭和51年から58年までの間に約500件、是正指導した件数が43件であったとされています。この中には、コンピューターのキーパンチ業務の外部委託、病院での看護補助員や病棟配膳人の就業、市役所・市民文化センターなどの市の事務や福祉施設の調理員、保育士などの業務の外部委託、自動車部品工場の機械加工や検査などの職場やダンボール製造、電気部品製造の職場へ労働者を送り込んでいた事案など直接生産工程へ労働者を供給していた例などがあったようです。

2）新たなビジネスモデルである事務処理サービス業（人材派遣業）への対応

　我が国において事務処理サービス業（人材派遣業）を行う端緒となったのは、同様の事業をアメリカで行っていた企業がその日本法人であるM社を昭和41年（1965年）に設立したことです。

　M社は、経営相談、事務処理などの業務処理の請負を行う企業として設立されましたが、これに対し、当時の労働省は、有料職業紹介事業について規制している職業安定法第32条、労働者供給事業を禁止している第44条との関係から、M社に対して関係都府県を通じて数度にわたり実態調査を実施しました。

　この間、民営職業紹介業者からもM社に対して告発の動きもみられました。

　調査結果に基づいて、職業安定法第32条あるいは第44条違反でM社を告発することについて当時の労働省では法務省、警察庁などと協議を行ったようですが、同法第32条との関係については、M社は派遣されている労働者を自社の社員といい、労働者の側もM社の社員であるといい、派遣先事業所側では自社の社員でないといっ

ていることから、M社が同法第32条に違反して職業紹介事業を行っていると解することはかなり難しいと判断されました。また、同法第44条との関係ではM社と労働者との間の支配従属関係などについての実態把握が十分でない旨の指摘を受けたようです。

その後労働省としてはさらに実態調査を実施し対応を検討しましたが、（２）で述べるように昭和53年（1978年）に当時の行政管理庁から業務処理請負事業などについての監察を踏まえての勧告が出されました。

勧告の内容は、業務処理請負事業については、職業安定法による従来の規制の在り方で対応することは必ずしも適当ではなく、労働者の利益を十分確保したうえで適切に対処する方策を確立する必要がある、そのために労働省は業務処理請負事業に対する指導・規制の在り方について検討する必要がある、というものでした。

こうした勧告などを踏まえ、当時の労働省においては、M社の事業について職業安定法第44条との関係では問題はあるものの、職業安定法の立法趣旨や社会的な要請に応じてこういう事業が一定の役割を果たしていることなどを考慮すると、職業安定法第44条を一律に適用することは必ずしも適当ではないとして、労働力需給システムの在り方について検討することに方向転換することになりました。

（２）行政管理庁の勧告

昭和52年（1977年）、当時の行政管理庁は、企業などに労働者を派遣して請負業務を処理するいわゆる業務処理請負事業および民営職業紹介事業の運営の実態ならびにこれらの事業に対する職業安定機関の指導監督状況などについての監察を行いました。

この監察結果に基づき、翌昭和53年（1978年）7月、行政管理庁は労働省に対し、次のような内容の「業務処理請負事業に対する指導・規制の在り方に関する勧告」を行いました。

> 近年、産業界の需要などを背景に、都市部を中心として増加してきている業務処理請負事業の運営状況をみると、①請負事業の内容はタイプ・秘書などの事務処理、キーパンチなどの情報処理、清掃・電話交換などのビル管理など広範にわたり、その職種も約50種類に及んでいる、②事務所の規模を労働者に

よってみると、99人以下のところが過半数を占めている反面、200人以上のところもかなりみられるなど区々となっており、また、労働者の年齢構成をみると、業務内容によって差異があり、特にビル管理においては中高年齢者が多数を占めているところがみられる、③労働者の雇用形態、賃金、各種社会・労働保険の加入状況などは、事業所間で区々となっているなど、その運営の実態は、請負業務の内容などによって多様なものとなっている。

　また、企業などにおける業務処理請負事業の利用経緯をみると、経営の効率化方策の一環として利活用しているところが多く見受けられ、中には、公共職業安定所から是正を指導されているなど、労働者の労働条件の確保の面で問題の発生が危惧されるところがみられる。

　一方、業務処理請負事業については、企業などに労働者を派遣して請負業務を処理する運営形態からみて、職業安定法によって労働組合以外の者が行うことを禁止している労働者供給事業に類似した面を有しているが、職業安定法施行規則第4条では、請負業務についての認定基準を設け、これを充足しない場合には労働者供給事業に該当するものとして厳しく規制している。このような観点から、業務処理請負事業の運営状況をみると、中には、労働者の派遣先企業などでの就労状況などからみて現行法令にいう労働者供給事業に該当する疑いのあるところもみられる。

　労働者供給事業を規制している現行の職業安定法および施行規則の認定基準は、強制労働、中間搾取などの弊害を防止する観点から、昭和22年に制定されたものであるが、その後、労働基準監督行政も整備され、また、産業構造、労働者の社会的地位などが大きく変化してきている現在において、業務処理請負事業所に対しこれを一律に適用した場合、かえって実際的でないことも懸念されるなど、適切に対応し難い面が生じてきているものといえる。

　また、労働省では、このような業務処理請負事業について、労働者供給事業に該当するものであれば、是正措置を講じさせるとしているものの、その運営などの実態を十分把握し業務処理請負事業に対する指導・規制の在り方について検討する必要がある。

　なお、業務処理請負事業の指導・規制の在り方を検討するに当っては、その事業が現行の労働者供給事業に対する規制措置と密接な関連を有していること

からみて、基本的には、労働者供給事業に対する規制の在り方についても職業安定法の立法趣旨、内外の動向などを踏まえて検討する必要があるものと考えられる。

(3) 労働力需給システム研究会

　行政管理庁の勧告を受けて、労働省では、昭和53年（1978年）10月、労働力需給の現状と問題点を検討するとともに、今後の経済活動や労働市場の動向に対し、的確な労働力需給の調整を図るための有効なシステムとその法制の在り方について、長期的な展望に立った広い視野から検討し、方向づけを行うことを目的とし、有識者5名で構成する「労働力需給システム研究会」を設置しました。

　同研究会では、検討を重ねた結果、昭和55年（1980年）4月に次のような内容の「今後の労働力需給システムの在り方についての提言」をとりまとめました。

　　経済活動の複雑・多様化に伴って、自己の雇用する労働者を第三者に使用させることを目的とする業務処理請負事業（派遣事業）については、まず、職業安定法における労働者供給事業の禁止規定との関係では、同規定は法制定以前において多く発生した強制労働や中間搾取の防止という点で一定の分野においては、なおその役割を果たしているものの、労働基準法その他の労働者保護に関する法令が整備され、労働者の自覚も高まっている今日において、派遣事業が直ちにそのような弊害を生むものと断定することは適当ではないと認められ、そして、このような形態の事業は、社会的分業の利益もあって、経済社会活動の一環として広く活用されている現状を直視するならば、むしろ、派遣事業に対し、今後、行政上どのような方針でのぞむかを明らかにすることの方が必要で、このことがかえって職業安定法の趣旨をより実効のあるものにすることができる。

　　派遣事業には、建物の保守管理、保安、清掃、エレベーターの運行、あるいは情報機器の操作、ソフトウェアの開発など企業において比較的独立した業務の処理を引き受けて行うものから、タイプ、経理事務、秘書など必ずしも独立した業務とは認められないものを引き受けて行うものまでさまざまな形態のものがあるが、これらの事業はいずれも自己の雇用する労働者を他企業に派遣

し、派遣先の事業所で業務を処理させるという共通の特徴を有している。

　このような事業が増加してきた背景としては、労働力需要の面で、①企業の経営合理化の要請と関連して、事業の一部をまとめてその業務処理を専門とする企業に行わせようとする傾向や、②職業の専門化が進む中で、年功的な雇用、賃金慣行になじみ難い仕事、または企業が恒常的に必要としない仕事やフルタイム労働を必要としない仕事については、他に行わせることによって人件費の節約など労務管理の合理化を図ろうとする傾向が強まってきていること、

　一方、労働力供給の面でも、③一定の勤務場所にこだわらず、自らの専門的な知識または技能を最大限に発揮できる雇用機会を広く求める者が増加してきたこと、

など労働力需給両面にわたる変化があげられる。

　このような形態の事業は、専門分化してきた職業の労働力需給を迅速に結合させるという観点からは、労働力需給調整面で有効な機能を有するとともに、

① 労働力の需要供給双方のニーズに応えていること、
② 中高年齢者や家庭婦人など就職の困難な者に多くの雇用機会を提供しており、併せて雇用の創出にも役立っていること、
③ 各企業における一時的労働力需要をつなぐことによって、派遣労働者に継続した雇用を確保している場合が少なくないこと、

など経済社会の要請に応えて、一定の役割を果たしているものではあるが、反面、その時々の企業の需要に応じて、その企業の下で業務処置を行うという性格から、

① 派遣労働者の雇用が不安定になり易いこと、
② 使用者としての責任の所在が不明確となりがちであり、労働基準法などの適用関係が必ずしもはっきりしないものがあること、
③ 社会・労働保険の適用が進まないおそれもあること、

など労働者保護の観点から検討すべき課題も少なくない。

　したがって、今後、経済活動の複雑・多様化に伴って、このような事業の果たす役割が一層高まるものと考えられることから、派遣事業におけるこのよう

な問題点を除去し、派遣事業を労働力需給システムの一つとして位置づけ、今後は労働者保護の観点からその事業の適正な実施を確保するために必要な措置を講じた上で、これを制度として確立することが必要である。

さらに、1つの構想として次のような派遣事業制度の創設を提言する。

派遣事業制度

1 派遣事業に対する許可制度
（1）派遣事業は原則として禁止し、許可を受けた者についてのみ認める。
（2）派遣事業は、経営の基礎が確実であり、かつ、雇用管理能力が十分ある者であって、徳性に問題のない者に許可する。

2 労働者の派遣
　派遣事業は、あらかじめ作成する派遣契約に基づいて行うこととし、派遣契約において派遣労働者の派遣先での就業条件を明確にさせる。

3 派遣事業を行う者に対する公的規制
（1）派遣事業を行う者は、派遣労働者を「雇用期間の定めのない労働者」としてこれと労働契約を締結し、その雇用の安定を図り、社会・労働保険が適用できる内容のものとする。
（2）派遣事業を行う者は、派遣労働者の雇入れに当って、従事すべき業務その他基本的な労働条件を文書により明らかにする。
（3）派遣労働者に対する教育訓練の実施、労働者の派遣状況の管理など適正な雇用管理を確保するための公的規制を行う。

4 その他
（1）労働基準法などで定める使用者としての責任の所在を明確にするために必要な方策を行う。
（2）公共職業安定所に専門の調査官を配置して、派遣事業に対する指導監督の徹底を図る。

なお、以上のような構想によった場合にあっても
① 労働者を派遣する場合の派遣する職業について制限する必要があるかどうか、必要があるとすればその範囲をどう定めるか、
② 派遣労働者の範囲を「雇用期間の定めのない労働者」に限定した場合、一時的な就労を望む家庭の主婦などのニーズにどのように応えるか、このよう

なニーズに応える方法として、派遣事業を行う者に有料職業紹介事業の兼業を認めることも考えられるが、この場合、有料職業紹介の許可対象職業の範囲との調整をどのように図るか、

③　西ドイツ、フランスなどでは派遣労働者を引き続き使用し得る期間について制限を設けているが、このことが、日本の今日の実情に適応しているかどうか、

など、なお検討を要する課題もあり、さらに、この派遣事業問題の重要性にかんがみ、今後、大局的見地から検討を行い、労使を含め関係各方面の意見を十分反映させ、改善策の具体化を図る必要がある。

（4）派遣事業問題調査会

　労働力需給システム研究会の提言を受けて、労働省では、さらに労使をはじめ広く関係者の意見を聞きコンセンサスの形成を図りつつ、派遣事業に関し、労働力需給システムの中での位置づけ、その具体的な制度の在り方、制度化を図る場合の問題点などについて調査、検討することを目的として、昭和55年（1980年）5月に公益、労働者、使用者各側委員の他、特別委員として労働者供給事業を実施している労働組合や関係業界の代表も加わり、総勢21名によって構成される派遣事業問題調査会を発足させました。

　しかしながら、派遣事業問題については、関連する分野も広く、検討を要する課題も複雑であったため、合意形成が容易に進まず、途中昭和56年（1981年）6月から約2年半にわたって検討が中断されました。

　しかし、この問題をいつまでも放置できないことから、昭和58年（1983年）12月に検討が再開され、派遣事業問題に関する対応のあり方について意見の一致はみなかったものの、昭和59年（1984年）2月に発足以来3年9ヵ月ぶりに、次のような内容の報告書がとりまとめられました。

1）派遣的形態の事業については、派遣される労働者の保護と雇用の安定の観点からの何らかの対応策を行う必要があるという点で意見の一致をみたものの、具体的な対応の方策については、大勢としては、労働者保護の観点から早急に必要な規制措置を講じた上で、派遣事業を認めていくべきである。

2）派遣事業の対象区分については、専門的な知識、技術、経験を必要とする分野、他の従業員とは異なる労務管理、雇用管理を必要とする分野などに限定すべきである。

3）派遣事業は許可制とする。

4）派遣労働者に関する雇用管理、能力の維持向上および就業の適正化を図るため、派遣元の講ずべき措置（責任者の選任、台帳の整備、教育訓練）および派遣先の講ずべき措置（就業条件の遵守、台帳の整備、責任者の選任）を行わせる。

5）労働者保護法規の適用関係については、原則として派遣元が労働基準法上の使用者責任を包括的に負うが、派遣先の業務遂行上の指示に伴う労働基準法などの違反、安全衛生、作業環境に関しては派遣先が使用者責任を負う。

6）その他就業条件の明確化、常用雇用化の促進、社会・労働保険の適用の促進などに必要な措置を行う。

7）具体的な措置の在り方については、さらに法律的な面を含めて検討を深め、実態に即したものとなるようにする必要があり、今後、具体的に新たなルールを設ける場合においては、関係審議会で十分論議が行われることが必要である。

（5）中央職業安定審議会派遣事業等小委員会

　派遣事業問題調査会からの報告書の提出を受けた労働省では、直ちに中央職業安定審議会に検討を依頼し、同審議会では、同月公労使各側3名で構成する派遣事業等小委員会を設置しました。

　同小委員会では、16回会合が開かれ検討が重ねられた結果、同年11月次の内容の報告書をとりまとめました。同報告書には、当面検討の対象として考えられる業務例（試案）として14業務が付されるととともに、3人の労働者側代表委員の意見が添付されていました。

派遣事業問題についての立法化の構想

一　はじめに

職業安定法は、個人の自由と尊厳を基調としつつ、各人にその有する能力に応じて適当な職業に就く機会を与え、職業の安定を図ることを目的としており、同法第44条は、法制定前に行われていた労務供給事業において、種々の弊害が発生していたことにかんがみ、このような立法目的に基づいて、労働者供給事業を禁止している。この規定の有する歴史的意義やその果してきた役割には極めて大きなものがあり、今後ともその立法精神を堅持していく必要がある。

　しかしながら、労働の分野のみならず、社会全体の近代化が進み、労働者保護法規も整備され、社会的に定着し、また、労働者の自覚も高まっている今日の状況を踏まえれば、労働者供給事業に対し、現行のように形式的な要件で一律に規制を行うことが適当といえるのか問題である。したがって、現行法の目的を堅持することを前提としつつも、今日の経済的・社会的状況を踏まえ、労働者の保護を図り、雇用の安定を確保するようその規制の在り方を見直す必要がある。

二　派遣事業の制度化

1　制度化の必要性

（1）近年におけるマイクロ・エレクトロニクスを中心とする技術革新の進展あるいは企業内におけるソフト部門の比重の高まりなどに伴い、企業内においては、専門的な知識、経験などを活用して、特定の業務に従事する、いわゆる専門的な職業群が増加しつつあり、他方、自己の都合の良い日時や期間に都合の良い場所で、専門的な知識、技術、経験をいかして就業することを希望する労働者層が増加してきている。このような経済的・社会的変化の進行の中で、自己の雇用する労働者を他の企業に派遣し、そこで就業させる形態の事業が増加している。

　なお、このような事業が増加してきた理由として、これらの事業に対する行政の対応が必ずしも十分に行われてこなかったことを指摘する意見もあるが、昭和22年に制定された職業安定法の規定は、今日のような経済・社会の実態、労働者の意識、労働の実態などに必ずしも十分適応できるようになっていないこともあり、新たな観点からその対応が必要である。

（2）これらの事業の中には、派遣先の業務とは別個独立して業務を処理する

という請負事業の形態をとりながらも、実態としては、派遣先の業務と一体となって、業務を処理し、更には、派遣先の指揮命令の下に労働者が就業しているものも見受けられる。

　このような形態がとられているのは、業務を的確に処理するために、派遣先の業務と一体となって業務を処理する必要が大きいからである。また、併せて、このような形態は、派遣先の企業のニーズもさることながら、派遣される労働者の側にもこうしたニーズがあることを背景に、労働力の需給の迅速かつ的確な結合を図るという役割も果たしている。

　したがって、このような事業は、職業紹介事業あるいは請負によっては、十分果たすことのできない機能を有している。また、雇用政策において現在最も重要な政策課題は、今後に予想される急速な労働力人口の高齢化、産業構造の労働力需給両面における多様な変化に的確かつ弾力的に対応し、労働力需給のミスマッチの解消を図ることであり、このような事業の果たす需給調整機能も需給のミスマッチを解消するための有効なシステムの１つになる。

（３）しかし、現行法の下では、このような事業は、労働者供給事業が禁止されているため、形式的には請負事業の形態をとらざるを得ないこととなっている。この結果、派遣元が各種労働関係法令で定める使用者としての責任を形式上全て負うが、労働者の就業の実態に照らしてみると、派遣元、派遣先のいずれが責任を負うのか不明確であり、また、基本的には、派遣元が使用者としての責任を負うことになるにせよ、それだけでは、実態的にその責任を問えない場合が生ずることも考えられ、労働者の保護に欠ける事態が生ずるおそれもある。

（４）以上のように、労働力需給の迅速かつ的確な結合を図り、労働者の保護と雇用の安定を図るためには、派遣事業を労働力需給調整システムの一つとして制度化し、そのために必要なルールを定める必要がある。ちなみに、西欧諸国においても、このような事業について、それぞれ各国の雇用慣行や労働市場の状況に応じて、労働力の需給調整の面で一定の役割を果たさせつつ、労働者の保護を図るための法的措置を講じている。

（５）制度化に当たっては、我が国における雇用慣行との調和に留意し、常用

雇用の代替を促すこととならないよう十分に配慮する必要がある。

2　概念の明確化

（1）「派遣事業」を、「派遣契約に基づき、自己の雇用する労働者を派遣し、他人に使用させることを業として行うもの」とし、その概念の明確化を図り、労働力需給調整システムの一つとして位置付ける。

（2）派遣事業と労働者供給事業との関係については、現行法の労働者供給事業のうち、供給元と労働者との間に雇用関係があるものは派遣事業となり、供給元と労働者との間に雇用関係がないものが労働者供給事業となる。

（3）また、派遣事業と請負との関係については、請負契約と称していても、派遣先が派遣労働者を使用する関係にある場合は派遣事業となり、使用する関係にない場合は請負となる。この場合に、具体的に、請負に該当するのか、派遣事業に該当するのか、不明確となることも予想されることから、認定基準を定めるなどにより、更にその明確化を図っていくべきである。

（4）なお、労働者供給事業については、労働組合が行う場合（その範囲については、見直す）を除き、今後とも禁止する。

3　対象分野

（1）派遣事業を制度化するに当たっては、派遣事業が有する需給調整機能を有効に発揮させるようにするとともに、派遣される労働者の保護を図るという観点だけではなく、労働者全体の雇用の安定と労働条件の維持、向上が損なわれることのないよう配慮する必要がある。

　このため、新規学卒者を常用雇用として雇い入れ、企業内でキャリア形成を図りつつ、昇進、昇格させるという我が国の雇用慣行との調和を図る必要がある。また、業務の特性に対応して講ぜられる特別の雇用対策との関係についても考慮する必要がある。

（2）このような観点から、派遣事業を行い得る業務の範囲、すなわち、対象業務については業務の専門性、雇用管理の特殊性などを考慮して、次の考え方により限定することが適当である。

　① その業務を迅速かつ的確に処理するためには、単純労働者以外の専門的知識や経験を有する者に行わせる必要のある業務であって、その業務を処理する事業所において、その直接指揮の下に行わせることとする必要のあ

る業務であること。
② 業務の内容、勤務形態などの特殊性から、通常の企業活動においてキャリア形成を図りつつ、昇進、昇格させるという雇用慣用が一般的には認められない業務であって、その業務に従事する労働者についてその企業の他の業務に従事する労働者とは異なる雇用管理が行われている業務であること。
（3）また、特別の雇用対策との関係では、港湾労働および建設労働の分野は次の理由により対象業務とすべきではない。
① 港湾労働の分野については、業務の波動性などにかんがみ、港湾労働法により、特別の雇用調整制度が設けられており、派遣事業という新たなシステムを導入する必要はないこと。
② 建設労働の分野については、現実に重層的な下請関係で業務処理が行われている中で、建設雇用改善法により、雇用関係の明確化、雇用管理の近代化などの雇用改善を図るための措置が行われており、これらの措置を通じて、請負として建設労働者の雇用の安定を図っているところであって、派遣事業という新たなシステムを導入することは適当ではないこと。
（4）この場合において、派遣事業の対象とすることによって雇用慣行や労働市場にどのような影響が生じるのかを慎重に検討する必要があること、また、派遣事業に対する社会的ニーズが変化していくことなどを考慮する必要があることから、具体的に対象業務を特定する場合には、社会的合意が得られるものとすることが適当であり、中央職業安定審議会の意見を聴いた上で定めることが適当である。なお、その際、現在の労働市場の状況からみて、製造業の直接生産工程に従事する業務のうち、現在請負によって行われているものについては、派遣事業の対象とすることは適当ではない。

4　適正な運営を確保するための措置
（1）派遣事業制度は、労働力需給調整システムとして、需給の迅速かつ的確な結合を図り得るものであることが必要であり、また、労働者の保護を図るためには、労働者の保護のためのルールが整備されているとともに、派遣事業を営む者が労働者の保護のためのルールを遵守し、これを履行することを確保する必要がある。

（2）派遣事業には、実態的に2つのタイプがある。すなわち、
① 派遣労働を希望する労働者を登録しておき、相手方企業から求めがあった場合に、これに適合する労働者を雇い入れた上で相手方企業に派遣するというタイプ―いわば登録型―
② 労働者を常時雇用しておき、その事業活動の一環として、労働者を相手方企業に派遣することがあるというタイプ―いわば常用雇用型―
とがあり、派遣事業の適正な運営を確保するに当たっては、このようなタイプによる差異を踏まえた対応が必要である。

なお、登録型については、民営職業紹介事業の拡充により対応すべきであるという意見もあるが、派遣事業と職業紹介事業とは、制度的にも機能的にも異なるものであり、また、民営職業紹介事業は原則として職業別労働市場が確立している分野について機能するものであるのに対し、現在登録型で行われている分野については職業別労働市場が確立しているとはいえず、民営職業紹介事業で対応することには難点があるものと考える。

以上の観点を踏まえ、派遣事業を営む者については、一定の基準を定め、これに合致する場合に限り、派遣事業を行い得ることとするとともに、行政的にこれを把握し得る措置を講じておく必要がある。

（3）派遣事業のうちいわば登録型のものを行う者は、次の要件を満たすとともに、許可を得なければならない。
① 徳性に問題がなく、労働者保護のためのルールを遵守し、これを履行し得るものであること。
② 派遣事業を的確に行い得る組織的基礎があること。
③ 派遣労働者に対する雇用管理を適正に行い得るものであること。
④ 派遣事業を行わせることが地域の労働力需給調整の円滑化に資するものであること。

なお、この許可には、有効期間を設けること、また、条件を付し得ることとすることなどの措置を講ずる必要がある。

また、許可に当たっては、あらかじめ中央職業安定審議会の意見を聴く必要がある。

（4）派遣元において常時雇用される労働者だけで派遣事業が行われるいわば

常用雇用型のものを行う者については、労働者の雇用の安定が図られており、主として労働者保護のためのルールが遵守されるかどうかを行政的に担保する必要があることから、労働大臣への届出制とすることが適当である。

なお、この場合においても、派遣事業を営む者が、徳性に問題がなく、労働者保護のためのルールを遵守し、これを履行し得るものであることを条件とすべきである。

（5）また、派遣事業については、労働者の保護と雇用の安定の観点から、事業運営が適正に行われているか否かを行政として的確に把握しておくことが必要である。このため、

① 派遣事業を行う事業主から事業活動や企業の業績などについて定期的に報告を求めること。

② 労働者の保護に欠けるような事態がある場合など派遣事業の適正な運営を確保するため必要があると認めるときには、事業運営の改善を命ずることができること。

③ 労働法規もしくは行政庁の処分に違反したときには、事業の停止を命ずることができること。

④ 登録型にあっては、労働法規若しくは行政庁の処分に違反し、または許可の条件に反したときには、許可を取り消すことができること。

などの措置を講じ得るようにしておく必要がある。

5　労働者の保護のためのルール

派遣事業の制度化の目的は、派遣労働者の保護と雇用の安定を図ることにあり、このような観点から、既存の労働者保護法規による措置に加えて、「派遣」という形態の特性にかんがみ、次のような措置を行う必要がある。

また、この場合、派遣元は、派遣労働者の雇用主として、その労働条件の維持向上、福祉の増進に努めるべきであり、更に、派遣先は、派遣労働者を使用する者として、ルールにのっとって、その就業が適正に行われるようにすべきである。

（1）労働者の雇用の安定のための措置

登録型などについては、雇用の安定の視点から常用雇用を義務付けるという

考え方もあろうが、労働者の一時的な就労のニーズを考えると、その履行を強制することは、かえって、労働者のニーズに合致しないこととなるばかりか、常時雇用する労働者のみによる派遣事業に限ることとすれば、需給の迅速かつ的確な結合を図るという労働力需給調整システムとしての機能が制約されることにもなりかねない。したがって、登録型のような派遣事業の場合、労働者のニーズを考慮した就業の機会が確保されるよう事業主の努力を促すことが労働力需給双方のニーズに合致しており、適当と考える。

なお、雇用期間終了後においても、派遣労働者が派遣先に雇用されることを制限する内容の条項を、契約に盛り込んでいる事例が見受けられるが、このような条項がある場合には、事実上、派遣労働者が派遣先に雇用されることを希望する場合に、その妨げとなることも予想されることから、派遣契約を定めるに当たって、このような制限を排除する措置を行う必要がある。

また、派遣先が派遣労働者を直接指揮命令し、就業させるという派遣事業の特性にかんがみ、正当でない理由（例えば、派遣労働者の正当な組合活動を理由とする場合）により、派遣先が派遣契約を解除し、派遣労働者の雇用の安定に欠けることとならないよう、適切な措置を行う必要がある。

(2) 派遣労働者であることの明示

派遣労働者が派遣業務に従事するに当たっては、その労働者に、その旨をあらかじめ了知させておく必要がある。このため、派遣元は原則として雇入れ時またはこれに先立って（例えば登録時）その旨を明示しなければならないこととする。ただし、雇入れ時にはその労働者が派遣業務に従事することとなるか否かが明確でない場合も想定されることから、そのような場合にはその労働者を派遣するに際し、あらかじめその旨を明示し、その同意を得なければならないこととする。

(3) 労働者の就業条件の明確化

派遣労働者の就業条件を明確化するため、派遣元と派遣先との間で締結する派遣契約には、従事する業務の具体的な内容、指揮命令の系統、始業・終業時刻、就業場所、派遣期間など派遣先での就業条件を明記しなければならないこととするとともに、派遣元は、労働者を派遣するに当たって、その内容をあらかじめ派遣労働者に明示しなければならないこととする。

（4）派遣労働者の就業に関する原則

　派遣事業に労働力需給調整システムとしての役割を適切に果たさせるとともに、労働者の適正な就業を確保する観点から、次の措置を行う必要がある。

① 派遣元は、争議行為中の事業所に対して、労働者の派遣を新たに行ってはならないこと。

② 派遣先は、派遣契約に定められた就業条件に反して派遣労働者を使用してはならないこと。

③ 派遣先は、派遣労働者を他人に使用させてはならないこと。

（5）派遣元の講ずべき措置

　派遣元に、派遣労働者の適正な就業を確保し、派遣労働者の能力の維持、向上などを図るため、次の措置を行わせる必要がある。

① 派遣先の事業所における派遣労働者の就業状況の管理などを担当する責任者を選任すること。

② 派遣労働者の就業状況を管理するための台帳を備え付けること。

③ 派遣労働者の就業に必要な能力の維持、向上のための教育、訓練を行うこと。

④派遣労働者の福祉の増進に努めること。

（6）派遣先の講ずべき措置

　派遣先における派遣労働者の就業が適正に行われ、また、苦情等が的確に処理されるよう、派遣先に次の措置を行わせる必要がある。

① 派遣労働者の適正な就業の確保、就業に関するトラブルの発生の防止、苦情の円満な解決、派遣元との連絡調整などに当たる責任者を選任し、派遣労働者との協議に迅速に応じ、業務の的確な遂行に当たらせること。

②派遣労働者の就業状況を管理するための台帳を備えつけること。

（7）社会・労働保険の適用の促進

　派遣労働者については、社会保険、労働保険の適用が進みにくいとの指摘があることにかんがみ、派遣元にその適用の促進を図らせるため、適切な行政指導に努める必要がある。

6　労働基準法などの適用の明確化のための措置

（1）派遣事業に対する労働基準法などの適用については、現行制度の下で

は、派遣元、派遣先のいずれにも「使用者」としての責任を問えないおそれがあり、その結果労働者の保護に欠ける事態が生ずることも考えられる。したがって、派遣労働者について、他の労働者と比較して保護に欠けることがないよう、派遣元、派遣先が負うべき責任について、労働基準法などの適用関係を次のように明確化するとともに、必要な立法措置を行う必要がある。

① 労働基準法の各規定の適用については、次によること。

a 労働契約（例えば、解雇の予告など）および賃金については、使用者としての責任は派遣元が負うこと。

b 労働時間、休憩、休日および休暇については、派遣元は、派遣労働者の労働時間などの枠組みの設定について、派遣先は、その枠組みの中で就労させることについて、それぞれ使用者としての責任を負うこと。なお、年次有給休暇、産前産後の休業については、使用者としての責任は派遣元が負うこと。

c 危険有害業務の就業制限については、使用者としての責任は原則として派遣先が負うこと。ただし、派遣元も、違反の計画を知り、その防止に必要な措置を行わなかった場合などに使用者としての責任を負うこととすることが適当であること。

d 災害補償および就業規則については、使用者としての責任は派遣元が負うこと。

e 労働者名簿の作成、賃金台帳の作成などについては、使用者としての責任は派遣元が負うこと。なお、均等待遇および強制労働の禁止については、派遣先にも使用者としての責任を負わせることが適当な場合も考えられること。

② 労働安全衛生法上の措置義務の履行責任は、原則として派遣先が負うこと。ただし、一般健康診断の実施義務のように雇用期間中継続的に講ずべき措置については、派遣元が負うこと。また、派遣元が派遣先において法令違反の事実があることを知りながら、なんら是正のための措置を行わない場合には、派遣元も責任を負うことが適当であること。

③ 労災保険法の適用については、派遣元を同法上の事業主とすること。

（2）なお、労働基準法などに関する措置に加えて、団体交渉などの問題についても、派遣先に一定の責任を負わせるような措置を講ずべきであるとの意見がある。

　しかし、派遣事業の場合、派遣労働者は、その雇用主である派遣元との団体交渉などにより、その労働条件についての紛争の解決を図ることができる。

　また、派遣される際に明示された就業条件と実際の就業条件が異なるなどの具体的な苦情などのトラブルについては、派遣先の連絡調整などの責任者と派遣元の雇用管理などの責任者が密接な連絡をとることにより、その解決を図ることができるようにする。

四　おわりに

（1）以上のような措置により、派遣労働者の保護と労働力需給の迅速かつ的確な結合を図り得るが、更に、このような制度が適切に運営されるよう、実行を確保するための措置を行うことにより、万全を期すことが不可欠である。

　このような観点から、所要の罰則規定を設け、また、行政職員に立入検査権を付与するとともに、次の措置を行うこととし、行政としてもその具体化に向けて的確に対応する必要がある。

①　制度の運用に関し、その実行が確保されるよう、公共職業安定所における関係職員の増員や専門知識を有する職員の配置などにより、行政の指導・監督体制を強化すること。特に、派遣事業については、社会的ニーズによって生じてきたものとはいえ、我が国の雇用慣行や労働市場にどのような影響が出るか、十分見極める必要があり、このような観点からも、事業が適正に運営されるよう、十分な指導がなされるべきこと。

②　派遣事業の適正な運営を確保し、派遣労働者の保護と雇用の安定を図るためには、単に職業安定行政機関による指導・監督だけでは十分ではなく、他の関係行政機関との連携・協力の下に適切に対応する必要があり、このための体制の整備を図ること。

③　行政機関の体制の整備と併せて、これを補完するため、労使を含めた民間の協力を得て、実効確保のためのシステムの整備について検討するこ

と。
（2）派遣事業を制度化した後においても、雇用慣行、労働市場の変化の状況、制度の運用の実情などについて的確に把握し、適当な時期（おおむね3年）に、この制度について必要な見直しを行うことが適当である。

当面検討の対象として考えられる業務例（試案）

これまで当小委員会において実施した関係業界からのヒアリングの結果を踏まえ、二の3で示された対象業務を限定するための基準に照らして、当面、派遣事業の「対象業務」として検討の対象となると考えられる主たる業務を例示すれば、以下のとおりである。なお、対象業務については、上記の業務限定の基準に従い、今後、広く意見を聴いて、最終的には中央職業安定審議会の審議を経て、決定されるものである。

① 秘書、通訳、翻訳、速記
② ワードプロセッサー、タイプライターなどの事務用機械の操作
③ テレックスなどの通信機器の操作
④ ファイリングなどの文書の専門的な管理
⑤ 原価計算、仕訳、決算などの会計・経理の処理
⑥ 外国為替などの輸出入およびこれに準ずる国内取引に関する書類の作成
⑦ 展示会などにおける商品の説明などによるデモンストレーション
⑧ 情報処理システムの分析、設計およびこれに直接附帯する業務
⑨ プログラムの設計、作成およびこれに直接附帯する業務
⑩ コンピュータ・システムの操作、データの入力
⑪ 建築物などの保全、清掃および環境衛生の管理ならびに建築物に付随する設備の維持、管理その他これらに密接に関連して行われる業務
⑫ 事故、火災などの発生の警戒、防止
⑬ 旅行に伴う旅程の管理およびこれに直接附帯する業務
⑭ パーティー、宴会などの催事のコンパニオン

　派遣事業等小委員会報告書の提出を受けた労働省では、立法化作業を進め、昭和60年（1985年）1月に派遣法案の骨格ともいうべき「派遣事業の制度化に関する法

的措置についての考え方」を中央職業安定審議会に提示し、「概ねこの考え方に従って立法化をすることが適当」との合意が得られた。その際、次の事項について、法律の制定および運用に当たって適切に対処する必要がある旨の指摘が行われた。

（1）対象業務を具体的に定めるに当たっては、我が国における雇用慣行との調和に留意し、常用雇用労働者の代替を促すこととならないよう十分配慮するとともに、経済活動の実情などに即したものとなるように、中央職業安定審議会の意見を聴いて、慎重に対処すること。

（2）提出を受けた事業報告書および収支決算書に基づき、企業経営の実情を把握し、事業の適切かつ妥当な運営を図るように努めること。

（3）特定企業への派遣を目的とする派遣事業または海外への労働者派遣については、労働者保護の観点から弊害の生ずることのないよう実態を踏まえて、厳正な運用に努めること。

（4）派遣事業についても、民営職業紹介事業と同様の兼業の禁止を行うこと。

（5）派遣事業、労働組合が行う労働者供給事業その他の労働力需給調整システムにより就業する労働者について、社会・労働保険の適用の促進その他福祉の向上が図られるよう努めること。

（6）派遣先においても、派遣労働者の就業が適正に行われるため、派遣労働者の苦情の的確な処理を行うことその他適切な措置を行うように努めること。

（7）請負と派遣事業との区分については、中央職業安定審議会の意見を聴いて、法施行までの間に、経済活動の実情などを踏まえつつ、明確な基準を作成するものとし、これにより制度が適切に運営されるようにすること。

（8）労使による協力員制度の創設、地方職業安定審議会の活用など地方における労使の意見が反映されるような措置などを行うことにより、制度の実効を確保すること。

さらに、同年2月には中央職業安定審議会などに法律案要綱が諮問され、「労働

側委員の一部からこの種の立法には賛成しかねるとの意見も表明されたが、本審議会としては、おおむね妥当であると認める」旨の答申が行われました。

(6) 法案の閣議決定と国会審議

　法案については、政府内部における調整の過程で各省庁から多くの意見が寄せられたため、所要の修正を行ったで、同年3月、通常国会に提出されました。

　法案は、4月に衆議院社会労働委員会に付託され、計4回にわたって参考人質疑を含め審議が行われた結果、労働者派遣に関する料金の記載、海外派遣に関する規制措置など次の5点の修正を行った上で可決しました。

> 1) 一般派遣事業の許可の申請または特定労働者派遣事業に関する届出書の提出に際し添付する事業計画書および定期的に提出する事業報告書には、労働者派遣に関する料金などの事項を記載して、提出しなければならないものとする。
> 2) 海外派遣においても、派遣労働者の保護が確保されるよう派遣元は、海外派遣をしようとするときは、あらかじめ、労働大臣に届け出るとともに、派遣契約の締結に際し、派遣先が、派遣先責任者の選任、派遣先管理台帳の作成、記載および通知その他派遣就業が適正に行われるために必要な措置を行うべき旨を定めなければならない。
> 3) 企業における通常の正社員が容易に派遣労働者となるのを防止するため、新たに労働者派遣の対象としようとするときには、労働者派遣の対象となる旨の労働協約または就業規則の定めの適用を受ける労働者についても、あらかじめ、その旨を明示し、その同意を得ることを要する。
> 4) 派遣先における常用雇用労働者の代替を促進するといった弊害を除去する観点から、労働大臣は、専ら特定の者に対し役務を提供することを目的として派遣事業が行われていると認めるときは、事業の目的および内容を変更するように勧告することができる。
> 5) 法律の施行後3年を経過した場合において、必要があると認めるときは、法律の規定について検討を加え、必要な措置を行う。

また、次の8項目の附帯決議を採択しました。

政府は、次の事項について特段の配慮をすべきである。
一　対象業務を具体的に定めるに当たっては、我が国の雇用慣行との調和に十分留意し、常用雇用労働者の代替を促すこととならないよう、十分配慮すべきであり、中央職業安定審議会の意見を尊重して、慎重に対処すること。特に、製造業の直接生産工程に従事する業務については、派遣事業の対象とはしないこと。
二　いわゆる二重派遣は、労働者供給事業に該当し、禁止されるものであるので、その旨の周知徹底を図るとともに、二重派遣が行われることのないよう、厳格な指導に努めること。
三　派遣元から教育訓練に関する計画を提出させ、これに基づき、派遣労働者の雇用の安定その他福祉の増進が図られるよう、適切な指導に努めること。
四　労働時間、休日などの労働基準法などの適用の特例については、労働者の保護に欠けることのないよう、その周知徹底に努めること。
五　派遣事業と有料職業紹介事業とが競合することにより、労働者の保護に欠けることのないよう、適切な調整に努めること。
六　派遣事業、労働組合が行う労働者供給事業その他の民間の労働力需給調整システムにより就業する労働者について、社会・労働保険の適用の促進その他福祉の向上が図られるよう、適切な指導に努めること。
七　派遣事業が適切に運営され、労働者の保護と雇用の安定が確保されるよう、関係職員の増員をはじめ、行政体制および民間の協力体制の整備を図るとともに、労働力需給の変化に的確に対応するため、公共職業安定機関の機能の充実、強化に努めること。
八　いわゆる派遣店員について、その適正な就業を確保するため、派遣元、派遣先両者の取り決めおよび派遣店員の管理の在り方に関し、業界に対し適切な指導に努めること。

さらに、5月には参議院社会労働委員会に付託され、計4回にわたって参考人質

疑も含め審議が行われた結果、次の2点の修正を行った上で可決しました。

1）労働者派遣期間についての制限措置

　派遣先における常用雇用労働者の代替を促進するといった弊害を防止するため、派遣元は、労働者派遣の期間については労働大臣が労働力需給の適正な調整を図るため必要があると認める場合において、適用対象業務の種類に応じ労働力の需給の状況、業務の処理の実情などを考慮して定める期間を超える定めをしてはならない。

2）派遣先における派遣労働者の苦情の迅速な解決のための措置

　派遣先は、その指揮命令の下に労働させる派遣労働者からその就業に関し苦情の申出を受けたときは、苦情の内容を派遣元に通知するとともに、派遣元との密接な連携の下に、誠意をもって、遅滞なく、苦情の適切かつ迅速な処理を図らなければならない。

また、衆議院の附帯決議に次の3項目を加えた11項目の附帯決議を採択し、最終的には同年6月に成立し、同年7月5日に法律第88号として公布されました。

1）請負形式により実質的に派遣事業が行われることを防止するため、請負であるか否かの認定基準の作成に当たっては、中央職業安定審議会の意見を聴いて、可能な限り客観的に明確なものとなるよう慎重に検討するとともに、その厳正な運用に努めること。

2）派遣先における作業内容、作業環境などに関し問題が生じた場合には、派遣労働者、派遣先および派遣元との十分な協議を通じて、これらの問題が円滑に処理されるよう、事業主に対する指導に努めること。

3）派遣事業は、労働力需給調整制度の一つとして位置付けられるものであると同時に派遣労働者の雇用の安定、福祉の増進に資することを目的とするものであることに鑑み、単なる企業内の余剰労働力の調整策として行われることのないよう、適切な運用に努めること。

（7）派遣法の施行

　派遣法の施行期日は昭和61年7月1日とし、次のような内容を定めた派遣令（昭和61年4月3日政令第95号）、派遣則（昭和61年4月17日省令第20号）や請負基準（昭和61年4月17日告示第37号）などが昭和61年4月に公布されました。

1）派遣労働者に従事させることができるようにすることが適当でない業務として、警備業法に定める警備業務とする。
2）派遣事業の適用対象業務としてソフトウェア開発、事務用機器操作、通訳・翻訳・速記など13業務とする。
3）一般派遣事業の許可の申請手続、事業報告書の様式、労働者派遣契約において定めるべき事項などの手続的事項を定める。

　一方、派遣法の施行に当たり「放送関係業務」および「機械関係の設計製図業務」を派遣事業の適用対象業務とするかが問題となり、結局派遣法施行直後に機械設計、放送関係の3業務を適用対象業務とする政令改正（昭和61年7月11日政令第256号）が公布され、同年10月1日から施行されました。

第3章
派遣事業制度の改正

　本章では、派遣法の改正を中心に、法改正に至らない場合にも重要な派遣事業制度の改正が行われた場合などを含めて解説します。

1　平成2年の見直し

　派遣法制定時の附則第4項には、派遣法施行3年後に派遣事業制度の在り方について見直しを行うことが定められていました。

　このため、労働省では、中央職業安定審議会に派遣事業等小委員会を設置して、平成元年3月より見直し検討を開始し、平成2年3月に派遣事業は新しい需給システムとして比較的摩擦なく定着してきており、現時点において制度の法的枠組みを変更すべき状況にはないが、現行法の趣旨がより活かされるよう制度運用の一層の改善が必要であり、適用対象業務の範囲や派遣期間などについて必要な改正（政省令・告示・通達レベル）を行う必要があるという趣旨の次の内容の報告書をまとめました。

（1）適用対象業務について、翻訳業務の一環として行われるテクニカルライター業務、エディター業務、リライター業務およびチェッカー業務、通訳ガイド業務、鉄道駅などにおける送迎サービス業務、派遣労働者がチームを組んで業務を遂行する場合のチームリーダー業務を含むよう改めるとともに、ファイリング業務について範囲の明確化を図る。
（2）派遣契約に定める派遣期間について、上限9か月と定められているものを1年に統一する。

(3) 派遣元責任者の要件について、適用対象業務についての経験も考慮するとともに、派遣元責任者研修会の受講を義務付ける。
(4) 派遣先指針を定めるほか、事業報告書により派遣元による教育訓練の実施や派遣労働者の労働・社会保険への加入の状況などを把握し、必要に応じ指導する。

2 平成6年の高年齢者の派遣事業の特例の創設

　60歳以上の高年齢者については、他の年齢層と比べて雇用情勢が厳しく、さまざまな形態により雇用機会を確保することが必要であり、また、個人によって健康、体力などの状況が異なるため、そのキャリア・技能を活かしつつ、短期間の就業など自らの選択や裁量により働き方を決めることができる就業形態を希望するものが多くなってきたことに着目し、そのような働き方を可能とする就業形態として、派遣事業の活用が検討されました。その結果、平成6年1月に、高年齢者雇用対策の在り方について検討する中央職業安定審議会から「労働者派遣の仕組みを活用した新たな労働力需給調整システムを作ることが必要である」旨の建議が行われました。

　この建議に基づいて高年齢者雇用安定法の改正が行われ、「60歳以上の高年齢者に関しては、派遣法の特例として、港湾運送業務、建設業務、警備業務および物の製造の業務以外の業務について派遣事業を行うことができるいわゆるネガティブリスト方式を採用するとともに、派遣先の常用雇用労働者を代替することのないように、原則として1年を超える期間継続して労働者派遣を行ってはならない」とする高年齢者の派遣事業の特例が平成6年11月から施行されました。

3 平成8年における見直し

　派遣事業に関しては、規制緩和の観点からの議論などがあったことから、平成6年10月から中央職業安定審議会に民間労働力需給制度小委員会を設置して検討を行

うことになり、同小委員会においては平成7年12月に次のような内容の報告書（建議）をまとめました。

> （1）派遣労働者の就業条件などの確保・整備
> 1）モデル雇入通知書・モデル就業条件明示書を作成し、労働条件・就業条件の明示が的確に行われるようにする。
> 2）派遣契約の中途解除の場合に損害賠償が適切に講じられるようにする。
> 3）派遣労働者からの苦情処理に関する事項を、派遣契約の記載事項とし、就業条件の明示事項に含めるなど苦情処理体制の充実を図る。
> 4）教育訓練の充実を図る。
> 5）労働・社会保険の適用促進を図る。
> （2）派遣事業の適正な運営の確保
> 　派遣先は、適用対象業務以外の業務に就業させたり、無許可・無届出の派遣事業主から労働者派遣の役務の提供を受けてはならないとするとともに、違反する派遣先に是正措置を講ずる。
> （3）適用対象業務
> 1）図書の制作・編集、OAインストラクション、添乗などの業務を適用対象業務に追加する。
> 2）育児・介護休業取得者の代替要員の業務を処理するために必要な場合には、港湾運送業務、建設業務および警備業務以外の業務について派遣事業を行うことができることとし、派遣期間は最長1年間とする。
> （4）手続の簡素化
> 1）対象業務の種類の変更許可などの手続の簡素化を図る。
> 2）一般派遣事業の許可の有効期間を延長する。

この建議に基づき派遣法の改正案が国会に提出され、参議院労働委員会において参考人質疑や視察を含め4回開催され、平成8年4月に次の9項目の附帯決議を採択した上で、政府原案通りに可決されました。

> 一　対象業務の見直しに当たっては、我が国の雇用慣行との調和に十分留意

し、常用雇用労働者の代替を促すこととならないよう、また、専門性などを確保した業務内容となるよう十分に配慮し、中央職業安定審議会の意見を尊重して、個々の対象業務の内容およびその範囲を具体的に定めること。

二　病院における介護労働への派遣制度の適用に当たっては、医療福祉事業の専門性やチームワークの要請を踏まえ、看護管理の下に置くなど適切な配置が行われるよう指導すること。

三　育児休業などに関する特例の運用に当たっては、休業取得者の代替要員の派遣に限られることを確保するとともに、休業取得者が原則として原職または原職相当職に復帰することについて配慮されるよう指導すること。

四　派遣先における実際の就業条件が、派遣元が示した就業条件と相違することのないよう、適切な措置を講ずること。

五　派遣元および派遣先に対し、派遣契約に、派遣契約の中途解除に当たって講ずる損害賠償に関する措置など派遣労働者の雇用の安定を図るために必要な措置が適切に記載されるよう指導すること。

六　派遣労働者の苦情処理について専門的な相談援助を行う団体の取組を促進するとともに、行政機関による苦情相談機能の充実を図るため、関係行政機関の適切な連携を図ること。

七　改正後の派遣法を踏まえ、派遣先に対する指導を徹底するとともに、派遣と請負の区分について具体的な基準を作成し、請負などを偽装した違法な派遣事業の解消に向けてより一層の指導・監督を行うこと。

八　派遣事業の適正な運営を確保するため、派遣元および派遣先の自主的な努力の促進、派遣事業協力員制度の活用を図るとともに、行政体制の警備・充実を図ること。

九　派遣労働者に関する社会保険・労働保険の適用促進に向けて、派遣元など関係者への制度の周知徹底など適切な措置を講ずること。

　衆議院では本会議で1回および労働委員会で2回それぞれ審議が行われ、平成8年6月に参議院労働委員会の附帯決議とおおむね同様の内容の11項目の附帯決議を採択した上で、政府原案通りに可決成立し、平成8年6月19日法律第90号として公布されました。

その後、図書の制作・編集、OAインストラクション、添乗の業務を新たに適用対象業務に追加するなどの政省令の改正を行った上で、同年12月16日から施行されました。

なお、追加された業務のうち添乗の業務は政令の既存の号の一部改正の形で追加されたので、適用対象業務は26業務となりました。

4 平成11年の適用対象業務のネガティブリスト化などの改正

平成6年12月に政府に設置された行政改革委員会は、派遣事業制度の在り方についても規制緩和の観点から取り上げ、平成7年12月には派遣事業の適用対象業務について、「業務全般を視野に置き、労働者派遣が適切な業務と不適切な業務を区分する基準を明確化し、労働者派遣が不適切な業務を列挙することにより、それ以外は派遣事業の対象業務とするべき」旨の意見書をまとめました。

また、国際的には、ILO（国際労働機関）において、昭和24年（1949年）に採択（日本は昭和31年（1956年）に批准）したILO第96号条約（有料職業紹介所条約）について、民間労働力需給調整機関の役割をより積極的に位置付けるべく、その改定が必要であるとの議論が平成6年6月のILO総会でなされ、以後、民間労働力需給システムに関する新条約を策定する作業が始まり、約3年間の検討を経て平成9年6月のILO総会で次のような内容の第181号条約が採択されました。

（1）本条約は、職業紹介、労働者派遣その他求職に関連するサービスを提供する民間事業所（民間職業仲介事業所）に適用される。
（2）本条約は、民間職業仲介事業所の運営を認めることおよびそのサービスを利用する労働者を保護することを目的とする。ただし、加盟国は特定部門などについて民間職業仲介事業所の活動を禁止しうる。
（3）加盟国は、原則として許可制または認可制により民間職業仲介事業所の運営条件を定める。
（4）加盟国は、民間職業仲介事業所が①労働者の均等待遇、②労働者の個人情報の保護、③労働者からの料金、経費の不徴収などを確保するために適切

な措置を行う。
（5）加盟国は、本条約に基づいて、①苦情の調査に関する制度・手続、②団体交渉、労働条件などに関する派遣元・派遣先の責任の決定・分担、③公共職業安定機関と民間職業仲介事業所の協力を促進するための措置などを定める。

　このような状況の下で、派遣事業制度について、平成9年1月から中央職業安定審議会民間労働力需給制度小委員会において見直しの検討を行うことになりました。

　同小委員会の検討は、労使がことごとく対立し難航しましたが、平成10年5月に、「ILO 第181号条約が採択されたことによって派遣事業についての新たな国際基準が示されたことを踏まえるとともに、社会経済情勢の変化への対応、労働者の多様な選択肢の確保などの観点から、常用雇用の代替のおそれが少ないと考えられる『臨時的・一時的』な労働力の需給調整に関する対策として派遣事業制度を位置付ける」旨を基本的考え方とし、次のような内容の報告書（建議）をまとめました。

（1）適用対象業務
1）多様な形態での就労に係る労働者のニーズへの対応など労働力需給両面からのニーズ、派遣事業についての新たな国際基準を示すILO 第181号条約第2条の趣旨などを踏まえると、労働者派遣により派遣労働者に従事させることが適当でない業務以外は適用対象業務とする（いわゆるネガティブリスト方式を採用する）。
2）新たに適用対象とする業務の派遣期間と専門的な知識などを必要とする現行制度における適用対象業務の派遣期間について異なる取扱いとするが、労働者保護のための措置についてはそれぞれに共通のものとして適用すべく、その充実を図る。
3）適用除外業務は、①港湾運送業務および建設業務、②事業の実施の適正を確保するためには労働者派遣により派遣労働者に従事させることができるようにすることが適当でないと認められる業務、③その業務に従事する労働者

の就業条件を確保するためには労働者派遣により派遣労働者に従事させることができるようにすることが適当でないと認められる業務とする。

　また、②および③に該当する業務については、あらかじめ中央職業安定審議会の意見を聴いた上で定める。

（2）派遣期間

1）経済社会情勢の変化への対応、労働者の多様な選択肢の確保などの観点から、常用雇用の代替のおそれが少ないと考えられる臨時的・一時的な労働力の需給調整に関する対策として派遣事業を位置付けるとの基本的な考え方に基づき、原則として派遣期間を一定の期間に限定する。

2）常用雇用の代替防止の観点から、原則として、派遣先は同一業務について1年を超える期間継続して労働者派遣の役務の提供を受けてはならない。

3）派遣期間の制限の効果を徹底するため、違反する派遣先は、派遣労働者の希望があれば派遣労働者を雇用するように努めなければならないとともに、勧告および公表の対象とする。

4）現行の派遣法の適用対象業務については、常用雇用の代替のおそれが少ないから、現行の派遣期間の制限の在り方を維持する。

5）労働者の職業生活の全期間にわたるその能力の有効な発揮およびその雇用の安定に資すると認められる雇用慣行を損なわない場合には、常用雇用の代替のおそれが少ないから、派遣期間の制限の特例を認める。

（3）許可・届出制

　派遣事業の適正な運営を図り、派遣労働者の就業条件を確保する観点から派遣元に一定の能力を担保する必要があること、悪質なブローカー、社会保険などに関する悪質な法令違反をした者への対応の必要性があることなどから、許可・届出制を維持するとともに、欠格事由および許可基準の見直しを行う。
また、申請負担軽減などの観点からの見直しを行う。

（4）労働者保護

1）労働者派遣が派遣元、派遣先および派遣労働者という「三者関係」の下に成り立っていることを前提にしつつ、また、適用対象業務についてネガティブリスト方式を採用することにより派遣労働者などからの苦情の増加が予想されることから、労働者保護のための措置を充実させる。

2）ILO 第181号条約において、個人情報の保護、派遣元と派遣先における派遣労働者に対する責任の分担などの労働者保護のための措置が具体的に規定されたことから、これらの趣旨を踏まえつつ、労働者保護のための措置を講ずる。

3）このような観点から、労働者保護のための措置として、

ア　苦情処理などの措置
イ　派遣労働者の適正な就業に関する措置
ウ　個人情報の保護のための措置

などを講ずる。

4）苦情処理などの措置については、

ア　公共職業安定所が派遣労働者などから苦情その他の相談を受けた場合に必要な助言その他の援助を行うことを明確化するとともに、その積極的な活用を図る。
イ　派遣事業協力員の機能の充実を図ることおよび専門的な相談、助言その他の援助を行うに足る知識、技術および経験を有するスタッフを確保している団体が行う苦情処理に関する取組みを促進する。
ウ　地方職業安定審議会などに公労使が参加する調査・審議の場を設ける。
エ　派遣労働者が派遣法違反の事案について労働大臣に申告できることを明確化するとともに、派遣元などに対して派遣労働者が申告を行ったことを理由として不利益な取扱いを行うことを禁止するための措置を講ずる。
オ　違法な労働者派遣の解消などのための指導・監督などの対策の充実を図るとともに、職業安定機関と労働基準監督機関などの関係行政機関との一層の連携を図る。

5）派遣労働者の適正な就業に関する措置については、

ア　派遣先が努めるべき必要な措置の充実を図ること
イ　社会保険などの適用の促進を図るとともに、社会保険などの適用がなされるべき労働者について故意に適用の手続きを行わないことにより罰金を科された場合などについては、派遣事業の許可などの欠格事由に加える。
ウ　指針において派遣契約の中途解除に関する措置についてより具体的な内容を記載する。

エ　モデル就業条件明示書の位置付けを指針上明確化するとともに、同明示書によってさらなる指導・啓発を行う。
6）派遣労働者の個人情報の保護のための措置については、派遣事業に関して、派遣労働者、派遣先などから知り得た個人情報については、一定の場合を除き、すべて秘密とし、他に漏らしてはならない。
（5）高齢特例派遣事業および育児・介護休業代替要員特例派遣事業
　　制度の基本的な枠組みとして、見直しによって設ける新たな派遣事業の中に両事業を取り込む。

この建議に基づく法律案要綱についても労使の意見に一致が見られなかったものの、公労使それぞれの意見を明記した答申が同年8月に行われ、同年10月に改正法案が臨時国会に提出されましたが、臨時国会では審議入りせず、平成11年の通常国会に入ってから同じくILO第181号条約に対応した職業紹介事業制度の見直しを行う職業安定法改正法案とともに、一括して審議されました。

衆議院では、本会議で1回、労働委員会で参考人質疑を含め6回審議が行われ、平成11年5月に次の内容の修正を行った上で、可決されました。

（1）派遣期間1年の制限
1）派遣先に対する雇入れ勧告
　派遣先が派遣期間1年の制限に違反しており、かつ、派遣労働者が派遣先に雇用されることを希望している場合に、派遣労働者を雇い入れるよう指導・助言したにもかかわらず、派遣先が従わなかったときは、派遣労働者を雇い入れるよう勧告できる（勧告に従わなかった派遣先は公表）。
2）派遣元への罰則の適用
ア　派遣元が派遣期間の制限に抵触する日以降労働者派遣を行った場合には罰則を科す。
イ　派遣先から派遣期間の制限に抵触する日の通知がない場合、派遣元はその派遣先と派遣契約の締結をしてはならない。
（2）個人情報の保護
1）個人情報保護の適正管理

ア　許可基準に個人情報の適正管理、秘密を守るための措置に関する要件を追加する。
　イ　派遣元責任者の業務に個人情報の管理に関することを追加する。
２）派遣労働者を受け入れようとする者は、派遣契約の締結に際し、派遣労働者を特定することを目的とする行為を行わないように努めなければならない。
（３）セクハラ、母性保護に関する規定の派遣先への適用
１）男女雇用機会均等法第11条のセクハラに関する雇用管理上の責任に関する規定について、派遣先にも適用する旨の特例規定を設ける。
２）男女雇用機会均等法第12条、第13条の妊娠中および出産後の保健指導、健康審査に必要な時間の確保などの規定について、派遣先にも適用する旨の特例規定を設ける。
（４）労働・社会保険の適用促進
　派遣元は派遣先に派遣労働者の社会・労働保険の加入の有無の通知をしなければならない。

また、次の５項目の附帯決議を採択しました。

一　適用除外業務を政令で定めるに当たっては、その業務の実施の適正を確保するためには労働者派遣により派遣労働者に従事させることが適当でないと認められる業務について、中央職業安定審議会の意見を踏まえ適切に措置すること。
二　請負などを偽装した派遣事業の解消に向けて、派遣事業と請負により行われる事業との区分に関する基準について一層の具体化、明確化を図るとともに、厳正な指導・監督に努めること。
三　派遣先は、派遣先の責に帰すべき事由により派遣契約の中途解除を行おうとする場合には、派遣労働者の新たな就業機会の確保を図ることとし、これができないときは契約解除の少なくとも30日前に派遣元にその旨の予告を行わなければならないこととするとともに、この予告をしない派遣先は派遣労働者の30日分以上の賃金に相当する損害賠償（解除の30日前の日と予告をし

た日との間の日数が30日未満の場合はその日数分以上の賃金に相当する損害賠償）を行わなければならない旨を指針に明記し、その履行の確保を図ること。
四　派遣元は社会・労働保険に加入の必要がある派遣労働者について加入させてから労働者派遣を行うべき旨および派遣先は社会・労働保険に加入している派遣労働者を受け入れるべき旨を指針に明記し、その履行の確保を図ること。また、派遣労働者を含む短期雇用労働者に関する社会・労働保険の在り方について検討すること。
五　派遣労働者の職業能力の開発・向上を図るため、派遣元による一層の教育訓練の機会の確保が図られるよう、適切な指導などに努めること。

参議院においても、本会議で1回、労働・社会政策委員会で参考人質疑および視察を含め6回、それぞれ審議が行われ、同年6月に衆議院の附帯決議に加えて、次の内容の7項目の附帯決議を採択した上で、衆議院修正の通り可決成立しました。

一　今回の改正により新たに対象となる業務における登録型の派遣労働者については、この法律の施行3年経過後における派遣法の規定についての検討に際し、その就業の実情、労働条件の確保などの状況を把握、分析し、必要な検討を加えること。
二　派遣期間1年の制限に係る「同一の業務」及び「継続」の判断基準について、中央職業安定審議会の意見を聴き指針に可能な限り明確に定めること。また、派遣期間1年の制限に違反して労働者派遣の受入れを行っている場合における労働大臣による派遣先に対する雇入れ勧告について、実効性を確保するためその適切な運用を図ること。
三　派遣元における派遣労働者の個人情報保護の実効性を確保するため、派遣元が収集、保管、使用する個人情報の範囲ならびに許可基準中の個人情報の適正管理に関する要件および派遣元責任者の業務の内容について、中央職業安定審議会の意見を聴き可能な限り明確に定めること。
四　派遣先におけるセクシュアルハラスメントを防止するため、派遣先に対し必要な指導など適切な措置を行うこと。

> 五　派遣先は派遣先における派遣契約の定めに反する事案を知ったときは、これを早急に是正すること、派遣契約の定めに反する行為を行った者および派遣先責任者に対し派遣契約を遵守させるために必要な措置を行うこと、派遣元と十分協議した上で損害賠償などの善後処理方策を行うことなど適切な措置を行うべき旨を指針に明記し、派遣先による派遣契約違反の防止などのための指導の徹底を図ること。
>
> 六　派遣労働者の保護の実効性の確保について、都道府県労働局において職業安定行政と労働基準行政とが統合されることを念頭に置き、使用者責任の遵守の観点から、労働基準監督官との連携の在り方も含め、検討を行うものとすること。
>
> 七　この法律の施行3年経過後における派遣法の規定の検討に際し、派遣労働者の保護や職業能力の開発など派遣事業の制度の在り方について総合的に検討を加えること。

　改正法案は同年7月7日法律第84号として公布され、政省令などで次のような事項を定めた上で、同年12月1日から施行されました。

> （1）適用除外業務として医療関係業務を定める。
> （2）派遣期間の制限の例外業務としてソフトウェア開発など26業務（従来の適用対象業務）を定める。
> （3）派遣法附則で適用除外業務とされる物の製造の業務の範囲を、産前産後休業、育児休業、介護休業の代替要員の業務以外の業務とする。
> （4）一般派遣事業の許可申請の申請書および添付書類、派遣契約において定めるべき事項、派遣元から派遣先への通知の方法などの手続的事項を定める。
> （5）派遣元および派遣先が労働・社会保険の適用の促進、個人情報の保護、派遣契約の中途解除の際の損害賠償、派遣期間の制限の運用などに関して行うべき措置を定める。

5 平成16年施行の法改正

　政府として我が国の構造改革を進めていくとともに、極めて厳しい雇用失業情勢に対応するためには官民の労働力需給調整機関の強化を図る必要があることや規制改革に対応するため、平成13年8月から労働政策審議会民間労働力需給制度部会において、派遣事業や職業紹介事業などについて検討が行われました。

　特に平成14年3月に閣議決定された「規制改革推進3か年計画（改定）」において、「派遣期間を1年に制限することを撤廃することも含め、派遣期間の延長を検討する」、とされていることや、「『物の製造』の業務について、これを解禁することも含め検討する」とされていることなどが検討の材料となり、その結果同年12月に派遣法関係では次のような内容の報告書（建議）がまとめられました。

1　派遣期間
（1）派遣事業制度の臨時的・一時的な労働力の需給調整に関する対策としての位置づけは、維持する。
（2）現行の1年の期間制限は見直し、個別事業場ごとに3年まで受入れ可能にする（1年～3年の期間については、派遣先は派遣先の過半数組合等の意見を聴いて定める）。
（3）「26業務」に関する3年の期間制限の指導を廃止する。
（4）短期間の雇用の反復更新については、労働契約の締結に当たり、派遣労働者の雇用の安定に配慮する。
2　派遣労働者の希望を踏まえた直接雇用の促進
（1）派遣期間の制限に抵触する場合には、派遣元は、派遣先と派遣労働者に派遣停止を通知しなければならない。この場合に、引き続き就業させようとする派遣先は、派遣労働者に労働契約の申込みをしなければならない。
（2）「26業務」について長期間（3年超）、同一派遣労働者を受け入れている派遣先が、同一業務に労働者を雇い入れるときは、派遣労働者に労働契約の申込みをしなければならない。
3　派遣対象業務の拡大

(1)「物の製造」の業務を新たに適用対象業務とし、当初3年間は1年の期間制限を適用する。
　(2) 医療関連業務のうち社会福祉施設等における業務は、適用対象業務とする。
　4　許可・届出制
　一般派遣事業の許可制および特定派遣事業の届出制は、事業所単位から事業主単位に変更する。
　5　紹介予定派遣
　紹介予定派遣については派遣労働者の事前面接や内定を可能にする。
　6　派遣元・派遣先の講ずべき措置
　(1) 安全衛生管理体制の強化
　(2) 派遣先指針、派遣元指針の整備
　(3) 派遣元は、派遣労働者の福利厚生などの措置について、派遣先の労働者との均衡に配慮した取扱いに努めるよう、派遣元指針に明記する。
　7　指導監督体制の整備
　都道府県労働局で指導監督業務を集中的に実施する。

　厚生労働省ではこの建議に沿った改正法案を作成し、同法案は平成15年3月に通常国会に提出されました。
　衆議院では、本会議で1回、厚生労働委員会で参考人質疑を含め6回、それぞれ審議が行われ、同年5月に派遣法関係では、次の6項目の附帯決議を採択した上で、原案どおり可決されました。

一　1年を超え3年以内の期間継続して労働者派遣の役務の提供を受けようとする場合には、派遣先において過半数組合等からの意見聴取が確実に行われ、意見が尊重されるよう派遣先に対する指導に努めること。
二　いわゆる「リストラ」などの雇用調整を実施中および実施直後に、当該雇用調整で解雇した労働者が就いていたポストに労働者派遣を受け入れる場合には、派遣先は受入れ期間の設定など適切な措置を行い、労働者の理解を得られるよう努めなければならない旨指針で明記し、その周知に努めるこ

と。
三 派遣元は、労働者を派遣労働者として雇い入れようとするときは、その雇用期間に関し、労働者の希望および派遣契約の労働者派遣の期間を勘案して、労働者の雇用の安定を図るために必要な配慮をするよう努めなければならない旨指針で明記し、その周知に努めること。
四 派遣先は、3年までの間で派遣可能期間を定めることが可能となったことを勘案し、派遣契約の労働者派遣の期間に関し、派遣元と協力しつつ、派遣労働者の雇用の安定を図るために必要な配慮をするよう努めなければならない旨指針で明記し、その周知に努めること。
五 物の製造の業務などへの派遣事業の拡大に当たっては、請負などを偽装した派遣事業に対し、その解消に向け請負基準などの周知徹底、厳正な指導監督などにより、適切に対処するとともに、請負労働者の保護のため、請負事業に対し、労働基準法など労働諸法令が遵守される取組を強力に進めること。
六 紹介予定派遣について事前面接など労働者を特定することを目的とする行為に関する規定を適用しないこととするに当たっては、濫用防止を図るための措置を指針で定め、適正な運用の確保に努めること。

参議院でも、本会議で1回、厚生労働委員会で参考人質疑を含め3回それぞれ審議を行い、同年6月に衆議院の附帯決議に加えて、派遣法関係では次の3項目の附帯決議を採択した上で原案どおり可決・成立しました。

一 派遣労働者を含む短期雇用労働者が、労働条件や待遇において、不合理な差別を受けることがないよう、必要な措置を行うこと。
二 派遣労働者の保護の実効性については、使用者責任の遵守の観点から、都道府県労働局において、職業安定行政と労働基準行政との連携を基に、指導・監督体制の強化に努めること。
三 派遣事業協力員制度については、制度の趣旨がいかされるよう、国民への周知と必要な体制整備を図ること。

改正法案は、同年6月13日法律第82号として公布され、平成16年3月から施行されました。

参考

平成18年7月以降全国紙の新聞に多くの大手メーカーにおいていわゆる偽装請負が行われている旨報道されたことから、偽装請負問題が大きな社会問題となりました。

コメント5　いわゆる偽装請負問題はどのような問題だったのか？

　本書の筆者は偽装請負問題が社会問題となった当時派遣労働者の安全衛生管理に関するヒアリング調査を行っていましたが、派遣先の多くは安全衛生には精通していたものの、派遣法は良く知らず、派遣元の側は安全衛生も派遣法もほとんど理解していませんでしたので、何が起こってもおかしくない状況でした。

　しかし、企業側も問題ですが、より深刻なのは行政の側で、後述のように、平成8年や11年の法改正の際の附帯決議に「請負などを偽装した派遣事業の解消に向けて、請負基準について一層の具体化、明確化を図るとともに、厳正な指導・監督に努めること」などと記載されたため、厚生労働省では派遣取扱要領に「〇〇業務の場合」を追加し、また、相当数の労働局がホームページに製造業務自主点検表を掲載したところ、告示第37号に全く根拠のない内容のものや規定に適合しない内容のものが数多く含まれていました（派遣法制定数年後に情報処理業務自主点検表が行政の監修で作られていますが、これは請負基準に沿った内容になっています）。

　さらに、厚生労働省では、平成21年3月と25年8月にそれぞれ請負基準に関する疑義応答集を公表していますが、前者は「偽装請負」と表現し、後者は「派遣事業」と表現するなど整合性が取れていないばかりでなく、労働者派遣の定義規定に適合しない内容のものが数多く含まれています。

　それでも、今でも同省のホームページに掲載されています。

6　平成20年の日雇派遣労働者対策の強化

　平成19年頃になると、日雇派遣労働者について不安定な雇用や劣悪な労働条件などの問題が顕在化し、大きな社会問題となり、これに対する対応が課題となりました。

　これに対応するために、厚生労働省では、同年6月から7月にかけて日雇派遣労働者の実態調査などを行った上で、同年12月の労働政策審議会民間労働力需給制度部会において、「日雇派遣、派遣元事業主の情報公開および効果的な指導監督の実施のうち、早急に対応すべきものについては、現行法制下における労働者保護の仕組みがより適切に機能するよう、必要な省令、指針の整備について、当部会において速やかに検討を行うべきである」旨の中間報告が出されたのを踏まえ、翌平成20年2月には日雇指針の策定ならびに派遣先責任者の選任、派遣先管理台帳の作成、記載事項および記載事項の通知ならびに事業報告書の改正を内容とする省令改正が行われ、同年4月から施行されました。

7　平成24年施行の法改正

（1）自民党・公明党政権時の法改正の動き

　平成16年施行の改正法の施行後1年を経過した平成17年5月になると、改正法の施行後の状況についてフォローアップとそれを踏まえた検討が、労働政策審議会労働力需給制度部会において開始されました。

　検討に当たっては、平成17年3月に閣議決定された「規制改革・民間開放推進3か年計画（改定）」において、「紹介予定派遣以外の派遣における事前面接の解禁のための条件整備などについて、可及的速やかに検討を行う」とされていることや、「労働契約の申込み義務については、その施行状況などを踏まえ、必要な検討を行う」とされていることなどが議論の材料とされました。

　しかしながら、同部会においては、審議を開始して2年半が経過しても、労使の意見が相当隔たっている状況にあったことから、平成19年12月には、これまでと同

じように議論を進めていても、あまり効率的ではないとして、「学識者からなる研究会を設け、労働者派遣制度の趣旨、登録型派遣の考え方、派遣先の責任の在り方、派遣労働者の処遇の在り方を踏まえつつ、部会で出された検討課題などを中心に、幅広く、法的、制度的な考え方について整理を行うとともに、部会としては、研究会の結果も十分に踏まえつつ、労働者派遣制度の在り方について、引き続き審議を深めていくべきである」旨の中間報告が行われました。

これを受けて、平成20年2月に学識者5名からなる「今後の労働者派遣制度の在り方に関する研究会」が発足し、同研究会は同年7月に次のような内容の報告書をまとめました。

1　労働者派遣制度についての基本的な考え方
＜現状および課題＞
○労働者派遣は大幅に増加。その背景には労使双方のニーズがあるが、派遣を選択する理由には、積極的な理由と消極的な理由がみられる。
○一方、偽装請負や日雇派遣における違反事案が顕在化。また、登録型派遣について雇用が不安定であることや、正規労働者との格差なども問題として指摘されている。
○こうした現状をみると、労働者派遣は一定の機能を果たしている反面、雇用の安定、待遇の改善、違法派遣の対処といった点に課題がある。
＜制度検討に当たっての基本的視点＞
○労働者派遣制度の在り方の検討は、
・常用雇用代替防止を前提とし、臨時的・一時的な労働力の需給調整システムとしての制度の位置付けは維持。
・派遣労働者のさまざまなニーズに配慮したものとなるようにするとの視点を基本とすべき。
○事業規制の強化は必要なものに止め、派遣労働者の保護と雇用の安定を充実させる方向で検討することが望ましい。
2　派遣労働者の雇用形態別にみた派遣事業の在り方
（1）日雇派遣
○日雇派遣については、雇用期間が短期であれば雇用者責任を果たしにくいこ

とを考えると、労働者保護という政策的な観点から、禁止することを検討すべき。
○日雇派遣の禁止の対象範囲については、
・危険度が高く、安全性が担保できない業務、雇用管理責任が担い得ない業務は禁止の対象とすべき。
・一方、専門業務などを中心に、労働者の側に交渉力があり不利益を生じず、日雇形態が常態化しているものは禁止する必要がない業務もあることを考慮し、原則的に禁止すべきとの意見も勘案し、具体的な範囲の検討が必要。
○その対象となる雇用契約の期間については、現行の指針（日々または30日以内）などを参考に、脱法行為を招かないことを考慮して具体的に検討することが必要。

（2）登録型派遣
○登録型派遣を選んで働いている労働者も多くいること、就業機会を迅速に確保できることなどを考えると、禁止は不適当。迅速な労働力需給調整としてのメリットを活かした事業形態として位置付け、待遇の改善や常用型派遣への転換などを促進することが適当。

（3）常用型派遣
○派遣の中では最も安定した働き方として評価し得るが、有期雇用を反復更新している者も含まれていることから、「期間の定めのない」ものとして再整理した上で、常用型派遣へ誘導していく仕組みを設けることが適当。

コメント6　常用型派遣はなぜ問題になったのか？
　上記のように常用型派遣については「有期雇用を反復更新している者も含まれていること」が問題であると指摘されていますが、派遣法制定法案が閣議決定された翌日の昭和60年（1985年）3月16日の参議院予算委員会において「中間搾取がない労働組合の行う労働者供給事業ですら許可制になっているのだから、派遣事業に対し、たとえ常用型であっても許可制にすべきじゃないか」旨の質問に対し、当時の労働省職業安定局長は「労働組合と労働者との間には雇用関係はないわけで、そういう意味では労働者の保護という面で、確かに中間搾取であるとか、強制労働とか、そういう

ものはないが、一方、労働者の身分の安定、こういう面においては、常用雇用という形では労働組合との間にない。結局仕事のあるときだけ労働組合としても派遣する、こういうような形になっているために、これについては今までどおり許可制とする。これに対して、常用雇用の型によって派遣する形については特に問題が少ないであろう、こういう形で届け出制ということにする」ことにした旨答弁しています。

　この昭和60年3月の答弁から明らかなように、派遣法制定時の考え方では、常用雇用型派遣とは無期雇用および形式上有期雇用を反復更新しているが実質上無期雇用の者をいうものを想定していましたが、派遣法の解釈・運用の過程でいつの間にか有期雇用を反復更新している者も含むという取扱いになっています。

　なお、派遣法で用いられた「常時雇用」は障害者雇用の雇用義務（障害者雇用率の算定対象や障害者雇用納付金の納付の算定対象）を定めた障害者雇用促進法第43条第1項に規定されているのと同じ用語です。

　このような「常時雇用」に関する取扱いが表面化すると、一般派遣事業の許可基準が引き上げられたために許可基準を満たすことができなくなって、一般派遣事業の許可を得られない派遣元が特定派遣事業の届出を行うことによって、労働者派遣事業を引き続き行うという事態が生じました。しかも、特定派遣事業の届出を行った派遣元の中には欠格事由に該当する暴力団関係者までいたのです。

　このような事情が明らかになった結果、平成27年施行の改正法においては、特定派遣事業と一般派遣事業とを統合するという改正が行われたのです。

3　個別の制度の在り方
（1）派遣労働者の待遇の確保
1）均等・均衡待遇
○派遣先の労働者との均等・均衡待遇については、検討課題も多く、現状では導入すべきではない。
○派遣労働者が職務内容に相応しい待遇を得られるよう、派遣元に待遇改善に

係る努力義務を、派遣先に改善への協力に係る努力義務を課すほか、情報公開、待遇の説明義務を通じて待遇の改善を実現していくべき。

2）いわゆる「マージン」

○いわゆる「マージン」を規制することは、教育訓練費を減らすインセンティブになりかねないなど派遣労働者にとって不利益となるおそれがある。

○現行の指針において求めている派遣料金、派遣労働者の賃金などの情報公開について、法律上明確に義務付けることにより、徹底すべき。

3）教育訓練

○派遣元は、派遣労働者の希望を踏まえ、紹介予定派遣を通じた派遣先での直接雇用、常用型派遣の派遣労働者としての就業など派遣労働者のキャリアパスを考慮に入れた適切な教育訓練、就業経験について配慮すべき。

4）待遇の説明

○登録、募集または労働契約の締結に当たって、事業運営に関する情報や具体的な待遇決定の方法などについて、説明を義務付けることが適当。

（2）派遣元・派遣先の責任分担の在り方

○現行の労災保険制度においては被災者の保険給付に関する費用を派遣先から徴収できない点について、派遣先の災害防止責任が反映されるよう見直しを検討すべき。

（3）派遣受入期間の制限など

○労働者派遣制度について、常用雇用代替防止という機能は維持すべき。これを他の方法により担保することは困難であることから、期間制限や、その違反の未然防止措置である労働契約申込義務（派遣法第40条の4）も維持すべき。

（4）期間制限のない業務に関する労働契約申込義務

○常用型派遣の派遣労働者については、2（3）のように再整理した場合、法的な義務という形で派遣先での雇用の安定の機会を確保する必要性に乏しく、派遣法第40条の5の適用対象から外すことが適当。

（5）労働力需給調整機能の強化

1）特定を目的とする行為（いわゆる「事前面接」など）

○登録型派遣については、規制の対象から外すことは不適当。

○常用型派遣については、2（3）のように再整理した場合、労働者供給事業

に該当する可能性はなく、不当に雇用機会を狭めることにはならないことから、特定を目的とする行為を可能としても差し支えない。

コメント7　常用型派遣を「期間の定めのない」ものとして再整理した場合、労働者供給事業に該当する可能性はないのか？

　上記の記載について、その前提として研究会報告書は「派遣元と派遣労働者との雇用に影響を及ぼし得ないことが明白な場合については、労働者供給事業に該当する可能性はない」としています。

　ところで、職業安定法第4条第6項は「労働者供給」について「供給契約に基づいて労働者を他人の指揮命令を受けて労働に従事させることをいい労働者派遣に該当するものを含まないものとする」旨定義し、派遣法第2条第1号は「労働者派遣」について「自己の雇用する労働者を、当該雇用関係の下に、かつ、他人の指揮命令を受けて、当該他人のために労働に従事させることをいい、当該他人に対し当該労働者を当該他人に雇用させることを約してするものを含まないものとする」と定義しています。この「労働者派遣」の定義からすれば、「労働者派遣」に該当して、「労働者供給」に該当しないためには「派遣元と派遣労働者との間に雇用関係があること」すなわち「派遣元と派遣労働者との雇用に影響を及ぼさないこと」が必須の要素となりますが、同時に「派遣先に対し派遣労働者を当該派遣先に雇用させることを契約しないこと」も必須の要素です。

　研究会報告書も「特定を目的とする行為」には、「労働者派遣に先立って面接すること（事前面接、派遣先に労働者の履歴書を送付させること、若年者に限ること）」などが含まれるとしていますが、事前面接などを行って、派遣先が派遣労働者を誰と決定する（つまり採用する）場合には、「派遣労働者を当該派遣先に雇用させること」になるのではないでしょうか。そうなると、「派遣元は派遣先に対し派遣労働者を当該派遣先に雇用させることを契約した」ことになり、職業安定法第4条第6項の「労働者供給」に該当することになるのではないでしょうか。

2）紹介予定派遣

○トラブルを防止するため、予定される求人条件の明示の範囲を拡大し、徹底されるよう必要な措置を行うことが適当。
○派遣可能期間（6か月）については、変更する必要性は見当たらない。

3）グループ企業派遣
○グループ内で統一的な人事管理の下で派遣事業として雇用調整を行うことは、労働力需給調整の在り方として適当でなく、グループ企業派遣を一定割合（例えば8割）以下とするなど、適切に労働力需給調整機能を果たすことが確保されるようにすることが必要。
○また、解雇・退職転籍した労働者を元の企業に派遣することについて、解雇などの後一定期間は禁止すべき。

(6) 優良な事業主を育て違法な事業主を淘汰するための仕組み

1）違法派遣の是正のための派遣先での直接雇用
○違法派遣の是正により派遣労働者が職を失うといった不利益につながることは避けるべきであり、適用除外業務への派遣、期間制限違反、偽装請負などの場合に、労働契約申込みを行政が勧告する方法、または、これと労働契約申込義務を生じさせることを組み合わせる方法を中心に検討すべき。

2）派遣先の法違反に対する是正措置の強化
○勧告・公表に関する指導前置を廃止し、悪質な派遣先に対してより強力な是正措置を発動できるようにすべき。

3）派遣事業の許可要件・欠格事由
○悪質な派遣元が処分を逃れることのないよう、欠格事由を整備すべき。

4）行政による情報提供
○派遣元の処分情報の一覧を公開するなど、情報提供に努めるべき。

(7) その他
○派遣対象業務については、特段の意見はなかった。
○派遣と請負の区分については、透明性を確保する観点から、検討がされるべき。
○派遣事業協力員制度については、更なる周知を図り、実効が上がるようにすることが適当。

労働政策審議会労働力需給制度部会においては、同年7月に審議を再開し、上記研究会報告書を踏まえて審議を行った結果、同年9月に次の内容の報告書（建議）をまとめました。

1　日雇派遣について

　日々または30日以内の期間を定めて雇用する労働者について、原則、労働者派遣を行ってはならないものとする。

　その場合、日雇派遣が常態であり、かつ、労働者の保護に問題ない業務などについて、政令によりポジティブリスト化して認める。具体的には、いわゆる26業務から、特別な雇用管理を必要とする業務（第14号、第15号、第16号（駐車場の管理などの業務に限る）および第24号の業務）および日雇派遣がほとんどみられない業務（第3号、第4号、第21号、第22号および第26号）を除外したものをリスト化するが、これ以外の業務については専門性があり労働者の保護に問題のない業務のリスト化など、適宜リストの見直しを行う。

　また、これらの措置に伴い、政府は、日雇派遣労働者などの雇用の安定を図るため、公共職業安定所または職業紹介事業者の行う職業紹介の充実など必要な措置を行うよう努める。

> コメント8　平成24年改正法の附則に定められた公共職業安定所または職業紹介事業者の行う職業紹介の充実などの措置は何が行われたのか？
> 　上記の「日雇派遣労働者等の雇用の安定を図るため、公共職業安定所または職業紹介事業者の行う職業紹介の充実など必要な措置」は実際に平成24年施行の改正法の附則に規定されていますが、実際にどのような措置が行われたのか不明です。

2　登録型派遣の常用化について

　1年以上勤務している、期間を定めて雇用する派遣労働者などの希望を踏まえ、

① 期間を定めないで雇用する派遣労働者または通常の労働者として雇い入れること

② 期間を定めないで雇用する派遣労働者への転換を促進するための教育訓練などの措置を行うこと
③ 紹介予定派遣の対象とし、または紹介予定派遣の派遣労働者として雇い入れることを通じて、派遣先での直接雇用を促進すること

のいずれかの措置を講ずる努力義務を派遣元に課す。

3　派遣労働者の待遇の確保について

（1）派遣労働者の職務の内容、職務の成果、意欲、能力または経験などを勘案し、賃金を決定する努力義務を派遣元に課す。また、派遣先の同種の労働者の賃金を考慮要素の1つとして指針に明記する。

（2）派遣労働者などのキャリアパスを考慮に入れた適切な教育訓練の実施、就業機会の確保などを行う努力義務を派遣元に課す。

（3）（1）および（2）に当たって、派遣先に対し、当該措置に必要な情報の提供など必要な協力の努力義務を課す。

（4）派遣料金、派遣労働者の賃金、これらの差額の派遣料金に占める割合（マージン率）などの事業運営に関する情報の公開義務を派遣元に課す。

（5）派遣労働者などに対し、事業運営に関する状況、具体的な待遇決定の方法、労働者派遣制度の仕組みの説明を行う義務を派遣元に課す。

4　労働契約申込義務について

期間の定めのない労働契約の派遣労働者について、派遣法第40条の5（労働契約申込義務）の適用対象から除外する。

5　労働力需給調整機能の強化について

（1）特定を目的とする行為について

期間の定めのない労働契約の派遣労働者について、特定を目的とする行為を可能とするとともに、その際には、年齢または性別を理由とした差別的取扱いの禁止規定などを整備する。

（2）紹介予定派遣について

派遣契約および就業条件の明示事項に、職業紹介後に労働者が従事する業務の内容、賃金、労働時間、労働契約の期間の定めの有無などを加える。

（3）グループ企業派遣などについて

グループ企業（親会社および連結子会社）内の派遣会社が1つの事業年度中

にグループ企業に派遣する人員（定年退職者を除く）の割合を8割以下とする義務を派遣元に課す。その際、割合についての報告制度を設けるとともに、8割を超えている場合には、指導、勧告、許可の取消しなどの措置を順次行う。

　また、離職した労働者（定年退職者を除く）を元の企業に派遣することについて、離職の後1年間は禁止する。

6　法令違反などに対処するための仕組みの強化について
（1）違法派遣是正のための派遣先での直接雇用
　適用除外業務への派遣、期間制限違反、無許可・無届け事業所からの派遣またはいわゆる偽装請負であって派遣先に一定の責任のある場合、派遣先に対し行政が賃金および労働契約期間について従前以上の条件で労働契約を申込むことを勧告できるようにする。
（2）派遣先の法違反に対する是正措置の強化
　勧告・公表に関する指導前置を廃止し、法違反を繰り返すなどの悪質な派遣先に対しては、より強力な是正措置を発動できるようにする。
（3）派遣事業の許可要件・欠格事由
　許可取消しの手続きが開始された後に事業の廃止届を提出し、取消しを逃れて再度許可をとることや、許可を取り消された法人などの役員が別の法人を設立して許可をとることなどにより、派遣元が処分を逃れることのないよう、欠格事由に関する規定を整備する。

　この建議に沿った内容の改正法案が平成20年11月に臨時国会に提出され、同年12月に衆議院厚生労働委員会に付託されたものの、一度も審議をされないまま、翌平成21年7月に衆議院の解散に伴い廃案となりました。

　なお、この間金融危機（いわゆるリーマン・ショック）を発端とする世界的不況において、自動車産業や家電メーカーなどを中心とする製造業の派遣先による大規模な派遣契約の打ち切りとそれに伴う派遣元による派遣労働者の解雇や雇い止めが発生し、「派遣切り」という言葉が流布するとともに、同年末から翌新年にかけて、東京・日比谷公園に開設した「年越し派遣村」に失業者約500人が集まるなどしたため、派遣労働者の問題が大きな社会問題となりました。

（2）政権交代後の状況

　平成21年8月に行われた衆議院議員総選挙では民主党が圧勝し、それまでの自民・公明党を与党とする政権から、民主・社民・国民新党を与党とする政権に交代しました。

　民主党は、同総選挙向けのマニフェストにおいて、派遣法に関して、次のように記載していました。

製造現場への派遣を原則禁止するなど、派遣労働者の雇用の安定を図る
【政策目的】
○雇用にかかわる行き過ぎた規制緩和を適正化し、労働者の生活の安定を図る。
○日本の労働力の質を高め、技術や技能の継承を容易にすることで、将来の国力を維持する。
【具体策】
○原則として製造現場への派遣を禁止する（新たな専門職制度を設ける）。
○専門業務以外の派遣労働者は常用雇用として、派遣労働者の雇用の安定を図る。
○2か月以下の労働契約については、労働者派遣を禁止する。「日雇い派遣」「スポット派遣」も原則禁止とする。
○派遣労働者と派遣先労働者の均等待遇原則を確立する。
○期間制限を超えて派遣労働者を受け入れている場合などに、派遣労働者が派遣先に直接雇用を通告できる「直接雇用みなし制度」を創設する。

　また、民主・社民・国民新党は、政権合意において、派遣法に関して、次のように記載していました。

雇用対策の強化―派遣法の抜本改正―
・「日雇い派遣」「スポット派遣」の禁止のみならず、「登録型派遣」は原則禁止して安定した雇用とする。製造業派遣も原則的に禁止する。違法派遣の場合の「直接雇用みなし制度」の創設、マージン率の情報公開など、「派遣業

> 法」から「派遣労働者保護法」にあらためる。

　政権交代が行われる中、厚生労働省は、平成21年10月に廃案となった法案において措置する事項のほか、製造業務への派遣や登録型派遣の今後の在り方、違法派遣の場合の派遣先との労働契約の成立促進など追加的に措置すべき事項についても検討するよう労働政策審議会労働力需給制度部会に諮問を行いました。
　これに対し、同部会は同年12月に昨年11月に国会に提出した20年法案の内容に、次の内容を追加・変更した内容の法案とするよう答申しました。

> 1　登録型派遣の原則禁止
> 　派遣労働者の雇用の安定を図るため、常用雇用以外の労働者派遣を禁止する。
> 　ただし、雇用の安定などの観点から問題が少ない以下のものについては、禁止の例外とする。
> ①　専門26業務
> ②　産前産後休業・育児休業・介護休業取得者の代替要員派遣
> ③　高齢者派遣
> ④　紹介予定派遣
> 2　製造業務派遣の原則禁止
> 　製造業務への労働者派遣については、禁止する。
> 　ただし、雇用の安定性が比較的高い常用雇用の労働者派遣については、禁止の例外とする。
> 3　日雇派遣の原則禁止
> 　雇用管理に欠ける形態である日々または2か月以内の期間を定めて雇用する労働者については、労働者派遣を禁止する。
> 　この場合、20年法案と同様に、日雇派遣が常態であり、かつ、労働者の保護に問題ない業務などについて、政令によりポジティブリスト化して認める。
> 　なお、雇用期間のみなし規定（2か月＋1日）については、就業日など、みなされた労働契約の内容が不明確であるなどの問題があることから、設けない。

4　均衡待遇

　派遣労働者の賃金などの待遇の確保を図るため、派遣元は、派遣労働者と同種の業務に従事する派遣先の労働者との均衡を考慮するものとする旨の規定を設ける。

5　マージン率の情報公開

　20年法案にあるマージン率などの情報公開に加え、派遣労働者が自己の労働条件を適切に把握するとともに、良質な派遣元を選択する一助とするため、派遣元は、派遣労働者の雇入れ、派遣開始および派遣料金改定の際に、派遣労働者に対して、1人当たりの派遣料金の額を明示しなければならない。

6　違法派遣の場合における直接雇用の促進

（1）違法派遣の場合、派遣労働者の希望を踏まえつつ雇用の安定が図られるよう、派遣先が、以下の違法派遣について違法であることを知りながら派遣労働者を受け入れている場合には、違法な状態が発生した時点において、派遣先が派遣労働者に対して同一の労働条件を内容とする労働契約を申し込んだものとみなす旨の規定を設ける。

① 禁止業務への派遣受入れ

② 無許可・無届の派遣元からの派遣受入れ

③ 期間制限を超えての派遣受入れ

④ いわゆる偽装請負（派遣法の義務を免れることを目的として、派遣契約を締結せずに派遣労働者を受け入れること）の場合

⑤ 1（登録型派遣の原則禁止）に違反して、常用雇用する労働者でない者を派遣労働者として受入れ

（2）（1）の規定の履行確保のため、通常の民事訴訟などに加え、（1）によりみなされた労働契約の申込みを派遣労働者が受諾したにもかかわらず、派遣労働者を就労させない派遣先に対する行政の勧告制度を設ける。

7　法律の名称・目的の変更

○法律の名称および目的において「派遣労働者の保護」を明記する。

8　施行期日

○施行期日については、改正法の公布の日から6か月以内の政令で定める日とする。ただし、登録型派遣および製造業務派遣の原則禁止については、改正

法の公布の日から3年以内の政令で定める日とする。

9　暫定措置など

（1）登録型派遣の原則禁止に関しては、禁止に当たって派遣労働者などに与える影響が大きいため、その施行は段階的に行うべきであることから、暫定措置として、登録型派遣の原則禁止の施行日から更に2年後までの間、比較的問題が少なく労働者のニーズもある業務への労働者派遣（具体的には政令で規定することとし、その内容については労働政策審議会で審議の上、決定）については、適用を猶予する。

（2）派遣元および派遣先は、派遣契約の中途解除に当たって、民法の規定による賠償など派遣労働者の雇用の安定を図るために必要な措置を行う。

（3）政府は、派遣事業の禁止に伴い、就業ができなくなる派遣労働者の雇用の安定や企業の人材確保を支援するため、公共職業安定所または職業紹介事業者の行う職業紹介の充実など必要な措置を行うよう努める（コメント8参照（74頁））。

その際、とりわけ中小企業においては人材確保が困難であるという指摘があったことを踏まえ、職業紹介事業などが中小企業の人材確保に適したものとなるよう、特に配意すべきである。

これらの事項のうち無期雇用の派遣労働者について特定を目的とする行為を解禁する規定が与党内で問題となり、その規定を削除した上で、改正法案は平成22年3月の通常国会に参議院に提出されましたが、同年4月に参議院に提出した法案を撤回して、衆議院に提出し直しました。

改正法案は衆議院本会議と厚生労働委員会でそれぞれ1回ずつ審議されましたが、その後審議されず、平成23年の第178回臨時国会までは特段の動きはなく、継続審査となりました。

参考

平成22年2月に、厚生労働省は突然26業務適正化プランを実施すると発表しました。

コメント9　26業務適正化プランは何が問題でどのようなことを引き起こした

のか？

　26業務適正化プランの報道発表文には「最近、派遣可能期間の制限を免れることを目的として、契約上は専門26業務と称しつつ、実態的には専門26業務の解釈を歪曲したり、拡大したりして、専門性がない専門26業務以外の業務を行っている事案が散見されているとして、○○○厚生労働大臣の指示を受け、3月・4月を集中的な指導監督期間とするなどを内容とした26業務適正化プランを実施する」とありました。

　発表文には「専門性がない専門26業務以外の業務」と記載されていますが、26業務の指定基準には「特別の雇用管理を必要とする業務」が含まれていますので、「専門性がない専門26業務」というのは派遣法の規定がそうなっているのです。

　加えて、「例えば、・文書作成ソフトを用い、文字の入力のみならず、編集、加工などを行い、レイアウトなどを考えながら文書を作成する業務・表計算ソフトを用い、データの入力のみならず、入力した数値の演算処理やグラフなどに加工する業務・プレゼンテーション用ソフトを用い、図表・文字などのレイアウトを考えながらプレゼンテーションなどに用いる資料を作成する業務は、『事務用機器操作』に該当する一方で、単純に数値をキー入力するだけの業務を行っている場合は、『事務用機器操作』には該当しない」などと記載していますが、政令の規定は「電子計算機、タイプライター又はこれらに準ずる事務用機器の操作の業務」です。

　さらに、派遣法制定時の審議会の報告書には、「当面検討の対象として考えられる業務例（試案）」が添付されていて、2つ目は「ワードプロセッサー、タイプライターなどの事務用機械の操作」、3つ目は「テレックスなどの通信機器の操作」と記載されています（第2章45頁参照）。つまり、「事務用機器操作」として想定していたのは、文字や数値を入力する業務であって、「○○ソフト」を用いて行うような業務ではないのです。

　しかし、法令の規定や立法の趣旨を理解せずに出された行政の取扱いは、派遣労働者の就業に深刻な影響を及ぼしました。

　次の表は、26業務適正化プランが出された前年の平成21年から平成24年までの派遣労働者数の推移です。

この表を見れば、26業務適正化プランで取り上げられた事務用機器操作とファイリングが短期間で大幅に減ることによって、26業務の派遣労働者数が減り、さらに全業務の派遣労働者数が減ったことが分かります。

	平成21年	平成22年	平成23年	平成24年
全業務	1,568,409人	1,454,021人 (-7.3%)	1,369,811人 (-5.8%)	1,351,134人 (-1.4%)
26業務	898,956人	748,099人 (-16.8%)	642,706人 (-14.1%)	586,973人 (-8.7%)
事務用機器操作	419,298人	333,721人 (-20.4%)	228,034人 (-31.7%)	180,339人 (-20.9%)
ファイリング	21,777人	11,999人 (-44.9%)	5,750人 (-52.1%)	3,671人 (-36.2%)

出典：厚生労働省「派遣事業報告書集計結果」など。毎年6月1日時点。
　このような取扱いが行われた結果、業務によって期間制限を異ならせる取扱いは不適切だとされ、それが平成27年施行の改正法における期間制限の変更につながったのです。

　その後平成23年秋の第179回臨時国会において、民主、自民および公明の3党による水面下の動きがあり、3党による次のような内容の修正案が提出されました。

① 労働者派遣が禁止される日雇い労働者とは、日々または30日以内の期間を定めて雇用される労働者をいうこととするとともに、日雇い派遣労働の禁止の例外として、雇用機会の確保が特に困難であると認められる労働者の雇用の継続などを図るために必要であると認められる場合などを追加する。
② 違法派遣の場合の派遣先の派遣労働者に対する労働契約申し込みみなし規定の施行期日を、改正法の施行日から起算して3年を経過した日とする。
③ 物の製造業務派遣の原則禁止規定を削除する。
④ いわゆる登録型派遣の原則禁止規定を削除する。
⑤ 政府は、改正法の施行後、いわゆる登録型派遣、物の製造業務派遣、特定労働者派遣のあり方について、速やかに検討を行うものとする。

これを受けて、同年12月の衆議院厚生労働委員会において質疑を行った上で終局し、上記の修正案および修正部分を除く政府案について可決しました。

また、次の7項目の附帯決議が採択されました。

一　登録型派遣の在り方、製造業務派遣の在り方および特定派遣事業の在り方については、本法施行後1年経過後をめどに、東日本大震災による雇用状況、デフレ・円高などの産業に与える影響および派遣労働者の就労機会の確保なども勘案して論点を整理し、労働政策審議会での議論を開始すること。

二　いわゆる専門26業務に該当するかどうかによって派遣期間の取扱いが大きく変わる現行制度について、派遣労働者や派遣元・派遣先企業に分かりやすい制度となるよう、速やかに見直しの検討を開始すること。検討の結論が出るまでの間、期間制限違反の指導監督については、労働契約申込みみなし制度が創設されることなども踏まえ、丁寧・適切に、必要な限度においてのみ実施するよう改めること。

　　労働契約申込みみなし規定の適用に当たっては、事業者および労働者に対し、期間制限違反に該当するかどうかなどの助言を丁寧に行うこと。

三　いわゆる偽装請負の指導監督については、労働契約申込みみなし制度が創設されることなども踏まえ、丁寧・適切に実施するよう改めること。

　　労働契約申込みみなし規定が適用される「偽装する意図を持っているケース」を、具体的に明確化すること。併せて、事業者および労働者に対し、偽装請負に該当するかどうかの助言を丁寧に行うとともに、労働者派遣と請負の区分基準を更に明確化すること。

四　労働契約申込みみなし制度の創設に当たり、派遣労働者の就業機会が縮小することのないよう、周知と意見聴取を徹底するよう努めること。

五　派遣労働者に対する労働・社会保険適用を一層促進するため、現行の派遣元指針および派遣先指針に記載されている労働・社会保険適用の促進策の法定化を含む抜本強化について検討すること。

六　優良な派遣元が育成されるよう、法令遵守の一層の徹底、派遣労働者の労働条件の改善など、派遣事業協力員制度の活用も含めた適切な指導、助言な

どを行うこと。
　七　派遣労働者の職業能力の開発を図るため、派遣元は派遣労働者に対し教育訓練の機会を確保し、労働者派遣業界が派遣労働者の雇用の安定などに必要な職業能力開発に取り組む恒久的な仕組みを検討すること。

　ところが、第179回臨時国会は会期末を迎えたため再度継続審査となり、翌平成24年1月の第180回通常国会で衆議院厚生労働委員会に再度付託され、同年3月に衆議院を可決し、参議院においても、同月本会議および厚生労働委員会でそれぞれ1回審議を行い、可決成立し、衆議院の7項目の附帯決議に加えて次の1項目について附帯決議が採択されました。

　改正法施行に当たっては、あらかじめ、派遣労働者、派遣元・派遣先などに対し、日雇派遣の原則禁止、派遣労働者の無期雇用への転換推進、均衡待遇の確保、「マージン率」の情報公開など今回の改正内容について、十分な広報・情報提供を行い、周知徹底するよう万全を期すこと。

　改正法は同年4月6日法律第27号として公布され、日雇い派遣労働の禁止の例外として、「雇用機会の確保が特に困難であると認められる労働者の雇用の継続などを図るために必要であると認められる場合」などについて政省令で定めるなどして、同年10月1日から施行されました。

（3）政令26業務の追加
　なお、改正法の施行に先立って、政令26業務に「非破壊検査用の機器の運転、点検または整備の業務および水道施設、下水道または一般廃棄物処理施設（ごみ処理施設にあっては、1日当たりの処理能力が10トン以上のものに限る）の管理に関する技術上の業務」を加える政令改正が行われました。

8 平成27年施行の法改正

　平成24年改正法が施行された平成24年10月には、次の法改正の検討を行うため、学識者7名からなる「今後の労働者派遣制度の在り方に関する研究会」が設置されました。
　同研究会は計16回開催し、翌平成25年8月に次のような内容の報告書をまとめました。

1　登録型派遣・製造業務派遣
（1）登録型派遣は労働力の需給調整の仕組みとして有効に機能しており、仮に禁止した場合、経済活動や雇用への影響が懸念される。登録型派遣については、雇用の不安定性への対応が必要であり、3（2）④の雇用安定措置を行う。
（2）製造業務派遣について指摘されている問題は、製造業務の有期雇用労働者一般に関係する事項であり、労働者派遣制度の中で対応すべき理由に乏しい。雇用の不安定性については、登録型派遣をめぐる雇用の不安定性の議論の中で検討すべき。
2　特定派遣事業
　特定派遣事業には有期雇用を反復更新している者も含まれており、それらの者の雇用が必ずしも安定していない状況。「常時雇用される」を「期間の定めのない」ものと再整理することで、特定派遣事業はすべての派遣労働者を無期雇用する派遣元に限定する。

> コメント10　審議会の建議で変更された研究会の提言
> 　後述の通り、審議会の建議においては、「特定派遣事業と一般派遣事業の区別を撤廃し、すべて許可制とする」に変更されました。これは、研究会の有識者よりも審議会の労使の方が特定派遣事業の在り方についての問題意識が強かったためだと考えられます。

3 期間制限
(1) 現行の26業務という区分に基づく規制の廃止を含め、労働政策審議会で議論していく。
(2) 今後の常用代替防止のための制度については、有期雇用派遣を対象とし、
① 同一の有期雇用派遣労働者について、派遣先の組織・業務単位における受入期間に上限を設ける。(組織・業務単位の範囲の大きさにより、多くの選択肢)
② 派遣先レベルでの派遣期間の制限(派遣先の労使のチェック)・・・継続的な有期雇用派遣の受入れが上限年数を超す場合、派遣先の労使の会議などの判断により、上限年数を超えた継続的受入れなどの可否を決定する。
③ 有期雇用派遣の受入期間の上限については、個人単位、派遣先単位ともに3年とすることを中心に検討する。
④ 派遣元は、有期雇用派遣労働者が受入期間の上限に達する場合、希望を聴取し、派遣先への直接雇用の申入れ、新たな派遣就業先の提供、派遣元での無期雇用化などのいずれかの措置を行う。
4 派遣先の団体交渉応諾義務
集団的労使関係法上の使用者性は、今後とも労働組合法の枠組みの中で考えていく。
5 均等・均衡待遇
(1) 均衡待遇に関しては、派遣労働者の待遇の改善だけではなく、待遇が低いことによる派遣労働者の安易な利用を抑制する効果があり、今後とも取組を進めていく。
(2) 均衡待遇を更に進めるには派遣先の更なる協力が不可欠で、派遣労働者の賃金、教育訓練、福利厚生施設の利用などの面で派遣先の役割が期待される。
(3) 派遣元に対し、待遇の決定に当たって考慮した事項の説明義務を設ける。
6 労働・社会保険の適用促進
加入を促進するためには、派遣先が派遣労働者の労働・社会保険への加入状

況を確認する仕組みが有効。
7　派遣労働者のキャリアアップ措置
（1）一般派遣事業の許可要件にキャリアアップ措置に関する事項を盛り込む。
（2）キャリアアップには派遣先の協力も重要であり、OJTなどの取組を行うことが望まれる。
（3）意欲と能力がある派遣労働者には、派遣先などでの直接雇用を推進する。
（4）国や業界団体の果たす役割も重要。
7　その他
（1）派遣元で無期雇用の者に対する事前面接は規制の対象から除外する。

> コメント11　審議会の建議で削除された研究会の提言
> 　審議会の建議においては、「派遣元で無期雇用の者に対する事前面接は規制の対象から除外する」という項目は削除されています。反対意見が強いという理解が深まったためと考えられます。

（2）無許可・無届の事業者への事業停止命令などの指導監督の強化を検討する。
（3）24年改正法については、円滑な施行に努め、施行状況の情報の蓄積を図ることが重要。日雇派遣の原則禁止は、審議会において今後の制度見直しに向けた議論が必要かどうかを判断していく。

　上記研究会が報告書をまとめた平成25年8月に労働政策審議会労働力需給制度部会は、研究会報告書に基づき検討を行い、翌平成26年1月次の内容の報告書（建議）をまとめました。

1　登録型派遣・製造業務派遣について
　経済活動や雇用に大きな影響が生じるおそれがあることから、禁止しない。
　ただし、これらの派遣労働に従事する者については、雇用が不安定になるこ

とを防ぐため、後述の雇用安定措置等を講ずる。
2　特定派遣事業について
　特定派遣事業と一般派遣事業の区別を撤廃し、すべての派遣事業を許可制とする。
　その際、派遣労働者の保護に配慮した上で、小規模派遣元への暫定的な配慮措置を講ずる。
　また、現在の特定派遣事業の許可制への移行に際しては、経過措置を設ける。
3　期間制限について
（1）新たな期間制限の考え方
　派遣労働を臨時的・一時的な働き方と位置付けることを原則とするとともに、派遣先の常用労働者（いわゆる正社員）との代替が生じないよう、派遣労働の利用を臨時的・一時的なものに限ることを原則とする。
　また、派遣労働への固定化および派遣先の常用労働者との代替の防止のためには、後述する直接雇用や均衡待遇の推進およびキャリアアップ措置を併せて行うことも有効。
　26業務という区分および業務単位での期間制限は、分かりにくいなどの様々な課題があることから撤廃し、26業務か否かに関わりなく適用される共通ルールを設けることとした上で、雇用の安定やキャリアアップが図られるなどの一定の条件を満たすものを除き、派遣労働者個人単位と派遣先単位の2つの期間制限を軸とする制度に見直す。
　その際、期間制限が派遣労働者の雇用の機会やキャリア形成に悪影響を与えないよう、必要な措置を行う。
　また、制度見直しの時点で現に行われている26業務への派遣については、新制度への移行に際して経過措置を設ける。

コメント12　実現しなかった審議会の建議

　上記のように「制度見直しの時点で現に行われている26業務への派遣については、新制度への移行に際して経過措置を設ける」とありますが、このような経過措置が設けられることはありませんでした。

(2) 個人単位の期間制限について

　派遣先は、(5) の例外を除き、同一の組織単位において3年を超えて継続して同一の派遣労働者を受け入れてはならないものとする。

　組織単位は、就業先を替わることによる派遣労働者のキャリアアップの契機を確保する観点から、業務のまとまりがあり、かつ、その長が業務の配分および労務管理上の指揮監督権限を有する単位として派遣契約上明確にしたものとする。

　派遣先が、同一の組織単位において3年の上限を超えて継続して同一の派遣労働者を受け入れた場合は、労働契約申込みみなし制度の適用の対象とする。

(3) 派遣労働者に対する雇用安定措置について

　派遣元は、(2) の上限に達する派遣労働者に対し、派遣労働者が引き続き就業することを希望する場合は、以下の措置のいずれかを講ずるものとする。

① 派遣先への直接雇用の依頼
② 新たな就業機会（派遣先）の提供
③ 派遣元において無期雇用
④ その他安定した雇用の継続が確実に図られると認められる措置

※①から④のいずれを行うことも可とする。①を行った場合に、直接雇用に至らなかった場合は、その後②から④のいずれかを行うものとする。

　1年以上継続して派遣先の同一の組織単位に派遣された派遣労働者が、上記(2) の派遣期間の上限に達する前に組織単位での就業を終了する場合で、派遣労働者が引き続き就業することを希望するときには、派遣元は、上記①から④の措置のいずれかを行うよう努めるものとする。

　派遣先は、上記(2) の派遣期間の上限に達する派遣労働者について、派遣元から①の直接雇用の依頼があった場合で、派遣労働者を受け入れていた事業所で労働者を募集するときは、その情報を派遣労働者に周知するものとする。

　また、派遣先は、1年以上継続して同一の組織単位に派遣された派遣労働者について、派遣元から①の直接雇用の依頼があった場合で、派遣労働者が従事

していた業務と同一の業務に従事させるため労働者を雇用しようとするときは、派遣労働者に対し労働契約の申込みをするよう努めるものとする。

(4) 派遣先における期間制限について

ア　過半数組合等からの意見聴取

派遣先は、(5) の例外を除き、同一の事業所において3年を超えて継続して派遣労働者を受け入れてはならない。

派遣先が、事業所における派遣労働者の受入開始から3年を経過するときまでに、その事業所の過半数組合等から意見を聴取した場合には、さらに3年間派遣労働者を受け入れることができる。

その後さらに3年が経過したとき以降も同様とする。

意見聴取にあたり、派遣先は、その事業所における派遣労働者の受入開始時からの派遣労働者数と無期雇用労働者数の推移に関する資料など意見聴取の参考となる資料を過半数組合等に提供するものとすることを指針に規定する。

イ　適正な意見聴取のための手続

過半数代表者は、管理監督者以外の者とし、投票、挙手などの民主的な方法による手続により選出された者とする。

過半数組合等が、常用代替の観点から問題があり、現在の状況を是正すべきとの意見を表明した場合は、派遣先は、その意見への対応を検討し、一定期間内に過半数組合等に対し対応方針などを説明する。

派遣先は、意見聴取および対応方針などの説明の内容についての記録を一定期間保存するとともに、派遣先の事業所において周知する。

派遣先が、過半数組合等の意見を聴取せずに同一の事業所において3年を超えて継続して派遣労働者を受け入れた場合は、労働契約申込みみなし制度の適用の対象とする。

派遣先による過半数代表者への不利益取扱いを禁止する。

(5) 期間制限と常用代替防止措置の特例について

次に該当する者および業務に関する労働者派遣については、(2) から (4) の措置の対象から除外する。

① 　無期雇用の者

② 　60歳以上の高齢者

③　現行制度において期間制限の対象から除外されている日数限定業務、有期プロジェクト業務、育児休業などの代替要員の業務、介護休業などの代替要員の業務

　派遣元は、無期雇用の派遣労働者を派遣契約の終了のみをもって解雇してはならないことを指針に規定する。

　また、派遣契約の終了のみをもって解雇しないようにすることを許可基準に記載する。

　有期プロジェクト業務の労働者派遣については、終期が明確である限り派遣期間を制限しない。

4　直接雇用の推進について

　派遣元は、雇用する派遣労働者の希望に応じ、派遣労働者以外の労働者として雇用されることができるように雇用の機会を確保し、これらの機会を提供するよう努めるものとする。

コメント13　目的外雇用を義務付けるのは問題ではないか。

　結果として、改正法は、「各人の希望、能力及び経験に応じた就業の機会」という規定に「（派遣労働者以外の労働者としての就業の機会を含む）」を追加しただけの改正だったから、あまり問題はありませんでしたが、もし審議会の建議の趣旨が「派遣労働者」として雇用した労働者を「派遣労働者以外の労働者」として雇用することを義務付ける内容であったなら、派遣元に対していわば目的外雇用を義務付けることになり、何のために「派遣労働者」として雇用したのか分からなくなった可能性があります。

5　派遣先の責任について

　国は、派遣先の使用者性に関する代表的な裁判例および中労委命令について、整理を行った上で周知する。

　派遣先が適切かつ迅速な処理を図るべき苦情の内容として、派遣先におけるセクハラ・パワハラなどを指針に例示する。

　また、派遣先が苦情処理を行うに際しては、派遣先の使用者性に関する代表

的な裁判例や中労委命令に留意することを指針に規定する。
　国は、派遣先責任者講習の受講を促進するための施策を講ずる。
6　派遣労働者の処遇について
（1）均衡待遇の推進
ア　賃金について
　派遣先は、派遣元の求めに応じ、派遣元に対し派遣労働者と同種の業務に従事する労働者の賃金に関する情報提供などの適切な措置を講ずるよう配慮する。
　以下の内容について、指針に規定する。
・派遣先は、派遣料金を決定する際に、就業の実態や労働市場の状況などを勘案し、派遣される労働者の賃金水準が派遣先の同種の業務に従事する労働者の賃金水準と均衡が図られたものとなるよう努める。
・派遣先は、派遣契約を更新する際に、就業の実態や労働市場の状況のほか、派遣労働者が従事する業務内容や派遣労働者に要求する技術水準の変化を勘案して派遣料金を決定するよう努める。
・派遣元は、派遣料金が引き上げられたときは、それをできる限り派遣労働者の賃金の引上げに反映するよう努める。
・派遣元は、派遣先との派遣料金の交渉が派遣労働者の待遇改善にとって重要であることを踏まえ、交渉にあたるよう努める。
・派遣元の通常の労働者と有期雇用の派遣労働者との通勤手当の支給に関する労働条件の相違は、労働契約法第20条に基づき、諸般の事情を考慮して不合理と認められるものであってはならない。
イ　教育訓練について
　派遣先は、派遣先の労働者に対し業務の遂行に密接に関連した教育訓練を実施する場合は、一定の場合を除き、派遣元の求めに応じ、同じ業務に従事している派遣労働者にも実施するよう配慮する。
ウ　福利厚生施設について
　派遣先は、受け入れている派遣労働者に対しても、派遣先の労働者が利用している一定の福利厚生施設（給食施設、休憩室、更衣室）の利用の機会を与えるよう配慮する。

エ　その他

　派遣元は、派遣労働者の均衡を考慮した待遇の確保の際に配慮した内容について、派遣労働者の求めに応じて説明する。

（2）労働・社会保険の適用促進

　派遣元は、派遣労働者として雇用しようとする者に対し、労働契約の締結の際に、労働・社会保険の加入資格の有無を明示する。

　労働・社会保険に加入していない派遣労働者に対し、加入していない理由を通知することを定めた派遣元指針の内容を法律などに格上げする。

　また、派遣開始後に労働・社会保険に加入させる場合について、派遣元は、一定期間内に派遣先に対し加入の通知を行うものとする。

　派遣元は、社会保険に加入させた上で労働者を派遣する場合は派遣の開始までに、派遣の開始後に加入させる場合には加入後速やかに、派遣先に派遣労働者の被保険者証などの写しを提示することなどにより、派遣先が加入の事実を確認することができるようにする。

7　派遣労働者のキャリアアップ措置について

（1）派遣元が行うべき措置

　派遣元は、雇用する派遣労働者に対して、計画的な教育訓練を実施するほか、希望する派遣労働者に対してはキャリア・コンサルティングを実施するものとし、特に無期雇用の派遣労働者に対しては、長期的なキャリア形成を視野に入れてこれらを実施するものとする。

　派遣事業の許可・更新要件に「派遣労働者へのキャリア形成支援制度を有すること」を追加する。

　キャリア形成支援の具体的な在り方については指針に規定する。

　派遣元が行うキャリアアップ措置の取組については、事業報告により把握する。

　キャリアアップ措置を適切に実施することを派遣元責任者の責務に追加する。

（2）派遣先が行うべき措置

　派遣先は、派遣元の求めに応じ、受け入れている派遣労働者の職務遂行状況や職務遂行能力の向上度合に関する情報を派遣元に提供するよう努める。

（3）紹介予定派遣の推進

　紹介予定派遣を推進するため、派遣元が職業紹介事業の許可を申請する際の手続の簡素化などを進める。

（4）派遣先での正社員化の推進

　派遣先は、新たに正社員の募集を行う場合は、募集を行うポストがある事業所に1年以上受け入れている派遣労働者に募集情報を周知する。

（5）国・事業主団体の責務

　国および事業主団体は、派遣労働者のキャリアアップのための必要な環境整備を行う責務を有する。

（1）派遣先による直接雇用への対応

　関係者間でのトラブルの発生を未然に防ぐ観点から、派遣先が派遣契約の終了直後に、受け入れていた派遣労働者を直接雇用しようとする際の取扱いについて、派遣契約に定める。

8　平成24年改正法について

　平成24年改正法の規定については、施行状況についての情報の蓄積を図りつつ、見直しについて引き続き審議会において検討を行う。

　日雇派遣の原則禁止については、以下の観点に留意しつつ、法改正を行わずに実施できる見直しについて、今回の制度全体に関する見直しと併せて実施することを検討する。

① 労働者が日雇派遣による収入に生計を頼ることがないようにしつつも、現在の年収要件を見直すことにより雇用の機会を拡大すること

② 教育訓練を十分に受けていない労働者が日雇派遣に従事することによる労働災害の発生を防ぐこと

　今回の見直しによる業務単位での期間制限の撤廃後も、日雇派遣の原則禁止の例外であるいわゆる17.5業務については引き続き政令に規定する。

9　指導監督の強化などについて

（1）無許可事業所に対する指導監督について

　無許可で派遣事業を行う者に対する行政上の措置を強化する。

（2）初回の更新時のチェックの強化について

　派遣事業の許可の取得後最初の許可更新の際に、更新を受けようとする派遣

元が許可基準を満たしていることを審議会に報告する。
（3）優良な派遣元の推奨などについて
　労働力の需給調整という派遣事業の役割が適切に発揮されるためにも、悪質な派遣元に対する指導監督を強化するとともに、優良な派遣元を認定し推奨する事業を推進していく。
　派遣元責任者の要件として、派遣元責任者講習の受講を規定する。

　建議に沿った内容の改正法案は平成26年3月に通常国会に提出されましたが、附則の規定に誤りがあったことなどから、全く審議されないまま廃案となりました。
　このため、同年9月に臨時国会に提出され、衆議院本会議および厚生労働委員会において審議はされましたが、衆議院の解散により廃案となりました。
　この過程で、同年11月に衆議院厚生労働委員会の公明党理事から同委員会理事会に次の内容の「修正案骨子（未定稿）」が提案されました。

1．派遣法の運用に当たっての考慮事項の追加
　厚生労働大臣が、派遣法の運用に当たって、派遣就業は臨時的かつ一時的なものであることが原則であるとの派遣法の趣旨を考慮することを規定する。
2．雇用の安定を図るための措置についての規定の明確化
（1）特定有期雇用派遣労働者に対し派遣元が行う雇用の安定を図るための措置として、派遣先への直接雇用の依頼を明記する。
（2）雇用の安定を図るための措置のうち派遣労働者としての新たな就業の機会の提供に関して、派遣労働者の能力、経験などに照らして合理的なものでなければならない旨を明記する。
3．期間延長の理由説明時期の明確化
　派遣先が派遣可能期間を延長するに際し過半数組合等から意見があった場合の過半数組合等への理由などの説明を、延長する前に行うことを明確化する。
4．検討条項の改正（附則）
（1）速やかな検討の実施
　改正法施行後3年を目途として行うこととしている検討に加え、改正法施行後の通常の労働者および派遣労働者の数の動向などの労働市場の状況を踏まえ

て、雇用慣行に悪影響を及ぼしているおそれがある場合には改正法の規定について速やかに検討を行うものとする。
（2）均等・均衡待遇に係る調査研究など
　政府は、労働者派遣における待遇の均等または均衡を含めた派遣労働者の処遇の改善のための施策の在り方について検討するため、調査研究その他の必要な措置を行うものとする。

　2度の廃案を経て、平成27年3月には、上記の公明党理事から提案のあった「修正案骨子（未定稿）」の内容を盛り込んだ上で通常国会に提出されました。

　通常国会では、野党側から同一労働同一賃金推進法案が提出されたこともあり、衆議院では本会議1回のほか厚生労働委員会において同法案の審議や参考人質疑などを含めて10回審議が行われ、同一労働同一賃金推進法案について与党側も共同して修正案を提出し、可決させることを条件に同年6月に政府案通りに可決されました。

　参議院においても本会議1回のほか厚生労働委員会において同一労働同一賃金推進法案の審議や参考人質疑などを含めて11回審議が行われ、次のように修正されました。

1　派遣元管理台帳の記載事項に、派遣元が講じた雇用安定措置を追加する。
2　派遣先は、派遣可能期間を延長しようとする場合の過半数組合等の意見の聴取および過半数組合等が異議を述べた場合の過半数組合等に対する派遣可能期間の延長の理由などの説明を行うに当たっては、派遣法の趣旨にのっとり、誠実にこれらを行うように努めなければならない。
3　派遣元は、派遣労働者に対し就業条件などの明示をするに当たっては、派遣先が派遣先の事業所ごとの派遣期間の制限または同一の派遣労働者に関する組織単位ごとの派遣期間の制限に違反して労働者派遣の役務の提供を受けた場合には労働契約の申込みをしたものとみなされることとなる旨を併せて明示しなければならない。
4　改正法の施行期日を平成27年9月30日に改める。

また、次のような内容の極めて長文の附帯決議が採択されました。

一　派遣法の原則について
1　派遣就業は臨時的・一時的なものであるべきとの基本原則については改正法施行後も変わらないことに十分留意し、かつ、派遣労働が企業にとって単純な労働コストの削減や雇用責任の回避のために利用されてはならないことを再確認し、派遣法の規定の運用に当たること。

　　また、派遣法の根本原則である常用代替の防止は、派遣労働者が現に派遣先で就労している常用雇用労働者を代替することを防止するだけでなく、派遣先の常用雇用労働者の雇用の機会が不当に狭められることを防止することを含むものであり、このことに十分留意し、派遣法の規定の運用に当たること。

　　特に、派遣先が派遣労働者を受け入れたことによりその雇用する労働者を解雇することは常用代替そのものであり、派遣労働の利用の在り方として適当でない旨を周知すること。
2　直接雇用が労働政策上の原則であることに鑑み、正社員として働くことを希望している派遣労働者に正社員化の機会が与えられるよう、派遣元と派遣先のそれぞれに派遣労働者の正社員化に向けた取組を講じさせることや、国として派遣労働者の正社員化を促進する取組を支援する具体的措置を実施することなどを含め最大限努力すること。

　　その際、派遣労働者からの転換を目指すべき正社員とは、労働契約の期間の定めがなく、所定労働時間がフルタイムであり、直接雇用の労働者であることが原則であること、加えて、長期的な雇用に基づく処遇体系の下にある労働者であることが求められることに留意すること。

　　また、短時間労働者、有期雇用労働者などの非正規雇用労働者についても、労働者の意向に沿って、正社員化の機会が与えられるよう最大限努力すること。

二　派遣事業について
1　特定派遣事業と一般派遣事業との区分を撤廃し、全ての派遣事業を許可制とするに当たっては、派遣業界全体の健全化、派遣労働者の実効性ある保護

につながるような許可基準に見直すこと。

　派遣労働者の基本的権利や労働者としての尊厳、更には正当な労働の対価の支払や雇用の安定を無視して利益確保に走るような派遣元が業界から排除されるよう許可制を適切かつ確実に運用すること。

　また、全面許可制への移行に伴い増大する許可・更新手続、相談・申告対応、指導監督などを適切に実施する体制の確保が必要であることから、都道府県労働局の需給調整業務に関する組織体制の拡充、需給調整指導官の必要な人員増およびその専門スキルの向上を図るための研修の実施などに努めること。

2　派遣事業の許可に当たっては、事業運営の実績などがない中で書面による審査にならざるを得ないことなどに鑑み、最初の許可更新の際に、更新を受けようとする派遣元が許可基準を満たしていることを労働政策審議会に報告することとし、その効果を検証した上で、初回の許可の有効期間である3年を短縮することについても検討すること。

3　現在、届出のみで特定派遣事業を営んでいる小規模派遣元への暫定的な配慮措置を検討するに当たっては、労働政策審議会における議論を踏まえ、優良な小規模派遣元が不当に排除されることがないよう配慮しつつも、許可基準が派遣元の雇用責任を担保するために果たしている役割に十分留意するとともに、配慮措置の期間が必要以上とならないよう留意すること。

　また、派遣元として派遣労働者保護の責任などを適正に履行することができる優良な小規模派遣元が新制度に移行できるよう、事業主からの技術的かつ財政的な面での相談に応じるなどの必要な支援を行うこと。

　その上で、改正法施行後に事業の許可を受けずに廃業する派遣元に雇用されている派遣労働者については、その生活および雇用の安定を図るための方策を講ずるよう努めること。

4　派遣労働者の保護などを適正に実施する派遣元を優遇し、優良な派遣元を育成するため、認定制度の活用促進策について具体的な検討を行い、早急に実施すること。

　あわせて、法令違反を繰り返す派遣元に対しては、厳正なる指導監督の強化、許可の取消しを含めた処分の徹底を行うとともに、企業名の公表につい

ても検討すること。
5　マージン率については、派遣労働者保護の観点から社会通念上適切な範囲があると考えられることに鑑み、その規制の在り方について検討すること。

　　また、マージン率の関係者への情報提供に当たっては、平成24年改正法の立法趣旨を踏まえ、常時インターネットにより広く関係者とりわけ派遣労働者に必要な情報が提供される方法で情報提供を行うことを原則とする旨を派遣元指針に規定すること。
6　無許可で派遣事業を行う事業主に対しては、許可の取消しなどの措置を採ることができないことに鑑み、行政による刑事告発を行うことも視野に、指導監督に万全を期すこと。また、企業名の公表などについて検討すること。

三　期間制限について
1　新たに期間制限が掛かる26業務に現に従事する派遣労働者について、改正法の施行を理由とした労働契約の更新拒絶の動きがあることに鑑み、労働契約法第18条および第19条の趣旨の派遣元への周知、不当な更新拒絶を行わないための関係団体への要請、無期雇用派遣労働者への転換支援、派遣労働者への相談支援および就業継続支援体制の整備など、派遣労働者の雇用の安定化のための措置を早急に講ずること。

　　さらに、施行日前に締結された派遣契約に基づき行われる労働者派遣については、派遣労働者の保護に欠けることのないよう、改正法施行前の第40条の4の規定などに基づく指導・助言を徹底するとともに、それに従わない派遣先に対しては勧告や公表も含め、厳しく対処すること。
2　無期雇用派遣労働者を派遣契約の終了のみを理由として解雇してはならない旨を派遣元指針および許可基準に規定し、事業の許可およびその更新の審査段階などにおいて必要な指導などを行うことができるようにすること。

　　さらに、その旨を許可の条件とし、これに違反した派遣元の許可の取消しを行うことができるようにすること。

　　また、有期雇用派遣労働者についても、派遣契約終了時に労働契約が存続している派遣労働者については、派遣契約の終了のみを理由として解雇して

はならない旨を派遣元指針に明記すること。
3　クーリング期間経過後、派遣労働者の意向に反し、再び同一の組織単位の業務に派遣することは派遣労働者のキャリアアップの観点から望ましくない旨を派遣元指針に規定すること。
　　また、派遣労働の利用は臨時的・一時的なものが原則であることから、その利用は3年以内が原則であることを明らかにすること。
　　特に、派遣先が派遣可能期間の延長の是非を判断するに当たっては、必ず過半数組合等からの意見聴取を実施し、この原則を尊重すべきであることを周知徹底すること。
　　また、派遣先による対応方針の説明などは労使自治の考え方に基づく実質的な話合いができる仕組みの構築が目的であることを併せて周知すること。
　　なお、過半数組合等からの意見聴取手続の適正かつ効果的な運用が常用代替防止のために重要な役割を果たすことに鑑み、過半数組合等が的確な意見を述べられるよう、事業所全体で受け入れた派遣労働者数の推移のほか、過半数組合等からの求めに応じ、部署ごとの派遣労働者数および派遣受入れ期間などの情報が派遣先から提供されることが望ましい旨を派遣先指針に規定し、周知徹底を図ること。
　　さらに、国として過半数組合のある事業所の割合、意見聴取において過半数組合等から反対意見が出された割合およびその内容などの実態を把握するための調査および分析を行うこと。
　　なお、最初の派遣労働者の受入れに当たっては、過半数組合等にその受入れの考え方について説明することが望ましいことを周知すること。
4　改正後の第40条の2第4項の規定に基づき、過半数代表者から意見聴取を行うときには、過半数代表者が管理監督者である場合、投票、挙手などの民主的な方法によらず使用者の指名などの非民主的・恣意的方法により選出されたものである場合などについては、意見聴取手続が適正でないと判断されることに鑑み、過半数代表者の適正かつ民主的な選出について、厳正な確認、必要な指導などを行うこと。
　　また、労働者が過半数代表者であることもしくは過半数代表者になろうと

したことまたは過半数代表者として正当な行為をしたことを理由として不利益な取扱いをしてはならないことを省令で定め、その違反に対しては厳正に対処すること。

その状況によっては、不利益取扱いに関する規制の在り方について検討すること。

さらに、意見を聴取した過半数代表者が民主的な方法により選出されたものではない場合については、事実上意見聴取が行われていないものと同視して、労働契約申込みみなし制度の対象とすること。

なお、派遣先が意見聴取の過程および結果並びに対応方針などの説明の内容について故意に記録せずまたは記録を破棄した場合、意見聴取に当たり合理的な意見表明が可能となるような資料が派遣先から提供されない場合などについては、法の趣旨に照らして不適当であることから、厳正に対処すること。

5 意見聴取手続において過半数組合等から反対意見が述べられた場合、派遣先は十分その意見を尊重するよう努めるべきであり、その意見への対応方針を説明するに際しては、その意見を勘案して労働者派遣の役務の提供の受入れについて再検討を加えることなどにより、過半数組合等の意見を十分に尊重するよう努めるべき旨を派遣先指針に規定すること。

さらに、2回目以降の延長に係る意見聴取において、再度反対意見が述べられた場合については、当該意見を十分に尊重し、受入れ人数の削減などの対応方針を採ることを検討し、その結論をより一層丁寧に説明しなければならない旨を派遣先指針に明記すること。

6 派遣可能期間の延長手続を回避することを目的として、クーリング期間を置いて再度派遣労働の受入れを再開するような、実質的に派遣労働の受入れを継続する行為は、過半数組合等からの意見を聴取しなければ3年を超えて派遣労働を受け入れてはならないとした立法趣旨に反する旨を派遣先指針に規定すること。

四 雇用安定措置について

1 雇用安定措置として行う内容について記載した労働契約のひな形を作成し周知すること。

また、雇用安定措置のうちいずれの措置を行うかについては派遣労働者の意向を尊重することが重要である旨、特に派遣労働者が派遣先への直接雇用を望んでいる場合には直接雇用につながる措置を採ることが望ましい旨、およびキャリア・コンサルティングや労働契約の更新の際の面談などの機会を通じてあらかじめ派遣労働者の意向を確認し、早期に雇用安定措置の履行に着手すべきである旨を派遣元指針に規定すること。
　　　また、派遣元が行う派遣先に対する直接雇用の申込みの依頼は書面の交付などにより行うことが望ましいことを周知すること。
　　　さらに、改正後の第30条第2項の雇用安定措置の対象となる派遣労働者については、派遣元によってその義務が適切に履行されるか、派遣労働者が希望しなくなるまでその効力が失われないことを周知徹底するとともに、義務を履行せずに労働契約が終了した場合であっても、同条第1項第4号の規定により、労働契約を継続して有給で雇用の安定を図るために必要な措置を行うことなどを通じて、その義務を履行しなければならないことについて、確実に周知徹底すること。
2　派遣元と通算して1年以上の労働契約を結んでいた派遣労働者については、派遣契約の期間にかかわらず、雇用安定措置の対象となることを派遣元および派遣労働者に周知徹底し、雇用安定措置の適正かつ効果的な運用を担保すること。
　　　さらに、雇用安定措置については、派遣労働者の年齢や業務などによってその雇用の継続が困難な場合も含め、派遣元の履行を確保するよう厳正な指導などを行うこと。
3　雇用安定措置の実効性ある実施が派遣労働者の保護の観点から最も重要であることに鑑み、派遣元が個々の派遣労働者に対して実施した雇用安定措置については、その内容を派遣元管理台帳に記載することで、派遣労働者に対するキャリア・コンサルティングや雇用安定措置に関する派遣労働者の意向の確認などにも積極的に活用するよう、派遣元に対して指導すること。
　　　なお、派遣先に対して行った直接雇用の依頼については、派遣先からの受入れの可否についても併せて派遣元管理台帳に記載させること。
4　雇用安定措置の真に実効性ある実施により労働契約法第18条の無期転換申

込権を得ることのできる派遣労働者を拡大することが、派遣労働の中では比較的安定的な無期雇用派遣労働者への転換を望む派遣労働者の希望をかなえることにつながることから、改めて同法第18条の立法趣旨を派遣元に周知徹底するとともに、その適用を意図的・恣意的に逃れる行為は同法第18条の観点から脱法行為である旨を派遣元指針に規定すること。

　また、派遣元が繰り返し派遣期間3年直前で派遣就業を終了させ、または意図的に3年見込みに達しないように派遣契約を調整することにより雇用安定措置の義務逃れをすることは、雇用安定措置の立法趣旨に反する旨を派遣元指針に規定すること。

　さらに、そのような雇用安定措置の義務逃れをする派遣元について繰り返し指導を行っても改善しない場合、事業許可の更新を認めない旨を許可基準に盛り込み、派遣元の事業許可の更新を認めないこと。

5　雇用安定措置のうち、派遣先への直接雇用の依頼については、直接雇用の依頼を受けた件数に対して派遣先が直接雇用した人数が著しく少ない場合については、派遣先に対してその理由を聴取し直接雇用化の推進に向けた助言・指導を行うものとすること。

　また、新たな派遣先の提供については、業務の内容や福利厚生などに関する就業の条件について、特に賃金、就業場所、通勤時間などに関して合理的と認められる目安を定め周知すること。

五　派遣労働者の待遇について

1　均衡を考慮した待遇を確保するため、派遣元が派遣労働者の賞与や退職金などを含む賃金を決定するに当たって考慮し、勘案すべき内容について明確化するとともに、その周知を図ること。

　また、派遣元は、派遣先との派遣料金の交渉が派遣労働者の待遇改善にとって極めて重要であることを踏まえ、交渉に当たるべきである旨を派遣元指針に規定し、その周知徹底を図ること。

　さらに、派遣先も、派遣料金を設定する際に就業の実態や労働市場の状況などを勘案し、派遣される労働者の賃金水準が派遣先の同種の業務に従事する労働者の賃金水準と均衡が図られたものになるよう努める旨を派遣先指針に規定すること。

派遣労働者が待遇に関する事項などの説明を求めたことを理由として不利益な取扱いをしないようにしなければならない旨を派遣元指針に規定し、派遣元に対し厳正な指導監督などを行うこと。

また、不利益な取扱いを受けた派遣労働者への救済措置の在り方について検討を行うこと。

2 均等・均衡待遇の在り方について検討するための調査研究その他の措置の結果を踏まえ、速やかに労働政策審議会において、派遣労働者と派遣先に雇用される労働者との均等・均衡待遇の実現のため、法改正を含めた必要な措置の在り方について議論を開始すること。

その際、パートタイム労働法や労働契約法の関係規定も参酌して行うこと。

3 派遣元に雇用される通常の労働者と有期雇用派遣労働者との間における、通勤手当の支給に関する労働条件の相違は労働契約法第20条に基づき、働き方の実態その他の事情を考慮して不合理と認められるものであってはならない旨を派遣元指針に規定すること。

4 派遣労働者が安心して働くことができる環境を整備するため、派遣先が派遣労働者の労働・社会保険への加入状況を確認できる仕組みを強化するほか、派遣労働者を労働・社会保険に加入させることなく事業を行う派遣元に対して指導監督などを強化するなど、派遣労働者に対する労働・社会保険適用の促進を図ること。

また、派遣労働者を労働・社会保険に加入させることを許可基準に加えることについて検討すること。

5 派遣労働者の育児休業の取得については、恣意的な判断や、誤解に基づく運用により派遣労働者の権利が不当に制限されることがないよう、育児・介護休業法の内容を周知し、適切な指導などを行うこと。

また、派遣労働者の育児休業の取得に向けた取組などが優良な派遣元などに対する優良認定の仕組みを推進し、派遣労働者の育児休業の取得率が著しく低い派遣元についての対策を検討すること。

さらに、派遣労働者を始め非正規雇用労働者の育児休業の取得を促進するため、その取得状況や不利益取扱いなどに関する実態を早急に把握するとと

もに、法制上の措置を含む取得促進のための実効性ある措置を講ずることを検討すること。

その際、派遣労働者の育児休業については、育児休業からの復帰時の派遣先の確保など派遣労働者固有の課題があることを踏まえ、検討を行うこと。

六　キャリアアップ措置について

1　段階的かつ体系的な教育訓練などのキャリアアップ支援については、派遣労働者の正社員化や賃金などの待遇改善という成果につながるものとなるよう、派遣元に対して助言等を行うこと。

また、派遣元が、個々の派遣労働者について適切なキャリアアップ計画を派遣労働者との相談に基づいて策定し、派遣労働者の意向に沿った実効性ある教育訓練などが実施されること、また、キャリアアップの成果は賃金表に反映することが望ましいことを周知すること。

派遣元に義務付けられる教育訓練については、その義務の具体的な内容を明確化するなどして周知するとともに、その履行が徹底されるよう適切な指導などを行うこと。

さらに、派遣元に義務付けられる教育訓練の内容について、派遣元は、派遣労働者に周知するよう努めるべきである旨を周知し、インターネットなどにより関係者に対して情報提供することが望ましい旨を派遣元指針に規定すること。

2　派遣元に義務付けられる教育訓練の実施状況については、事業報告、派遣元管理台帳などによって確認し、その実施について適切な指導監督などを行うとともに、事業許可の更新の際には重要なチェック項目としてその適正かつ誠実な実施を確認し、基準を満たさない場合には更新をしないことも含め厳正に対処すること。

3　派遣元に義務付けられる教育訓練の実施に当たっては、必ず有給かつ無償で行わなければならない旨を許可基準に盛り込むこと。

また、その費用をマージン率の引上げによる派遣労働者の賃金の削減で補うことは望ましくないことを周知徹底すること。

その義務違反に対しては、許可の取消しや更新をしないことを含め厳正に

対処すること。

　また、派遣元に義務付けられる教育訓練を受けるために掛かる交通費については、派遣先との間の交通費よりも高くなる場合は派遣元において負担すべきである旨を周知すること。

　さらに、派遣元に義務付けられる教育訓練以外の教育訓練については、派遣労働者のキャリアアップのために自主的に実施すること、また、派遣労働者の負担は実費程度とし受講しやすくすることが望ましい旨を派遣元指針に規定すること。

　派遣労働者の参加が強制される場合、派遣労働者が教育訓練に参加した時間は労働時間であり有給とする必要があることを周知すること。

4　派遣労働者のキャリアアップのためには、キャリア・コンサルティングが効果的であることに鑑み、派遣労働者の意向に沿ったキャリア・コンサルティングが実施されるよう、派遣元に対し指導などを行うこと。

　また、短期細切れ派遣が繰り返されるような登録型派遣や日雇派遣などの派遣労働者についても、派遣元に義務付けられる教育訓練の実施およびキャリア・コンサルティングの提供は必須であること、その実施は労働契約が締結された状況で行われなければならないこと、そのため必要に応じて労働契約の締結・延長などの措置を講ずる必要があることを周知徹底すること。

5　派遣先に雇用される労働者の募集に関する事項の周知については、周知した事項の内容を記録し保存することが望ましい旨を周知すること。

　また、派遣労働者の直接雇用化を推進するため、派遣先が派遣契約の終了後に派遣労働者を直接雇用する場合の紛争が起こらないよう派遣元に支払う紹介手数料の取扱いなどについては、派遣契約の記載事項として省令で定めること。

　さらに、派遣先が派遣労働者を正社員として採用するなど直接雇用しようとする際、それを派遣元が禁止したり妨害したりすることは派遣法の趣旨に反するものであることを明確化し、そのような派遣元に対しては、厳正な指導を行うこと。

七　派遣先の責任について

1　派遣先の使用者性を認めた中労委命令および裁判例について周知を図り、

派遣先が苦情処理を行うに際しては、それらに留意する旨を派遣先指針に規定すること。

　また、派遣先において適切かつ迅速な処理を図らなければならない苦情の内容として、派遣先におけるセクハラ・パワハラなどについて派遣先指針に例示すること。

　さらに、派遣先の団体交渉応諾義務の在り方について、法制化も含めた検討を行うこととし、その際、労働時間管理、安全衛生、福利厚生、職場におけるハラスメント、労働契約申込みみなし制度の適用などに関する事項に関する団体交渉における派遣先の応諾義務についても検討すること。

2　派遣元の責めに帰すべき事由によって派遣労働者の労働義務が履行不能になった場合においては、民法第536条第2項の規定による反対給付や労働基準法第26条の規定による休業手当が確実に支払われるべきであることを、当事者を含む関係者に周知徹底すること。

　また、これらの場合における派遣労働者への賃金などの支払に関する実態の調査を行うこと。

3　派遣先による派遣労働者を特定することを目的とする行為は、派遣法の趣旨に照らし不適当な行為であることに鑑み、その禁止の義務化について検討すること。

4　労働契約申込みみなし制度の実効性を担保するため、派遣労働者に対してみなし制度の内容の周知を図るとともに、派遣労働者がみなし制度を利用できる状態にあることを認識できる仕組みを設けること。

　また、みなし制度の趣旨が違法派遣と知りながら派遣労働者を受け入れている派遣先への制裁および派遣労働者の保護にあることに鑑み、派遣先は、労働者の意向を踏まえつつ、みなし制度の下で有期の労働契約が成立した後に契約を更新することについては、派遣元と締結されていた労働契約の状況などを考慮し真摯に検討すべきである旨を周知すること。

　さらに、離職した労働者を離職後1年以内に派遣労働者として受け入れてはならないとの禁止規定に違反した場合、事前面接を始めとする派遣労働者を特定することを目的とする行為を行った場合、グループ企業内派遣の8割規制に違反した場合などの派遣先の責任を強化するため、みなし制度の対象

を拡大することについて検討すること。
八　その他
1　今後、派遣法改正について、施行後の状況を踏まえ、その見直しについての検討を行う際には、今回の改正により新設された個人単位および事業所単位の期間制限、雇用安定措置などの改正規定について、常用代替防止、派遣労働者の保護、雇用の安定などの観点から検討を行うこと。
2　派遣労働者の安全衛生については、雇用関係のある派遣元と、就業上の指揮命令や労働時間の管理を行っている派遣先の連携が不十分であることから、派遣労働者の安全衛生上のリスクに対して就業上の配慮が十分になされていない可能性があるため、派遣労働者の安全衛生について派遣元と派遣先が密接に連携する旨を派遣元指針および派遣先指針双方に規定すること。

　　また、安全衛生教育の実施は事業者の法的義務であるが、その実施率は低く、特に派遣労働者に対する実施率は全労働者より低くなっていること、および労働災害発生率の高い派遣労働者にこそ十分な安全衛生教育が実施される必要があることに鑑み、派遣元および派遣先による安全衛生教育の実施の徹底を図ること。
3　派遣労働者の労働関係法令に関する知識の修得の必要性を踏まえ、派遣元から派遣労働者にその機会が与えられるよう指導などを行うこと。

　　また、派遣先に対して、派遣先責任者講習などの機会を活用し、労働関係法令の遵守に必要な知識の付与を図ること。
4　個々の派遣労働者についての派遣元管理台帳の保管については、派遣労働者のための雇用安定措置、キャリアアップ措置などの着実かつ適正な実施を確保する観点から適切に行わせること。

　　なお、キャリアアップ措置については、長期的・継続的に行う必要があるため、派遣元が派遣労働者に関する情報を中長期的に管理する体制を整備することを求めること。
5　無期雇用派遣労働者の募集に当たっては、正社員の募集と誤認させることがないよう指導などを徹底すること。
6　平成24年改正法の見直しの検討に当たっては、派遣労働者の保護や待遇が後退することとならないようにすること。

また、雇用仲介事業の在り方の検討は、求職者および労働者の保護や待遇が後退することとならないようにすること。
　また、職業安定法第44条に定める労働者供給事業の禁止については、行政による刑事告発を行うなど、指導監督に万全を期すこと。

　改正法案が最終的に成立したのは平成27年9月11日のことで、同月18日法律第73号として公布され、政省令の改正に関する審議会をあわただしく開催した上で、同月30日に施行されるというドタバタ状態でした。
　なお、同時期に成立した同一労働同一賃金推進法の内容は、次の通りです。

1　目的
　この法律は、近年、雇用形態が多様化する中で、雇用形態により労働者の待遇や雇用の安定性について格差が存在し、それが社会における格差の固定化につながることが懸念されていることに鑑み、それらの状況を是正するため、労働者の職務に応じた待遇の確保などのための施策に関し、基本理念を定め、国の責務などを明らかにするとともに、労働者の雇用形態による職務および待遇の相違の実態、雇用形態の転換の状況などに関する調査研究などについて定めることにより、労働者の職務に応じた待遇の確保などのための施策を重点的に推進し、もって労働者がその雇用形態にかかわらず充実した職業生活を営むことができる社会の実現に資することを目的とする。
2　基本理念
　労働者の職務に応じた待遇の確保などのための施策は、次の事項を旨として行われなければならない。
（1）労働者が、その雇用形態にかかわらずその従事する職務に応じた待遇を受けることができるようにすること。
（2）通常の労働者以外の労働者が通常の労働者となることを含め、労働者がその意欲および能力に応じて自らの希望する雇用形態により就労する機会が与えられるようにすること。
（3）労働者が主体的に職業生活設計を行い、自らの選択に応じ充実した職業生活を営むことができるようにすること。

3 国の責務など

(1) 国は、2の基本理念にのっとり、労働者の職務に応じた待遇の確保などのための施策を策定し、および実施する責務を有する。

(2) 事業主は、国が実施する労働者の職務に応じた待遇の確保などのための施策に協力するよう努めるものとする。

(3) 労働者は、職業生活設計を行うことの重要性について理解を深めるとともに、主体的にこれを行うよう努めるものとする。

4 法制上の措置など

政府は、労働者の職務に応じた待遇の確保などのための施策を実施するため、必要な法制上、財政上または税制上の措置その他の措置を行うものとする。

5 調査研究

(1) 国は、次の事項について調査研究を行うものとする。

1) 労働者の雇用形態の実態

2) 労働者の雇用形態による職務の相違および賃金、教育訓練、福利厚生その他の待遇の相違の実態

2) 労働者の雇用形態の転換の状況

4) 職場における雇用形態による職務の分担および管理的地位への登用の状況

(2) 国は、(1) 3) の事項について調査研究を行うに当たっては、通常の労働者以外の労働者が通常の労働者への転換を希望する場合における処遇その他の取扱いの実態、転換を妨げている要因などについて重点的にこれを行うものとする。

6 職務に応じた待遇の確保

(1) 国は、雇用形態の異なる労働者についてもその待遇の相違が不合理なものとならないようにするため、事業主が行う通常の労働者および通常の労働者以外の労働者の待遇に関する制度の共通化の推進その他の必要な施策を行うものとする。

(2) 政府は、派遣労働者の置かれている状況に鑑み、派遣労働者について、派遣元および派遣先に対し、派遣労働者の賃金の決定、教育訓練の実施、福

利厚生施設の利用その他の待遇についての規制などの措置を行うことにより、派遣先に雇用される労働者との間においてその業務の内容および業務に伴う責任の程度その他の事情に応じた均等な待遇および均衡のとれた待遇の実現を図るものとし、この法律の施行後、3年以内に法制上の措置を含む必要な措置を行うとともに、当該措置の実施状況を勘案し、必要があると認めるときは、所要の措置を行うものとする。

7　雇用環境の整備

（1）国は、労働者がその意欲および能力に応じて自らの希望する雇用形態により就労することが不当に妨げられることのないよう、労働者の就業形態の設定、採用および管理的地位への登用などの雇用管理の方法の多様化の推進その他雇用環境の整備のために必要な施策を行うものとする。

（2）国は、（1）の施策を行うに当たっては、雇用形態により労働者の待遇や雇用の安定性について格差が存在する現状を踏まえ、通常の労働者以外の労働者の雇用管理の改善および通常の労働者以外の労働者から通常の労働者への転換が促進されるよう、必要な配慮を行うものとする。

8　教育の推進

国は、国民が職業生活設計の重要性について理解を深めるとともに、労働者が主体的に職業生活設計を行い、自らの選択に応じ充実した職業生活を営むことができるよう、職業生活設計についての教育の推進その他必要な施策を行うものとする。

9　平成29年施行の改正法

　労働政策審議会雇用均等分科会では、平成21年の育児・介護休業改正法に見直し検討規定が設けられていることや女性活躍推進法の可決時の参議院内閣委員会における附帯決議（平成27年8月25日）において、「男女を問わず職業生活を営む上で障害となる、あらゆるハラスメントに一元的に対応する体制の整備について、事業主の措置を促すことを検討するとともに、ハラスメントの防止に向けて、男女雇用機会均等法や育児介護休業法など関連する法律の改正を積極的に検討すること」と

記載されたことなどから、平成27年9月から、仕事と家庭の両立支援対策の充実を進めるため、育児・介護休業制度の見直しについて議論を行った結果、同年12月21日に「仕事と家庭の両立支援対策の充実について」と題する建議を行いましたが、この建議に次の内容を含んでいました。

（4）妊娠・出産・育児休業・介護休業をしながら継続就業しようとする男女労働者の就業環境の整備について
・妊娠・出産・育児休業・介護休業をしながら継続就業しようとする男女労働者の就業環境の整備については、事業主による妊娠・出産・育児休業・介護休業などを理由とする不利益取扱いのみならず、上司・同僚からの行為を防止することが求められるが、防止措置の対象となる範囲については、男女雇用機会均等法および育児・介護休業法に規定される不利益取扱いにおける「理由となる事由」や「行為類型」を前提とする。
・上司・同僚からの行為を防止するための措置については、セクシュアルハラスメントの防止のために事業主に義務づけられている措置を参考に、事業主に雇用管理上必要な措置を義務づける。
・防止措置の対象とする具体的な範囲や防止措置の具体的な内容については、指針などにおいて示す。
・防止措置義務を課すことや、企業での取組の好事例など効果的な方策の周知、前回の育児・介護休業法の改正で設けられた男性の育児休業取得促進のための制度（パパ・ママ育休プラス等）の周知などにより、男性の育児休業の取得の促進を図る。

（5）派遣労働者に対する妊娠・出産・育児休業・介護休業などを理由とする不利益取扱いなどについて
・（4）の防止措置義務について、派遣先で就業する派遣労働者については、派遣先もまた、事業主とみなして、措置義務を適用する。
・育児・介護休業法に規定する、事業主による育児休業などの取得などを理由とする不利益取扱いの禁止について、派遣先で就業する派遣労働者については、派遣先もまた、事業主とみなして、不利益取扱いの禁止を適用する。
・育児休業取得後の就業機会の確保の努力を派遣元において行うべきことを明

確化し、周知する。

　建議の内容を盛り込んだ法案が平成28年１月に通常国会に提出され、同年３月に衆議院厚生労働委員会において３度審議が行われ、それぞれ原案通り可決し、参議院厚生労働委員会においても３度審議が行われ、同月29日に原案通り可決成立しました。

　なお、参議院厚生労働委員会においては附帯決議が採択されましたが、派遣法関連の記載はありませんでした。

　改正法は、平成28年３月31日法律第17号として公布され、平成29年１月１日から施行されます。

第 2 部
派遣法の内容

派遣法について、以下解説しますが、厚生労働省から示されている解釈の中には法令の規定に合致しないものが少なからず含まれていますので、その問題点についても触れながら、解説します。

第4章
派遣法の概要と基本的な概念

1 派遣法の概要

派遣法は、次の5章81条（平成29年1月からは82条）から構成されています。
第1章　総則（第1条—第3条）
第2章　労働者派遣事業の適正な運営の確保に関する措置
　第1節　業務の範囲（第4条）
　第2節　事業の許可（第5条—第22条）
　第3節　補則（第23条—第25条）
第3章　派遣労働者の保護等に関する措置
　第1節　労働者派遣契約（第26条—第29条の2）
　第2節　派遣元事業主の講ずべき措置等（第30条—第38条）
　第3節　派遣先の講ずべき措置等（第39条—第43条）
　第4節　労働基準法等の適用に関する特例等（第44条—第47条の2（平成29年1月からは第47条の3となります））
第4章　雑則（第47条の3（平成29年1月からは第47条の4となります）—第57条）
第5章　罰則（第58条—第62条）

　第1章「総則」においては、派遣法の目的、労働者派遣や派遣労働者などの派遣法を通じて使用される基本的な概念についての用語の意義および派遣法の適用範囲について規定しています。

　第2章「労働者派遣事業の適正な運営の確保に関する措置」においては、派遣事業の適正な運営を確保するため、派遣事業を行ってはならない業務の範囲、派遣事業の許可制度などについて規定しています。

第3章「派遣労働者の保護等に関する措置」においては、派遣労働者の保護と雇用の安定を図るため、派遣契約、適正な雇用管理を行うために派遣元の講ずべき措置、適正な就業管理を行うために派遣先の講ずべき措置、労働基準法などの使用者責任を明確化するための労働基準法などの適用に関する特例などについて規定しています。

　第4章「雑則」においては、派遣法を施行するために必要な指導・助言、勧告および指示、改善命令、公表、申告、報告、立入検査、公共職業安定所における相談、援助、派遣事業協力員、手数料などについて規定しています。

　第5章「罰則」においては、許可を受けないで派遣事業を行った者、適用除外業務について派遣事業を行った者など各規定に違反する者に対する罰則について、違反の内容の軽重に従って懲役刑または罰金刑を規定するとともに、両罰規定を設けています。

2　法律の題名

　労働者派遣事業の適正な運営の確保及び派遣労働者の保護等に関する法律

　平成24年施行の改正法により「労働者派遣事業の適正な運営の確保及び派遣労働者の就業条件の整備等に関する法律」から改正されました（第2章コメント4（26頁）参照）。

3　法律の目的

概要

　派遣法の目的を規定したものであり、派遣法が、
（1）職業安定法と相まって労働力の需給の適正な調整を図るため派遣事業の適正な運営の確保に関する措置を行うこと、
（2）派遣労働者の保護などを図ること、
により、派遣労働者の雇用の安定その他福祉の増進に資することを目的とするもの

であることを明らかにしています。

解説

（1）職業安定法と派遣法との関係

　派遣法は、労働力需給調整システムの1つである派遣事業について規定するものであるため、労働力需給調整に関する基本法である職業安定法の特別法と位置づけられます。

　このことは、職業安定法第47条の2において「派遣事業に関しては、派遣法の定めるところによる」旨、また派遣法第1条において「職業安定法と相まって」と規定されており、職業安定法と派遣法が一体的なものであることを明らかにしています。

（2）職業安定法の目的との関係

　職業安定法は、①職業の安定を図ること、②経済及び社会の発展に寄与することを目的としています。この2つの目的は、相互に密接な関係を有し、職業の安定を図ることは、経済及び社会の発展を図るという目的の達成に資するという関係にあります。

　これに対し、派遣法の目的は、「派遣労働者の雇用の安定その他福祉の増進に資する」ことにあります。

　この2つの関係は、

　職業安定法において用いられている「職業の安定」と本法において用いられている「雇用の安定」とは、その趣旨としては、おおむね同じですが、派遣法においては「雇用の安定」に加え、さらに「その他福祉の増進に資する」ことを目的としています。

　これは、雇用が安定していることは、福祉の増進が図られるための1要素であるとともに、職業安定法が主として労働力の需給調整について規律する法であるのに対し、派遣法は、労働力の需給調整だけではなく、派遣労働者の保護などについても規定する法律ですので、「福祉の増進」という、「職業の安定」を包含する広い概念が用いられています。

（3）目的を達成する手段

　この目的を達成する手段としては、

1）職業安定法と相まって労働力の需給の適正な調整を図るため派遣事業の適正な運営の確保に関する措置を行うこと。
2）派遣労働者の保護などを図ること。
をあげています。

　1）としては、第2章において労働力の需給調整に関して、必要な事項を定めていて、これらの規定により、派遣事業の適正な運営を確保することにしています。

　2）としては、第3章において派遣労働者の保護に関して、必要な事項を定めています。

　派遣事業は、派遣労働者を雇用する者（派遣元）とその指揮命令の下に労働させる者（派遣先）が分離するという一般の労働関係とは異なる特殊な労働関係にあることを前提に、それに応じて派遣労働者の保護が図られるよう、派遣元により適正な雇用管理が、また派遣先により適正な就業管理が行われていくことを確保していくとともに、労働基準法などの法律についても、その適用の特例などを定めています。

　そのために、派遣契約や派遣元、派遣先がそれぞれ行わなければならない事項、労働基準法などの適用に関する特例などの規定が定められています。

　なお、法律の題名とととともに、目的も平成24年施行の改正法により「就業条件の整備」から「保護」に改正されました（第2章コメント4（26頁）参照）。

4　用語の意義

　派遣法で用いられている主要な用語である①労働者派遣、②派遣労働者、③派遣事業、④紹介予定派遣について、その意味を定めています。

（1）労働者派遣

　派遣法で用いられている最も基本的な用語であり、派遣法の適用対象を決定するものですが、これほど誤解されているものもありませんので、できるだけ丁寧に解説します。

概要

　労働者派遣とは、「自己の雇用する労働者を、当該雇用関係の下に、かつ、他人

の指揮命令を受けて、当該他人のために労働に従事させることをいい、当該他人に対し当該労働者を当該他人に雇用させることを約してするものを含まない」ものをいいます（派遣法第2条第1号）。

解説
1）「労働者派遣」に関する一般的な解説
ア　派遣元、派遣先および派遣労働者の3者間の関係
　労働者派遣における派遣元、派遣先および派遣労働者の3者間の関係は、一般に次のように説明されます（図1）。
①　派遣元と派遣労働者との間に雇用関係があり、
②　派遣元と派遣先との間に派遣契約が締結され、この契約に基づき、派遣元が派遣先に労働者を派遣し、
③　派遣先は派遣元から委託された指揮命令の権限に基づき、派遣労働者を指揮命令する。

図1　労働者派遣における3者間の関係

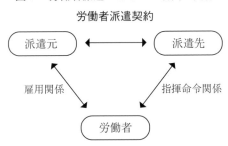

イ　「労働者」とは
　「労働者」とは、事業主に雇用され、事業主から賃金を支払われる者をいいます。
ウ　「雇用関係」とは
　「雇用関係」とは、民法第623条の規定による雇用関係のみではなく、労働者が事業主の支配を受けて、その規律の下に従属的地位において労働を提供し、その提供した労働の対償として事業主から賃金、給料その他これらに準ずるものの支払を受けている関係をいいます。労働者派遣に該当するためには、派遣元との間において雇用関係が継続していることが必要です。
エ　「指揮命令」とは

「労働者派遣」に該当するためには、派遣元が雇用する派遣労働者を派遣先の指揮命令を受けるものでなければなりません。

一般に「指揮命令」の「指揮」とは「さしずすること」を、「命令」とは「言いつけること」を、それぞれ言います（広辞苑）から、「指揮命令」とは「さしずし、言いつけること」を言います。

この場合に、「指揮命令」を行うのは派遣先であり、「指揮命令」を受けるのは派遣労働者であって、派遣元ではありません。また、「従事する」のも派遣労働者であって、派遣元ではありません。

> コメント14　「指揮命令」の意義や「指揮命令」を受け、「従事する」のが派遣労働者であることをなぜ間違えるのか？
>
> 「指揮命令」に関する上記の記載は日本語として当然のことなのですが、何故か派遣法や請負基準の規定に関する解釈になると間違いが数多く出てくるのです。
>
> 到底「指揮命令」とは言えないものを「指揮命令」と言ったり、「指揮命令」を受け、「従事する」したりするのが派遣労働者ではなく、派遣元の場合を問題とするものが、厚生労働省のホームページに掲載されている請負基準疑義応答集（第１集と第２集があります）をはじめ数多くありますので、順次解説します。

オ　「他人のために労働に従事させる」とは

「労働者派遣」に該当するためには、派遣元が雇用する派遣労働者を他人である派遣先のために労働に従事させるものでなければなりません。

「他人のために労働に従事させる」とは、その労働への従事に伴って生ずる利益が、指揮命令を行う他人である派遣先に直接に帰属するように行われることをいいます。

このため、事業主が、自己の雇用する労働者を指揮命令する方法の１つとして、その事業主自身の事業所の作業の遂行について専門的能力を有する「他人」にその事業主自身のための指揮命令の実施を委任などの形式により委託し、その指揮命令の下に自己の雇用する労働者を労働に従事させるような場合は、「他人のために労

働に従事させる」とはいえませんので、労働者派遣には該当しません。

「労働に従事させる」の前提として場所的な移動は前提ではなく、他人が派遣元の事業所に出向いて指揮命令を行う場合でも、その指揮命令に伴って生ずる利益が他人に直接帰属する場合には、労働者派遣に該当します。

なお、「労働に従事させる」とは、派遣元が雇用主としての資格に基づき、労働者について自己の支配により、その規律の下に従属的地位において労働を提供させることをいうものなので、労働者に対する指揮命令に関する権限も、派遣元から派遣先へ委託されてはいますが、本来的には派遣元に留保され、労働についても観念的には派遣元に提供されていることになります。

2）「労働者派遣」と「請負」との区分

ア　請負基準の規定

請負基準の正式名称は「労働者派遣事業と請負により行われる事業との区分に関する基準（昭和61年労働省告示第37号）」です。

請負基準は、昭和59年11月に出された「中央職業安定審議会派遣事業等小委員会報告書」に「具体的に、請負に該当するのか、派遣事業に該当するのか、不明確となることも予想されることから、認定基準を定めるなどにより、更にその明確化を図っていくべきである（第2章37頁参照）」旨記載されたことから制定されたもので、次のような内容の規定です。

> 第1条　この基準は、派遣法の施行に伴い、同法の適正な運用を確保するためには派遣事業に該当するか否かの判断を的確に行う必要があることにかんがみ、派遣事業と請負により行われる事業との区分を明らかにすることを目的とする。
> 第2条　請負の形式による契約により行う業務に自己の雇用する労働者を従事させることを業として行う事業主であっても、その事業主がその業務の処理に関し次の各号のいずれにも該当する場合を除き、派遣事業を行う事業主とする。
> 一　次のイ、ロおよびハのいずれにも該当することにより自己の雇用する労働者の労働力を自ら直接利用するものであること。
> 　イ　次のいずれにも該当することにより業務の遂行に関する指示その他の管理

を自ら行うものであること。
（1）労働者に対する業務の遂行方法に関する指示その他の管理を自ら行うこと。
（2）労働者の業務の遂行に関する評価などに関する指示その他の管理を自ら行うこと。
ロ　次のいずれにも該当することにより労働時間などに関する指示その他の管理を自ら行うものであること。
（1）労働者の始業・終業の時刻、休憩時間、休日、休暇などに関する指示その他の管理（これらの単なる把握を除く）を自ら行うこと。
（2）労働者の労働時間を延長する場合または労働者を休日に労働させる場合における指示その他の管理（労働時間などの単なる把握を除く）を自ら行うこと。
ハ　次のいずれにも該当することにより企業における秩序の維持、確保などのための指示その他の管理を自ら行うものであること。
（1）労働者の服務上の規律に関する事項についての指示その他の管理を自ら行うこと。
（2）労働者の配置などの決定・変更を自ら行うこと。
二　次のイ、ロおよびハのいずれにも該当することにより請負契約により請け負った業務を自己の業務として当該契約の相手方から独立して処理するものであること。
イ　業務の処理に要する資金につき、すべて自らの責任の下に調達し、かつ、支弁すること。
ロ　業務の処理について、民法、商法その他の法律に規定された事業主としてのすべての責任を負うこと。
ハ　次のいずれかに該当するものであつて、単に肉体的な労働力を提供するものでないこと。
（1）自己の責任と負担で準備し、調達する機械、設備もしくは器材（業務上必要な簡易な工具を除く）または材料もしくは資材により、業務を処理すること。
（2）自ら行う企画または自己の有する専門的な技術もしくは経験に基づい

て、業務を処理すること。
第3条　前条各号のいずれにも該当する事業主であっても、それが派遣法の規定に違反することを免れるため故意に偽装されたものであつて、その事業の真の目的が労働者派遣を業として行うことにあるときは、派遣事業を行う事業主であることを免れることができない。

イ　職業安定法施行規則第4条の規定

　これに関しては、派遣法制定前の労働者供給と請負との区分に関しても同様の問題があり、現在でも職業安定法施行規則第4条第1項に請負基準第2条と同様の規定が、職業安定法施行規則第4条第2項に請負基準第3条と同様の規定が、それぞれ次のような内容で定められています。

第4条　労働者を提供しこれを他人の指揮命令を受けて労働に従事させる者（派遣事業を行う者を除く）は、たとえその契約の形式が請負契約であっても、次の各号のすべてに該当する場合を除き、労働者供給の事業を行う者とする。
（1）作業の完成について事業主としての財政上および法律上のすべての責任を負うものであること。
（2）作業に従事する労働者を指揮監督すること。
（3）作業に従事する労働者に対し、使用者として法律に規定されたすべての義務を負うものであること。
（4）次の①または②のいずれかに該当し、単に肉体的な労働力を供給するものではないこと。
①　自ら提供する機械、設備、器材（業務上必要な簡易な工具を除く）もしくはその作業に必要な材料、資材を使用すること。
②　企画または専門的な技術もしくは専門的な経験を必要とするものであること。
2　前項の各号のすべてに該当する場合（派遣事業を行う場合を除く）であっても、それが職業安定法第44条の労働者供給事業の原則禁止規定に違反することを免れるため故意に偽装されたもので、その事業の真の目的が労働力の

> 供給にあるときは、労働者供給の事業を行う者であることを免れることができない。

　派遣法の制定により、請負そのものの範囲（派遣法の施行に伴い改正される前の職業安定法の労働者供給に該当しない範囲）は、労働者派遣が労働者供給の一部を抜き出して作られた概念ですから当然のことながら変更された訳ではなく、このため、職業安定法施行規則第4条第1項および第2項の要件が実質的に変更されることはありません。

ウ　労供取扱要領の記載

　職業安定法施行規則第4条第1項および第2項については、現在でも労供取扱要領（厚生労働省のホームページに掲載されています）に次のように記載されています。

> （1）第1項第1号
> 　「財政上の責任を負う」とは、請負った作業の完成に伴う諸経費（例えば事業運転資金その他の経費）を自己の責任で調達支弁することをいう。運転資金などの調達は請負契約と無関係のものであれば必ずしも自己資金であることを要しない。また、請負契約に基づく契約金の前渡しは自己資金である。
> 　「法律上の責任を負う」とは、請負契約の締結に伴う請負業者として民法（第632条、第642条）、商法（第502条、第569条）などの義務の履行について責任を負うことをいう。
> 　以上の責任を負うものであるかどうかの判定は、単に契約上の請負業者であるとの形式のみによって判断するのではなく、その責任を負う意思能力（理解と誠意）が判定の基礎となるから、その契約内容と請負業者の企業体としての資格、能力および従来の事業実績などの状況を総合的に判断すべきである。
> （2）第1項第2号
> 　「労働者を、指揮監督する」とは、作業に従事する労働者を、請負業者が自己の責任において作業上および身分上指揮監督することをいう。
> 　この場合、請負業者がその被用者をして指揮、監督させる場合も含むもので、作業上の指揮監督とは、仕事の割付け、技術指導、勤惰点検、出来高査定

など直接作業の遂行に関連した指揮監督をいう。したがって、請負契約により注文主が請負業者に指示（依頼）を行い、その結果として注文主の意思が間接的に労働者に反映されることは差し支えないが、その注文主の指示（依頼）が実質的に労働者の作業を指揮監督する程度に強くなると請負業者が労働者を指揮監督しているとはいえない。

また、身分上とは、労働者の採用、解雇、給与、休日等に関する一般的労務管理をいう。したがって、請負契約により注文主が請負業者に対し労働者の身分上のことについて指示（依頼）をすることをすべて否定するものではないが、注文主が労働者の身分上のことについて実質的に決定力をもつ場合は、請負業者が労働者を指揮監督しているとはいえない。

このように、労働者を指揮監督するとは、単に作業の上だけでなく、一般的な労務管理をも合わせて行っていることを要件とする。

（3）第1項第3号

「使用者として法律に規定されたすべての義務」とは、労働基準法、労災保険法、雇用保険法、健康保険法、労働組合法、労働関係調整法、厚生年金保険法、民法などにおける使用者、または雇用主としての義務をいう。

「義務を負う者」とは、義務を負うべき立場にある者、すなわち、義務を履行しないときは義務の不履行に伴う民事上および刑事上の責任を負うべき地位にある者をいい、必ずしも現実にこれらの義務を履行することを要求するものではないが、義務に関する理解と誠意に欠け、履行能力のないものをも、単に形式上使用者の立場にある事実のみを理由として義務を負う者とすることは妥当ではないので、この判定をする場合には、義務に関する理解と誠意ならびにその履行状況、運営管理状況から総合的に判断すべきものである。

（4）第1項第4号

本号は、単に肉体労働力を提供するものではないと判断できる具体的要件としての物理的要件（自ら提供する機械、設備、機材もしくはその作業に必要な材料、資材を使用すること）と技術的要件（企画もしくは専門的な技術もしくは経験を必要とすること）の2要件を掲げ、そのいずれか1つの要件に該当する作業を行うものであればよいとしている。

しかも、この2要件はいずれも併立的、かつ、択一的である。要するに、単

に肉体的な労働力を提供する作業でないためには、当該2要件のうち、いずれか1つを具備していなければならないとの意味である。

「自ら提供し、使用する」とは、機械、設備、器材または作業に必要な材料、資材を請負者自身の責任と負担において、準備、調達しその作業に使用することをいい、所有関係や購入経路などの如何を問うものではない。したがって、その機械などが自己の所有物である場合はもちろん、注文主から借入または購入したものでも請負契約に関係のない双務契約の上にたつ正当なものを提供使用する場合も含む。

「機械、設備、器材」とは、作業の稼働力となる機械、器具およびその附属設備、作業のために必要な工場、作業場などの築造物およびそれに要する器材などをいい、作業に直接必要のない労働者の宿舎、事務所などは、これに該当しない。

> コメント15　工場、作業場、労働者の宿舎、事務所などの施設は「機械、設備、器材」に含まれるのか？
>
> 　労供取扱要領の職業安定法施行規則第4条に関する記載は、昭和20年代の同条制定時または改正時から行われているものであるために、信ぴょう性の高いものですが、工場、作業場、労働者の宿舎、事務所などを「機械、設備、器材」に含めていることは不適切ではないでしょうか。
>
> 　というのは、例えば労働安全衛生法第3条第2項は「機械、器具その他の設備」と規定し、同法第65条の2第1項は「施設又は設備」と規定していて、施設と設備は別の種類の物としていて、機械は設備の一部としています。器材に施設が含まれることはあり得ませんから、「機械、設備、器材」に施設が含まれるとして、施設についてまで請負業者自身の責任と負担において、準備、調達しその作業に使用することを義務付けることはできないのではないでしょうか。

なお、この提供度合については、該当するそれぞれの請負作業一般における通念に照らし、通常提供すべきものが作業の進捗状況に応じて随時提供使用されており、総合的にみて各目的に軽微な部分を提供するにとどまるものでない

限りはよい。「業務上必要な簡単な工具」とは、機械、器具などのうち主として個々の労働者が主体となり、その補助的な役割を果たすものであって、例えば、「のみ」、「かんな」、「シャベル」などのように、通常個々の労働者が所持携行し得る程度のものをいい、これらのものは当該要件における機械、器具などから除かれる。なお、「機械、設備、器材」と「簡単な工具」との区別は、その産業における機械化の状況と作業の実情などを考慮して業界における一般通念によって個々に判断される。

「専門的な技術」とは、その作業の遂行に必要な専門的な工法上の監督技術、すなわち、通常学問的な科学知識を有する技術者によって行われる技術監督、検査などをいう。

「専門的な経験」とは、学問的に体系づけられた知識に基づくものではないが、永年の経験と熟練により習得した専門の技能を有するいわゆる職人的技能者が、作業遂行の実際面において発揮する工法上の監督的技能、経験をいう。例えば、作業の実地指導、仕事の順序、割振、危険防止などについての指揮監督能力がこれであり、単なる労働者の統率ないしは一般的労務管理的技能、経験を意味するものではなく、また、個々の労働者の有する技能、経験をもって足りるような作業は「専門的な経験」を必要とする作業とはいえない。

要するに「企画もしくは専門的な技術、もしくは専門的な経験」とは、請負業者として全体的に発揮すべき企画性、技術性、経験を指すのであって、個々の労働者の有する技術または技能などや業務自体の専門性をいうのではない。そして、その作業が「企画もしくは専門的な技術、もしくは専門的な経験」を必要とするかどうかの認定は、その作業が単に個々の労働者の技能の集積によって遂行できるものか、また、その請負業者が企業体として、その作業をなし得る能力を持っており、かつ、現実にその技能、経験を発揮して作業について企画し、または指揮監督しているかどうかについて検討すべきである。

（5）第2項

本項の規定は、第1項各号の要件が形式的には具備されていても、それが脱法を目的として故意に偽装しているものである限り、実質的には要件を欠くものであって、労働者供給事業を行う者であるとするものであり、この規定は、第1項の労働者供給事業に該当するものの範囲を拡張するものではなく、表面

合法を装って脱法しようとするものであることから、第1項の解釈を注意的にさらに明確にした。

「職業安定法第44条の規定に違反することを免れるため、故意に偽装されたものであって、その事業の真の目的が労働力の供給にある」ものとしては、次のような例が考えられる。

① 請負契約の形式で合法化しようとするもの

この場合は第1項各号の具備状況が形式的なものであって、実質的には、具備していないことの確認に基づいて判断される。例えば第1項第4号の自ら提供すべき機械、設備、器材、もしくは材料、資材などを表面上は発注者から借用、または譲渡、購入したような形式をとり、その使用状況からみて事実は依然発注者の管理または所有に属しているようなごときである。

② 発注者が直用する形式によって第1項各号の要件の具備を全面的に免れようとするもの

この場合は直用していると称する者の使用者としての業務履行の状況と、請負ないし労働者供給の事実の確認に基づいて判断される。例えば二重帳簿の備付、賃金支払の方法、採用、解雇の実権の所在、手数料的性格の経費の支払などの傍証によって確認することができる。

エ 請負基準の規定の意味

この労供取扱要領の記載と昭和27年の職業安定法施行規則第4条第1項第4号の改正時に示された解釈（第1章17〜20頁参照）を合わせて整理すれば、請負基準の規定の解釈は的確に行うことができます。

実際、請負基準が制定され、派遣法が施行されたときに派遣取扱要領に記載されていた内容は、労供取扱要領の記載のポイントなる部分だけが記載されていました。

このため、改めて派遣法が施行されたときの派遣取扱要領の記載、労供取扱要領の記載および昭和27年の職業安定法施行規則第4条第1項第4号の改正時に示された解釈などを合わせて整理すれば、請負基準の規定は次のように解釈することができます。

第1条　請負基準は、派遣法の施行に伴い、同法の適正な運用を確保するためには派遣事業に該当するか否かの判断を的確に行う必要があることにかんがみ、派遣事業と請負により行われる事業との区分を明らかにすることを目的とする。
1　告示の目的

> 請負基準は、その第1条に規定されているように、「派遣事業と請負により行われる事業との区分を明らかにする」ことを目的としています。

第2条　請負の形式による契約により行う業務に自己の雇用する労働者を従事させることを業として行う事業主であっても、その事業主がその業務の処理に関し次の各号のいずれにも該当する場合を除き、派遣事業を行う事業主とする。
1　請負基準の対象範囲

> （1）請負基準の対象範囲となる基本的な要件
> 　請負基準第2条柱書は、請負基準の対象の範囲について、「請負の形式による契約により行う業務に自己の雇用する労働者を従事させることを業として行う」と規定しています。したがって、請負基準の対象となるのは、①請負の形式による契約により業務を行っていること、②①の業務に自己の雇用する労働者を従事させていること、③①および②を業として行っていること、の3つの要件をいずれも満たす場合です。
> （2）請負基準の基準から委託（準委任）などの事業が排除されることにはならない
> 　請負基準の対象となる第1の要件は、「請負の形式による契約により業務を行う」場合です。したがって、直接には請負事業に限られていて、委託（準委任）などの事業は直接の対象とはしていません。
> 　しかし、請負基準の第2条柱書は、「次の各号のいずれにも該当する場合を除き、派遣事業を行う」旨規定していますから、派遣事業の範囲を定

めていることになります。

このため、請負基準の基準から委託（準委任）などの事業が排除されることにはなりません。

(3) 全ての業務が請負基準の対象となる

請負契約により行う業務を行う場合には、その業務の種類について請負基準は定めていませんので、全ての業務が請負基準の対象となります。

このため、請負基準の対象となるのは、製造業務に限られるということはなく、建設業務や事務業務、販売業務、サービス業務などあらゆる業務が対象となります。

(4) 構外請負も請負基準の対象となる。

請負契約により行う業務を行う場合には、工場の構内など注文主の管理する施設で請負を行ういわゆる構内請負に限るという規定は請負基準にはありませんから、独自に工場を設けるなど注文主の管理する施設の外で請負を行ういわゆる構外請負もその対象となります。

(5) 請負基準の対象となるのは「自己の雇用する労働者が従事する」場合に限られる

請負基準の対象となる第2の要件は、「業務に自己の雇用する労働者を従事させていること」である。この要件に該当するのは、①自己の雇用する労働者がいること、②その労働者を（請負の形式による契約により行う）業務に従事させていること、の2つの要件を満たす場合です。

したがって、請負基準の対象となるのは、「自己の雇用する労働者がいる」場合に限られていますので、逆に「自己の雇用する労働者がいない」場合には請負基準の適用はありません。

このことは、派遣法第2条第1号の「労働者派遣」の定義においても、「自己の雇用する労働者を」と規定していることからも明らかです。

また、請負基準の対象となるのは、「労働者を（請負）業務に従事させている」場合に限られています。

このため、事業主自らだけが請負業務に従事している場合や他の労働者を雇用していない事業主（ただし、実態として労働者に該当すると判断さ

れる場合があるので注意が必要です）だけに再請負をさせている場合には、請負基準の対象とはなりません。

(6) 請負基準の対象となるのは「業として行う」場合に限られる

請負基準の対象となる第3の要件は、「業として行っていること」です。

このため、業として行っていなければ、請負基準の対象にはなりません。

このことは、請負基準第1条が「労働者派遣事業に該当するか否かの判断を的確に行う」と定めていることからも明らかです。

2　請負基準第2条柱書の意味すること

「他人の指揮命令を受けて、当該他人のために労働に従事させる」ものではないとして、派遣事業に該当しないと判断されるためには、
(1) 請負基準第2条第1号を満たすことにより、労働者の労働力を事業主が自ら直接利用すること、すなわち、労働者の業務の遂行について、事業主が直接指揮監督のすべてを行うとともに、
(2) 請負基準第2条第2号を満たすことにより、業務を自己の業務として相手方から独立して処理すること、すなわち、業務が事業主の業務として、事業主の有する能力に基づき事業主の責任の下に処理されることが必要です。

請負基準第2条の本文は「次の各号のいずれにも該当する場合を除き、派遣事業を行う」と規定していますので、次の各号、すなわち第1号および第2号のいずれにも該当する場合には派遣事業に該当しないことになり、第1号のイ、ロおよびハのいずれにも該当すれば第1号に該当し、第2号のイ、ロおよびハのいずれにも該当すれば第2号に該当します。

第1号のイ、ロおよびハはいずれも（1）および（2）のいずれにも該当することを求めているのに対し、第2号のハは（1）または（2）のいずれかに該当すればよいと規定しています（第2号のイおよびロはそれぞれ単独の規定）ので、結局第1号のイの（1）および（2）の両方、ロの

> （1）および（2）の両方、ハの（1）および（2）の両方、第2号のイ、第2号のロの全部と第2号のハの（1）または（2）のどちらかに該当すれば、派遣事業に該当しないことになります。
> 　ただし、請負基準第3条の規定に該当する場合には派遣事業に該当します。

一　次のイ、ロおよびハのいずれにも該当することにより請負事業主の雇用する労働者の労働力を請負事業主が自ら直接利用するものであること。

> 　請負事業主が業務を遂行する労働者を請負事業主の責任においてその業務の遂行および労働時間や服務規律、配置などに関する指示その他の管理を請負事業主自ら行うことにより請負事業主がその雇用する労働者の労働力を自ら直接利用することをいい、請負事業主がその雇用する労働者に指示その他の管理を行わせる場合を含みます。
> 　なお、請負事業主に対する信用が充分でない場合には往々にして注文主が自ら請負事業主の指示その他の管理に介入して来る例が少なくありませんが、注文主がその発注した作業に介入する範囲はおのずから一定の限度があり、その限度は概ね次のとおりと考えられています。
> 1）請負事業主またはその代理者に対する注文上の限られた要求または指示の程度を超えるものでないこと。
> 2）請負事業主側の監督者が有する業務を遂行する労働者に対する指示その他の管理の権限に実質上の制限を加えるものではないこと。
> 3）業務を遂行する労働者に対して直接指示その他の管理を行うものでないこと。
> 　注文主がこの限度を超えて干渉を行う場合には、請負事業主が「自ら指示その他の管理をするもの」とは言えず、かつ請負事業主としての責任能力にも欠けるところがあり、また企画、技術、経験などに基づき業務を処理するものものでないと認められる場合も多いと考えられます。

イ　次のいずれにも該当することにより業務の遂行に関する指示その他の管理

を請負事業主が自ら行うものこと。
(1) 労働者に対する業務の遂行方法に関する指示その他の管理を請負事業主が自ら行うこと。
(2) 労働者の業務の遂行に関する評価などに関する指示その他の管理を請負事業主が自ら行うこと。

> 業務の遂行に関する指示その他の管理とは、仕事の割り付け、順序、緩急の調整、技術指導、勤惰点検、出来高査定など直接業務の遂行に関連した指示その他の管理をいい、これらの事項について、請負事業主が自ら行っているか否かを総合的に勘案して、この要件を満たすか否かを判断します。
>
> > **コメント16　労働者に対する「技術的な指導」は「評価」といえるか?**
> > 　派遣取扱要領では、労働者に対する技術的な指導について、同号イ(2)の「労働者の業務の遂行に関する評価などに関する指示その他の管理」に含まれる旨記載されていますが、「技術的な指導」は「評価」そのものではなく、また、「評価」のために行われるものでもありませんから、「業務の遂行に関する評価など」に含まれるとはいえません。
> > 　このため、同号イ(1)の「業務の遂行方法に関する指示その他の管理」に含まれると解すべきです。
>
> なお、「総合的に勘案して行う」とは、これらのうちいずれかの事項を事業主が自ら行わない場合であっても、これについて特段の合理的な理由が認められる場合は、直ちにその要件に該当しないとは判断しない(以下同様です)という趣旨です。
> 　請負契約により注文主が請負事業主に指示(依頼)を行い、その結果として注文主の意思が間接的に業務を遂行する労働者に反映されることは差し支えありませんが、その注文主の指示(依頼)が実質的に労働者の業務

> を直接指示その他の管理する程度に強くなると請負事業主が自ら業務を遂行する労働者を指示その他の管理をしているとはいえません。

ロ　次のいずれにも該当することにより労働時間などに関する指示その他の管理を請負事業主が自ら行うこと。
（1）労働者の始業・終業の時刻、休憩時間、休日、休暇などに関する指示その他の管理（これらの単なる把握を除く）を請負事業主が自ら行うこと。
（2）時間外労働、休日労働の場合における指示その他の管理（労働時間などの単なる把握を除く）を請負事業主が自ら行うこと。

>   業務を遂行する労働者の始業・終業の時刻、休憩時間、休日、休暇、時間外労働、休日労働などに関する指示その他の管理をいい、これらの事項について請負事業主側が業務を遂行する労働者に具体的に指示を行っているか、労働者の時間外、休日労働は請負事業主側が業務の進捗状況などをみて決定しているか、業務量の増減がある場合には事前に注文主から連絡を受けるようにしているか、などを総合的に勘案して判断します。
>   なお、請負事業主側が業務を遂行する労働者の業務時間の実績を把握することまで請負基準は求めていませんが、特に時間外労働・休日手当の支払いなどについては労働者の業務時間の実績の把握が必要となります。
>   請負契約により注文主が請負事業主に対し業務を遂行する労働者の労働時間などについて指示（依頼）をすることをすべて否定するものではありませんが、注文主が業務を遂行する労働者の労働時間などについて実質的に決定力をもつ場合は、請負事業主が業務を遂行する労働者を指示その他の管理をしているとはいえません。

ハ　次のいずれにも該当することにより企業における秩序の維持、確保などのための指示その他の管理を請負事業主が自ら行うこと。
（1）労働者の服務上の規律に関する事項についての指示その他の管理を請負事業主が自ら行うこと。

(2) 労働者の配置などの決定・変更を請負事業主が自ら行うこと。

> 業務を遂行する労働者の服務規律、配置などに関する指示その他の管理をいい、業務を遂行する労働者の事業所への入退場に関する規律、服装、職場秩序の保持、風紀維持のための規律などの決定、管理（注文主などが有する施設管理の権限や法令の規定に基づくものなどによる場合を除きます）について、請負事業主側が行っているか否かを総合的に勘案して判断します。
> 請負契約により注文主が請負事業主に対し業務を遂行する労働者の服務規律、配置などについて指示（依頼）をすることをすべて否定するものではありませんが、注文主が業務を遂行する労働者の服務規律、配置などについて実質的に決定力をもつ場合は、請負事業主が業務を遂行する労働者を指示その他の管理をしているとはいえません。
> なお、勤務場所については、業務の性格上、実際に就業することとなる場所が移動することなどにより、個々具体的な現実の勤務場所を請負事業主側が決定または変更できない場合は業務の性格に応じて合理的な範囲でこれが特定されれば足りるとされています。

二　次のイ、ロおよびハのいずれにも該当することにより請負契約により請け負った業務を請負事業主が自己の業務として契約の相手方から独立して処理するものであること。

イ　業務の処理に要する資金について、すべて請負事業主が自らの責任の下に調達し、かつ、支弁すること。

> 請負った仕事の完成に伴う諸経費（例えば事業運転資金その他の経費）を請負事業主側が自己の責任で調達支弁することをいいます。運転資金などの調達は請負契約と無関係のものであれば必ずしも自己資金である必要はありません。また、請負契約に基づく契約金の前渡しは自己資金です。

ロ　業務の処理について、請負事業主が民法、商法その他の法律に規定された事業主としてのすべての責任を負うこと。

> 　請負契約の締結に伴う請負事業主として、民法（第632条、第642条）、商法（第502条、第569条）などの義務や労働基準法、労災保険法、雇用保険法、健康保険法、労働組合法、労働関係調整法、厚生年金保険法、民法などにおける使用者または雇用主としての義務について責任を負うことをいいます。
>
> 　「責任を負う」とは、責任を負うべき立場にあること、すなわち、責任を履行しないときは責任の不履行に伴う民事上および刑事上の責任を負うべき地位にあることをいい、必ずしも現実にこれらの責任を履行することを要求するものではありませんが、責任に関する理解と誠意に欠け、履行能力のないものを、単に形式上事業主の立場にあることのみを理由として責任を負うとすることは妥当ではありませんので、責任を負うかどうかの判定は、単に契約上の請負事業主であるとの形式のみによって判断するのではなく、その責任を負う意思能力（理解と誠意）が判定の基礎となるものであり、その契約内容と請負事業主の企業体としての資格、能力即ち、資金、機械設備、器械などの整備保有状況、人的機構陣容、従来の事業実績などの状況を総合的に判断する必要があります。その結果当該請負事業主が企業体として、完全な資格を備えている場合には、たとえ、その行う特定の業務がたまたま第2号ハの要件に欠けるところがあるときにも、なお派遣事業に該当しないと認められる場合もあります。
>
> 　なお、特に使用者または雇用主としての義務について責任を負うとする要件は中間搾取、強制労働などを含む労使間の非民主的支配従属関係を排除する最も実質的な効果を期待する規定であるとされてきました。

ハ　次のいずれかに該当するもので、請負事業主が単に肉体的な労働力を提供するものでないこと。
（1）請負事業主が自己の責任と負担で準備し、調達する機械、設備もしくは器材（業務上必要な簡易な工具を除く）または材料もしくは資材により、業

務を処理すること。
（2）請負事業主が自ら行う企画または請負事業主が有する専門的な技術もしくは経験に基づいて、業務を処理すること。

1　規定の趣旨

　この要件は、単に肉体労働力を提供するものではないと判断できる具体的要件としての物理的要件（自ら提供する機械、設備、器材もしくはその作業に必要な材料、資材により、業務を処理すること）と技術的要件（企画もしくは専門的な技術もしくは経験に基づいて、業務を処理すること）の2要件を定め、そのいずれか1つの要件に該当すればよいとしています。

　しかも、この2要件はいずれも併立的、かつ、択一的なものであり、要するに、単に肉体的な労働力を提供するものでないためには、これら2要件のうち、いずれか1つを具備していなければならないとの意味です。

2　「機械、設備、器材」「材料資材」

　業務に必要な機械、設備、器材または材料、資材を請負事業主自身の責任と負担において、準備、調達して、その業務に処理することをいい、所有関係や購入経路などの如何を問うものではありません。

　このため、その機械などが自己の所有物である場合はもちろん、注文主から借り入れまたは購入したものでも請負契約に関係のない双務契約により正当に調達するものを使用して業務を処理する場合を含みます。

　なお、機械、資材などの提供度合については特定の比率を設けて判断の基準とするなどの便宜措置は避けるべきで、請負業務など一般における通念に照らし、通常提供すべきものが作業の進捗状況に応じて随時提供使用されており、総合的に見て、単に名目的に極めて軽微な部分を提供するに止まるものでない限り特別に量的な限界を設ける必要はありません。

（1）「機械、設備、器材」

　「機械、設備、器材」とは、作業の稼働力となる機械、器具およびその附属設備、作業のために必要な器材などをいい、作業に直接必要のないも

のは、該当しません。
（2）「業務上必要な簡単な工具」

　「業務上必要な簡単な工具」とは、機械、器具などのうち主として個々の労働者が主体となり、その補助的な役割を果たすものであって、例えば、「のみ」、「かんな」、「シャベル」などのように、通常個々の労働者が所持携行し得る程度のものをいい、これらのものはこの要件における機械、器具などから除かれています。

　なお、「機械、設備、器材」と「簡単な工具」との区別は、産業における機械化の状況と業務の実情などを考慮して業界における一般通念によって個々に判断されます。

3　「企画」「専門的な技術」または「専門的な経験」

　「企画もしくは専門的な技術もしくは専門的な経験」とは、請負事業主が企業体として全体的に発揮する企画性、技術性、経験を指すのであって、個々の労働者の有する技術または技能などや業務自体の専門性をいうのではありません。

　その業務が「企画もしくは専門的な技術もしくは専門的な経験」に基づき処理されているかどうかは、その業務が単に個々の労働者の技能の集積によって遂行できるものか、あるいは、その請負事業主が企業体として、その作業をなし得る能力を持っており、かつ、現実にその技能、経験を発揮して作業について企画し、または指揮監督しているかどうかについて判断します。

（1）「企画」

　「企画」とは請負作業の遂行に必要な計画または段取りを行うことを意味しますが、これらの計画や段取りは、多種多様でその難易の程度も業務によって異なりますので、企画の内容程度が問題となりますが、およそ企画をなすには必ず一定の技術または経験を必要とし、このような技術または経験を有する者が、その技術経験を駆使して企画を行うものですから、企画性の有無を判定するに当っては概ねその企画を行う者の技術力または経験度を基準とし、なおその技術経験を必要とする程度の企画であるかどうかによって判断することが適当です。

そしてその技術または経験の性格および程度は（2）の「専門的な技術」または（3）の「専門的な経験」と同様に解されます。
　企画として普通に予想されるものの中には、①経営者としての企画、②労務管理者としての企画、③業務遂行面の企画などがありますが、経営者としての企画、労務管理者としての企画が業務遂行面と直接の関連がなく行われる場合には、ここでいう「企画」には該当しません。

(2)「専門的な技術」

　「専門的な技術」とは、業務の遂行に必要な専門的な工法上の監督技術、すなわち、通常学問的な科学知識を有する技術者によって行われる技術監督、検査などをいいます。
　請負事業主の有する専門的な技術として普通に予想されるものの中には、①事業経営者としての技術、②労務管理的技術、③業務遂行面の技術などがあり、これらの諸技術が有機的に総合発揮せられて業務が遂行されます。
　ここでいう「専門的な経験」は③の業務遂行面の技術を指し、①または②の技術を意味するものではありません。

(3)「専門的な経験」

　「専門的な経験」とは、学問的に体系づけられた知識に基づくものではありませんが、永年の経験と熟練により習得した専門の技能を有するいわゆる職人的技能者が、業務遂行の実際面において発揮する工法上の監督的技能、経験をいいます。
　例えば、業務遂行の実地指導、仕事の順序、割振、危険防止などについての指揮監督能力がこれであり、単なる労働者の統率ないしは一般的労務管理的技能、経験を意味するものではなく、また、個々の労働者の有する技能、経験をもって足りるような業務は「専門的な経験」に基づいて処理されているとはいえません。
　請負事業主の有する専門的な経験として普通に予想されるものの中には、①事業経営者としての経験、②労務管理的経験、③業務遂行技術面の経験などがあり、これらの諸経験が有機的に総合発揮せられて業務が遂行されますが、ここでいう「専門的な経験」は③の業務遂行技術面の経験を

指し、①または②の経験を意味するものではありません。
　しかし、このことは必ず③の経験が必要であることを要件とするのであって、単に①または②の経験のみに止るものではないとの趣旨ですから、たとえば労働者の統率力などの技能経験を特に排除するものではありません。

第3条　前条各号のいずれにも該当する事業主であっても、それが派遣法の規定に違反することを免れるため故意に偽装されたものであつて、その事業の真の目的が派遣を業として行うことにあるときは、派遣事業を行う事業主であることを免れることができない。

1　第3条の規定は派遣事業に該当するものの範囲を拡張するものではない
　第3条の規定は、第2条各号の要件が形式的には具備されていても、それが脱法を目的として故意に偽装しているものである限り、実質的には要件を欠くので、派遣事業に該当するというもので、派遣事業に該当するものの範囲を拡張するものではなく、表面合法を装って脱法しようとするものであるので、第2条の解釈を注意的にさらに明確にしたものです。
2　故意に偽装した例
　「派遣法の規定に違反することを免れるため故意に偽装されたものであって、その事業の真の目的が派遣を業として行うことにある」ものとしては、次のような例が考えられます。
（1）請負契約の形式で合法化しようとするもの
　この場合は第2条各号の具備状況が形式的なものであって、実質的には、具備していないことの確認に基づいて判断されます。
　例えば第2条第2号ハの自ら準備し、調達すべき機械、設備、器材、若しくは材料、資材などを表面上は発注者から借用、または譲渡、購入したような形式をとり、その使用状況からみて事実は依然発注者の管理または所有に属しているような場合です。
（2）発注者が直用する形式によって第2条各号の要件の具備を全面的に

> 　免れようとするもの
> 　この場合は直用していると称する者の使用者としての業務履行の状況と、請負ないし労働者派遣の事実の確認に基づいて判断されます。
> 　例えば二重帳簿の備付、賃金支払の方法、採用、解雇の実権の所在、手数料的性格の経費の支払などの傍証によって確認することができます。

オ　請負基準に関する解釈の誤りの数々

　ここからは、請負基準に関する行政の解釈の具体的な誤りについて指摘します。

A　派遣取扱要領への「〇〇業務の場合」に関する記載の追加

　平成11年の派遣法改正などの際の国会の附帯決議に「請負基準について一層の具体化、明確化を図る」旨などの記載が行われたことから、派遣取扱要領に「〇〇業務の場合」とする次のような記載が追加されました。

　ところが、この記載の中には請負基準に根拠のないものなどが数多く含まれているために、法的には「派遣事業」に該当しないものまで「派遣事業（いわゆる偽装請負）」に該当するという取扱いを受けることになり、その結果法律上義務でないことまで法律上の義務とされるような取扱いになっています。

　請負基準に根拠のない事項について、合わせてコメントします。

> イ　次のいずれにも該当することにより業務の遂行に関する指示その他の管理を自ら行うものであること。
> （1）労働者に対する業務の遂行方法に関する指示その他の管理を自ら行うこと。
> 〔製造業務の場合〕
> 　受託者は、一定期間において処理すべき業務の内容や量の注文を注文主から受けるようにし、当該業務を処理するのに必要な労働者数などを自ら決定し、必要な労働者を選定し、請け負った内容に沿った業務を行っていること。
> 　受託者は、作業遂行の速度を自らの判断で決定することができること。また、受託者は、作業の割り付け、順序を自らの判断で決定することができるこ

と。

〔車両運行管理業務の場合〕
　あらかじめ定められた様式により運行計画（時刻、目的地など）を注文主から提出させ当該運行計画が安全運転の確保、人員体制などから不適切なものとなっている場合には、受託者がその旨を注文主に申し入れ変更できるものとなっていること。

> コメント17　請負基準に定めていない事項
> 　請負基準は、「あらかじめ定められた様式により運行計画（時刻、目的地など）を提出させ」ることまで定めていません。

〔医療事務受託業務の場合〕
　受託業務従事者が病院などの管理者または病院職員などから、その都度業務の遂行方法に関する指示を受けることがないよう、受託するすべての業務について、業務内容やその量、遂行手順、実施日時、就業場所、業務遂行に当たっての連絡体制、トラブル発生時の対応方法などの事項について、書面を作成し、管理責任者が受託業務従事者に対し具体的に指示を行うこと。

> コメント18　請負基準に定めていない事項2
> 　請負基準は、「受託するすべての業務について、業務内容やその量、遂行手順、実施日時、就業場所、業務遂行に当たっての連絡体制、トラブル発生時の対応方法などの事項について、書面を作成」することまで定めていません。

〔バンケットサービスの場合〕
　受託者は、バンケットコンパニオンがホテルなどから業務の遂行に関する指示を受けることのないよう、あらかじめホテルなどと挨拶、乾杯、歓談、催し物などの進行順序ならびにそれぞれの時点におけるバンケットコンパニオンが実施するサービスの内容およびサービスの実施に際しての注意事項を打ち合わせ、取り決めていること。

（2）労働者の業務の遂行に関する評価などに関する指示その他の管理を自ら行うこと。

〔医療事務受託業務の場合〕

　受託者は、管理責任者を通じた定期的な受託業務従事者や病院などの担当者からの聴取またはこれらの者との打ち合わせの機会を活用し、受託業務従事者の業務の遂行についての評価を自ら行っていること。

2　次の（1）および（2）のいずれにも該当することにより労働時間などに関する指示その他の管理を自ら行うものであること。

（1）労働者の始業・終業の時刻、休憩時間、休日、休暇などに関する指示その他の管理（これらの単なる把握を除く）を自ら行うこと。

〔製造業務の場合〕

　受託業務を行う具体的な日時（始業・終業の時刻、休憩時間、休日など）については事前に受託者と注文主とで打ち合わせ、業務中は注文主から直接指示を受けることのないよう書面を作成し、それに基づいて受託者側の現場責任者を通じて具体的に指示を行っていること。受託業務従事者が実際に業務を行った業務時間については、受託者自らが把握できるような方策を採っていること。

> コメント19　請負基準に定めていない事項3
> 　請負基準は、「業務中は注文主から直接指示を受けることのないよう書面を作成」することまで定めていません。「実際に業務を行った業務時間」の把握は請負基準の基準から除外されています。

（2）労働者の労働時間を延長する場合または労働者を休日に労働させる場合における指示その他の管理（これらの場合における労働時間などの単なる把握を除く）を自ら行うこと。

〔製造業務の場合〕

　受託業務の業務量の増加に伴う受託業務従事者の時間外、休日労働は、受託者側の現場責任者が業務の進捗状況などをみて決定し、指示を行っていること。

〔バンケットサービスの場合〕
　宴席が予定した時間を超えた場合の請負契約に定められたサービス提供の終了時間の延長についてのホテルなどとの交渉及び延長することとした場合のバンケットコンパニオンへの指示については、<u>現場に配置している責任者</u>が行っていること。

> コメント20　請負基準に定めていない事項4
> 　請負基準は、「現場に責任者を配置している」ことまで定めていません。

3　次の（1）及び（2）のいずれにも該当することにより企業における秩序の維持、確保などのための指示その他の管理を自ら行うものであること。
（1）労働者の服務上の規律に関する事項についての指示その他の管理を自ら行うこと。
〔医療事務受託業務の場合〕
　職場秩序の保持、風紀維持のための規律などの決定、指示を受託者が自ら行う（衛生管理上など別途の合理的理由に基づいて病院等が労働者の服務上の規律に関与する場合を除く）ほか、聴取および打合せの際に、あるいは定期的な就業場所の巡回の際に、勤務場所での規律、服装、勤務態度などの管理を受託者が自ら行っていること。また、<u>あらかじめ病院などの担当者に対して、この旨の説明を行っている</u>こと。

> コメント21　請負基準に定めていない事項5
> 　請負基準は、「あらかじめ注文主側に説明を行っている」ことまで定めていません。

（2）労働者の配置等の決定及び変更を自ら行うこと。
〔製造業務の場合〕
　自らの労働者の注文主の工場内における配置も受託者が決定すること。また、業務量の緊急の増減がある場合には、<u>前もって注文主から連絡を受ける体</u>

制にし、受託者が人員の増減を決定すること。

> コメント22　請負基準に定めていない事項6
> 　請負基準は、「前もって注文主から連絡を受ける体制に」することまで定めていません。

〔バンケットサービスの場合〕
　業務に従事するバンケットコンパニオンの決定についてはホテルなどによる指名や面接選考などを行わずバンケット業者自らが決定すること。また、同一の宴席におけるバンケットサービスを複数のバンケット業者が請け負う場合には、異なるバンケット業者のバンケットコンパニオンが共同して1つのサービスを実施することのないよう、あらかじめ各バンケット業者が担当するテーブルやサービス内容を明確に区分していること。

> コメント23　請負基準に定めていない事項7
> 　請負基準は、「あらかじめ各バンケット業者が担当するテーブルやサービス内容を明確に区分していること」まで定めていません。

（1）業務の処理に要する資金につき、すべて自らの責任の下に調達し、かつ、支弁すること。
（2）業務の処理について、民法、商法その他の法律に規定された事業主としてのすべての責任を負うこと。

〔医療事務受託業務の場合〕
　受託業務の処理により、病院などおよび第三者に損害を与えたときは、受託者が損害賠償の責任を負う旨の規定を請負契約に定めていること。

〔車両運行管理業務の場合〕
　自動車事故などが発生し、注文主が損害を被った場合には、受託者が注文主に対して損害賠償の責任を負う（または求償権に応ずる）旨の規定を契約書に明記するとともに、当該責任を負う意思及び履行能力を担保するため、受託者が自動車事故などに関する任意保険に加入していること。

〔給食受託業務の場合〕

　契約書等に食中毒等が発生し損害賠償が求められるなど注文主側が損害を被った場合には、受託者が注文主に対して<u>損害賠償の責任を負う（または求償権に応ずる）旨の規定を明記していること</u>。

> コメント24　請負基準に定めていない事項8
> 　請負基準は、「契約書などに損害賠償の責任を負う旨の規定を明記していること」や「任意保険に加入していること」まで定めていません。
> 　任意保険に加入していないだけで偽装請負に該当するなんて、考えられません。

（3）次のいずれかに該当するものであつて、単に肉体的な労働力を提供するものでないこと。

イ　自己の責任と負担で準備し、調達する機械、設備もしくは器材（業務上必要な簡易な工具を除く）または材料もしくは資材により、業務を処理すること。

〔製造業務の場合〕

　注文主からの原材料、<u>部品などの受取りや受託者から注文主への製品の受渡しについて伝票などによる処理体制が確立されていること</u>。また、注文主の所有する機械、設備などの使用については、請負契約とは別個の双務契約を締結しており、<u>保守および修理を受託者が行うか、ないしは保守及び修理に要する経費を受託者が負担していること</u>。

> コメント25　請負基準に定めていない事項9
> 　請負基準は、「伝票などによる処理体制が確立されていること」や「保守修理を行うか、保守修理に要する経費を負担していること」まで定めていません。

ロ　自ら行う企画または自己の有する専門的な技術もしくは経験に基づいて、業務を処理すること。

〔車両運行管理業務の場合〕

　運転者の提供のみならず、管理車両の整備（定期整備を含む）および修理全般、燃料・油脂などの購入および給油、備品および消耗品の購入、車両管理のための事務手続、事故処理全般などについても受託することで注文主の自動車の管理全体を行っているものであり、また、当該受託業務の範囲を契約書に明記していること。

> コメント26　請負基準に定めていない事項10
> 　請負基準は、「管理車両の整備（定期整備を含む）および修理全般、燃料・油脂などの購入および給油、備品および消耗品の購入、車両管理のための事務手続、事故処理全般など管理全体を行っている」ことや「受託業務の範囲を契約書に明記していること」まで定めていません。

　派遣取扱要領の「〇〇業務の場合」と同様の趣旨で、次のような請負基準疑義応答集の第1集と第2集が定められ、厚生労働省のホームページに公表されていますが、いずれも請負基準に定める基準に適合しない内容が数多く含まれていますので、それらの点について合わせてコメントします。

B　請負基準疑義応答集第1集

> 1．発注者と請負労働者との日常的な会話
> Q　請負労働者に対して、発注者は指揮命令を行うと偽装請負になると聞きましたが、発注者が請負事業主の労働者（請負労働者）と日常的な会話をしても、偽装請負となりますか。
> A　発注者が請負労働者と、業務に関係のない日常的な会話をしても、発注者が請負労働者に対して、指揮命令を行ったことにはならないので、偽装請負にはあたりません。
>
> > コメント27　法令に根拠のない「偽装請負」を、何の説明もなく用いている。

> 請負基準は派遣法を引用して派遣事業と規定しているにもかかわらず、請負基準疑義応答集第1集ではすべての問と答に「偽装請負」と記載しており、しかも、その偽装請負が何をいうのか全く説明しておらず、それだけでも疑義応答集に値しないものになっています。

2．発注者からの注文（クレーム対応）

Q　欠陥製品が発生したことから、発注者が請負事業主の作業工程を確認したところ、欠陥商品の原因が請負事業主の作業工程にあることがわかりました。この場合、発注者が請負事業主に作業工程の見直しや欠陥商品を製作し直すことを要求することは偽装請負となりますか。

A　発注者から請負事業主に対して、作業工程の見直しや欠陥商品を製作し直すことなど発注に関わる要求や注文を行うことは、業務請負契約の当事者間で行われるものであり、発注者から請負労働者への直接の指揮命令ではないので労働者派遣には該当せず偽装請負にはあたりません。

　ただし、発注者が直接、請負労働者に作業工程の変更を指示したり、欠陥商品の再製作を指示したりした場合は、直接の指揮命令に該当することから偽装請負と判断されることになります。

3．発注者の労働者による請負事業主への応援

Q　発注者から大量の注文があり、請負労働者だけでは処理できないときに、発注者の労働者が請負事業主の作業場で作業の応援を行った場合、偽装請負となりますか。

A　発注者の労働者が、請負事業主の指揮命令の下、請負事業主の請け負った業務を行った場合は、発注者が派遣元、請負事業主が派遣先となる労働者派遣に該当します。派遣法に基づき適正に行われていない限りは違法となります。

　なお、請負事業主では大量の注文に応じられないことから、従来の契約の一部解除や変更によって、請負事業主で処理しなくなった業務を発注者が自ら行うこととなった場合などは、変更などの手続が適切になされているのであれば、特に違法ではありません。

4．管理責任者の兼任

Q　請負事業主の管理責任者が作業者を兼任する場合、管理責任者が不在になる場合も発生しますが、請負業務として問題がありますか。

A　請負事業主の管理責任者は、請負事業主に代わって、請負作業場での作業の遂行に関する指示、請負労働者の管理、発注者との注文に関する交渉等の権限を有しているものですが、仮に作業者を兼任して、通常は作業をしていたとしても、これらの責任も果たせるのであれば、特に問題はありません。

　また、管理責任者が休暇などで不在にすることがある場合には、代理の者を選任しておき、管理責任者の代わりに権限を行使できるようにしておけば、特に問題はありません。

　ただし、管理責任者が作業者を兼任しているために、作業の都合で、事実上は請負労働者の管理等ができないのであれば、管理責任者とはいえず、偽装請負と判断されることになります。

　さらに、請負作業場に、作業者が1人しかいない場合でその作業者が管理責任者を兼任している場合、実態的には発注者から管理責任者への注文が、発注者から請負労働者への指揮命令となることから、偽装請負と判断されることになります。

5．発注者の労働者と請負労働者の混在

Q　発注者の作業スペースの一部に請負事業主の作業スペースがあるときに、発注者と請負事業主の作業スペースを明確にパーテーションなどで区分しないと偽装請負となりますか。

　また、発注者の労働者と請負労働者が混在していると、偽装請負となりますか。

A　適正な請負と判断されるためには、請負事業主が、自己の労働者に対する業務の遂行に関する指示その他の管理を自ら行っていること、請け負った業務を自己の業務として契約の相手方から独立して処理することなどが必要です。

　これらの要件が満たされているのであれば、仮に両事業主の作業スペースがパーテーションなどにより物理的に区分されていることがなくても、それだけをもって偽装請負と判断されるものではありません。

また、同様に、上記の要件が満たされているのであれば、パーテーションなどの区分がないだけでなく、発注者の労働者と請負労働者が混在していたとしても、それだけをもって偽装請負と判断されるものではありません。

　ただし、例えば、発注者と請負事業主の作業内容に連続性がある場合であって、それぞれの作業スペースが物理的に区分されてないことや、それぞれの労働者が混在していることが原因で、発注者が請負労働者に対し、業務の遂行方法に必然的に直接指示を行ってしまう場合は、偽装請負と判断されることになります。

6．中間ラインで作業をする場合の取扱

Q　製造業務において、発注者の工場の製造ラインのうち、中間のラインの1つを請け負っている場合に、毎日の業務量は発注者が作業しているラインから届く半製品の量によって変動します。この場合は、偽装請負となりますか。

A　適切な請負と判断されるためには、業務の遂行に関する指示その他の管理を請負事業主が自ら行っていること、請け負った業務を自己の業務として相手方から独立して処理することなどが必要ですが、これらの要件が満たされているのであれば、発注者の工場の中間ラインの1つを請け負っていることのみをもって、偽装請負と判断されるものではありません。

　具体的には、工場の中間ラインの1つを請け負っている場合であっても、一定期間において処理すべき業務の内容や量の注文に応じて、請負事業主が自ら作業遂行の速度、作業の割り付け、順番、労働者数などを決定しているのであれば中間ラインの1つを請け負っていることのみをもって、偽装請負と判断されるものではありません。

　ただし、工場の中間ラインの1つを請け負っている場合で、一定期間において処理すべき業務の内容や量が予め決まっておらず、他の中間ラインの影響によって、請負事業主が作業する中間ラインの作業開始時間と終了時間が実質的に定まってしまう場合など、請負事業主が自ら業務の遂行に関する指示その他の管理を行っているとはみなせないときは、偽装請負と判断されることになります。

コメント28 労働者の労働時間ではなく、営業時間を理由に偽装請負に該当することはあり得ない

　請負基準第2条第1号ロ（2）では「労働者の始業及び終業の時刻」と規定しているのに対し、請負基準疑義応答集では「請負事業主が作業する・・・作業開始時間と終了時間」に置き換えています。

　「労働者の始業及び終業の時刻」とは労働時間のことですが、「請負事業主が作業する作業開始時間と終了時間」とは営業時間です。

　つまり、この答は営業時間を理由に偽装請負と判断すると言っているのです。

　「偽装請負」が派遣事業という意味なら、営業時間を理由に「労働者を指揮命令の下に労働に従事させること」に該当するなどということはあり得ません。

7．作業工程の指示

Q　発注者が、請負業務の作業工程に関して、仕事の順序の指示を行ったり、請負労働者の配置の決定を行ったりしてもいいですか。

　また、発注者が直接請負労働者に指示を行わないのですが、発注者が作成した作業指示書を請負事業主に渡してそのとおりに作業を行わせてもいいですか。

A　適切な請負と判断されるためには、業務の遂行に関する指示その他の管理を請負事業主が自ら行っていること、請け負った業務を自己の業務として相手方から独立して処理することなどが必要です。

　したがって、発注者が請負業務の作業工程に関して、仕事の順序・方法等の指示を行ったり、請負労働者の配置、請負労働者一人ひとりへの仕事の割付などを決定したりすることは、請負労働者が自ら業務の遂行に関する指示その他の管理を行っていないので、偽装請負と判断されることになります。

　また、こうした指示は口頭に限らず、発注者が作業の内容、順序、方法等に関して文書等で詳細に示し、そのとおりに請負事業主が作業を行っている場合も、発注者による指示その他の管理を行わせていると判断され、偽装請

負と判断されることになります。

> コメント29　労働者の労働ではなく、請負事業主が経営する事業を理由に偽装請負に該当することはあり得ない
> 　請負基準第2条第1号イ（1）では「<u>労働者の業務</u>」と規定しているのに対し、請負基準疑義応答集では「<u>請負事業主が作業を行っている</u>」に置き換えています。
> 　「労働者の業務」とは労働のことですが、「請負事業主の作業」という場合には請負事業主が経営する事業のことです。
> 　つまり、この答は請負事業主が経営する事業を理由に偽装請負と判断すると言っているのです。
> 　「偽装請負」が派遣事業という意味なら、請負事業主が経営する事業を理由に「労働者を指揮命令の下に労働に従事させること」に該当するなどということはあり得ません。
> 　また、請負基準第2条第1号イ（1）では「労働者に対する業務の遂行方法に関する指示その他の管理を自ら行うこと」と規定されていますが、ここでいう「自ら」とは請負事業主のことであるにもかかわらず、請負基準疑義応答集では「請負労働者が自ら業務の遂行に関する指示その他の管理を行っていない」と「請負労働者本人が業務の遂行に関する指示その他の管理を行っていない」ことから偽装請負と判断されるかのような表現になっています。

Q　発注する製品の量や作業量が、日ごと月ごとに変動が激しく、一定量の発注が困難な場合に、包括的な業務請負契約を締結しておき、毎日必要量を発注した上で、出来高での精算とすることは、偽装請負となりますか。
　　また、完成した製品の量などに応じた出来高精算ではなく、請負業務に投入した請負労働者の人数により精算することは、偽装請負となりますか。
A　請負事業主が発注者から独立して業務を処理しているとともに、発注される製品や作業の量に応じて、請負事業主が自ら業務の遂行方法に関する指示（順序、緩急の調整など）、労働者の配置や労働時間の管理などを行うことに

より、自己の雇用する労働者を請負事業主が直接利用しているのであれば、包括的な業務請負契約を締結し、発注量は毎日変更することだけをもって、偽装請負と判断されるものではありません。

また、このように発注量が変動し、請負料金が一定しない場合に、完成した製品の個数等に基づき出来高で精算することだけをもって、偽装請負と判断されるものではありません。

ただし、製品や作業の完成を目的として業務を受発注しているのではなく、<u>業務を処理するために費やす労働力（労働者の人数）に関して受発注を行い、投入した労働力の単価を基に請負料金を精算している場合</u>は、発注者に対して<u>単なる労働力の提供を行われている</u>にすぎず、その場合には<u>偽装請負と判断される</u>ことになります。

コメント30 「受発注の方法」や「請負料金の決め方」だけで偽装請負に該当することはない

　請負基準疑義応答集では「受発注の方法」や「請負料金の決め方」を理由に偽装請負と判断されるとしています。

　請負基準第2条には「受発注の方法」や「請負料金の決め方」については何も規定されていません。

　請負基準第2条本文には「次の各号のいずれにも該当する場合を除き、派遣事業を行う」と規定していますので、請負基準第2条各号のいずれにも該当する場合には、派遣事業には該当しません。

　「偽装請負」が派遣事業という意味なら、請負基準第2条の規定に照らして、「受発注の方法」や「請負料金の決め方」を理由に派遣事業に該当するなどということはあり得ません。

コメント31　請負基準疑義応答集第2集問7と矛盾した答になっている

「受発注の方法」や「請負料金の決め方」に関しては請負基準疑義応答集第2集問7にもありますが、両者の答は矛盾した内容になっています（167、168頁参照）。

9．請負労働者の作業服

Q　請負労働者の作業服について、発注者からの指示があった場合は、偽装請負となりますか。

　また、発注者と請負事業主のそれぞれの労働者が着用する作業服が同一であった場合は偽装請負となりますか。

A　適切な請負と判断されるためには、請負事業主が、自己の労働者の服務上の規律に関する事項についての指示その他の管理を自ら行うこと、業務を自己の業務として契約の相手方から独立して処理することなどが必要です。

　請負労働者に対して発注者が直接作業服の指示を行ったり、請負事業主を通じた関与を行ったりすることは、請負事業主が自己の労働者の服務上の規律に関する指示その他の管理を自ら行っていないこととなり、偽装請負と判断されることになります。

　ただし、例えば、製品の製造に関する制約のため、事業所内への部外者の侵入を防止し企業機密を守るため、労働者の安全衛生のためなどの特段の合理的な理由により、特定の作業服の着用について、双方合意の上、予め請負契約で定めていることのみをもって、偽装請負と判断されるものではありません。

コメント32　「発注者が関与する」だけで偽装請負に該当することはない

　請負基準疑義応答集では「発注者が請負事業主を通じて関与を行うこと」を理由に偽装請負と判断されるとしています。

　請負基準第2条第1号ハ（1）は「労働者の服務上の規律に関する事項についての指示その他の管理を自ら行うこと」と規定していますが、「発注者が関与を行うこと」だけで「請負事業主が指示その他の管理を自ら行」っていないとは考えられません。

　また、労働者派遣の定義として、派遣法第2条第1号は「派遣労働者が派遣先の指揮命令を受けて労働に従事する」旨規定していますが、「関与を行うこと」が指揮命令に該当するということは、日本語としてあり得ません。

> 「偽装請負」が派遣事業という意味なら、派遣法第2条第1号や請負基準第2条の規定に照らして、「発注者が関与を行うこと」を理由に派遣事業に該当することはありません（169頁参照）。

10. 請負業務において発注者が行う技術指導

Q 請負労働者に対して、発注者は指揮命令を行ってはならないと聞きましたが、技術指導などを行うと、偽装請負となりますか。

A 適切な請負と判断されるためには、請負事業主が、自己の雇用する労働者の労働力を自ら直接利用すること、業務を自己の業務として契約の相手方から独立して処理することなどの要件を満たすことが必要となります。

　発注者が、これらの要件を逸脱して労働者に対して技術指導等を行うことはできませんが、一般的には、発注者が請負労働者に対して行う技術指導などとされるもののうち次の例に該当するものについては、当該行為が行われたことをもって、偽装請負と判断されるものではありません。

［例］

1. 請負事業主が、発注者から新たな設備を借り受けた後初めて使用する場合、借り受けている設備に発注者による改修が加えられた後初めて使用する場合などにおいて、請負事業主による業務処理の開始に先立って、設備の貸主としての立場にある発注者が、借り手としての立場にある請負事業主に対して、設備の操作方法などについて説明を行う際に、請負事業主の監督の下で労働者に説明（操作方法などの理解に特に必要となる実習を含みます）を受けさせる場合のもの

2. 新製品の製造着手時において、発注者が、請負事業主に対して、請負契約の内容である仕様などについて補足的な説明を行う際に、請負事業主の監督の下で労働者に説明（資料などを用いて行う説明のみでは十分な仕様などの理解が困難な場合に特に必要となる実習を含みます）を受けさせる場合のもの

3. 発注者が、安全衛生上緊急に対処する必要のある事項について、労働者に対して指示を行う場合のもの

11. 請負業務の内容が変更した場合の技術指導

Q 製品開発が頻繁にあり、それに応じて請負業務の内容が変わる場合に、その都度、発注者からの技術指導が必要となりますが、どの程度まで認められますか。

A 請負業務の内容などについては日常的に軽微な変更が発生することも予想されますが、その場合に直接発注者から請負労働者に対して変更指示をすることは偽装請負にあたります。

一方、発注者から請負事業主に対して、変更に関する説明、指示などが行われていれば、特に問題はありません。

ただし、新しい製品の製造や、新しい機械の導入により、従来どおりの作業方法などでは処理ができない場合で、発注者から請負事業主に対しての説明、指示などだけでは処理できないときには、Q10 1．または2．に準じて、変更に際して、発注者による技術指導を受けることは、特に問題はありません。

12．玄関、食堂などの使用

Q 発注者の建物内において請負業務の作業をしていますが、建物の玄関、食堂、化粧室などを発注者と請負事業主が共同で使用することは違法となりますか。

また、別個の双務契約を締結する必要はありますか。

A 食堂、化粧室などのように業務処理に直接必要とはされない福利厚生施設や、建物の玄関、エレベーターのように不特定多数の者が使用可能な場所・設備を、発注者と請負事業主が共同で使用することは差し支えありません。

また、使用に当たって、別個の双務契約までは必ずしも要するものではありません。

コメント33 「機械、設備、器材」に「施設」が含まれるとしている

請負基準第2条第2号ハ（1）では「機械、設備、器材」について規定していて、「施設」については規定していません。

食堂、化粧室、建物の玄関は「施設」であって、「機械、設備、器材」ではありませんから、請負基準の「対象とする物ではない」のです。

13. 作業場所などの使用料

Q　発注者の建物内において請負業務の作業をしていますが、建物内の作業場所の賃貸料や光熱費、請負労働者のために発注者から提供を受けている更衣室やロッカーの賃借料についても、別個の双務契約が必要ですか。

A　適正な請負と判断されるためには、請負事業主が請け負った業務を自己の業務として契約の相手方から独立して処理することなどが必要であり、単に肉体的な労働力を提供するものではないことが必要です。

そのためには、

1．請負事業主の責任と負担で、機械、設備もしくは器材（業務上必要な簡易な工具を除きます）または材料もしくは資材を準備し、業務の処理を行う

2．企画または専門的な技術もしくは経験で業務を処理する

このいずれかであることが必要です。

1．の場合に、請負業務の処理自体に直接必要とされる機械、資材などを発注者から借り入れたり、購入したりする場合は請負契約とは別個の双務契約が必要です。

他方、請負業務の処理に間接的に必要とされるもの（例えば、請負業務を行う場所の賃貸料や、光熱費）、請負業務の処理自体には直接必要とされないが、請負業務の処理に伴い、発注者から請負事業主に提供されるもの（例えば、更衣室やロッカー）については、別個の双務契約までは必要なく、その利用を認めることなどについて請負契約中に包括的に規定されているのであれば特に問題ないものです。

コメント34　「機械、設備、器材」に「施設」が含まれるとしている2

　請負基準第2条第2号ハ（1）では「機械、設備、器材」について規定していて、「施設」については規定していません。

　請負業務を行う場所や更衣室は「施設」であって、「機械、設備、器材」ではありませんから、請負基準の「対象とする物ではない」のです。

　また、請負基準第2条第2号ハ（1）の「機械、設備、器材」に該当しない以上、請負基準の規定に関しては、「その利用を認めることなどにつ

いて請負契約中に包括的に規定」する必要もありません。

14. 双務契約が必要な範囲

Q　発注者から、製造の業務を請け負った場合、請負事業主の責任と負担で、機械、設備もしくは器材または材料もしくは資材を準備し、業務処理を行うことが必要であり、機械、資材などを発注者から借り入れまたは購入するのであれば、別個の双務契約が必要とのことですが、半製品への部品の組み込みや塗装、完成品の梱包の業務を請け負っている場合に、発注者から提供された部品、塗料、梱包材などについて、一旦発注者から購入することが必要ですか。

A　発注者から、
1．半製品とそれに組み込む部品や仕上げのための塗料等を提供された上で半製品に部品を取り付けたり、塗装したりする業務を請け負っている場合
2．完成品と梱包材を提供された上で完成品を梱包する業務を請け負っている場合

に、半製品と部品や塗料、完成品と梱包材を、一旦発注者から請負事業主が「購入」し、取付・塗装や梱包の業務の完了後に、加工後の半製品や梱包後の完成品を請負事業主から発注者に「売却」するための双務契約までは必要ありません。

　ただし、このような塗装、梱包などの業務であっても、当該組み込み、塗装、梱包などの業務に必要な機械、設備または機材は、請負事業主の責任で準備するか、発注者から借り入れるまたは購入するのであれば、別個の双務契約を締結することが必要になります。

コメント35　技術的要件を満たしている場合には物理的要件を満たす必要がないことが説明されていない
　請負基準第2条第2号ハでは
　「1．請負事業主の責任と負担で、機械、設備もしくは器材（業務上必要な簡易な工具を除く）または材料もしくは資材を準備し、業務の処理を

行う

2．企画または専門的な技術もしくは経験で業務を処理する

のいずれかであることが必要である」

旨規定していますから、

2．を満たしていないために、1．を満たす必要がある場合に関するものであることを明確にする必要があります。

コメント36 「機械、設備、器材」か、または「材料資材」のどちらかを準備調達すれば要件を満たすことが説明されていない

　請負基準第2条第2号ハ（1）では「機械、設備もしくは器材または材料もしくは資材」旨規定していて、「機械、設備もしくは器材および材料もしくは資材」と規定している訳ではありませんから、これらのうち一方を請負事業主の責任と負担で準備し、業務の処理を行っていれば、その要件を満たす旨を明確にする必要があります。

　また、請負基準第2条第2号ハ（1）では「器材」と規定しているものを請負基準疑義応答集では、「機材」と誤表記しています。

　さらに、「別個の双務契約を締結すること」が「請負事業主の責任で準備すること」の一態様であるにもかかわらず、「別個の双務契約を締結すること」と「請負事業主の責任で準備すること」とは別のことであるかのような表現になっています。

15．資材などの調達費用

Q　製造の業務を請け負っていますが、請負事業主が調達する原材料の価格が日々変動したり、発注量によって原材料の量も変動したりすることから、請負経費の中に原材料の費用を含めて一括の契約を締結することは困難です。

　　原材料について、請負代金とは別に実費精算とした場合、偽装請負となりますか。

A　請負業務の処理に必要な資材などについては、請負事業主の責任により調

達することが必要ですが、必要となる資材などの価格が不明確な場合で、予め契約を締結することが困難な場合は、請負業務にかかる対価とは別に、精算することとしても特に問題はありません（コメント35（159、160頁）、コメント36（161頁）参照）。

C　請負基準疑義応答集第2集

発注者からの情報提供など
問1　通信回線の新規導入の営業の請負業務の中で、請負事業主が雇用する労働者（請負労働者）が、新規契約取得のための顧客開拓を行っています。請負労働者が、回線工事のスケジュールの情報を発注者に確認すると、請負でなく派遣事業となりますか。
→請負（委任および準委任を含みます）の業務では、請負事業主が自ら業務の遂行方法に関する指示を行う必要があります。ただし、例えば、通信回線導入の営業業務を行う請負労働者から、請負業務に必要な範囲で、工事スケジュールについての問い合わせを受け、発注者が情報提供することに限られるのであれば、それ自体は発注者からの指揮命令に該当するとは言えないため、直ちに派遣事業と判断されることはありません。
　一方、<u>発注者が、工事スケジュールの情報提供に加えて、顧客への営業上の対応方針などを請負労働者に直接指示している場合は、派遣事業と判断される</u>こととなります。

コメント37　「顧客への営業上の対応方針など」が「労働者の業務の遂行方法」に該当することが説明されていない
　「発注者が、工事スケジュールの情報提供に加えて、顧客への営業上の対応方針などを請負労働者に直接指示している場合は、派遣事業と判断される」旨記載されていますが、請負基準第2条第1号イ（1）は「労働者の業務遂行方法に関する指示を請負事業主が自ら行っていること」と規定していますので、「顧客への営業上の対応方針」が「労働者の業務の遂行方法」に該当することを証明しなければ、派遣事業と判断する根拠があり

ません。

　なお、請負基準疑義応答集第1集と異なり、第2集においては「偽装請負」という法律にない用語を用いることなく、派遣法や請負基準で規定されている「派遣事業」を用いていることは評価できます。

問2　車両運行管理の請負業務の中で、発注者の社用車の運転を請負労働者が行っています。発注者の労働者が社用車に乗車後、請負労働者に、用務先での停車位置や待機場所、用務先からの出発時間を直接伝えると、請負でなく派遣事業となりますか。
→請負業務では、請負事業主が自ら業務の遂行方法に関する指示を行う必要があるので、車両運行管理業務の請負では、通常、発注者が、あらかじめ定められた様式（運行計画）などにより配車時間・用務先などを請負事業主に依頼し、請負事業主によって指名された請負労働者はその運行計画に基づき発注者の労働者を乗車させ用務先まで移動させることが求められています。

　一方で、車両運行管理業務の性質上、用務先での停車位置や待機場所、用務先からの出発時間は、当日の交通事情や天候、用務先の状況により予測できず、運行計画にあらかじめ正確に記載することが社会通念上困難な場合も多いと考えられます。このため、運行計画であらかじめ指定された範囲内で発注者の労働者が詳細な停車位置や待機場所を特定しても、発注者からの指揮命令に該当するとは直ちに判断されません。

　また、用務先からの出発時間に関しても、用務先に到着してからの概ねの待機時間が運行計画に明示されており、それに逸脱しない範囲で業務が遂行されていれば、発注者の労働者から請負労働者に用務先からの出発時間を直接伝えても、発注者からの指揮命令に該当するとは直ちに判断されません。

　ただし、例えば、運行計画における用務先が市町村名のような幅広い区域を記しているような場合であって、運行の都度、発注者の労働者が直接、請負労働者に番地や建物名といった具体的な用務先を示したり、用務先からの出発時間のめどが全く立てられず、待機時間が発注者により請負事業主の了解なく拘束される場合など、請負事業主による請負労働者の労働時間管理などに影響を与えるような運用は、発注者からの指揮命令に該当し、派遣事業と判断される

こととなります。

> コメント38　労働者の労働時間管理などに影響を与えるだけで派遣事業に該当することはない
>
> 　請負基準疑義応答集では「労働者の労働時間管理などに影響を与える」運用は、指揮命令に該当し、派遣事業と判断されるとしています。
> 　一般に「指揮命令」とは「さしずし、言いつけること」を言いますが、単に「影響を与える」ことが「指揮命令」に該当するなど到底考えられません。
> 　実際問題として、発注者が大量に仕事を発注すれば労働者の労働時間は増え、労働時間管理などに影響を与えることは通常起こることで、
> ①　八百屋がチラシの印刷を印刷業者に依頼する場合に、その原稿の提出時期が遅れたときは印刷業者の従業員の残業時間が長くなったり、
> ②　国会議員が省庁に質問通告したり、質問主意書を出したり、資料要求をしたりすれば、その省庁の担当職員の労働時間が増えたりします。実際にある議員が大量に質問主意書を出したために、各省庁の職員が長時間させられたことが問題になったこともあります。
> 　請負基準疑義応答集が正しいとすれば、①や②のような例ですら、派遣事業に該当することになりますが、そんなことはあり得るはずがありません。

> コメント39　請負基準第2条には、「定められた様式（運行計画）などに依頼することが求められる」とする根拠となる規定はない
> 　請負基準第2条には、「<u>定められた様式（運行計画）</u>などに依頼することが求められる」とする根拠となる規定はありませんので、請負基準に定める要件を超える要件を定めていることになります。

緊急時の指示
問3　災害時など緊急の必要により、請負労働者の安全や健康を確保するた

め、発注者が請負労働者に対して直接指示を行った場合、請負でなく派遣事業となりますか。

→発注者が、災害時など緊急の必要により、請負労働者の健康や安全を確保するために必要となる指示を直接行ったとしても、そのことをもって直ちに派遣事業と判断されることはありません。

問4　車両運行管理の請負業務の中で、発注者の社用車の運転を請負労働者が行っています。発注者から請負事業主に当初依頼していた行先以外にも、発注者側で緊急に別の用務先に行く必要が生じたため、別の用務先へも立ち寄るよう、発注者の労働者から請負労働者に直接依頼した場合、請負でなく派遣事業となりますか。

→労働者派遣でなく請負と判断されるためには、発注者でなく請負事業主が自ら労働者に対して業務の遂行方法に関する指示を行う必要があります。車両運行管理業務の場合、発注者が、運行計画により配車時間・用務先などを請負事業主に依頼する必要があり、発注者が請負労働者に直接このような依頼をすることは、原則としてできません。

　一方で、車両運行管理業務の性質上、日時、場所などを指定した発注となるため、その日時、場所などの変更の状況によっては、すべて運行計画により請負事業主に依頼することが社会通念上、困難となる場合があり得ます。

　例えば、発注者が出発時までに予測できず、乗車中に運行計画に当初予定されていなかった用務先に行く必要が急遽生じることもあり得ます。このような場合、発注者が直接、請負事業主の了解を取ることが基本ですが、これに代えて、発注者の労働者が請負労働者に対して用務先の追加や変更を伝えたとしても、例えば、請負労働者が直ちに当該注文の変更を車内から携帯電話などで連絡し請負事業主の了解をとるなどして、<u>請負事業主が自らの労働力を直接利用している</u>と認められる限り、発注者からの指揮命令に該当するとは判断されません。

　ただし、用務先の変更などが、請負事業主の了解無く行われたり、または請負労働者の<u>労働時間管理その他労働条件に影響を及ぼし</u>たりするような場合は、<u>派遣事業と判断される</u>可能性が高くなります。

> **コメント40　労働者の労働条件に影響を及ぼすだけで派遣事業に該当することはない**
> 　請負基準疑義応答集では「労働者の労働条件に影響を及ぼす」場合には、派遣事業と判断されるとしています。
> 　上記問3と同じで、単に「影響を及ぼす」ことが「指揮命令」に該当するなど到底考えられません。
> 　発注者が大量に仕事を発注すれば労働者の労働時間は増え、労働時間管理に影響を与えることは通常起こることであり、大量の仕事の発注の結果売り上げが増え、企業の利益が多くなれば、時間外手当や賞与を含む賃金が増えるのは通常の姿です。
> 　請負基準疑義応答集が正しいとすれば、問3の①や②のような例ですら、派遣事業に該当してしまいます。

> **コメント41　請負基準は「自らの労働力を直接利用している」とは規定していない**
> 　請負基準第2条第1号は「労働者の労働力を自ら直接利用する」と規定していて、「自らの労働力を直接利用している」とは規定していません。

法令遵守のために必要な指示
問5　建設作業で、複数の請負事業者が同じ現場に入場している場合や、製造業などにおいて親企業の構内に複数の構内下請事業者が入構している場合、労働安全衛生法第29条に基づき、元請事業者が下請の作業員に安全衛生のために必要な事項を直接指示すると、請負でなく派遣事業となりますか。
→労働安全衛生法第29条では、元請事業者が講ずべき措置として、関係請負人および関係請負人の労働者が、労働安全衛生法令の規定に違反しないように必要な指導や指示を行うことが同法上の義務として定められています。
　これらの指導や指示は、安全確保のために必要なものであり、元請事業者か

ら下請事業者の労働者に対して直接行われたとしても、業務の遂行に関する指示などには該当しません。

> コメント42　労働安全衛生法は「元請事業者」とは規定していない
> 　労働安全衛生法第29条は「元方事業者」と規定していて（その定義は同法第15条第1項に定めています）、「元請事業者」とは規定していません。

業務手順の指示
問6　学校給食調理業務の発注者が「調理業務指示書」を作成し、献立ごとの材料、調理方法、温度設定などを請負事業主に示すことは問題がありますか。
→学校給食調理業務の場合、「学校給食衛生管理基準」などに基づき、発注者から「調理業務指示書」が示されたとしても、請負事業主が作業ごとの労働者の配置などの決定を行っており、実際の作業の指揮命令も請負事業主によってなされる場合には、派遣事業と直ちに判断されることはありません。
　ただし、「調理業務指示書」の内容が、献立ごとの労働者数を特定したり、作業の割付まで示したりしている場合は、請負労働者の配置の決定や業務遂行に関する指示を発注者が実質的に行っていると認められるので、派遣事業と判断されることになります。

発注・精算の形態
問7　マネキン（商品実演販売）の業務請負に当たり、請負事業主に対して日時、場所、労働時間、人数などが指定されて発注され、料金は労働者の人数に比例する形で決定されています。このような発注や精算の形態は、請負業務として問題がありますか。
→派遣事業または労働者供給事業と判断されないためには、請負事業主が労働者の配置などの決定を自ら行わなければなりません。
　一方で、マネキンを含め、販売、サービスまたは保安など、「仕事を完成させ目的物を引き渡す」形態ではない請負業務では、当該請負業務の性格により、請負業務を実施する日時、場所、標準的な必要人数などを指定して発注し

たり、労働者の人数や労働時間に比例する形で料金決定したりすることに合理的な理由がある場合もあります。このような場合には、契約・精算の形態のみによって発注者が請負労働者の配置決定に関与しているとは言えず、派遣事業又は労働者供給事業と直ちに判断されることはありません。

なお、上記の判断の前提として、請負事業主が自己の雇用する労働者の労働力を自ら直接利用するとともに、契約の相手方から独立して業務を処理していることが必要となります。

コメント43 「受発注の方法」や「請負料金の決め方」だけで派遣事業に該当することはない

　請負基準第2条には「受発注の方法」や「請負料金の決め方」については何も規定されていません。

　請負基準第2条本文には「次の各号のいずれにも該当する場合を除き、派遣事業を行う」旨規定されていますので、請負基準第2条各号のいずれにも該当する場合には、派遣事業には該当しません。

　このため、請負基準第2条の規定からすれば、「受発注の方法」や「請負料金の決め方」を理由として派遣事業に該当することはありません。

コメント44 「仕事を完成させ目的物を引き渡す」形態であるか否か、合理的な理由があるか否かによって請負基準に関する取扱いを異ならせることはできない

　請負基準第2条には「仕事を完成させ目的物を引き渡す」形態であるか否か、合理的な理由があるか否かによって取扱いを異ならせることを根拠付ける規定はありませんので、このような区分によって請負基準についての取扱いを異ならせることはできません。

コメント45 請負基準疑義応答集第1集問8と矛盾した答になっている

「受発注の方法」や「請負料金の決め方」に関しては請負基準疑義応答集第1集問8にもありますが、「仕事を完成させ目的物を引き渡す」形態であるか否か、合理的な理由があるか否かの区分により、両者の答は矛盾した内容になっています（155頁参照）。

コメント46 「発注者が関与する」だけで派遣事業に該当することはない。

請負基準第2条第1号ハ（2）は「労働者の配置などの決定および変更を自ら行うこと」と規定していますが、「発注者が関与を行うこと」だけで「請負事業主が指示その他の管理を自ら行」っていないとはいえません。

また、労働者派遣の定義として、派遣法第2条第1号は「派遣労働者が派遣先の指揮命令を受けて労働に従事する」旨規定していますが、「関与を行うこと」が指揮命令に該当するということは、日本語としてありません。

したがって、派遣法第2条第1号や請負基準第2条の規定に照らして、「発注者が関与を行うこと」を理由として派遣事業に該当することはありません（コメント31（155頁）参照）。

管理責任者の不在など
問8　請負労働者が発注者の事業所で1人で請負業務を処理しています。そこには、請負事業主の管理責任者は常駐しておらず、請負労働者や発注者との連絡調整のため、必要に応じて巡回して業務上の指示を行っていますが、請負業務として問題がありますか。
→請負業務を行う労働者が1人しかいない場合、その労働者が管理責任者を兼任することはできず、その労働者以外の管理責任者または請負事業主が、作業の遂行に関する指示、請負労働者の管理、発注者との注文に関する交渉などを行う必要があります。

しかし、管理責任者が業務遂行に関する指示、労働者の管理などを自ら的確

に行っている場合には、多くの場合、管理責任者が発注者の事業所に常駐していないことだけをもって、直ちに派遣事業と判断されることはありません。

　なお、派遣事業と判断されないためには、管理責任者の不在時であっても、請負事業主が自己の雇用する労働者の労働力を自ら利用するものであることおよび請け負った業務を自己の業務として相手方から独立して処理するものであることが担保される必要があり、例えば、発注者と請負事業主の管理責任者との確実な連絡体制をあらかじめ確立しておくことや、請負労働者の出退勤管理を含む労働時間管理など労働者の管理や業務遂行に関する指示等を請負事業主自らが確実に行えるようにしておくことが必要です。

打ち合わせへの請負労働者の同席など

問9　発注者との打ち合わせ会議や、発注者の事業所の朝礼に、請負事業主の管理責任者だけでなく請負労働者も出席した場合、請負でなく派遣事業となりますか。

→発注者・請負事業主間の打ち合わせなどに、請負事業主の管理責任者だけでなく、管理責任者自身の判断で請負労働者が同席しても、それのみをもって直ちに派遣事業と判断されることはありません。

　ただし、打ち合わせなどの際、作業の順序や従業員への割振りなどの詳細な指示が行われたり、発注者から作業方針の変更が日常的に指示されたりして、請負事業主自らが業務の遂行方法に関する指示を行っていると認められない場合は、派遣事業と判断されることになります。

問10　発注者からの依頼メールを請負事業主の管理責任者に送付する際、管理責任者の了解の下、請負労働者にも併せて（ccで）送付した場合、請負でなく派遣事業となりますか。

→発注者から請負事業主への依頼メールを、管理責任者の了解の下、請負労働者に併せて送付したことのみをもって、直ちに派遣事業と判断されることはありません。

　ただし、メールの内容が実質的に作業の順序や従業員への割振りなどの詳細な指示が含まれるものであったり、作業方針の変更が日常的に指示されたり、あるいは発注者から請負労働者に直接返信を求めている場合など、請負事業主自らが業務の遂行方法に関する指示を行っていると認められない場合は、派遣

事業と判断されることになります。

　なお、請負事業主から発注者に請負労働者の個人情報を提供する際には、個人情報保護法等に基づく適正な取扱（例えば、請負労働者のメールアドレスの提供に先立ち請負労働者本人の同意を得るなど）が求められます。

請負事業主の就業規則・服務規律

問11　請負業務の実施に当たり、発注者側の作業効率化や施設管理の必要上、発注者の就業時間・休日、服務規律、安全衛生規律と同等の内容で、請負事業主が自己の労働者を指揮命令することは、請負業務として問題がありますか。

→請負業務では、請負事業主は自己の就業規則、服務規律などに基づき、労働者を指揮命令して業務を遂行する必要があります。

　ただし、例えば、請負事業主の業務の効率化、各種法令などによる施設管理や安全衛生管理の必要性など合理的な理由がある場合に、結果的に発注者と同様の就業時間・休日、服務規律、安全衛生規律などとなったとしても、それのみをもって直ちに派遣事業と判断されることはありません。

発注者による請負労働者の氏名などの事前確認

問12　発注者の社内セキュリティー規定により、発注者の施設内に入場する請負労働者の氏名をあらかじめ請負事業主から提出させ、発注者が確認することは問題がありますか。

→請負業務では、請負事業主が労働者の配置などの決定や変更を自ら行うことが必要です。ただし、その決定・変更を請負事業主自らが行っている限り、施設の保安上の理由や企業における秘密保持など、発注者の事業運営上必要な場合に、従事予定労働者の氏名をあらかじめ発注者に提出しても、そのことのみをもって発注者が請負労働者の配置等の決定および変更に関与しているとは言えず、直ちに派遣事業または労働者供給事業と判断されることはありません（コメント46（169頁）参照）。

問13　請負業務の実施に当たり、情報漏洩防止のため、発注者が、請負労働者から請負事業主あての誓約書を提出させ、その写しを発注者に提出するよう求めることは可能ですか。

　また、請負事業主の業務遂行能力の確認のため、請負労働者に職務経歴書を

求めたり事前面談を行ったりすることは可能ですか。
→請負事業主が、請負業務に従事する労働者の決定を自ら行っている場合は、発注者が請負事業主に対し、情報漏洩防止のため、請負労働者の請負事業主あての誓約書の写しを求めても、そのことのみをもって派遣事業または労働者供給事業と判断されることはありません。

　一方、発注者が請負労働者の職務経歴書を求めたり事前面談を行ったりする場合は、一般的には当該行為が請負労働者の配置決定に影響を与えるので、派遣事業または労働者供給事業と判断されることがあります。特に、職務経歴書の提出や事前面談の結果、発注者が特定の者を指名して業務に従事させたり、特定の者について就業を拒否したりする場合は、発注者が請負労働者の配置などの決定および変更に関与していると判断されることになります。

　なお、請負事業主から発注者へ請負労働者の個人情報を提供する際には、個人情報保護法などに基づく適正な取扱（例えば、誓約書の写しの提供に先立ち請負労働者本人の同意を得るなど）が求められます（コメント40（166頁）、コメント46（169頁）参照）。

自らの企画又は専門的技術・経験に基づく業務処理
問14　デパートや美術館等の受付案内業務は、請負基準にいう「自らの企画または自己の有する専門的な技術・経験に基づく業務処理」と言えますか。
→請負業務では、請負事業主が契約の相手方から独立して業務を処理することなどが必要であり、①自己の責任と負担で準備し、調達する機械・設備、材料・資材により業務を処理するか、②自ら行う企画または自己の有する専門的技術・経験に基づき業務を処理するか、いずれかであることが必要です。

　デパートや美術館などの受付案内業務のように、「仕事を完成させ目的物を引き渡す」形態ではない請負業務は、①のような自己負担すべき設備や材料などがなく、②に該当する場合もあると考えられます。

　これに関しては、例えば、様々な場所の受付における来客対応、案内の方法、様々な客層に対する接遇手法やトラブル発生時の対応などのノウハウを蓄積し、これを基に業務対応マニュアルなどを自ら作成した上で、労働者に対する教育訓練を自ら実施し、かつ、その業務が的確に行われるよう自ら遂行状況の管理を行っているような場合は、請負事業主が自らの企画または専門的技術

第4章　派遣法の概要と基本的な概念　173

・経験に基づいて業務処理を行っていると判断できます。
　一方、例えば、発注者から、来客への対応マナーや応答ぶりなどをすべて事前に文書などで詳細な指示を受けており、トラブルが発生した場合にはその都度発注者に対応方針の指示を仰ぐこととされているなど、<u>契約上の業務内容に請負事業主の裁量の余地がない場合</u>は、単なる労働力の提供と認められ、<u>派遣事業</u>と判断される可能性が高まります。

> コメント47　請負事業主の裁量の余地がないから派遣事業に該当するとはいえない
> 　請負基準第2条第1号イ（1）は「労働者の業務遂行方法に関する指示を請負事業主が自ら行っていること」と規定しているので、労働者の業務遂行方法に関する指示を請負事業主が行っていれば、「契約上の業務内容に請負事業主の裁量の余地がない」からといって、派遣事業に該当することにはなりません。
> 　また、「仕事を完成させ目的物を引き渡す」形態であるか否かによって告示第37号についての取扱いを異ならせることはできないことについては、コメント44（168頁）参照。

> コメント48　請負基準は「単なる労働力を提供するものでないこと」とは規定していない
> 　請負基準第2条第2号は「単に<u>肉体的な</u>労働力を提供するものでないこと」と規定していて、「単なる労働力を提供するものでないこと」とは規定していません。

問15　車両運行管理業務は、請負基準にいう「自らの企画または自己の有する専門的な技術・経験に基づく業務処理」と言えますか。
→車両運行管理業務の内容が、運転者の提供のみならず、車両の整備、修理全般、燃料、備品、消耗品などの購入、車両運行管理のための事務手続および事故処理全般など車両運行管理全体を請け負うものである場合は、多くの場合、

> 請負事業主が自らの企画または専門的技術・経験に基づき業務が処理されているものと判断できます。
>
> 　この場合、請負事業主が自己の責任と負担で調達する機械などにより業務を処理する必要は必ずしもありませんので、車両の整備・修理費用などを発注者が負担しても、特に問題はありません。
>
> 　なお、発注者が所有・管理する車両を、発注者が指定する目的地まで運転するのみの業務（運転者を提供するのみの業務）は、<u>単なる労働力の提供と認められ、派遣事業と判断される可能性が高まります</u>。
>
> 　また、派遣事業と判断されないためには、上記のように車両運行管理全体を請け負うだけでなく、請負事業主が請負労働者に対して業務遂行に関する指示その他の管理を自ら行うことなどが必要となります。
>
> 　なお、請負事業主から発注者へ請負労働者の氏名などの個人情報を提供する際には、個人情報保護法などに基づく適正な取扱（例えば、あらかじめ請負労働者本人の了解を得る等）が求められます（コメント48（173頁）参照）。

D　情報サービス業における請負の適正化のための自主点検表

「情報サービス業における請負の適正化のための自主点検表」は、派遣法施行後間もなくの時期に情報サービス業界が当時の労働省の監修を受けて策定されたもので、その内容は請負基準に沿ったものであり、類似のものとしては最も優れたものと評価できます。

　この自主点検表を読めば、派遣法施行後間もなくの時期においては当時の労働省では請負基準について正確な解釈が行われていたことが分かります。

> 　　　　情報サービス業における請負の適正化のための自主点検表》
>
> 　請負基準および職業安定法施行規則第4条を踏まえて、請負（業務委託を含む）が適正に行われているかのチェックポイント（目安）を示したものです。
>
> 　適正な請負のための大切な要件は「★印」の2つの項目です。それを満たすためにさらに「1～4」の4つの項目があります。現場の実態に照らし合わせて点検をしてみましょう！

（対象業務：ソフトウェア・システム設計・開発、システム運用管理など）
★請負事業者が雇用する労働者の労働力を自ら直接利用すること
　適正な請負の要件として、まず下記の2つの項目があります。
　具体的には、（1）業務の遂行方法などを発注者が介在せずに請負事業者が決めること、（2）労働者の勤怠管理などを発注者が介在せずに請負事業者が行うこと、（3）労働者の選定などについても請負事業者が決めることが必要です。
　また、その請け負った業務の一部または全部を協力会社などへ再委託する場合、その業務の処理方法、協力会社の労働者の勤怠管理、選定などについて、発注者などが介在してはいけません。
　　□印の項目を参考にしながら点検して下さい。
（□印の各項目に該当すれば適正といえるでしょう）
1　作業に従事する労働者を請負事業者が指揮監督するものであること。
（1）労働者に対する業務の遂行方法に関する指示その他の管理を請負事業者が自ら行っている。
□作業場における労働者の人数、配置、変更などの指示は、請負事業者が行っている。
□労働者に対する業務の技術指導や指揮命令は、請負事業者が行っている。
□作業スケジュールの作成や調整は、請負事業者自らが行い労働者に指示をしている。
□欠勤などがあった時の人員配置は、請負事業者が自ら指示、配置をしている。
□その請け負っている業務に対し、請負事業者の責任者（リーダー）を定めている。
（発注者からの依頼は責任者が代表して受ける）
□発注者からの業務依頼に対し諾否の自由があり、業務遂行の過程における裁量が認められていることを発注者および請負事業者、双方の責任者および業務に従事する労働者が認識している。
□複数の会社の労働者が混在するプロジェクトチームの場合、請負事業者以外の労働者が請負事業者の個々の労働者に対し業務遂行の指示等を行っていな

い。
□請負事業者は仕様書等に基づき自らの判断で業務を処理している。
＊さらに業務を再委託（発注）する場合の点検
　　A社→B社→C社
□C社の労働者に対する業務の技術指導や指揮命令を、A社が行っていない。
　（日常的に詳細な業務依頼を、A社と契約関係のないC社の責任者（リーダー）や労働者に行っていない）
□作業場におけるC社の労働者の変更などの指示、欠勤などがあった時の人員配置は、A社が指示、配置をしていない。
□その発注した業務に対し、C社の責任者（リーダー）がいる。
（そのリーダーはB社との窓口になっており、リーダーとしての責務を遂行できる。）
□請負事業者労働者と発注者労働者が同一の場所で作業を行う場合、お互いがひとかたまりにまとまっており間仕切り・看板などを用いるなどして、客観的に区分できる状態になっている。
（2）労働者の労働時間などに関する指示その他の管理を請負事業者自ら行っている。
□請負事業者が労働者の就業時間、休憩時間の決定、把握をしている。
□請負事業者が業務の進捗状況をみて、労働者の残業、休日出勤の指示を行っている。
□請負事業者が労働者の欠勤、遅刻、早退などの勤怠管理を行っている。
□請負事業者の個々の労働者の仕事の分担やスケジュール管理などを遂行でき、かつ、その権限が与えられている責任者（リーダー）が選任されている。
＊さらに業務を再委託（発注）する場合の点検
□C社の労働者の就業時間、休憩時間の決定、休暇等の承認、勤怠管理をA社が行っていない。
□A社が業務の進捗状況をみて、C社の労働者の残業、休日出勤の指示を行っていない。
（A社が、直接C社の労働者に対し具体的な形で残業、休日出勤の依頼を行っ

ていない)
2　作業に従事する労働者に対し、使用者として法律に規定された全ての義務を負うこと。
(企業における秩序の維持、確保などのための指示その他の管理を請負事業者自ら行っている)
□発注者が履歴書・経歴書などの提出要請や面接などを行い、請負事業者の労働者を選定することはない。
□労働者の要員の指名、分担、配置などの決定は請負事業者が全て行っている。
□責任者(リーダー)の決定、変更などは請負事業者が全て行っている。
＊さらに業務を再委託(発注)する場合の点検
□A社が履歴書・経歴書などの提出要請や面接などを行い、C社の労働者を選定することはない。
□契約書等に再委託(発注)する場合の規定があり、その規定どおりの手続を行っている。
□A社は、B社とC社の再委託(発注)を承知し、C社の労働者とB社の労働者が区別できる。
★請け負った業務を請負事業者の自己の業務として独立して処理していること
適正な請負の要件として、さらに下記2つの項目があります。
□印の項目を参考にしながら点検してください。
3　業務の処理について、事業主としての財政上および法律上の全ての責任を負うこと。
□業務の処理について、請負事業者側に契約違反などがあった場合は、その責任について追及できる。
4　単に請負事業者が肉体的な労働力を提供するものとはなっていないこと。
□契約類型によって、契約書等に完成すべき仕事の内容、目的とする成果物、処理すべき業務の内容のいずれかが明記されている。
□処理すべき業務を、請負事業者の有する高度な技術・専門性などで処理をし

ている。
（請負事業者に高度な技術・専門性等がない場合、業務の処理に必要な機械・設備などは発注者より無償で提供を受けていない。）
＊さらに業務を再委託（発注）する場合の点検
□A社とB社との契約により行う業務のうち、さらに、B社とC社によって行う業務の完成すべき仕事の内容、目的とする成果物、処理すべき業務の内容のいずれかが契約書などで明らかにされている。
□B社からC社に再委託（発注）する業務は、C社の有する高度な技術・専門性などで処理をしている。
（C社に高度な技術・専門性などがない場合、業務の処理に必要な機械・設備などはA社から無償で提供を受けていない）
☆点検の結果はいかがでしたか？
　もし、該当しない項目があれば、適正な請負とは判断できない可能性があります。

E　製造業向け請負の適正化のための自主点検表

　ところが、派遣法が施行されて20年ほどが経過した時期に、いわゆる偽装請負問題を大手全国紙が取り上げると、情報サービス業向けとは全く異なる、次のような製造業向けの「請負の適正化のための自主点検表」が作成され（東京労働局で作られたと言われています）、主要な労働局のホームページに掲載されていました。

　現在では、各労働局のホームページから削除されたようですが、同じ請負基準に基づいているはずなのに、請負基準の内容とは全く整合性がなく、情報サービス業向けの自主点検表とも全く異なる内容のものとなっています。

　請負基準の規定は変更ありませんので、規定が変更されることなく、全く別の内容のものとなるという動きが派遣法施行後20年ほどの間に起こっているのです。

製造業向け請負の適正化のための自主点検表
　区分基準を踏まえて、請負（業務委託を含む）が適正に行われているかのチェックポイント（目安）を示したものです。
　適正な請負のための大切な要件は

★請負事業者の雇用する労働者の労働力を自ら直接利用すること
★請け負った業務を請負事業者の自己の業務として独立して処理していること

それを満たすためにさらに「1～6」の6つの項目があります。現場の実態に照らし合わせて点検をしてみましょう！（＊発注者＝注文主）

★請負事業者の雇用する労働者の労働力を、請負事業者が自ら直接利用すること

　適正な請負の要件として、まず下記の1～3の項目があります。具体的には、業務の処理方法を発注者が介在せずに請負事業者が決めること、労働者の勤怠管理を発注者が介在せずに請負事業者が行うこと、現場への入退場や服装の規律ついても請負事業者が決めることが必要です。□印の項目を参考にしながら1～3を点検して下さい。（□印の各項目に該当すれば適正といえるでしょう）

1　労働者に対する業務の遂行方法に関する指示その他の管理を自ら行っていますか？

□作業場における労働者の人数、配置、変更などの指示を全て請負事業者が行っている。
□労働者に対する仕事の割り当て、調整などの指示を全て請負事業者が行っている。
□労働者に対する業務の技術指導や指揮命令を全て請負事業者が行っている。
□請負事業者自らが作業スケジュールの作成や調整を行い労働者に指示をしている。
□欠勤等があった時の人員配置は、請負事業者が自ら指示、配置をしている。
□仕事の完成や業務の処理方法の教育、指導を請負事業者自ら行っている。
□作業者の個々の能力評価を請負事業者自らが行い、発注者に能力評価の資料などを提出することはない。

コメント49　発注者に能力評価の資料などを提出しないとする請負基準の

規定はない

　発注者に能力評価の資料などを提出しないとすることを根拠付ける請負基準の規定はありません。

　なお、派遣取扱要領の記載に、〔医療事務受託業務の場合〕「受託者は、定期的な病院などの担当者からの聴取または打ち合わせの機会を活用し、受託業務従事者の業務の遂行についての評価を自ら行っている」旨の記載があり、発注者側と業務の遂行についての評価について意見交換などを行うことを前提としていることとも整合性が取れません。

□発注者の許可、承認がなくても、請負事業者の労働者が職場離脱できる。
　（但し、施設管理上、機密保持上の合理的理由がある場合は除く）

> コメント50　「発注者の許可、承認がなくても、労働者が自由に職場離脱できる」ことを原則とすることはできない
> 　「施設管理上、機密保持上の合理的理由がある場合は除く」とは記載されているものの、発注者の施設管理権限や企業秘密を保持する権限などからすれば、「発注者の許可、承認がなくても、労働者が自由に職場離脱できる」ことを原則とすることはできないと考えられます。

2　労働者の労働時間等に関する指示その他の管理を自ら行っていますか？
□請負事業者が労働者の就業時間、休憩時間の決定、残業、休日出勤の指示、欠勤、遅刻、早退などの勤怠管理を行っている。
□発注者の就業規則をそのまま使用したり、その適用を受けることはない。

> コメント51　発注者の就業規則をそのまま使用することは問題ではない
> 　「発注者の就業規則の適用を受けない」ことについてはその通りと思われますが、市販の就業規則が出回っていることからすれば、発注者の就業規則と同じ内容であっても問題はありません。
> 　したがって、発注者の就業規則をそのまま使用することを問題ではあり

ません。

　なお、請負基準疑義応答集第2集の問11でも「例えば、請負事業主の業務の効率化、各種法令などによる施設管理や安全衛生管理の必要性など合理的な理由がある場合に、結果的に発注者と同様の就業時間・休日、服務規律、安全衛生規律などとなったとしても、それのみをもって直ちに労働者派遣事業と判断されることはありません」と記載しています（171頁参照）。

☐発注者が作成するタイムカードや出勤簿をそのまま使用していない。

コメント52　タイムカードや出勤簿について、発注者が作成するものをそのまま使用しても、請負基準第2条第1号ロを満たす
　請負基準第2条第1号ロは、労働時間などに関する指示その他の管理のうち、その単なる把握は要件から除外していますから、労働時間などの把握のための手段であるタイムカードや出勤簿について、発注者が作成するものをそのまま使用しても、請負基準第2条第1号ロを満たすことになります。

☐請負事業者の個々の労働者の残業時間、深夜労働時間、休日労働日数の把握、確認、計算などを発注者が行うことはない。

コメント53　労働者の残業時間、深夜労働時間、休日労働日数の把握を発注者が行っても、請負基準第2条第1号ロを満たす
　請負基準第2条第1号ロは、労働時間などに関する指示その他の管理のうち、その単なる把握は要件から除外しているので、少なくとも請負事業者の個々の労働者の残業時間、深夜労働時間、休日労働日数の把握を発注者が行っても、請負基準第2条第1号ロを満たすことになります。

3　企業における秩序の維持、確保などのための指示その他の管理を自ら行っていますか？

□発注者が作成した身分証明書、IDカードなどを使用していない。(但し、施設管理上、機密保持上の合理的理由がある場合は除く)

> コメント54 「発注者が作成した身分証明書、IDカードなどを使用しない」ことを原則とするのは問題
> 「施設管理上、機密保持上の合理的理由がある場合は除く」とは記載されているものの、発注者の施設管理権限や企業秘密を保持する権限などからすれば、「発注者が作成した身分証明書、IDカードなどを使用しない」ことを原則とするのは問題です。

□発注者から直接請負事業者の個々の労働者の能力不足などの指摘を受けていない。

> コメント55 発注者から労働者の能力不足などの指摘を受けないとする請負基準の規定はない
> 発注者から直接請負事業者の個々の労働者の能力不足などの指摘を受けないとすることを根拠付ける請負基準の規定はありません。
> 派遣取扱要領に、〔医療事務受託業務の場合〕「受託者は、定期的な病院などの担当者からの聴取または打ち合わせの機会を活用し、受託業務従事者の業務の遂行についての評価を自ら行っている」旨の記載があり、発注者側と業務の遂行についての評価について情報・意見交換などを行うことを前提としていることとも整合性が取れません。

□発注者が面接などを行い請負事業者の労働者を選定することはない。

□発注者と同一の作業服(帽子を含む)を着用していない。(但し、施設管理上、機密保持上などの合理的理由がある場合、または有償による貸与は除く)。

□労働者の要員の指名、分担、配置などの決定を請負事業者が全て行っている。

★請け負った業務を請負事業者の自己の業務として独立して処理していること

適正な請負の要件として、さらに下記4～6の項目があります。「6」については、業務の処理に必要な設備、機械などを請負事業者が用意するか有償で借りる、発注者に無い請負事業者独自のノウハウなどを用いて業務を処理することのどちらかの要件が必要です。□印の項目を参考にしながら、4～6を点検してください。（□印の各項目に該当すれば適正といえるでしょう）

4　業務の処理に必要な資金を全て自らの責任において調達・支弁していますか？

□必要になった旅費、交通費などをその都度発注者に請求することはない。

コメント56　「必要になった旅費、交通費などをその都度発注者に請求することはない」とする請負基準の規定はない

　「必要になった旅費、交通費などをその都度発注者に請求することはない」ことと「業務の処理に必要な資金を全て自らの責任において調達・支弁している」こととは、全く関係がありません。

　「必要になった旅費、交通費などをその都度発注者に請求することはない」とする請負基準の規定はありません。

□原料、部品などを発注者から無償で提供されていない。

コメント57　材料資材の調達は請負基準第2条第2号ハの要件の選択肢の1つ

　請負事業者の企画、専門的な技術もしくは経験に基づくか、または機械・設備・器材を請負事業者が準備・調達している場合には、原料、部品などを発注者から無償で提供されても、請負基準第2条第2号ハの要件を満たします。

□出張交通費の実費を発注者の旅費規程によって請求、支払いすることはない。

コメント58　「出張交通費の実費を発注者の旅費規程によって請求、支払

いすることはない」とする請負基準の規定はない

　「出張交通費の実費を発注者の旅費規程によって請求、支払いすることはない」ことと「業務の処理に必要な資金を全て自らの責任において調達・支弁している」こととは、全く関係がありません。

　「出張交通費の実費を発注者の旅費規程によって請求、支払いすることはない」とする請負基準の規定はありません。

5　業務の処理について、民法・商法その他の法律に規定された、事業主としての全ての責任を負っていますか？

☐契約書に、業務の処理につき請負事業者などに契約違反があった場合の損害賠償規定がある。

☐契約書に、請負事業者の労働者の故意、過失による発注者または第三者への損害賠償規定がある。

コメント59　請負基準第2条第1号ロは、損害賠償規定を必ず記載しなければならないとは規定していない

　損害賠償規定を記載していることが望ましいが、請負基準第2条第1号ロは、損害賠償規定を必ず記載しなければならないとは規定していません。

☐労働安全衛生の確保、責任は請負事業者が負っている。

コメント60　労働安全衛生法は、業種の区分に応じて元方事業者、注文主、発注者などの責任を定めている

　労働安全衛生法は、業種の区分に応じて元方事業者、注文主、発注者などの責任を定めています。

6　単に肉体的な労働力を提供するものとはなっていませんか？（単なる肉体的な労働力の提供では要件を満たしません）

☐処理すべき業務を、請負事業者の調達する設備・機器・材料・資材を使用し

処理している、または発注者が設備などを調達する場合は無償で使用していない、請負事業者独自の高度な技術・専門性などで処理をしている。(のどちらかに該当していること)

> コメント61　請負基準第2条第2号ハ（1）は「発注者が設備などを調達する」とは規定していない
> 　請負基準第2条第2号ハ（1）は「請負事業者が準備し調達する機械、設備もしくは器材もしくは材料もしくは資材」と規定していますが、請負事業者が発注者から請負契約とは賃貸借契約などの別個の双務契約を締結している場合には、請負事業者が調達していると解釈しています。
> 　したがって、「発注者が設備などを調達する」とする表現は不正確で、「発注者から設備などを調達する場合は無償で使用していない」と記載すべきです。

> コメント62　請負基準第2条第2号ハ（2）は「請負事業者独自」であることも「高度」であることも求めている訳ではない
> 　同号ハ（2）は「企画または自己の有する専門的な技術もしくは経験」と規定しているから、「請負事業者独自」であることも「高度」であることも求めている訳ではありません。

☐契約書に、完成すべき仕事の内容、目的とする成果物、処理すべき業務の内容が明記されている。
☐労働者の欠勤、休暇、遅刻などによる作業時間の減少などに応じて、請負代金の減額などが定められることになっていない。
☐請負代金は、|労務単価×人数×日数または時間| となっていない。(但し、高度な技術・専門性が必要な場合を除く)

> コメント63　請負代金の形態だけで派遣事業に該当することはない
> 　請負基準第2条には請負代金については何も規定されていません。

> 　請負基準第2条本文には「次の各号のいずれにも該当する場合を除き、派遣事業を行う」旨規定していますので、請負基準第2条各号のいずれにも該当する場合には、派遣事業には該当しません。
> 　このため、請負基準第2条の規定に照らして、請負代金の形態を理由に派遣事業に該当することはありません。

☆点検の結果はいかがでしたか？もし、該当しない項目があれば、適正な請負とは判断できない可能性があります。

　なお、派遣法第40条の6は「国および特定独立行政法人ならびに地方公共団体および特定地方独立行政法人の機関以外の派遣先が派遣法または派遣法第3章第4節の規定により適用される法律の規定の適用を免れる目的で、請負その他労働者派遣以外の名目で契約を締結し、派遣法第26条第1項各号に掲げる事項を定めずに労働者派遣の役務の提供を受けた場合には、その者が、その行った行為がこれに該当することを知らず、かつ、知らなかったことにつき過失がなかつたときを除き、その時点において、派遣先から派遣労働者に対し、その時点におけると同一の労働条件を内容とする労働契約の申込みをしたものとみなす」、

　同法第40条の7は「国および特定独立行政法人ならびに地方公共団体および特定地方独立行政法人の機関である派遣先が同様の行為を行った場合には、関係法令の規定に基づき採用その他の適切な措置を講じなければならない」と規定しています（第9章416～417頁参照）。

　これらの規定に該当するのは、請負基準の規定により派遣事業に該当するだけではなく、派遣法または派遣法第3章第4節の規定により適用される法律の規定の適用を免れる目的があり、かつ派遣法第26条第1項各号の事項を定めていない場合に限られます。

3）「労働者派遣」と「労働者供給」との区分
ア　「労働者派遣」と「労働者供給」との区分
　派遣法の制定に伴い改正される前の職業安定法第4条第6項の労働者供給の定義は、「供給契約に基づいて労働者を他人に使用させること」でした。
　ここでいう「供給契約」とは「労働者を供給しようとする者と労働者の供給を受

けようとする者との間に締結される労働者の提供に関する契約であり、労働者と供給しようとする者との間に雇用関係がある場合も実力的な支配関係がある場合も含む」ものであり、「使用」とは、「他人の労働力を自己のために使用することをいい、使用する者と労働者との間に雇用関係がある場合も事実上指揮命令の下に労働させる場合も含む」ものです。

　ここでいう「他人に使用させる」とは、派遣法第2条第1号の「他人の指揮命令を受けて、当該他人のために労働に従事させる」ことと同じ意味（他人と労働者との間に雇用関係が存在したとしてもそれを前提として指揮命令関係が存在しています）で、「労働者派遣」は、この従来の「労働者供給」の一形態に当たるものです。

　すなわち、労働者派遣は、労働者派遣をする者（派遣元）と労働者との間には雇用関係があり、派遣先と労働者との間では、労働者を派遣先が雇用することを約してするものを含みません。

　このため、派遣契約に基づいて労働者を他人の指揮命令を受けて労働に従事させる場合のうち、派遣元と労働者との間に雇用関係がないものについては全て「労働者供給」に該当し、「労働者派遣」には該当しません。この判断は、具体的には、労働保険・社会保険の適用、給与所得の確認などに基づき行います。

　一方、派遣元と労働者との間に雇用関係があるもののうち、派遣先に労働者を雇用させることを約して行われるものについては、「労働者派遣」には該当せず、「労働者供給」となります（派遣法第2条第1号）。

　このため、「労働者派遣」に該当するのは、原則として派遣先と労働者との間に雇用関係がなく、事実上の指揮命令関係がある場合に限られます（ただし、例外的に、労働者が自己の自由な意思に基づいて結果として派遣先と直接労働契約を締結したような場合は、「労働者派遣」に含まれ、派遣法（第3章第4節を除く）による規制を受けます）（図2）。

　なお、「派遣先に労働者を雇用させることを約して行われるもの」の判断については、契約書などにおいて派遣元、派遣先間で労働者を派遣先に雇用させる旨の意思の合致が客観的に認められる場合はそのように判断しますが、それ以外の場合は、次のような基準に従い判断されています。

① 労働者派遣が派遣法の定める枠組に従って行われる場合は、原則として、派遣先に労働者を雇用させることを約して行われるものとは判断しないこと。

図2 派遣事業と労働者供給事業の関係

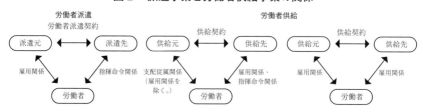

② 派遣元が企業としての人的物的な実体(独立性)を有しない個人またはグループであり派遣元自体も派遣元の労働者とともに派遣先の組織に組み込まれてその一部と化している場合、派遣元は企業としての人的物的な実体を有するが、労働者派遣の実態は派遣先の労働者募集・賃金支払の代行となっている場合その他これに準ずるような場合については、例外的に派遣先に労働者を雇用させることを約して行われるものと判断することがあること。

派遣法の制定に伴い、職業安定法第4条第6項の「労働者供給」に「労働者派遣」は含まれないものとなりましたが、派遣法制定後も、労働者供給事業は職業安定法第44条により原則として禁止されています。

> コメント64 派遣の場合には、派遣会社と派遣先という雇用主が異なる2人が出てくるというなんてことがあり得るのか?
>
> 派遣法第2条第1号の「労働者派遣」の定義を読めば、派遣先が派遣労働者を雇用する場合には、一般に「労働者派遣」に該当しないことは誰でも理解できると思います。
>
> ところが、平成26年11月5日の衆議院厚生労働委員会において、政府参考人(厚生労働省派遣・有期労働対策部長)は「派遣の場合については、派遣会社と派遣先というような、雇用主が異なる2つの方が出てくる」と答弁している(国会会議録検索システムより)のです。
>
> 序文でも述べましたが、これは大きな衝撃です。
>
> 派遣法で用いられている最も基本的な用語であり、同法の適用対象を決定する「労働者派遣」という定義規定すら理解しないまま、国会の法案審議において、法案の内容を説明する立場にある事務方の責任者が答弁しているのですか

> ら。
> 　それでは、派遣会社と派遣先という雇用主が異なる2人が出てくる場合というのは何かと言えば、「労働者供給」なのです。
> 　労働者供給事業は、労働組合が許可を受けて無料で行う場合以外禁止されていますので、禁止されている労働者供給事業と許可制の下で行うことのできる派遣事業との区別ができないまま答弁していることになります。

イ　「労働者派遣」を抜き出した理由

　「労働者供給」のうち、このような特定の形態に限り、「労働者派遣」として抜き出し、一定のルールのもとに適法に事業として行えることとしたのは、次の理由によるものです。

　「派遣元と労働者との間に雇用関係がある」場合に限って、労働者派遣として抜き出した理由は、派遣元と労働者との間に、当事者間の自由な意思に基づいて労働契約が締結されている場合には、これに基づいて、労働者を他人に提供し、労働に従事させることを業として行わせても、今日の状況のもとにおいて、封建的な支配従属関係やこれに基づく弊害の発生のおそれは少なく、職業安定法第44条で労働者供給事業を禁止した趣旨を没却することはありません。

　また、労働契約を締結する場合には、派遣元が労働契約の当事者としての法的責任を負うことになり、「他人の就業に介入して利益を得る」（労働基準法第6条）ことにはならないから、中間搾取の問題は生じない（昭和61年6月6日基発第333号）ことによります。

　「派遣先と労働者との間は原則として雇用関係はなく、事実上の指揮命令の関係にとどまる」場合に限って、労働者派遣とすることとしたのは、労働者を派遣先に雇用させることを約してする形態では、派遣元と労働者との間の雇用関係が形骸化する蓋然性が高いこと、雇用主としての責任を負うのが派遣元、派遣先のいずれになるか不明確となって、労働者の保護の観点から問題が生ずるおそれが強いこと、派遣先と労働者との間に雇用関係を生じさせる形態は、職業紹介によっても行うことが可能であり、職業紹介の方が、労働者の保護の面でも問題が少ないことなどの理由によるものです（第2章コメント2（24、25頁）参照）。

ウ　法律の規定の整備

職業安定法第4条第6項の労働者供給の定義において「供給契約に基づいて」と規定していると同様に「派遣契約に基づいて」としなかった理由は、契約に基づかずにこのような行為が行われることは想定し難く、明確な区分のメルクマールとはなり得ないこと、労働者派遣の定義は、労働者供給の定義よりも内容が明確なものであり、特に派遣契約をその構成要件とする必要はないことなどの理由によるものです。

　派遣法の制定に伴う改正前の職業安定法第4条第6項においては、「他人に使用させる」とされていたものを、派遣法においては「他人の指揮命令を受けて、当該他人のために労働に従事させる」としていますが、これは、「使用する」という概念が、例えば改正前の職業安定法上の「使用」は、労働契約に基づき労働者をその指揮命令の下に労働させることだけではなく、労働契約に基づくことなく、労働者を、事実上指揮命令して労働させることを含むのに対し、労働基準法上の「使用する」は、労働契約に基づいて労働者をその指揮命令の下に労働させる意味で用いられるなど多義的に用いられており、その意味をより明確にしたものです。

　これに併せて、職業安定法第4条第6項の労働者と供給先との関係についても「他人の指揮命令を受けて労働に従事させる」という表現を用い、概念の統一を図っていますが、その内容に変化はなく、ただその意味内容をより明確にしたものです。

　（注）派遣法第3章第4節においては、労働基準法などの適用に関する特例などについて規定していますが、これらの規定は労働者が派遣先に雇用されていない形態のものを対象としています（労働者派遣法第44条—第47条）。

エ　いわゆる「二重派遣」について

　いわゆる「二重派遣」は、派遣先が派遣元から労働者派遣を受けた労働者をさらに派遣することをいいますが、この場合、派遣先は派遣労働者を雇用している訳ではないため、労働者供給に該当し、職業安定法第44条の規定により禁止されます。

　これについては、派遣労働者を雇用する者と、派遣労働者を直接指揮命令する者との間のみにおいて派遣契約が締結されている場合は、「二重派遣」に該当しません。

　このため、派遣契約を単に仲介する場合は、通常「二重派遣」には該当しません。

４）「労働者派遣」と出向との区分

　いわゆる出向については、法律上、特段の定義規定はありませんが、一般的には、「出向元事業主と何らかの関係を保ちながら、出向先において新たな労働契約関係に基づき相当期間継続的に勤務する形態」と理解されており、これを出向元事業主との関係に着目して分類すると、①在籍出向（出向元事業主および出向先事業主との間に労働契約関係があると考えられるもの）と、②移籍出向（出向先事業主との間にのみ労働契約関係があると考えられるもの）の２つに区分できます（「労働基準法研究会報告（昭和59年10月18日）―派遣・出向など複雑な労働関係に対する労働基準法などの適用について」参照）。

　移籍出向の場合、出向元事業主との間の雇用関係は終了していますので、労働者派遣とは異なる形態であることは明らかです。これに対し、在籍出向の場合、出向元事業主との間に雇用関係がある点では労働者派遣と同様ですので、この両者の区分が重要となります。

　在籍出向については、出向元事業主との間に雇用関係があるだけではなく、一般に出向元事業主と出向先事業主との間の出向契約により、出向労働者を出向先事業主に雇用させることを約して行われていると解されています（これに関しては、「合意内容によっては指揮命令権のみを移転させる出向もありうる」との学説（水町勇一郎著「労働法第３版」160頁）もあります）。このため、在籍出向については、一般に労働者派遣には該当せず、派遣法の規制の対象ではないと解されています。

　なお、出向労働者が出向先事業主に雇用されているか否かについては、出向先事業主と出向労働者との間の実態、具体的には、出向先事業主における賃金支払、社会・労働保険への加入、懲戒権の保有、就業規則の直接適用の有無、出向先事業主が独自に労働条件を変更することの有無などにより判断されます）。

　しかし、在籍出向の形態は、労働者供給に該当し、その在籍出向が「業として行われる」（197、198頁参照）ような場合には、職業安定法第44条により禁止される労働者供給事業に該当することもあります。

　ただし、①雇用調整に当たって労働者を離職させるのではなく、関係会社において雇用機会を確保する、②経営指導、技術指導の実施、③職業能力開発の一環として行う、④企業グループ内の人事交流の一環として行うなどの目的を有している在

籍出向については、出向が形式的に繰り返し行われたとしても、社会通念上業として行われていると判断されるものは少ないと考えられています。

なお、例えば、短期間の教育訓練の委託、販売の応援など二重の雇用関係を生じさせるような形態のものであっても、それが短期間のものである場合は、一般的には在籍出向と呼ばれてはいませんが、派遣法などの適用関係は在籍出向の場合と同様になります。

また、労働基準法などにおける使用者などとしての責任は、出向元事業主、出向先事業主および出向労働者三者間の取決めによって定められた権限と責任に応じて、出向元事業主または出向先事業主が負います。

5）「労働者派遣」と派遣店員などとの区分
ア　派遣店員の取扱い

デパートやスーパー・マーケットのケース貸しなどに伴ってみられるいわゆる派遣店員は、元来「派遣元に雇用され、派遣元の業務命令により就業しますが、就業の場所が派遣先事業所であるもの」です。

このため、就業に当たって、派遣元の指揮命令を受け、派遣先の指揮命令は受けず、請負などの事業と同様「他人の指揮命令を受けて当該他人のために労働に従事させる」ものではなく、労働者派遣には該当しません。

しかし、派遣先が派遣店員を自己の指揮命令のもとに労働に従事させる場合は労働者派遣に該当し、派遣法の規制を受けることになります。

このため、実質的に労働者派遣に該当するような行為（例えば、派遣先の事業主や従業員から派遣元の事業とは無関係の業務の応援を要請されるなど）が行われることのないよう十分に注意する必要があります。

イ　社会福祉関係の個人を派遣先とする派遣事業の取扱い

老人、身体障害者などに対する家庭奉仕員派遣事業、母子家庭等介護人派遣事業、盲人ガイドヘルパー派遣事業、手話奉仕員派遣事業、脳性マヒ者等ガイドヘルパー派遣事業その他これらに準ずる社会福祉関係の個人を派遣先とする派遣事業については、「労働者派遣」に該当しない態様により行われる限りにおいて、「派遣」という名称とは関わりなく、①派遣元が国、地方公共団体、民間のいずれであるかを問わず、また、②派遣先が不特定多数の個人であるか、特定の会員などであるかを問わず、派遣事業とはならないと解されています。

6）「労働者派遣」とJVとの区分
ア　JVが請負契約の形式によって業務を処理する場合の取扱い

　JVが請負契約の形式によって業務を処理する場合については、JVは数社が共同して業務を処理するために結成された民法上の組合（民法第667条）の1種であり、JV自身がJVに参加する構成員の労働者を雇用するという評価はできません。

　また、JVが民法上の組合である以上、構成員が自己の雇用する労働者をJV参加の他社の労働者などの指揮命令のもとに労働に従事させたとしても、通常、それは自己のために行われるものとなります。

　このため、JVにおける法律関係は、構成員の雇用する労働者を他人の指揮命令を受けて「自己のために」労働に従事させるものであり、派遣法第2条第1号の「労働者派遣」には該当しません。

　ただし、JVが民法上の組合に該当し、構成員が自己の雇用する労働者をJV参加の他社の労働者などの指揮命令のもとに労働に従事させることが労働者派遣に該当しないためには、次のいずれにも該当することが必要とされています。

a　JVが注文主との間で締結した請負契約に基づく業務の処理についてすべての構成員が連帯して責任を負うこと。
b　JVの業務処理に際し、不法行為により他人に損害を与えた場合の損害賠償義務についてすべての構成員が連帯して責任を負うこと。
c　すべての構成員が、JVの業務処理に関与する権利を有すること。
d　すべての構成員が、JVの業務処理につき利害関係を有し、利益分配を受けること。
e　JVの結成は、すべての構成員の間において合同的に行われ、その際、JVの目的およびすべての構成員により共同で業務処理を行うことの2点について合意が成立していること。
f　すべての構成員が、JVに対し出資義務を負うこと。
g　業務の遂行に当たり、各構成員の労働時間において行われる次の指示その他の管理が常に特定の構成員の労働者などから特定の構成員の労働者に対し一方的に行われるものではなく、各構成員の労働者が、各構成員間において対等の資格に基づき共同で業務を遂行している実態にあること。
① 業務の遂行に関する指示その他の管理（業務の遂行方法に関する指示その他の

管理、業務の遂行に関する評価などに関する指示その他の管理）
② 労働時間などに関する指示その他の管理（出退勤、休憩時間、休日、休暇などに関する指示その他の管理（これらの単なる把握を除く）、時間外労働、休日労働における指示その他の管理（労働時間などの単なる把握を除く））
③ 企業における秩序の維持、確保などのための指示その他の管理（労働者の服務上の規律に関する事項についての指示その他の管理、労働者の配置などの決定・変更）
h 請負契約により請け負った業務を処理する JV に参加するものとして、a、b及びfに加えて次のいずれにも該当する実態にあること。
① すべての構成員が、業務の処理に要する資金につき、調達、支弁すること。
② すべての構成員が、業務の処理について、民法、商法その他の法律に規定された事業主としての責任を負うこと。
③ すべての構成員が次のいずれかに該当し、単に肉体的な労働力を提供するものではないこと。
i 業務の処理に要する機械・設備・器材（業務上必要な簡易な工具を除く）または材料・資材を、自己の責任と負担で相互に準備し、調達すること。
ii 業務の処理に要する企画または専門的な技術もしくは経験を、自ら相互に提供すること。

　JV がこれらのいずれの要件をも満たす場合については、JV と注文主との間で締結した請負契約に基づき、構成員が業務を処理し、また、JV が代表者を決めて、その代表者が JV を代表して、注文主に請負代金の請求、受領や財産管理などを行っても、派遣法上の問題は生じません。

イ　JV が行う派遣事業

　JV が派遣事業を行うことができるかについては、JV は民法上の組合（民法第667条）であり、法人格を有するものではないため、JV 自身が構成員の労働者を雇用するという評価はできず、JV が派遣事業を行う主体となり、または派遣法第26条の派遣契約の当事者となることはできません。

　このため、数社が同一の派遣先について共同で派遣事業を行う場合にも、必ず、個々の派遣元と派遣先との間でそれぞれ別個の派遣契約を締結する必要があります。

この場合に、派遣元がそのなかから代表者を決めて、その代表者が代表して派遣先に派遣料金の請求、受領や財産管理などを行っても、派遣法上の問題は生じません。

ウ　労働者派遣のあっせんと保証（JVの行う派遣事業に類する行為）

派遣元に対して派遣先を、派遣先に対して派遣元をそれぞれあっせんし、両者間の派遣契約の締結を促し、援助する行為は派遣法では禁止されていません。

また、派遣元のために、派遣元が締結した派遣契約の履行について派遣先との間で保証その他その履行を担保するための種々の契約の締結などを行うことも派遣法では禁止されていません。

7）　派遣労働者が派遣先に雇用されていると評価される場合の取扱い

派遣労働者が派遣先に雇用されていると評価される場合について、判例は、派遣元が企業としての独立性を欠いていて派遣先の労務担当の代行機関と同一視しうるものであるなどその存在が形式的名目的なものに過ぎず、実際には派遣先において派遣労働者の採用、賃金額などの就業条件を決定している場合や派遣労働者の業務の分野・期間が派遣法で定める範囲を超え、派遣先の労働者の作業と区別し難い状況となっている場合、派遣先において、派遣労働者に対して作業上の指揮命令、その出退勤などの管理を行うだけでなく、その配置や懲戒などに関する権限を行使するなど、実質的にみて、派遣先が派遣労働者に対して労務給付請求権を有し、賃金を支払っていると認められる事情がある場合である（一橋出版・マイスタッフ事件　東京高裁平成18年6月29日　労働判例921号5頁、伊予銀行・いよぎんスタッフサービス事件　最高裁第二小法廷平成21年3月27日　労働判例991号14頁　高松高裁平成18年5月18日　労働判例921号33頁）としています。

(2)　派遣労働者

概要

派遣法は、派遣労働者を「事業主が雇用する労働者であって、労働者派遣の対象となるものをいう」と定義しています（派遣法第2条第2号）が、この定義は次のような中心的な要素から構成されています。

①　事業主が雇用する労働者であること。
②　労働者派遣の対象となるものであること。

解説

1）事業主が雇用する労働者

　派遣労働者といえるためには、事業主が現に雇用している状態にあることが必要です。そのため、いわゆる登録型で行われる派遣事業の場合において、登録されているだけで、その事業主に雇用されていない労働者は、派遣労働者には該当しません。

　登録されているだけの者は、派遣法においては、「派遣労働者として雇用しようとする労働者」（派遣法第30条）と規定されていて、派遣法第30条、第30条の4、第31条の2および第33条において派遣労働者とは異なる規制の対象となります。

コメント65　「登録」を呼びかける行為は、労働者の募集に該当するのか？

　派遣取扱要領219頁に「具体的な労働契約の締結を前提とし、派遣労働者になろうとする者に『登録』を呼びかける行為は、労働者の募集に該当する」旨の記載があります。

　上記のように、登録されているだけの者は「派遣労働者として雇用しようとする労働者」ですので、「登録」を呼びかける行為は「派遣労働者として雇用されようとする労働者」になるよう呼びかけることになります。

　「労働者の募集」について、職業安定法第4条第5項は「労働者を雇用しようとする者が、自らまたは他人に委託して、労働者となろうとする者に対し、その被用者となることを勧誘すること」をいうと定義しています。

　「被用者」とは、一般に「他人に雇用されている者」をいいますから、「雇用される」前の段階の「雇用されようとする」段階になることを勧誘することが「雇用される」段階になることを勧誘することに該当するというのは無理があるのではないでしょうか。

　そうなると、「登録」を呼びかける行為が労働者の募集に該当するというのは難しいのではないでしょうか。

2）労働者派遣の対象

　派遣労働者は、労働者派遣の対象となる者を意味します。この「労働者派遣の対象」とは、現に労働者派遣をされているか否かを問わず労働者派遣をされる身分を

有している者のことをいい、具体的に労働者派遣の対象となるか否かは、労働契約、就業規則、労働協約などの定めによります（派遣労働者とするためには、派遣法第32条の定めに従わなければなりません）。

3）有期雇用派遣労働者と無期雇用派遣労働者

派遣労働者のうち、期間を定めて雇用される派遣労働者を有期雇用派遣労働者といい（派遣法第30条第1項）、期間を定めないで雇用される派遣労働者を無期雇用派遣労働者といいます（派遣法第30条の2第1項）。

（3）派遣事業

概要

派遣法においては、派遣事業を「労働者派遣を業として行う」ことと定義しています（派遣法第2条第3号）。

解説

1）業として行う

派遣事業の「業として」の判断も、職業紹介事業など他の各種の事業法における判断と同様であり、反復継続の意思をもってその行為を行うことをいい、1回限りの行為であっても反復継続の意思をもって行われれば事業性が認められ、逆に、形式的に繰り返し行われたとしても、反復継続の意思をもって行われなければ、事業性は認められません。

具体的には、一定の目的と計画に基づいて経営する経済的活動として行われるか否かによって判断され、必ずしも営利を目的とする場合に限らず（例えば、社会事業団体や宗教団体が行う継続的活動も「事業」に該当することがあります）、また、他の事業と兼業して行われるか否かを問うものではありません。

しかしながら、この判断も一般的な社会通念に即して個別のケースごとに行われるものであって、営利を目的とするか否か、事業としての独立性があるか否かは反復継続の意思の判定のうえで重要な要素となります。

例えば、①労働者の派遣を行う旨宣言、広告をしている場合、②店を構え、労働者派遣を行う旨看板を掲げている場合などについては、原則として、事業性ありと判断されます。

2）適用除外業務との関係

派遣事業は、派遣労働者が従事する業務の如何を問わず労働者派遣を業として行うことをいうものであり、適用除外業務（第6章260〜267頁参照）について労働者派遣を業として行ったとしても派遣事業に該当します。

3）「登録型派遣」と「常用型派遣」

　いわゆる「登録型派遣」とは、一般に、派遣労働を希望する者をあらかじめ登録しておき、労働者派遣をするに際し、当該登録されている者と期間の定めのある労働契約を締結し、有期雇用派遣労働者として労働者派遣を行うことを言います。

　これに対し、いわゆる「常用型派遣」とは、一般に、派遣事業者が常時雇用している労働者の中から労働者派遣を行うことをいいますが、この「常時雇用される」労働者のみで派遣事業を行う特定派遣事業は平成27年改正法により廃止されました（第5章240〜243頁参照）。

（4）紹介予定派遣

概要

　派遣法において紹介予定派遣とは、労働者派遣のうち、派遣法第5条第1項の許可を受けた派遣元が、労働者派遣の役務の提供の開始前または開始後に、その派遣労働者および派遣先に対して、職業安定法その他の法律の規定による許可を受けて、または届出をして、職業紹介を行い、または行うことを予定してするものをいい、職業紹介により、派遣労働者が派遣先に雇用される旨が、労働者派遣の役務の提供の終了前に派遣労働者と派遣先との間で契約されるものを含むと定義しています（派遣法第2条第4号）。

解説

1）特定目的行為禁止規定との関係

　紹介予定派遣については、派遣先が派遣労働者を特定することを目的とする行為の禁止に関する規定が適用されません（派遣法第26条第6項。第9章382〜384頁参照）。

　紹介予定派遣については、円滑・的確な労働力需給の結合を図るための手段として設けられたものであるため、次の①から③までの措置を行うことができます。

① 派遣就業開始前の面接、履歴書の送付など
② 派遣就業開始前および派遣就業期間中の求人条件の明示

③　派遣就業期間中の求人・求職の意思などの確認および採用内定
２）紹介予定派遣を行う場合の措置
　紹介予定派遣を行う場合には、派遣元および派遣先は次の措置を行わなければなりません（第9章437〜441頁参照）。
①　派遣契約に紹介予定派遣に関する事項を記載すること。
②　紹介予定派遣を受け入れる期間を守ること。
③　派遣先が職業紹介を希望しない場合または派遣労働者を雇用しない場合に理由を明示すること。
④　派遣労働者の特定に当たっての年齢、性別などによる差別防止に関する措置を行うこと。
⑤　紹介予定派遣であることの明示
⑥　派遣元管理台帳および派遣先管理台帳に紹介予定派遣に関する事項を記載すること。

5　船員に対する適用除外

概要
　船員職業安定法第6条第1項に規定する船員については、派遣法は適用されません（派遣法第3条）。

解説
（1）派遣法の適用範囲
　派遣法は、船員職業安定法第6条第1項に規定する船員については適用されませんが、これを除く公務員も含めたあらゆる労働者、あらゆる事業に原則として適用されます。

（2）船員に対する適用除外
　派遣法において船員職業安定法第6条第1項に規定する船員に対し同法の適用を除外したのは、労働力の需給調整に関する基本的法律である職業安定法や雇用対策法などと同様、船員の労働および生活は船舶のなかで行われるという海上労働の特

殊性によるものです。

船員職業安定法第6条第1項に規定する船員とは、船員法による船員および同法による船員でない者で日本船舶以外の船舶に乗り組むものをいいます。

そして、船員法による船員とは、「日本船舶または日本船舶以外の国土交通省令の定める船舶に乗り組む船長および海員ならびに予備船員」のことをいいます（船員法第1条第1項）が、①総トン数5トン未満の船舶、②湖、川または港のみを航行する船舶、③政令に定める総トン数30トン未満の漁船、④「船舶職員及び小型船舶操縦者法」第2条第4項に規定する小型船舶で、スポーツまたはレクリエーションの用に供するヨット、モーターボートその他のその航海の目的、期間および態様、運航体制などからみて船員労働の特殊性が認められない船舶として国土交通省令の定めるものは、船舶に含みません（同条第2項）。

なお、「海員」は、「船内で使用される船長以外の乗組員で労働の対償として給料その他の報酬を支払われる者」をいい（船員法第2条第1項）、船内における酒場、理髪店、洗たく屋、売店などで働く労働者であっても船内で使用される乗組員に該当する以上、直接に運行業務に従事しなくてもここでいう海員に含まれます。

また、「予備船員」とは、「船舶に乗り組むため雇用されている者で、船内に使用されていないもの」（同条第2項）のことをいいます。

船員について派遣法が「適用除外される」とは、船員である者を派遣労働者として船員の業務以外の義務に就かせることおよび船員以外のものを船員の業務に就かせることの双方について派遣法の規定が適用されないという意味です。

例えば、船員以外の者が派遣先である「船舶」内で就業する限り、派遣労働者は船員に該当し、派遣法の適用は受けません。

船員の派遣事業については、船員職業安定法第55条の規定により、国土交通大臣の許可を受けて、常時雇用する船員を対象として行う船員派遣事業以外禁止されています。

（3）公務員に対する派遣法の適用

国家公務員法附則第16条および地方公務員法第58条は、派遣法を適用除外していません。

このため、国家公務員、地方公務員が派遣労働者となる場合にも派遣法の規制を

受けます（国家公務員法附則第16条の規定においては、労働基準法などの適用を除外していますが、国家公務員法により適用除外しているのは労働基準法など自体であって、派遣法により特に派遣先などに適用される労働基準法などの適用の特例の規定ではありません。そのため、派遣法第3章第4節の規定（労働基準法などの適用に関する特例）も公務員について適用されます）。

また、国、地方公共団体が派遣先となる場合についても、派遣法の規定は全面的に適用されます。

6 運用上の配慮

趣旨

派遣法の運用に当たり、我が国の雇用慣行や派遣労働者の就業は臨時的かつ一時的なものであることを原則とするとの考え方を考慮するとともに、職業安定法に定める他の労働力の需給の調整に関する制度との調和に配慮しなければなりません。

解説

（1）我が国の雇用慣行

我が国においては、新規学卒者などを常用雇用の形態で雇い入れ、企業内においてキャリア形成を図りつつ昇進昇格させ、定年に至るまで雇用を確保するという、いわゆる長期雇用慣行が形成されています。

このような雇用慣行は、かつては我が国の雇用管理についての後進性を示すものであるとの議論もありましたが、その後においては、労働者の雇用の安定や能力の有効発揮に資するものと評価され、そのことが、労使関係の安定、企業経営、さらには経済の発展に寄与するものと理解されています。

いかなる制度も長短を併せ持つもので、長期雇用慣行についても雇用維持コストの増大などが指摘され、処遇における能力主義的要素の強化などが行われてきていますが、こうした見直しを行いつつも、基本的には維持すべきものとする考え方は根強いようです。

（2）派遣労働者の就業は臨時的・一時的が原則

派遣労働についてどのような位置づけにするかについては、議論がありますが、平成27年改正派遣法において、「派遣法の運用に当たり、派遣労働者の就業は臨時的かつ一時的なものであることを原則とするとの考え方を考慮しなければならない」旨規定されれましたので、派遣労働者の就業は臨時的・一時的が原則という考え方が法律上も明確にされたことになります。

（3）他の労働力需給調整システムとの調和
　派遣事業を労働力需給調整システムとして有効に機能させるためには、他の労働力需給調整システムとの適切な調和のもとに運営されることも必要です。

第5章
派遣元が事業を行うための許可

　派遣労働者の雇用の安定その他福祉の増進を図るためには、労働力需給調整システムである派遣事業が適正に運営され、労働力需給の適正な調整が図られ、派遣労働者の希望および能力に応じた就業の機会を提供するとともに、適正な就業が図られるようにすることが重要です。

　このために、派遣事業は、国の監督の下に行う必要があります。

　なお、同じく民間の行う労働力需給調整システムである民営職業紹介事業、労働組合などの行う労働者供給事業についても、国の監督の下に適切に事業運営が行われ、的確な需給調整が図られるよう、職業安定法において必要な措置が定められています。

　派遣事業は、労働力需給調整システムの1つとして、従来労働組合が許可を受け無料で行う以外は全面的に禁止されてきた労働者供給事業についての禁止の一部を、労働力需給の適正な調整に役立ち、かつ、派遣労働者の保護と雇用の安定を図り得ると認められる限りにおいて解除し、一定のルールのもとに行うことができるものです。

　また、派遣事業が、派遣労働者を雇用する者とその指揮命令のもとに労働させるものとが分離するという形態により遂行されるという特性を有する事業であるため、派遣元による派遣労働者に対する適正な雇用管理が行われるようにするなど派遣労働者の保護の観点からも国の監督を受けることになっています。

　このため、労働力の需給調整を適正に行い得るか否か、派遣労働者に関する雇用管理を適正に行い得るか否か、その前提としての事業を的確に遂行する能力があるか否かを事前に慎重に検討し、これらの要件を満たす者に限り事業を行わせることにより、労働力需給の適正な調整と派遣労働者の保護と雇用の安定を図っていく必要があるため、基本的には許可制という事業規制の方法が採用されており、事業に

関する規制として、次のような定めが行われています。
1　派遣事業の許可制（派遣法第5条第1項）
2　派遣事業を行おうとする場合の申請（派遣法第5条第2項～第4項）
3　許可に当たっての審議会からの意見の聴取（派遣法第5条第5項）
4　許可の欠格事由（派遣法第6条）
5　許可基準（派遣法第7条第1項）
6　許可証の交付と備付け・提示（派遣法第8条）
7　許可の条件（派遣法第9条）
8　許可の有効期間とその更新（派遣法第10条）
9　許可事項の変更の届出（派遣法第11条）
10　派遣事業の廃止の届出（派遣法第13条）
11　派遣事業の名義貸しの禁止（派遣法第15条）

　なお、許可を受けて派遣事業を行う派遣元に法違反など不適切な事態が生じた場合には、許可の取消しまたは事業の停止を命じられる（派遣法第14条）ことがありますが、これに関しては、第12章482～486頁で解説します。
　（旧）特定派遣事業に関する規定については平成27年改正派遣法において削除されましたが、改正法施工後なお3年間は経過措置として、（旧）特定派遣事業を行っていた事業主は引き続き派遣労働者が「常時雇用される労働者」のみである派遣事業」を行うことができます。

1　派遣事業の許可の申請

概要

　派遣事業を行おうとする者は、派遣事業を行おうとする事業所についてそれぞれ派遣事業の許可を受けなければなりません（派遣法第5条第1項）
　また、派遣事業の許可の申請に当たっては、手数料および登録免許税を納付するとともに、申請書、事業計画書のほか、これらの添付書類、許可要件の審査の参考とするための資料を提出しなければなりません（派遣法第5条第2項～第4項）。

解説

（1）事業所

「事業所」とは、労働者の勤務する場所または施設のうち、事業の内容としての活動が有機的、組織的に行われる場所のことであり、作業組織上相当の独立性を有するものです。

具体的には雇用保険の適用事業所に関する考え方と基本的には同一であり、次の要件に該当するか否かを勘案して判断します。

1）場所的に他の（主たる）事業所から独立していること。
2）経営（または業務）単位としてある程度の独立性があること。
　すなわち、人事、経理、経営（または業務）上の指導監督、労働の態様などにおいてある程度の独立性があること。
3）一定期間継続し、施設としての持続性があること。

労働者の勤務する場所または施設が1）～3）の全てに該当する場合や法人の登記簿上の本店または支店に該当するときは1つの事業所として取り扱いますが、それ以外の場合でも、他の社会保険の取扱いなどによっては、1つの事業所に該当する場合がありますので、その実態を把握した上で事業所か否かが判断されます。

（2）派遣事業を行う事業所

派遣事業の許可の申請を行う必要があるのは、（1）の基準により「事業所」に該当したもののうち、「派遣事業を行う事業所」です。

これは、実質的に派遣事業の内容となる業務処理を行っている事業所、すなわち、「派遣元の雇用する派遣労働者を、派遣先の指揮命令を受けて、派遣先のために労働に従事させている」と評価できる事業所で、具体的には、派遣法の定めにより派遣元が行わなければならない事項を行う、いわば派遣労働者が帰属する事業所のことです。

法人の登記簿上の本店または支店であっても、同様の基準に基づき派遣事業を行う事業所か否かが判断され、派遣労働者の教育訓練のみを行う事業所、派遣労働者の募集のみを行う事業所、派遣先の開拓のみを行う事業所、派遣事業に関する会計や財務の処理のみを行っている事業所などは、「派遣事業を行う事業所」ではありません。

> コメント66　登録申込みの受理を行う場合には派遣事業を行っている蓋然性が高いといえるのか
> 　派遣取扱要領104頁〜105頁には、上記のように「派遣労働者の教育訓練のみを行う事業所、<u>派遣労働者の募集のみを行う事業所</u>、派遣先の開拓のみを行う事業所、労働者派遣事業に係る会計、財務の処理のみを行っている事業所などについては、派遣事業を行う事業所ではない」とする一方、「登録申込みの受理を行う場合には業として派遣事業（の一部）を行っていると解される蓋然性が高く、派遣事業を行う事業所として許可を受け、および届け出ることが適当である」「当該事業所において、登録の申込みの受理が繰り返し行われる場合には、業として労働者派遣事業（の一部）を行っていると解されるものであることから、派遣事業を行う事業所としての許可が必要である」旨記載しています。
> 　「登録申込みの受理」あるいは「登録」そのものは、採用前の行為（労働者の募集の前段階の行為（第4章コメント65（196頁）参照））であり、派遣事業を行っている派遣元はその登録の申込みあるいは登録をしている労働者を雇用している訳ではありません。このために、派遣法は登録状態にある労働者を「派遣労働者として雇用しようとする労働者（同法第30条の4など）」と規定しています。
> 　派遣事業は「労働者派遣を業として行うこと」をいう（同法第2条第3号）ところ、労働者派遣は「自己の<u>雇用する労働者</u>を、当該<u>雇用関係の下</u>に、かつ、他人の指揮命令を受けて、当該他人のために労働に従事させること」をいうから、労働者を雇用していない限り「労働者派遣」に該当することはあり得ません。
> 　そうなると、「登録申込みの受理」あるいは「登録」そのものをしていたとしても、そのことだけで、「派遣事業を行っている」とは言えません。
> 　結局上記の派遣取扱要領の記載も「労働者派遣」の定義が理解できていないために、なされたものとしか考えられません。

なお、派遣事業については、派遣事業の適正な運営の確保を図り、派遣労働者の

就業条件を確保するため、派遣元に一定の能力を担保する必要性があるので、許可制となっていますが、許可制の下で、機動的な事業所の設置を可能とするなどの観点から、許可の単位については事業主単位とし、事業所の設置については届出制としています。

(3) 許可の申請手続
　許可の申請は、労働者派遣事業許可申請書（様式第1号）および労働者派遣事業計画書（様式第3号）などの添付書類に、「自己チェックシート」などの参考資料を添えて、派遣元の主たる事務所の所在地を管轄する都道府県労働局（事業主管轄労働局）を経由して、提出しなければなりません（派遣法第5条第2項～第4項、派遣則第19条）。

1）申請書の記載事項
　申請書の記載事項は次のとおりで、労働者派遣事業許可申請書（様式第1号）により申請します（派遣法第5条第2項、派遣則第1条の2第1項）。
ア　氏名（個人）または名称（法人）および住所ならびに法人の場合はその代表者の氏名
イ　大企業・中小企業の別、全労働者数および産業分類（細分類）
ウ　法人の場合はその役員の氏名、役名および住所
エ　派遣事業を行う事業所に関する次の事項
① 事業所の名称
② 事業所の所在地
③ 特定製造業務（物の製造の業務で、産前産後・育児・介護・母性保護のための休業する労働者の業務以外のもの）への労働者派遣の実施の有無
④ 派遣元責任者の氏名、職名、住所など
⑤ キャリア・コンサルティングの担当者（派遣労働者の職業生活の設計に関する相談について派遣労働者が利用する相談窓口において対応する者）の氏名および職名
⑥ 派遣元責任者の職務代行者の氏名および職名

2）添付書類
　申請書には、次のような書類を添付します（派遣法第5条第3項～第4項）。

1　労働者派遣事業計画書（様式第3号）
2　キャリア形成支援制度に関する計画書（様式第3号-2）
3　雇用保険等の被保険者資格取得の状況報告書（様式第3号-3。ただし、雇用保険等の被保険者資格取得の状況報告書は、派遣労働者のうち、雇用保険または健康保険・厚生年金保険の未加入者がいる場合にのみ提出が必要）
4　定款または寄附行為（個人事業の場合不要）
5　登記事項証明書（個人事業の場合不要）
6　役員の住民票の写しおよび履歴書（個人事業の場合、個人事業主の住民票の写しおよび履歴書）
7　派遣事業を行う事業所ごとの個人情報適正管理規程
8　最近の事業年度における貸借対照表、損益計算書および株主資本等変動計算書などで税務署長に提出したもの（個人事業の場合、青色申告（簡易な記載事項の損益計算書のみ作成する場合を除く）のときは税務署の受付印のある貸借対照表および損益計算書、白色申告または青色申告で簡易な記載事項の損益計算書のみ作成するときは不動産の登記事項証明書および固定資産税評価額証明書）
9　最近の事業年度における法人税（個人事業の場合、所得税）の確定申告書の写し、納税証明書、預金残高証明書などの納税関係書類
10　不動産の登記事項証明書、不動産賃貸借（使用貸借）契約書の写しなどの派遣事業を行う事業所ごとの事業所の使用権を証する書類
11　派遣事業を行う事業所ごとに選任する派遣元責任者の住民票の写し、履歴書および3年以内に受講した派遣元責任者講習受講証明書（様式第21号）の写し
12　教育訓練の受講時間を労働時間として取扱う旨記載された就業規則または労働契約、派遣労働者のキャリア形成を念頭においた派遣先の提供のための事務手引、マニュアルの該当箇所の写しなど派遣労働者のキャリアの形成の支援に関する規程
13　派遣契約の終了に関する事項、変更に関する事項および解雇に関する事項

について規定した就業規則または労働契約の該当箇所の写しなど無期雇用派遣労働者を派遣契約の終了のみを理由として解雇しないことを証する書類（有期雇用派遣労働者についても、派遣契約終了時に労働契約が存続している派遣労働者については、派遣契約の終了のみを理由として解雇しないことを証する書類）

14　労働契約期間内に派遣契約が終了した無期雇用派遣労働者または有期雇用派遣労働者について、次の派遣先を見つけられないなど使用者の責に帰すべき事由により休業させた場合には労働基準法第26条に基づく休業手当を支払うことを規定した就業規則または労働契約の該当箇所の写しなどの書類

3）参考資料

このほか、参考資料として、次のような書類の提出が求められます。

1　「労働者派遣事業の許可申請にあたっての自己チェックの結果について」（様式第15号）

　自己チェックシートは、事業主が許可申請に必要な要件などを理解、認識して提出することを目的とするものであって、これにより遵法意識の高まりとともに許可要件の審査も円滑に進むことが期待されるものとして導入されたものだとされています。

　就業規則または労働契約に、無期雇用派遣労働者を派遣契約の終了のみを理由として解雇できる規定がないか、また、有期雇用派遣労働者についても、派遣契約終了時に労働契約が存続している派遣労働者については、派遣契約の終了のみを理由として解雇できる規定がないかについては、自己チェックシートによって申請内容を確認するものとされています。

2　企業パンフレットなど事業内容が確認できるもの

3　申請月の前月末現在の派遣労働者を含む全労働者分の労働者名簿

4　小規模派遣元への暫定的な配慮措置により許可基準のうち緩和された資産要件にて申請する場合には、次の書類

（1）財産的基礎に関する要件についての誓約書（様式第16号）

（2）常時雇用する派遣労働者数の報告（様式第17号）

> **コメント67　添付書類のほかに参考資料をなぜ求めるのか？**
> 　行政が許認可の判断を行うに当たって、必要な資料を求める裁量があることを否定するつもりはありませんが、自己チェックシートや労働者名簿のようにすべての場合に提出を求めるのであれば、法令に基づく添付書類とすべきなのではないでしょうか。

4）書類の提出部数

　提出書類のうち、労働者派遣事業許可申請書および労働者派遣事業計画書については正本1通およびその写し2通を、それ以外の書類については正本1通およびその写し1通を、それぞれ提出します（派遣則第20条）。

（4）違反の効果
1）罰則

　許可を受けないで派遣事業を行った者または偽りその他不正の行為により許可を受けた者は、1年以下の懲役または100万円以下の罰金に処せられます（派遣法第59条第2号および第3号）。

　また、許可申請書または事業計画書などの添付書類に虚偽の記載をして提出した者は、30万円以下の罰金に処せられます（派遣法第61条第1号）。

2）行政処分

　許可を受けないで派遣事業を行った場合などについては、許可の取消し（派遣法第14条第1項）、事業停止命令（同条第2項）、改善命令（派遣法第49条第1項）の対象となるほか、無許可で派遣事業を行っていることが疑われる事業主については、あらかじめ公表について通告した上で、事業主名などの公表が行われます。

（5）手数料の納付

　派遣事業に関する許可申請の手続を行うに際しては、12万円（派遣事業を行う事業所の数が2つ以上の場合には、5万5千円に事業所数から1を減じた数を乗じて得た額に12万円を加えた額）の手数料に相当する額の収入印紙を申請書に貼って、

手数料を納付しなければなりません（派遣令第9条、派遣則第54条第1項）。

なお、手数料は、申請書が受理（申請書に受理印が押印）され、収入印紙に消印された後は返還されません（派遣則第54条第2項）。

（6）登録免許税の納付

許可については登録免許税が課せられます（登録免許税法第2条）ので、派遣事業の許可申請を行おうとする者は許可1件当たり9万円（登録免許税法別表第1第81号）の登録免許税を納付しなければなりません。

2 欠格事由

趣旨

派遣事業を行う者は、関係する法律を遵守できる者でなければなりません。そこで、法令に違反して刑事罰を科された後一定期間を経過しない者、暴力団員など法を遵守することが期待できない者については、派遣事業を行わせることは適当ではありません。このため、欠格事由を定め、派遣事業の許可を受けることができないようにしています。

解説

（1）欠格事由の内容

許可の欠格事由については、申請者が法人か個人かの区分に応じて、次のように定められています。

1）法人の場合

次のいずれかに該当する法人は、派遣事業の許可を受けることができません（派遣法第6条）。

> 1　その法人が、次の（1）から（9）までの規定に違反しまたは（10）から（12）までの罪を犯したことにより、罰金の刑に処せられ、その執行を終わり、または執行を受けることがなくなった日から起算して5年を経過していない場合（派遣法第6条第1号、第2号）

（1）派遣法の規定
（2）労働に関する次の規定（派遣令第3条）。
A　労働基準法第117条、第118条第1項（同法第6条、第56条の規定に関する部分）、第119条（同法第16条、第17条、第18条第1項、第37条の規定に関する部分）、第120条（同法第18条第7項、第23条から第27条までの規定に関する部分）の規定、これらの規定に関する同法第121条の規定（これらの規定が派遣法第44条（第4項を除く）の規定により適用される場合を含む）
B　職業安定法第63条、第64条、第65条（第1号を除く）、第66条の規定、これらの規定に関する同法第67条の規定
C　最低賃金法第40条の規定、同条の規定に関する同法第42条の規定
D　建設雇用改善法第49条、第50条、第51条（第2号、第3号を除く）の規定、これらの規定に関する同法第52条の規定
E　賃金支払確保法第18条の規定、同条の規定に関する同法第20条の規定
F　港湾労働法第48条、第49条（第1号を除く）、第51条（第2号、第3号に関する部分）の規定、これらの規定に関する同法第52条の規定
G　中小企業労働力確保法第19条、第20条、第21条（第1号に関する部分）の規定、これらの規定に関する同法第22条の規定
H　育児・介護休業法第62条、第63条、第64条、第65条の規定
I　林業労働力確保法第32条、第33条、第34条（第1号に関する部分）の規定、これらの規定に関する同法第35条の規定
J　派遣法第44条第4項の規定により適用される労働基準法第118条、第119条、第121条の規定
K　派遣法第45条第7項の規定により適用される労働安全衛生法第119条、第122条の規定
（3）暴力団法の規定（第48条の規定を除く）
（4）健康保険法第208条、第213条の2、第214条第1項の規定
（5）船員保険法第156条、第159条の3、第160条第1項の規定
（6）労災保険法第51条前段、第54条第1項（第51条前段の規定に関する部分）の規定
（7）厚生年金保険法第102条第1項、第103条の2、第104条第1項（第102

第1項、第103条の2の規定に関する部分)、第182条第1項、同条第2項、第184条(第182条第1項、同条第2項の規定に関する部分)の規定
(8) 労働保険徴収法第46条前段、第48条第1項(第46条前段の規定に関する部分)の規定
(9) 雇用保険法第83条、第86条(第83条の規定に関する部分)の規定
(10) 刑法第204条、第206条、第208条、第208条の3、第222条、第247条の罪
(11) 暴力行為処罰法の罪
(12) 出入国管理難民認定法第73条の2第1項の罪

> (注) 執行猶予などの取扱い
> 　刑の執行猶予の言渡しを受けた後、その言渡しを取り消されることなく猶予の期間を経過した者は、刑の「執行を終わり、または執行を受けることがなくなった日から起算して5年を経過していない場合」には該当せず、猶予期間を無事経過することによって直ちに欠格事由を離脱します。
> 　大赦または特赦により刑の言渡しの効力を失った者についても同様です。
> 　なお、刑の時効の完成、仮出獄を許された者の刑の残余期間の満了その他の事由により、刑の執行の免除を得たものは「執行を受けることがなくなった」に該当するものとして、欠格事由について判断されます。

2　その法人が破産者で復権していない場合(派遣法第6条第3号)
3　その法人が派遣法第14条第1項(第1号を除く)の規定により派遣事業の許可を取り消され、その取消しの日から起算して5年を経過していない場合(派遣法第6条第4号)
4　その法人が派遣法第14条第1項の規定による派遣事業の許可の取消しに関する行政手続法第15条の規定による聴聞の通知があった日からその処分をする日または処分をしないことを決定する日までの間に派遣法第13条第1項の規定による派遣事業の廃止の届出をした場合(事業の廃止について相当の理

由がある場合を除く）で、その届出の日から起算して5年を経過しない場合（派遣法第6条第6号）

5　その法人が暴力団員等にその事業活動を支配されている場合（派遣法第6条第11号）

6　その法人が暴力団員等をその業務に従事させ、またはその業務の補助者として使用するおそれのある場合（派遣法第6条第12号）

7　その法人の役員（業務を執行する社員、取締役、執行役またはこれらに準ずる者をいい、相談役、顧問その他いかなる名称を有する者であるかを問わず、法人に対し業務を執行する社員、取締役、執行役またはこれらに準ずる者と同等以上の支配力を有するものと認められる者を含む）のうちに次のいずれかに該当する者がある場合（派遣法第6条第10号）

（1）禁固以上の刑に処せられ、または1の（1）から（9）までの規定に違反し、または1の（10）から（12）までの罪を犯したことにより、罰金の刑に処せられ、その執行を終わり、または執行を受けることがなくなった日から起算して5年を経過していない者（派遣法第6条第1号、第2号）

（2）成年被後見人、被保佐人または破産者で復権していない者（派遣法第6条第3号）

（3）個人事業主として行っていた派遣事業の許可を取り消され、その取消しの日から起算して5年を経過していない者（派遣法第6条第4号）

（4）派遣事業の許可を取り消された者が法人である場合に、その取消しを受ける原因となった事項が発生した当時現にその法人の役員であり、その取消しの日から起算して5年を経過していないもの（派遣法第6条第5号）

（5）その法人が、個人事業主として行っていた派遣事業の許可の取消しの処分に関する聴聞の通知があった日からその処分をする日または処分をしないことを決定する日までの間に派遣事業の廃止の届出をした者（事業の廃止について相当の理由がある者を除く）で、その届出の日から起算して5年を経過していないもの（派遣法第6条第6号）

（6）（5）の期間内に派遣事業の廃止の届出をした者が法人である場合に、（5）の聴聞の通知の日前60日以内にその法人（事業の廃止について相当の理由がある法人を除く）の役員であった者で、その届出の日から起算して5

年を経過していないもの（派遣法第6条第7号）
(7) 暴力団員等（派遣法第6条第8号）

> コメント68　暴力団員がなぜ特定派遣事業を行っていたのか。
> 　特定派遣事業は廃止されることになりましたが、その理由の1つとして行政処分を受けた者が多かったことがあり、しかもその中には暴力団員が特定派遣事業を行っていたことが、暴力団員が他の犯罪で摘発された結果、暴力団員であったことが判明し、欠格事由に該当するとして、事業廃止命令とされた事案が少なからずありました。
> 　(旧) 特定派遣事業にも欠格事由は規定されていたのですから、欠格事由に該当するか否かがきちんと確認されていれば、こういう事態にはならなかったと思われますが、いずれにせよ事前の審査がきちんと行われなければ、これからも起こり得る問題です。

(8) 派遣事業について法定代理人から営業の許可を受けていない未成年者で、その法定代理人（法人である場合には法人の役員）が上記（1）から（7）までのいずれかに該当する者またはその法定代理人（法人である場合に限る）が上記（1）から（4）までのいずれかに該当する者（派遣法第6条第9号）

2) 個人の場合

次のいずれかに該当する個人は、派遣事業の許可を受けることができません（派遣法第6条）。

> 1　禁固以上の刑に処せられ、または1) 法人の場合の1の（1）から（9）までの規定に違反しまたは（10）から（12）までの罪を犯したことにより、罰金の刑に処せられ、その執行を終わり、または執行を受けることがなくなった日から起算して5年を経過していない者（派遣法第6条第1号、第2号）
> 2　成年被後見人、被保佐人または破産者で復権していない者（派遣法第6条

第3号）

3　個人事業主として行っていた派遣事業の許可を取り消され、その取消しの日から起算して5年を経過していない者（派遣法第6条第4号）

4　派遣事業の許可を取り消された者が法人である場合に、その取消しを受ける原因となった事項が発生した当時現にその法人の役員であり、その取消しの日から起算して5年を経過していないもの（派遣法第6条第5号）

5　個人事業主として行っていた派遣事業の許可の取消しに関する聴聞の通知があった日からその処分をする日または処分をしないことを決定する日までの間に派遣事業の廃止の届出をした者（事業の廃止について相当の理由がある者を除く）で、その届出の日から起算して5年を経過していないもの（派遣法第6条第6号）

6　5の期間内に派遣事業の廃止の届出をした者が法人である場合に、5の聴聞の通知の日前60日以内にその法人（事業の廃止について相当の理由がある法人を除く）の役員であった者で、その届出の日から起算して5年を経過していないもの（派遣法第6条第7号）

7　暴力団員等（派遣法第6条第8号）

8　暴力団員等がその事業活動を支配する者（派遣法第6条第11号）

9　暴力団員等をその業務に従事させ、またはその業務の補助者として使用するおそれのある者（派遣法第6条第12号）

10　派遣事業について法定代理人から営業の許可を受けていない未成年者で、その法定代理人（法人である場合には法人の役員）が上記1から7までのいずれかに該当する者またはその法定代理人（法人である場合に限る）が上記1から4までのいずれかに該当する者（派遣法第6条第9号）

（2）欠格事由に該当する場合の効果

　派遣事業を行おうとする者が、許可の欠格事由に該当する場合、許可を受けることができないことはもとより、許可を受けた後に欠格事項に該当するに至ったときは、許可が取り消されます（派遣法第14条第1項第1号）。

3 許可基準

概要

派遣事業は、許可の欠格事由に該当しないだけでなく、次のような許可基準に適合している場合に限り許可されます（派遣法第7条第1項）。

1. 派遣事業は労働力需給調整システムとして行われるから、労働力需給調整システムとしての機能を持たない専ら特定の者に労働者派遣の役務を提供するものでないこと。
2. 派遣事業では派遣労働者を雇用する者と指揮命令する者が分離するという複雑な労働関係のもとに事業が行われるため、派遣労働者の適正な就業を確保するために派遣労働者に関する雇用管理を適正に行うに足りる能力があること。
3. 派遣労働者の個人情報を大量に収集する事業であるので、個人情報の保護のための措置が行われていること。
4. 派遣事業を労働力需給調整システムとして適正に機能させるため、事業を的確に遂行する能力があること。

解説

全事業所共通の許可基準

派遣事業の健全化および派遣労働者の実効性ある保護を図る観点から、派遣事業の許可を受けるためには、次の全てに適合していることが必要です。

(1) その事業が専ら労働者派遣の役務を特定の者に提供することを目的として行われるものでないこと（派遣法第7条第1項第1号）

派遣事業は、労働力需給調整システムとして法制化されたものである以上、労働力需給調整システムとしての機能を持たない、専ら特定の者に労働者派遣の役務を提供するものでないことを要件としています。

この要件を満たすためには、その事業が専ら労働者派遣の役務を特定の者に提供することを目的として行われるものでないことが必要です。ただし、雇用の機会の確保が特に困難であると認められる労働者の雇用の継続などを図るために必要であると認められる場合について例外が設けられています。

「専ら労働者派遣の役務を特定の者に提供することを目的とする」とは、特定の者（1つであると複数であるとを問わず対象が特定されていること）に対してのみ労働者派遣を行うことを目的として事業運営を行っており、それ以外の者に対して労働者派遣を行うことを目的としていない場合です。

なお、不特定の者に対して労働者派遣を行うことを目的として事業運営を行っている場合で、結果として特定の者に対してしか労働者派遣をすることができなかったときは、これには含まれません。

具体的には、事業所ごとに、定款などに記載され具体的に明らかにされている事業目的だけではなく事業運営の実態にも照らし、特定の者のみに対する労働者派遣を目的としているか否かを客観的に判断され、次のいずれかに該当する場合は「専ら労働者派遣の役務を特定の者に提供することを目的とする」ものと判断されます。

① 定款、寄附行為、登記簿の謄本などにその事業の目的が専ら労働者派遣の役務を特定の者に提供する旨の記載などが行われている場合
② 派遣先の確保のための努力が客観的に認められない（派遣元に複数事業所があり、本社などで一括して派遣先の開拓を行っている場合を除く）場合。

「派遣先の確保のための努力が客観的に認められない場合」とは、不特定の者を対象とした派遣先の確保のための宣伝、広告などを正当な理由なく随時行っていない場合です。

「正当な理由」とは、業務そのものが限定的に行われていることから他に派遣先を確保しようとしてもできない場合または派遣労働者の人数が足りないことに起因して派遣先の確保ができない場合（派遣労働者の確保のための努力が客観的に認められる場合に限る）です。

③ 労働者派遣の役務の提供を受けようとする者からの労働者派遣の依頼に関し、特定の者以外からのものについては、正当な理由なくすべて拒否している場合

「正当な理由」とは、派遣労働者の確保のための努力が客観的に認められるにもかかわらず派遣労働者の人数が足りない場合などです。

なお、「専ら労働者派遣の役務を特定の者に提供することを目的として行うものではないこと」は、派遣事業の許可の条件（派遣法第9条第1項）ともなっています。

また、その事業を行う派遣元が雇用する派遣労働者のうち、30％以上の者が60歳以上の者で他の事業主の事業所を60歳以上の定年により退職した後雇い入れたものである場合には、規制の例外とされています（派遣則第1条の3）。

　「他の事業主の事業所」とは、派遣元以外の事業主の事業所であり、派遣元の事業所はすべて含みません。

　「60歳以上の定年により退職した後雇い入れられた者」とは、60歳以上の定年により退職し、または60歳以上の定年に達した後の再雇用、勤務延長もしくは出向が終了し離職した後その派遣事業を行う事業所で雇用される派遣労働者です。

　このほか、この要件と同じ要件で、派遣元に対して派遣事業の目的または内容の変更を勧告することができる（派遣法第48条第1項）ほか、グループ企業（関係派遣先）への派遣割合に関する規制も定められています（派遣法第23条第3項、第23条の2）。

（2）申請者が次の基準に適合し、その事業の派遣労働者に関する雇用管理を適正に行うに足りる能力があると判断できること（派遣法第7条第1項第2号）。
1）次の基準を満たす派遣労働者のキャリアの形成を支援する制度があること。
ア　次の要件を全て満たす派遣労働者のキャリア形成を念頭に置いた段階的かつ体系的な教育訓練の実施計画を定めていること。
a　教育訓練計画の内容
ⅰ　実施する教育訓練がその雇用する全ての派遣労働者を対象としたものであること。
　ただし、次の者については、その教育訓練は受講済みであるとすることができます。
（ⅰ）過去に同じ内容の教育訓練を受けたことが確認できる者
（ⅱ）その業務に関する資格を有している等、明らかに十分な能力を有している者
　なお、受講済みとして取り扱うことができる派遣労働者であっても、その派遣労働者がその教育訓練の受講を希望する場合は、受講させることが望ましいとされています。
ⅱ　実施する教育訓練が有給かつ無償で行われるものであること。
　教育訓練の受講時間を労働時間として扱い、相当する賃金を支払うことが原則で

す。

　ただし、例えば、派遣元の事業所と派遣先の事業所との距離が非常に遠く終業後に訓練を行うことが困難である場合で、eラーニングの設備もない場合など派遣元において時間を管理した訓練を行うことが困難であることに合理的な理由があるときには、キャリアアップのための自習用の教材を渡すなどとしても差し支えありませんが、その場合は、その教材の学習に必要とされる時間数に見合った手当を支払うことが必要です。

　また、これらの取扱いは就業規則または労働契約などに定めておくことが必要になります。

ⅲ　実施する教育訓練が派遣労働者のキャリアアップに資する内容のものであること。

　教育訓練の内容は、派遣労働者としてより高度な業務に従事すること、派遣としてのキャリアを通じて正社員として雇用されることを目的としているなどキャリアアップに資するものであることが必要で、具体的にキャリアアップに資する理由は、キャリア形成支援制度に関する計画書（様式第3号－2）において記述する必要があります。

　複数の訓練コースを設けることも可能であり、訓練内容によって対象者が異なっても差し支えありません。

　ただし、ヨガ教室や趣味的な英会話教室、面接対策とは異なるメイクアップ教室のような、派遣労働者の福利厚生を目的とした明らかにキャリア形成に無関係なものはキャリアアップに資するとは判断されません。

　派遣元は、教育訓練計画についてキャリアアップに資する内容であることを説明できなければなりません。

ⅳ　派遣労働者として雇用するにあたり実施する教育訓練が含まれるものであること。

　訓練内容には、入職時に行う訓練が含まれていることが必要です。

　短期雇用の者であってもその訓練を受講できるよう、派遣元と派遣先とが互いに協力することが望ましいとされています。

ⅴ　無期雇用派遣労働者に対して行う教育訓練は、長期的なキャリア形成を念頭に置いた内容のものであること。

無期雇用派遣労働者を雇用する派遣元は、無期雇用派遣労働者に対する教育訓練計画が長期的なキャリア形成を念頭とする内容であることを説明できなければなりません。
b　教育訓練の形態
　教育訓練の形態は、通常の業務を一時的に離れて行う教育訓練(OFF JT)だけでなく、日常の業務につきながら行う教育訓練(OJT)のうち計画的に行うものを含めていても差し支えありません。
イ　次の要件を満たすキャリア・コンサルティングの相談窓口を設置していること。
a　キャリア・コンサルティングの相談窓口に、担当者が配置されていること。
　キャリア・コンサルティングの相談窓口の担当者には、キャリア・コンサルタント(有資格者)、キャリア・コンサルティングの知見を有する者(職業能力開発推進者、3年以上の人事担当の職務経験がある者など)、または派遣先との連絡調整を行う営業担当者を配置する必要があります。
b　キャリア・コンサルティングの相談窓口は、派遣元が雇用する全ての派遣労働者が利用できること。
　キャリア・コンサルティングの相談窓口については、事務所内に定められた相談ブースを設置するだけではなく、電話による相談窓口の設置、e-mailでの相談の受付、専用WEBサイトの相談窓口の設置などにより派遣元が雇用する派遣労働者がキャリア・コンサルティングを申し込めるよう、その雇用する派遣労働者に対して周知するとともに、適切な窓口を提供しなければなりません。
c　希望する全ての派遣労働者がキャリア・コンサルティングを受けられること。
d　キャリア・コンサルティングは、事務手引、マニュアルなどの規程に基づいて実施されることが望ましいこと。
　キャリア・コンサルティングは、必ずしも常時行わなければならないわけではなく、例えば毎週2回定期的に実施することや派遣労働者の希望に応じ随時実施することなどもできます。
　また、キャリア・コンサルティングを行う場所については適宜決めることができます。
ウ　キャリア形成を念頭に置いた就業機会の提供を行う手続が規定され、その手続

きに沿って行われていること。

　派遣労働者のキャリア形成を念頭に置いた就業機会を提供するための事務手引、マニュアルなどが整備されており、これらに基づいて派遣労働者に就業機会が提供されていることが必要です。

エ　教育訓練の時期・頻度・時間数など

a　派遣労働者全員に対して入職時の教育訓練は必須であること。

　また、教育訓練は、少なくとも最初の3年間は毎年1回以上の機会が提供され、その後も、キャリアの節目などの一定の期間ごとにキャリアパスに応じた研修などが用意されていること。

b　教育訓練の時間数は、フルタイムで1年以上の雇用見込みの派遣労働者1人当たり、少なくとも最初の3年間は、毎年概ね8時間以上の教育訓練の機会が提供される必要があること。

c　派遣元は教育訓練の実施に当たって、教育訓練を適切に受講できるように就業時間などに配慮すること。

　また、派遣元は、派遣先に対して、派遣労働者が教育訓練を受けられるように協力を求めることが望ましいとされています。

オ　教育訓練計画の策定

　教育訓練計画の策定に当たっては、派遣労働者との相談や派遣実績などに基づいて策定し、可能な限り派遣労働者の意向に沿ったものとなることが望ましいとされています。

カ　教育訓練計画の周知など

a　派遣元は教育訓練計画について、登録中の労働者に対し、労働契約を締結する時までに周知するよう努めること。

b　教育訓練計画は事業所に備え付けるなどの方法により派遣労働者に周知するとともに、計画に変更があった際にも派遣労働者に周知するよう努めること。

c　派遣元は、派遣労働者が良質な派遣元を選択できるように、段階的かつ体系的な教育訓練計画の内容についての情報をインターネットの利用その他適切な方法により提供することが望ましいこと。

キ　資料の保存

　派遣元は、派遣労働者のキャリアアップ措置に関する実施状況など教育訓練など

の情報を管理した資料を労働契約終了後3年間（労働契約が更新された場合は、更新された労働契約終了後3年間）保存すること。

2）次の基準に照らし、**派遣労働者に関する雇用管理を適正に行うための体制が整備されていること。**

ア　派遣元責任者

a　次のいずれにも該当する雇用管理を適正に行い得る派遣元責任者が所定の要件および手続に従って適切に選任、配置されていること。

①　未成年者でなく、かつ、欠格事由のいずれにも該当しない者が適正に選任されていること（派遣法第36条、派遣則第29条）。

②　住所および居所が一定しないなど生活根拠が不安定なものでないこと。

③　適正な雇用管理を行う上で支障がない健康状態であること。

④　不当に他人の精神、身体および自由を拘束するおそれのない者であること。

⑤　公衆衛生または公衆道徳上有害な業務に就かせる行為を行うおそれのない者であること。

⑥　派遣元責任者となり得る者の名義を借用して、許可を得ようとするものでないこと。

⑦　次のいずれかに該当する者であること。

（ⅰ）成年に達した後、3年以上の雇用管理の経験を有する者

　「雇用管理の経験」とは、人事または労務の担当者（事業主（法人の場合はその役員）、支店長、工場長その他事業所の長など管理監督者を含む）であったと評価できること、または派遣事業において派遣労働者もしくは登録中の者などの労務の担当者であったことをいいます。

（ⅱ）成年に達した後、職業安定行政または労働基準行政に3年以上の経験を有する者

（ⅲ）成年に達した後、民営職業紹介事業の従事者として3年以上の経験を有する者

（ⅳ）成年に達した後、労働組合などが行う労働者供給事業の従事者として3年以上の経験を有する者

⑦　3年以内に指定された講習機関が実施する「派遣元責任者講習」を受講した者であること。

⑧ 外国人の場合は、就労できる在留資格を有する者であること。
⑩ 派遣元責任者が苦情処理などの場合に、日帰りで往復できる地域に労働者派遣を行うものであること。
b 派遣元責任者が不在の場合の臨時の職務代行者があらかじめ選任されていること。

イ 派遣元

派遣元（法人の場合はその役員を含む）が次のいずれにも該当することにより、派遣労働者の福祉の増進を図ることが見込まれるなど適正な雇用管理を期待し得るものであること。

① 労働保険、社会保険の適用など派遣労働者の福祉の増進を図ることが見込まれるものであること。
② 住所、居所が一定しないなど生活根拠が不安定なものでないこと。
③ 不当に他人の精神、身体、自由を拘束するおそれのない者であること。
④ 公衆衛生・公衆道徳上有害な業務に就かせる行為を行うおそれのない者であること。
⑤ 派遣元となり得る者の名義を借用して許可を得るものではないこと。
⑥ 外国人にあっては、原則として出入国管理難民認定法の在留資格に基づき派遣元としての活動を行う者（海外に在留する者を除く）であること。
⑦ 派遣労働者に関する就業規則または労働契約などに、
（ⅰ）無期雇用派遣労働者を派遣契約の終了のみを理由として解雇できる旨の規定がないこと。
（ⅱ）有期雇用派遣労働者についても、派遣契約終了時に労働契約が存続している派遣労働者については、派遣契約の終了のみを理由として解雇できる旨の規定がないこと。
（ⅲ）無期雇用派遣労働者または有期雇用派遣労働者であるが労働契約期間内に派遣契約が終了した派遣労働者について、次の派遣先を見つけられないなど使用者の責に帰すべき事由により休業させた場合には、休業手当を支払う旨の規定があること。
⑧ 既に事業を行っている者の場合、雇用安定措置の義務を免れることを目的とした行為を行ったとして、労働局から指導され、それを是正していない者ではない

こと。
ウ　キャリア形成支援制度に関するもの以外の教育訓練
a　派遣労働者に対して、労働安全衛生法第59条に基づきその実施が義務付けられている安全衛生教育の実施体制が整備されていること。
b　派遣労働者に対する次のいずれにも該当する能力開発体制が整備されていること。
① 派遣労働者に対する教育訓練に関する計画が適切に策定されていること。
② 教育訓練を行うに適した施設、設備などが整備され、教育訓練の実施について責任者が配置されるなど能力開発体制が整備されていること。
c　派遣法第30条の2に定める教育訓練以外に自主的に実施する教育訓練についての派遣労働者の費用負担を実費程度とすること。

(3) 次の基準に照らし、個人情報を適正に管理し、派遣労働者等の秘密を守るために必要な措置が講じられていること（派遣法第7条第1項第3号）
1) 個人情報管理体制
ア　派遣労働者等の個人情報を適正に管理するための次のいずれにも該当する体制が整備されていること。
(a) 派遣労働者等の個人情報を取り扱う事業所内の職員の範囲が明確にされていること。
(b) 業務上知り得た派遣労働者等に関する個人情報を業務以外の目的で使用したり、他に漏らしたりしないことについて、職員への教育が実施されていること。
(c) 派遣労働者等から求められた場合の個人情報の開示・訂正・削除の取扱いに関する規程があり、その規程について派遣労働者等への周知が行われていること。
(d) 個人情報の取扱いに関する苦情の処理に関して取扱責任者を定めるなどにより、苦情を迅速・適切に処理すること。
イ　個人情報適正管理規程は、次の要件に適合していること。
(a) アの(a)から(d)までを含む個人情報適正管理規程を作成し、従業者を含めこれを遵守させること。
(b) 本人が個人情報の開示・訂正・削除を求めたことを理由として就業機会を与

えないなどの不利益な取扱いをしないこと。
ウ　個人情報の収集・保管・使用は、次の要件に適合していること。
（a）派遣労働者となろうとする者の登録の際にはその希望・能力に応じた就業機会の確保を図る範囲内で、派遣労働者として雇用し労働者派遣を行う際にはその適正な雇用管理を行う目的の範囲内で、派遣労働者等の個人情報を収集すること。
（b）特別な業務上の必要性が存在するなど業務の目的の達成に必要不可欠で、収集目的を示して本人から収集する場合を除き、次の個人情報を収集しないこと。
① 人種、民族、社会的身分、門地、本籍、出生地その他社会的差別の原因となるおそれのある、例えば次の事項
（ⅰ）家族の職業、収入、本人の資産などの情報（税金、社会保険の取扱いなど労務管理を適切に実施するために必要なものおよび日雇派遣の禁止の例外として認められる場合の収入要件を確認するために必要なものを除く）
（ⅱ）容姿、スリーサイズなど差別的評価に繋がる情報
② 思想信条
　例えば人生観、生活信条、支持政党、購読新聞・雑誌、愛読書などが該当します。
③ 労働組合への加入状況
　例えば労働運動、学生運動、消費者運動その他社会運動に関する情報が該当します。
　「業務の目的の達成に必要な範囲」については、雇用することを予定する者を登録する段階では、例えば労働者の希望職種、希望勤務地、希望賃金、有する能力・資格など適切な派遣先を選定する上で必要な情報がこれに当たるのに対し、現に雇用する段階では、例えば給与事務や労働・社会保険の手続上必要な情報がこれに当たります。
　なお、労働者の銀行口座の暗証番号を派遣元が確認することは通常、「業務の目的の達成に必要な範囲」に含まれません。
（c）個人情報を収集する際には、本人から直接収集し、または本人の同意の下で本人以外の者から収集するなど適法かつ公正な手段によること。
（d）高等学校・中等教育学校・中学校の新規卒業予定者から応募書類の提出を求

めるときは、職業安定局長の定める書類（全国高等学校統一応募用紙または職業相談票（乙））により提出を求めること（卒業後1年以内の者についてもこれらを利用することが望ましい）。
（e）個人情報の保管・使用は、収集目的の範囲に限られること。

なお、派遣労働者として雇用し労働者派遣を行う際には、派遣事業制度の性質上、派遣元が派遣先に提供することができる派遣労働者の個人情報は、派遣法第35条第1項の規定により派遣先に通知すべき事項のほか、派遣労働者の業務遂行能力に関する情報に限られます。ただし、他の保管または使用の目的を示して本人の同意を得た場合または他の法律に定めのある場合は、これ以外も可能です。

2）派遣労働者等の個人情報を適正に管理するための次のいずれにも該当する措置が講じられていること。

a 個人情報を目的に応じ必要な範囲において正確かつ最新のものに保つための措置が講じられていること。

b 個人情報の紛失・破壊・改ざんを防止するための措置が講じられていること。

c 派遣労働者等の個人情報を取り扱う事業所内の職員以外の者による派遣労働者等の個人情報へのアクセスを防止するための措置が講じられていること。

d 収集目的に照らして保管する必要がなくなったまたは本人から破棄・削除の要望があった個人情報を破棄・削除するための措置が講じられていること。

e 派遣労働者等からの求めに応じ、aからdまでの措置の内容を説明すること。

f 派遣労働者等の秘密に該当する個人情報を知り得た場合には、個人情報が正当な理由なく他人に知られることのないよう、厳重な管理を行うこと。

なお、「個人情報」とは個人を識別できるあらゆる情報をいいますが、このうち「秘密」とは、一般に知られていない事実であって（非公知性）、他人に知られないことにつき本人が相当の利益を有すると客観的に認められる事実（要保護性）をいい、本籍地、出身地、支持・加入政党、政治運動歴、借入金額、保証人となっている事実などが該当します。

（4）その他、申請者が事業を的確に遂行するに足る能力があること（派遣法第7条第1項第4号）

1）財産的基礎

次の財産的基礎の要件を満たしていること。
a 　資産（繰延資産および営業権（のれん）を除く）の総額から負債の総額を控除した基準資産額が2,000万円に派遣事業を行う予定の事業所数を乗じた額以上であること。
　ただし、事業所が1つだけで常時雇用している派遣労働者が10人以下の中小企業派遣元については当分の間1,000万円以上、常時雇用している派遣労働者が5人以下である中小企業派遣元については平成30年9月29日までの間は500万円以上、です。
b 　基準資産額が、負債の総額の7分の1以上であること。
c 　事業資金として自己名義の現金・預金の額が1,500万円に派遣事業を行う予定の事業所の数を乗じた額以上であること。
　ただし、事業所が1つだけで、常時雇用している派遣労働者が10人以下の中小企業派遣元については当分の間800万円以上、常時雇用している派遣労働者が5人以下である中小企業派遣元については平成30年9月29日までの間は400万円以上、です。

2）組織的基礎
　派遣労働者数に応じた派遣元責任者が配置されるなど組織体制が整備されるとともに、指揮命令系統が明確であり、指揮命令に混乱の生ずるようなものではないこと。

3）事業所の状況
　派遣事業に使用する事業所が、次のいずれにも該当すること。
A 　風俗営業や性風俗特殊営業などが密集するなど好ましくない位置にないこと。
B 　派遣事業に使用できる面積がおおむね20㎡以上あること。

4）事業運営の状況
　派遣事業の運営に関して、次のいずれにも該当すること。
A 　派遣事業の事業停止命令を受けた者が、停止期間中に、許可を受けようとするものではないこと。
B 　法人の場合は、その役員が個人事業主として派遣事業について事業停止命令を受け、停止期間を経過しない者ではないこと。
C 　派遣事業をそれ以外の会員の獲得、組織の拡大、宣伝など他の目的の手段とし

て利用するものではないこと。

　定款・寄附行為および登記事項証明書については、その目的の中に「派遣事業を行う」旨の記載があることが望ましいとされています。

　ただし、他の項目において派遣事業を行うと解釈される場合には、派遣事業を行う旨を明示的に記載する必要はありません。

D　登録制度を採用している場合に、登録に際し、いかなる名義であっても手数料に相当するものを徴収するものではないこと。

E　自己の名義をもって、他人に派遣事業を行わせるために、許可を得ようとするものではないこと。

F　人事労務管理業務のうち、派遣先における団体交渉または労働基準法に規定する協定の締結などのための労使協議の際に使用者側の直接当事者として行う業務について労働者派遣を行おうとするものではないこと。

5）安全衛生の状況

派遣労働者の安全衛生の徹底を図るため、次の措置が行われていること。

① 派遣契約に安全衛生に関する事項が記載されること。
② 物の製造の業務に労働者派遣を行う場合には、製造業務専門派遣元責任者および製造業務専門派遣先責任者が選任されること。
③ 派遣元責任者および派遣先責任者は、派遣労働者の安全及び衛生に関し、必要な連絡調整を行うこと。
④ 派遣先は、派遣元が派遣労働者の安全衛生措置を実施するために必要な協力や配慮を行うこと。

　なお、林業における労働災害の発生頻度は他産業に比べ高い水準にあるため、労働者派遣の受け入れに当たっては、労働安全衛生法などに十分に配慮することが必要です。

民営職業紹介事業と兼業する場合の付加的許可基準

　民営事業紹介事業と兼業する場合は、派遣事業と民営職業紹介事業の許可の要件をともに満たす限りにおいて兼業が認められますが、同一の事業所内において兼業を行おうとする場合は、次のいずれにも該当することにより、派遣労働者の個人情報と民営職業紹介事業の求職者の個人情報が別個に管理されることなど事業運営に

つき明確な区分がなされていることが必要です。
① 労働者の希望に基づき個別の申込みがある場合を除き、同一の者について労働者派遣の登録と求職の申込みの受付を重複して行わず、かつ、相互に入れ換えないこと。
② 派遣の依頼者または求人者の希望に基づき個別の申込みがある場合を除き、派遣の依頼と求人の申込みを重複して行わず、かつ、相互に入れ換えないこと。
③ 派遣労働者の個人情報と求職者の個人情報が別個に作成され、別個に管理されること。
④ 派遣の依頼者の情報と求人者の情報が別個に管理されること。
⑤ 労働者派遣の登録のみをしている派遣労働者に対して職業紹介を行わないこと、かつ、求職申込みのみをしている求職者について労働者派遣を行わないこと。
⑥ 派遣の依頼のみを行っている者に対して職業紹介を行わないこと、かつ、求人申込みのみをしている求人者について労働者派遣を行わないこと。
⑦ 紹介予定派遣を行う場合を除き、求職者に対して職業紹介する手段として労働者派遣をするものではないこと。

なお、既に派遣事業の許可を取得している者または派遣事業の許可の有効期間の更新を行った者が、職業紹介事業の許可の申請を行う場合、もしくは、派遣事業の許可の申請と同時に職業紹介事業の許可の申請を行う場合には、職業安定法施行規則第18条第5項および第6項の規定に基づき、職業紹介事業の許可の申請に関する添付書類を省略することができます。

海外派遣を予定する場合の付加的許可基準

海外派遣を予定している場合には、更に次の要件を満たしていることが必要です。
（1）派遣元責任者が派遣先国の言語および労働事情に精通するものであること。
　派遣先国の言語とは、派遣先国で一般的に通用する言語（例、英語、仏語など）を含み、必ずしも派遣先の現地語に限りません。
（2）海外派遣に際し派遣労働者に対してガイダンスを実施すること、海外の事業所との連絡体制が整備されていることなど派遣労働者の海外における適正な就業のための体制が整備されていること。

4 許可・不許可の決定と許可証の交付・申請者への不許可の通知

(1) 申請内容の確認

　派遣事業の許可申請については、速やかに欠格事由に該当しないか、許可基準を満たしているかについて、関係書類の審査、実地調査などにより、①必要な書類が添付されていること、②書面に記入もれがないことおよび記入事項に誤りがないことなどの確認を行い、その結果が関係書類と共に厚生労働省に送付されます。

(2) 労働政策審議会への諮問

　派遣事業の許可をするにあたって労働政策審議会（労働力需給制度部会）の意見を聴かなければなりません（派遣法第5条第5項）ので、その意見を聴いた後に許可または不許可の決定が行われます。

　労働政策審議会（労働力需給制度部会）は原則として毎月1回開催されますので、原則として前月末までに厚生労働省に到達した許可申請が、当月の労働政策審議会（労働力需給制度部会）に諮問されます。

　なお、労働政策審議会（労働力需給制度部会）へは、このほか①初めての許可より2年後における資産などの状況、および②許可の取得後最初の許可更新の際に更新を受けようとする派遣元が引き続き許可基準を満たしていること、がそれぞれ報告されます。

(3) 許可証の交付

　派遣事業の許可をしたときは、派遣事業を行う事業所の数に応じ、許可証が申請者に交付されます。これは許可証の備付けおよび提示により、許可を受けて適法に事業を行っているものであることを確認する書類として作成されるものです。

(4) 派遣事業の運営に関する講習

　許可証を交付する際には、事業主に対して次の内容の適正な派遣事業の運営に関する講習が行われます。
① 派遣事業制度の適正な運営について

② 派遣事業と請負により行われる事業との区分について
③ その他派遣事業の適正な運営の確保を図るために必要な事項

(5) 不許可の場合の通知

　派遣事業の許可をしないときは、遅滞なく、不許可とする理由が申請者に通知されます。これは不許可という不利益な行政処分を受けた旨を早期に申請者に知らせることにより、行政不服申立てや行政事件訴訟の提訴という申請者の手続上の権利を実質的に保障するためのもので、許可を受けた場合の許可証の交付（派遣法第8条第1項）に対応するものです。

5　許可証の備付け・提示と許可証の再交付

(1) 許可証の備付け・提示

　派遣事業の許可を受け、許可証の交付を受けた者は、派遣事業を行う事業所ごとに許可証を備え付けるとともに、関係者から請求があったときはこれを提示しなければなりません。
　「関係者」とは、例えば、その事業主から労働者派遣を受けている者もしくは受けようとする者、またはその事業主に雇用されている者もしくは雇用されようとする者などをいいます。
　なお、許可証の備付け・提示は、派遣事業を行う者が適法に事業活動を行っているものであるか否かは、関係者にとって重大な関心事であり、必要に応じそれが明らかになるようにしておく必要があるために定められたものです。

(2) 許可証の再交付

　許可証の交付を受けた者が、許可証を失くしたとき、あるいは許可証が物理的存在を失った（重大なき損の場合を含む）ときは、速やかに許可証再交付申請書（様式第5号）を提出し、許可証の再交付を受けなければなりません（派遣法第8条第3項、派遣則第3条）。

6 許可の条件

概要

派遣事業の許可には、条件を付け、あるいは許可の条件を変更することができます（派遣法第9条第1項）が、許可の条件は、許可の趣旨に照らして、あるいは許可事項の確実な実施を図るために必要な最小限度のものに限り、かつ、許可を受けようとする者に不当な義務を課すこととなってはなりません（同条第2項）。

解説

派遣事業の運営に当たり、労働力需給の適正な調整を図り、派遣労働者に関する雇用管理を適正に行わせるなどの観点から、派遣事業の許可をした後も一定の条件の下に派遣事業を行わせることが必要と考えられる場合に付けられるものであり、具体的には、次のような事項が許可条件として付けられています。

（1）専ら労働者派遣の役務を特定の者に提供することを目的として行うものではないこと。

（2）派遣先における団体交渉または労働基準法に規定する協定の締結などのための労使協議の際に使用者側の直接当事者として行う業務について労働者派遣を行うものではないこと。

（3）労働保険・社会保険の適用基準を満たす派遣労働者の適正な加入を行うものであること。

（4）無期雇用派遣労働者を派遣契約の終了のみを理由として解雇しないこと。また、有期雇用派遣労働者についても、派遣契約終了時に労働契約が存続している派遣労働者については、派遣契約の終了のみを理由として解雇しないこと。

（5）派遣事業を行う事業所を新設する場合においても、「許可基準」の所定の要件を満たすこと。

（6）派遣事業を行う事業所を新設する場合には、届出を行うに先立って、事業計画の概要および派遣元責任者となる予定の者などについて説明を行うこと。

7 許可の有効期間

概要

派遣事業の許可の有効期間は3年であり、許可の有効期間の満了後引き続き派遣事業を行おうとする者は、許可の有効期間の更新を受けなければなりません（派遣法第10条。更新後の許可の有効期間は5年）。

解説

（1）許可の有効期間

派遣事業の許可の有効期間は3年です。

有効期間が設けられたのは、派遣事業を行わせることの適否を無期限の将来にわたって判定することが困難であり、定期的に事業運営をチェックすることが事業の適正な運営を確保するために必要だからです。

なお、最初の有効期間を3年間としているのは、派遣事業の適正な運営を確保するためには、事業の遂行について行政上のチェックを随時行った方が望ましいからであり、更新後については許可の申請に要する事業所の負担の軽減を図り、行政運営上の業務の簡素化を図る必要があることなどを考慮して、5年としています。

（2）許可の有効期間の更新

派遣事業の許可の有効期間である3年が満了したときは許可は失効しますので、許可の有効期間の満了後、引き続き派遣事業を行おうとする場合には、許可の有効期間の更新を申請しなければなりません。

更新後の許可の有効期間は5年であり、以後それが繰り返されますが、許可の有効期間の更新により、有効期間の満了の際に、許可の対象となる事業の可否が再検討されます。

また、許可の有効期間の更新とは、更新時前と許可内容の同一性を存続しつつ、その有効期間のみを延長するものです。このため、許可の有効期間の更新に際し、併せて変更の届出を要する事項につき変更をしようとするときは、許可の有効期間の更新の手続と併せて、変更届出の手続を行う必要があります。

（3）許可の有効期間の更新の手続

　許可の有効期間の更新の申請は、おおむね新規の許可の申請の場合と同様です。

　すなわち、許可申請書に記載すべき事項を記載した労働者派遣事業許可有効期間更新申請書（様式第1号）が必要です（派遣則第5条第1項）。

　また、その際には、労働者派遣事業計画書（様式第3号）その他の添付書類および提出を求められた参考資料を許可の有効期間が満了する日の3か月前までに、事業主管轄労働局を経由して提出しなければなりません（派遣則第5条第1項）。

（4）許可の有効期間の更新の手続の基準

　許可の有効期間の更新については、同法第6条の許可の欠格事由が準用されていますが、派遣事業の許可の取消しがなされてから5年を経過しない者などについては欠格事由から除外されています。

　新規の許可をする場合の基準については同法第7条第1項各号の基準に適合していると認めるときでなければ許可をしてはならないとされているのに対し、許可の有効期間の更新の場合は基準に適合していないと認めるときには、許可の有効期間の更新をしてはならないとしています。

　これは、更新の制度が、許可の処分をした後に新しい事情が発生していない限りは、更新しなければならない制度であることによるものです。

　ただし、許可の有効期間の更新に当たっては、次のような取扱いが行われています。

1）教育訓練の機会の確保のための投資を行った結果、許可基準の財産的基礎の要件を満たさなくなった場合の取扱い

　教育訓練のために既に利用されているか1年以内に利用することが確実であると認められる施設、機器などに教育訓練の機会の確保の観点から投資を行った結果、「許可基準」中の財産的基礎の要件を満たさなくなった場合は、負債の総額から教育訓練のための施設、機器などに要した金額を控除して算定することができます。

2）許可の条件に違反した場合の取扱い

　次の許可の条件に違反している事実がみられた場合は、許可の有効期間は更新されません。

ア　専ら労働者派遣の役務を特定の者に提供することを目的として行うものではな

いこと、
イ　派遣先における団体交渉または労働基準法に規定する協定の締結などのための労使協議の際に使用者側の直接当事者として行う業務について労働者派遣を行うものではないこと、
ウ　労働保険・社会保険の適用基準を満たす派遣労働者の適正な加入を行うものであること。
エ　無期雇用派遣労働者を派遣契約の終了のみを理由として解雇しないこと。また、有期雇用派遣労働者についても、派遣契約終了時に労働契約が存続している派遣労働者については、派遣契約の終了のみを理由として解雇しないこと。
オ　派遣事業を行う事業所を新設する場合においても、「許可基準」の所定の要件を満たすこと。
カ　派遣事業を行う事業所を新設する場合には、届出を行うに先立って、事業計画の概要および派遣元責任者となる予定の者などについて説明を行うこと。

3）教育訓練計画を実施しない場合の取扱い

　キャリア形成支援制度に関して、例えば、キャリアアップに資する教育訓練の計画はあっても実施されておらず、指導しても是正されないような義務違反がみられた場合は、許可基準を満たしていないとして、許可の有効期間は更新されません。

4）雇用安定措置を実施しない場合の取扱い

　雇用安定措置について必要な指導を行っても実施されないような義務違反がみられた場合は、許可の有効期間は更新されません。

（5）許可の有効期間の更新を受けた場合の許可証の交付

　許可の有効期間の更新を受けた場合には、新たな許可証が作成され、申請者が所持している許可証と引換えに交付されます（派遣則第5条第4項）。

　許可の有効期間の更新を受けた場合には、許可の有効期間が5年に延長され、以後それが繰り返されます。許可の有効期間の更新をしないときにも、申請者にその旨の通知がされます。

（6）派遣事業の運営に関する講習

　許可証を交付する際には、事業主に対して適正な派遣事業の運営に関する講習が

行われます。

（7）違反の効果
1）罰則
　許可の有効期間の更新を受けず、引き続き派遣事業を行った者および偽りその他不正の行為により許可の有効期間の更新を受けた者は、1年以下の懲役または100万円以下の罰金に処せられます（派遣法第59条第2号および第3号）。

　また、許可有効期間更新申請書または添付書類に虚偽の記載をして提出した者は30万円以下の罰金に処せられます（派遣法第61条第1号）。

2）行政処分
　許可の有効期間の更新を受けないで派遣事業を行った派遣元は、許可の取消し（派遣法第14条第1項）、事業停止命令（同条第2項）、改善命令（派遣法第49条第1項）の対象となるほか、無許可で派遣事業を行っていることが疑われる事業主については、あらかじめ公表について通告した上で、事業主名などの公表が行われます。

8　変更の届出

（1）届出すべき事項と時期
　派遣元が次の事項を変更したときは、変更のあった日の翌日から起算して原則として10日以内（派遣元責任者を選任した場合の⑨および⑩ならびに変更に伴い変更届出関係書類として登記事項証明書を添付する場合の変更の届出は30日以内）に、変更の届出をしなければなりません（派遣法第11条第1項、派遣則第19条）。
① 　氏名または名称
② 　住所
③ 　代表者の氏名
④ 　役員（代表者を除く）の氏名
⑤ 　役員の住所
⑥ 　派遣事業を行う事業所の名称
⑦ 　派遣事業を行う事業所の所在地

⑧ 派遣事業を行う事業所における特定製造業務への労働者派遣の開始・終了
⑨ 派遣事業を行う事業所の派遣元責任者の氏名
⑩ 派遣事業を行う事業所の派遣元責任者の住所
⑪ 派遣事業を行う事業所の新設（事業所における派遣事業の開始）

　なお、派遣事業を行う事業所の新設（事業所における派遣事業の開始）に当たっては、労働者派遣事業変更届出書（様式第5号）のほか、ⅰ個人情報適正管理規程、ⅱ派遣労働者のキャリアの形成の支援に関する規程、ⅲ無期雇用派遣労働者を派遣契約の終了のみを理由として解雇しないことを証する書類、ⅳ無期雇用派遣労働者または有期雇用派遣労働者であるが労働契約期間内に派遣契約が終了した者について次の派遣先を見つけられないなど使用者の責に帰すべき事由により休業させた場合には休業手当を支払うことを規定した就業規則または労働契約の該当箇所の写しなどを添付する必要があります。
⑫ 派遣事業を行う事業所の廃止（事業所における派遣事業の終了）

（2）違反の効果

　所定の事項について変更の届出をせず、または虚偽の届出をした派遣元は、30万円以下の罰金に処せられる（派遣法第61条第2号）ほか、許可の取消し（派遣法第14条第1項）、事業停止命令（同条第2項）、改善命令（派遣法第49条第1項）の対象となります。

9　派遣事業の廃止の届出

（1）届出すべき書類と時期

　派遣事業を廃止したときは、事業を廃止した日の翌日から起算して10日以内に労働者派遣事業廃止届出書（様式第8号）に派遣事業を行うすべての事業所の許可証を添えて、届け出なければなりません（派遣法第13条、派遣則第10条）。

　なお、「廃止」とは、今後事業を行わないことを派遣元が決定し、現実に行わない場合をいいます。

　事業の廃止届出は、許可の有効期間がなお残っている場合であっても、届出によ

り許可は失効します。

このため、廃止の届出の後、再び派遣事業を行おうとするときは、新たに許可を受け直す必要があります。

（2）違反の効果

派遣事業の廃止の届出をせず、または虚偽の届出をした派遣元は、30万円以下の罰金に処せられる（派遣法第61条第2号）ほか、許可の取消し（派遣法第14条第1項）、事業停止命令（同条第2項）、改善命令（派遣法第49条第1項）の対象となります。

10 派遣事業の許可証の返納

派遣事業の許可証の交付を受けた者は、次のいずれかに該当したときは、その事実のあった日の翌日から起算して10日以内に許可証（③の場合には、発見し、または回復した許可証）を返納しなければなりません（派遣則第4条第1項）。
① 派遣事業の許可が取り消されたとき
② 派遣事業の許可の有効期間の更新が行われず許可の有効期間が満了し、許可が失効したとき
③ 許可証の再交付を受けた後、亡失した許可証を発見し、または回復したとき
④ 派遣事業を終了したとき

また、次のいずれかに該当したときは、それぞれの者は、その事実のあった日の翌日から起算して10日以内に派遣事業を行うすべての事業所の許可証を返納しなければなりません（派遣則第4条第2項）。
① 許可証の交付を受けた者が死亡した場合には、同居の親族または法定代理人
② 許可証の交付を受けた法人が合併により消滅した場合には、合併後存続し、または合併により設立された法人の代表者

許可証を返納しない場合は、許可の取消し（派遣法第14条第1項）、事業停止命令（同条第2項）の対象となります。

11 派遣事業の名義貸しの禁止

(1) 名義貸しの禁止

　派遣事業は、労働力需給の適正な調整を図るため、その事業を適正に運営することができる場合に限って行うことができるものですので、そのことを制度的に担保するために許可制とし、一定の欠格事由を設け、また、一定の許可基準に合致する場合についてのみ許可することにしています。

　このため、事業遂行能力、雇用管理能力などについて審査を受けた事業主が自ら派遣事業を行うものでなければ、許可制度自体の維持が困難となります。

　このような趣旨で、派遣事業について、名義貸しの禁止が規定されていて、許可を受けた派遣元は、許可を受けた自分の名義を他人に貸して派遣事業を行わせることはできません。

(2) 違反の効果

　名義貸しを行った派遣元は、1年以下の懲役または100万円以下の罰金に処せられる（派遣法第59条第1号）ほか、許可の取消し（派遣法第14条第1項）、事業停止命令（同条第2項）の対象となります。

12 (旧) 特定派遣事業に関する経過措置

　平成27年9月30日から（旧）一般派遣事業および（旧）特定派遣事業は廃止となり、派遣事業を行おうとするすべての者は派遣事業の許可を受けなければならないことになりましたが、その改正の経過措置として、（旧）特定派遣事業を行うため平成27年9月29日までに（旧）特定労働者派遣事業届出書を提出した者は、平成27年9月30日から平成30年9月29日までの3年間（その期間内に平成27年改正派遣法附則第6条第4項の規定により派遣事業の廃止を命じられたとき、または派遣事業を廃止した旨の届出をしたときは、その廃止を命じられた日または廃止の届出をした日まで）の経過措置期間、（旧）特定派遣事業を行っていた事業主は引き続き

「その事業の（業として行われる労働者派遣の対象となる）派遣労働者が「常時雇用される労働者」のみである派遣事業を行うことができます（平成27年改正派遣法附則第6条第1項）。
　なお、経過措置期間の経過後は、派遣事業の許可を受けなければ派遣事業を行うことはできません。

(1)「常時雇用される労働者」
　「常時雇用される」とは、障害者雇用促進法第43条の「常時雇用する」と同義であり、労働契約の形式の如何を問わず、事実上期間の定めなく雇用されている労働者のことですが、具体的には、次の①から③までのいずれかに該当する場合をいいます。
1）期間の定めなく雇用されている者
2）一定の期間（例えば、2か月、6か月など）を定めて雇用されている者で、その雇用期間が反復継続されて事実上①と同等と認められるもの
3）日日雇用される者で、労働契約が日日更新されて事実上①と同等と認められるもの
　これらのうち2）および3）については、現在次のような取扱いが行われています。
ア　過去1年を超える期間について引き続き雇用されている者
イ　採用の時から1年を超えて引き続き雇用されると見込まれる者

> コメント69　労働基準法の労働契約の期間の上限の改正に応じて「常時雇用」の範囲についての取扱いの変更を行わなかったことが特定派遣事業制度の廃止を招いた
> 　特定派遣事業制度は、第3章コメント6（69、70頁）でも述べた通り、昭和59年11月17日の中央職業安定審議会派遣事業等小委員会報告書にある「労働者を常時雇用しておき、その事業活動の一環として、労働者を相手方企業に派遣することがあるというタイプ」とされた「常用雇用型」を想定した制度です。
> 　「常時雇用される労働者」の雇用期間について「1年を超え」とされていた

> のは、派遣法施行時の労働基準法第14条に定める労働契約の期間の上限が1年とされていたため、1年を超えて雇用され、あるいは雇用されると認められれば、期間の定めなく雇用されている者と同等と認められると判断することも可能だったと考えられます。
>
> ところが、労働基準法第14条に定める労働契約の期間の上限が原則3年（高度な専門的知識・技術・経験を有する者や満60歳以上の者は5年）に改正されたにもかかわらず、「常時雇用」の範囲についての取扱いが改められなかった結果、特定派遣事業制度が濫用されたために、特定派遣事業制度を廃止せざるを得なかったのだと考えられます。

（2）書類の備え付け

　平成27年9月29日までに（旧）特定労働者派遣事業届出書を提出した者は、届出書を提出したことその他次の事項を記載した書類を特定派遣事業を行う事業所ごとに備え付けるとともに、関係者から請求があった場合には、これを提示しなければなりません。

① 　氏名または名称および法人の場合はその代表者の氏名
② 　事業所の名称および所在地

　これらの書類を事業所に備え付けず、または関係者からの請求があったときにこれを提示しなかった場合には、事業停止命令、改善命令の対象となります。

（3）変更の届出

　平成27年9月29日までに（旧）特定労働者派遣事業届出書を提出した者が次の事項を変更したときは、変更の届出をしなければなりません。

① 　氏名または名称
② 　住所
③ 　代表者の氏名
④ 　役員（代表者を除く）の氏名
⑤ 　役員の住所
⑥ 　（旧）特定派遣事業を行う事業所の名称
⑦ 　（旧）特定派遣事業を行う事業所の所在地

⑧ （旧）特定派遣事業を行う事業所の派遣元責任者の氏名
⑨ （旧）特定派遣事業を行う事業所の派遣元責任者の住所
⑩ （旧）特定派遣事業を行う事業所における特定製造業務への労働者派遣の開始・終了
⑪ （旧）特定派遣事業を行う事業所の廃止（事業所における特定派遣事業の終了）

　（旧）特定派遣事業の変更の届出をせず、または虚偽の届出をした者は、30万円以下の罰金に処せられるほか、事業停止命令、改善命令の対象となります。

　なお、（旧）特定労働者派遣事業届出書を提出した者は、派遣事業の許可を得なければ、特定派遣事業を行う事業所の新設を行うことはできません。

（4）（旧）特定派遣事業の廃止の届出

　（旧）特定派遣事業を廃止したときは、事業を廃止した日の翌日から起算して10日以内に特定労働者派遣事業廃止届出書（様式第8号）を届け出なければなりません。

　廃止の届出をせず、または虚偽の届出をした者は、30万円以下の罰金に処せられるほか、事業停止命令、改善命令の対象となります。

（5）（旧）特定派遣事業の名義貸しの禁止

　（旧）特定派遣事業についても、自分の名義を他人に貸して他人に特定派遣事業を行わせることを禁止しています。

　名義貸しを行った者派遣元は、6月以下の懲役または30万円以下の罰金に処せられるほか、事業停止命令、改善命令の対象となります。

第6章
派遣元と派遣先が締結する派遣契約

　一般の労働関係においては、労働契約に基づき、労働者が使用者に対し労務を提供し、使用者側は、これを事業活動に組み入れて、労働者を就業させていますが、派遣事業の場合、派遣労働者は、派遣契約に基づき、派遣先の指揮命令を受けて就業します。

　このため、派遣労働者の適正な就業を確保するために、労働契約だけでなく、派遣契約についても一定の規制が定められています。

　また、派遣労働者の派遣先における就業は、派遣契約に基づいて行われるものですので、派遣労働者の就業を適正なものとし、雇用機会の確保を図る観点からの規制が定められています。

　このような観点から、派遣元および派遣先が締結する派遣契約に関する規制として、次のような定めが行われています。

1　派遣契約における派遣労働者の就業条件などの定め（派遣法第26条第1項）
2　海外派遣を行う場合の派遣契約における派遣先が行うべき事項などの定め（派遣法第26条第2項）
3　派遣先において法違反があった場合の派遣契約を解除または労働者派遣の停止（派遣法第28条）
4　派遣契約の解除の効力の不遡及（派遣法第29条）

1　「派遣契約」とは

解説

（1）派遣契約の意義

「派遣契約」は、「契約の当事者の一方が、相手方に対し労働者派遣することを約する契約」であり、当事者の一方が労働者派遣を行う旨の意思表示を行い、それに対してもう一方の当事者が同意をすること、または当事者の一方が労働者派遣を受ける旨の意思表示を行い、それに対してもう一方の当事者が同意をすることにより成立する契約ですので、その形式については、文書であるか否か、また有償であるか無償であるかを問いません。

労働者派遣に関する契約については、恒常的に取引先との間に労働者派遣をする旨の基本契約を締結し、個々具体的に労働者派遣をする場合に個別に就業条件をその内容に含む個別契約を締結するという場合がありますが、派遣法でいう派遣契約とは個別契約をいいます。

(2) 派遣契約の当事者

「派遣契約の当事者」とは、業として行うものであるか否かを問わず、当事者の一方が労働者派遣を行い、相手方がその役務の提供を受ける場合を全て含むものであり、労働者派遣をする派遣元および労働者派遣の役務の提供を受ける派遣先の全てを含みます。

2 派遣契約の契約事項の定め

概要

(1) 派遣契約の締結に当たって定めるべき事項

派遣契約の締結に当たっては、次の事項を定めなければなりません(派遣法第26条第1項、派遣則第22条)。

なお、派遣法で規定する契約事項の定めは、労働者派遣を行うに当たっての必要最低限のものですので、それ以外の派遣料金、債務不履行の場合の賠償責任などの定めについては派遣契約の当事者が自由に決めることができます。

1) 派遣労働者が従事する業務の内容

業務の内容は、その業務に必要とされる能力、行う業務などが具体的に記述され、その記載により適格な派遣労働者を派遣元が決定できる程度のものであること

が必要なので、できる限り詳細に記載することが必要です。

派遣事業を行うことが禁止されている適用除外業務（第7章260～267頁参照）以外の業務とする必要があります。

同一の派遣労働者が複数の業務に従事する場合については、それぞれの業務の内容について記載することが必要です。

業務の内容が派遣令第4条第1項の業務である場合は、同項の号番号を付ける必要があります。

2）派遣労働者が労働に従事する事業所の名称・所在地その他就業の場所と組織単位

派遣労働者が実際に就業する事業所その他の施設の名称、所在地だけではなく具体的な就業の場所と組織単位（組織の名称）も含むものであり、原則として、派遣労働者の所属する部署、電話番号など必要な場合に派遣元が派遣労働者と連絡がとれる内容であることが必要です。

組織単位を特定するために必要な事項（組織の長の職名）を明記することが望ましいとされています。

派遣先事業所等における組織単位については、課、グループなどの業務としての類似性や関連性がある組織で、かつ、その組織の長に業務の配分や労務管理上の指揮命令監督権限があり、派遣先における組織の最小単位よりも一般に大きな単位が想定されていますが、名称にとらわれることなく実態により判断されることになっていて、小規模の事業所などにおいては、組織単位と組織の最小単位が一致する場合もあります。

3）派遣先のために、就業中の派遣労働者を直接指揮命令する者

派遣労働者を具体的に指揮命令する者の部署、役職および氏名を記載する必要があります。

4）労働者派遣の期間と派遣労働者が就業する日

派遣契約に基づき、派遣労働者が労働者派遣される期間と派遣労働者が具体的に就業する日を記載する必要があります。

派遣期間については、具体的な労働者派遣の開始の年月日と終了の年月日、就業する日については、具体的な曜日または日を指定するも必要があります。

派遣期間については、期間制限のない一定の場合を除き、派遣先事業所等ごとの

業務における派遣期間の上限は派遣先事業所等で最初に労働者派遣の受入れを行った日から起算して3年を超える期間継続して労働者派遣を行うことはできません。

なお、労働者派遣の期間について、派遣先は派遣可能期間を延長する場合に、派遣先事業所等ごとの業務に関する労働者派遣の役務の提供が開始された日から事業所単位の期間制限の抵触日の1か月前の日までの間に派遣先の過半数組合等に対して意見聴取を行う必要があります（法第40条の2第4項）ので、派遣元は派遣先に対し、意見聴取が行われていることを確認してから派遣契約を締結する必要があります。

また、派遣先事業所等における組織単位ごとの業務について、3年を超える期間継続して同一の有期雇用派遣労働者について労働者派遣を行うことはできません。

5）派遣就業の開始・終了の時刻と休憩時間

派遣労働者の日々の始業、終業の時刻と休憩時間（休憩の開始、終了の時刻を特定して記載）です。

労働基準法で定める労働時間、休憩時間に関する規定に反しておらず、かつ、派遣元と派遣労働者との間の労働契約の枠内でなければなりません。

6）安全衛生

次の事項のうち、派遣労働者が派遣先において（1）の業務を遂行するに当たって、派遣労働者の安全衛生を確保するために必要な事項を記載する必要があります。

ア 派遣労働者の危険・健康障害を防止するための措置

例えば、危険有害業務に従事させる場合には、危険有害業務の内容、危険・健康障害を防止する措置の内容などです。

イ 健康診断の実施などの健康管理

例えば、有害業務従事者に対する特殊健康診断が必要な業務に就かせる場合には、特殊健康診断の実施に関する事項などです。

ウ 換気、採光、照明など作業環境管理

エ 安全衛生教育

例えば、派遣元および派遣先で実施する安全衛生教育の内容などです。

オ 免許の取得、技能講習の修了の有無などの就業制限

例えば、就業制限業務を行わせる場合には、その業務を行うための免許や技能講

習の種類などです。

カ　安全衛生管理体制

キ　その他派遣労働者の安全衛生を確保するための事項

7）派遣労働者から苦情の申出を受けた場合における苦情の処理

　派遣労働者の苦情の申出を受ける者、派遣元および派遣先において苦情処理をする方法、派遣元と派遣先との連携のための体制などを記載する必要があります。

　派遣労働者の苦情の申出を受ける者については、その者の氏名の他、部署、役職、電話番号についても記載する必要があります。

8）派遣契約の解除に当たって講ずる派遣労働者の雇用の安定を図るための措置

　派遣契約の解除に際して、派遣労働者の雇用の安定を図る観点から、次の事項などについて必要な措置を具体的に定めることが必要です。

ア　派遣契約の解除の事前の申入れ

　派遣先は、専ら派遣先に起因する事由により、派遣契約の契約期間が満了する前の解除を行おうとする場合には、派遣元の合意を得ることはもとより、あらかじめ相当の猶予期間をもって派遣元に解除の申入れを行うこと。

イ　派遣先における就業機会の確保

　派遣元および派遣先は、派遣契約の契約期間が満了する前に派遣労働者の責に帰すべき事由以外の事由によって派遣契約の解除が行われた場合には、派遣先の関連会社での就業をあっせんするなどにより、派遣労働者の新たな就業機会の確保を図ること。

ウ　損害賠償など

　派遣先は、派遣先の責に帰すべき事由により派遣契約の契約期間が満了する前に派遣契約の解除を行おうとする場合には、派遣労働者の新たな就業機会の確保を図り、これができないときには、少なくとも派遣契約の解除に伴い派遣元が派遣労働者を休業させることなどを余儀なくされたことにより生じた損害の賠償を行うこと。例えば、派遣元が派遣労働者を休業させる場合は休業手当に相当する額以上の額について、派遣元がやむを得ない事由により派遣労働者を解雇する場合は、派遣先による解除の申入れが相当の猶予期間をもって行われなかったことにより解雇の予告をしないときは30日分以上、予告をした日から解雇の日までの期間が30日に満たないときは解雇の日の30日前の日から予告の日までの日数分以上の賃金相当額以

上の額について、損害賠償を行うこと。その他派遣先は派遣元と十分に協議した上で適切な善後処理方策を講ずること。また、派遣元および派遣先の双方の責に帰すべき事由がある場合には、それぞれの責に帰すべき部分の割合についても十分に考慮すること。

エ　派遣契約の解除の理由の明示

派遣先は、派遣契約の契約期間が満了する前に派遣契約の解除を行おうとする場合で、派遣元から請求があったときは、派遣契約の解除を行った理由を派遣元に対し明らかにすること。

9）派遣契約が紹介予定派遣である場合には、職業紹介により従事すべき業務の内容、労働条件その他の紹介予定派遣に関する事項

派遣契約が紹介予定派遣である場合は、次の事項を記載する必要があります。

ア　紹介予定派遣である旨

イ　紹介予定派遣を経て派遣先が雇用する場合に予定される労働者が従事すべき業務の内容、労働契約の期間、就業の場所、始業・終業の時刻、所定労働時間を超える労働の有無、休憩時間、休日、賃金の額、健康保険・厚生年金・労災保険・雇用保険の適用など

ウ　紹介予定派遣を受けた派遣先が、職業紹介を受けることを希望しなかった場合または職業紹介を受けた者を雇用しなかった場合には、派遣元の求めに応じ、その理由を、書面の交付またはファクシミリ・電子メールの送信により、派遣元に対して明示する旨

エ　紹介予定派遣を経て派遣先が雇用する場合に、年次有給休暇および退職金の取扱いについて労働者派遣の期間を勤務期間に含めて算入する場合はその旨

10）派遣元責任者および派遣先責任者

派遣元責任者および派遣先責任者の役職、氏名および連絡方法を記載する必要があります（派遣則第22条第1号）。

また、製造業務である場合には、派遣元責任者および派遣先責任者が、それぞれ製造業務専門派遣元責任者（派遣則第29条第3号）および製造業務専門派遣先責任者（派遣則第34条第3号）である旨を記載する必要があります。

派遣先責任者の選任義務規定の適用を受けない場合（派遣則第34条第2号ただし書）は、派遣先責任者を記載する必要はありませんが、派遣先責任者を選任してい

る場合には記載する必要があります。

11）派遣先が時間外・休日労働をさせることができる旨の定めをした場合には、時間外労働をさせることができる時間数または休日労働をさせることができる日（派遣則第22条第2号）

この定めをする場合には、その内容が派遣元と派遣労働者との間の労働契約および派遣元の事業場における時間外・休日労働協定により定められている内容の範囲内でなければなりません。

12）派遣元と派遣先との間で、派遣先が派遣労働者に対し、派遣先に雇用される労働者が通常利用している診療所、給食施設などの施設の利用、レクリエーションなどに関する施設・設備の利用、制服の貸与、教育訓練その他の派遣労働者の福祉の増進のための便宜を供与する旨の定めをした場合には、便宜の供与についても記載する必要があります（派遣法40条第4項、派遣則第22条第3号、派遣先指針）。

13）派遣先が、労働者派遣の終了後に派遣労働者を雇用する場合に、その雇用意思を事前に派遣元に対し示すこと、派遣元が有料職業紹介を行うことが可能な場合は有料職業紹介により紹介手数料を支払うことその他の労働者派遣の終了後に派遣契約の当事者間の紛争を防止するための措置（派遣則第22条第4号）。

なお、派遣先が派遣元に手数料を支払うのは、派遣元が職業安定法その他の法律の規定による許可を受けて、または届出をして有料職業紹介を行うことができる場合に、派遣先がその有料職業紹介により派遣労働者を雇用したときに限られます（派遣元指針）。

コメント70　派遣元が派遣先から手数料を受けることができるのは有料職業紹介を行うことができる場合に限られる

派遣元指針および派遣先指針には「派遣元が職業安定法その他の法律の規定による許可を受けて、または届出をして職業紹介を行うことができる場合には、派遣先は職業紹介により派遣労働者を雇用し、派遣元に職業紹介に関する手数料を支払う」旨記載していますが、「職業紹介」であっても、無料の職業紹介の場合には職業紹介に関する手数料を支払うことはできませんから、職業紹介に関する手数料を支払うのは「派遣元が職業安定法その他の法律の規定に

> よる許可を受けて、または届出をして<u>有料の職業紹介</u>を行うことができる場合」であると明記すべきではないでしょうか。

14) 派遣労働者を無期雇用派遣労働者または60歳以上の者に限定するか否かの別（派遣則第22条第5号）
15) 派遣可能期間の制限を受けない業務の労働者派遣である場合には、次の事項を記載する必要があります。
ア　有期プロジェクト業務について労働者派遣を行うときは、有期プロジェクト業務に該当する旨（派遣則第22条の2第2号）。
イ　日数限定業務について労働者派遣を行うときは、①日数限定業務に該当する旨、②派遣先においてその業務が1か月間に行われる日数、③派遣先の通常の労働者の1か月間の所定労働日数（派遣則第22条の2第3号）。
ウ　育児休業などの代替要員としての業務について労働者派遣を行うときは、派遣先において休業する労働者の氏名および業務ならびに休業の開始・終了予定の日（派遣則第22条の2第4号）。
エ　介護休業などの代替要員としての業務について労働者派遣を行うときは、派遣先において休業する労働者の氏名および業務ならびに休業の開始・終了予定の日（派遣則第22条の2第5号）。

（2）違反の効果

　派遣契約の締結の際に所定の事項の定めをしなかった派遣元は、許可の取消し（派遣法第14条第1項）、事業の停止命令（同条第2項）、改善命令（派遣法第49条第1項）の対象となります。

3　派遣労働者の人数の定め

　派遣契約の締結に当たっては、2の就業条件の組合せの差異に応じて、次により派遣労働者の人数を定めなければなりません（派遣則第21条第1項）。
（1）2の就業条件の組合せの組合せが1つの場合は、その派遣労働者の人数

（2）2の就業条件の組合せが複数の場合は、その組合せごとの派遣労働者の人数

派遣労働者の人数とは、就業条件の組合せで常時居る人数であり、複数の者が交替して行う場合であってもその複数の人数を定めるものではありません。例えば、午前と午後で1人ずつ就業することとなる場合は1人です。

派遣労働者の人数の定めをしなかった派遣元は、許可の取消し（派遣法第14条第1項）、事業の停止命令（同条第2項）、改善命令（派遣法第49条第1項）の対象となります。

4 海外派遣の場合の派遣契約の定め

趣旨

海外派遣が行われる場合には、派遣法が国外の派遣先に適用されないため、派遣契約において派遣先が行うべき事項を定めることにより、民事的にその履行を確保する必要があります。

このため、海外派遣に関する派遣契約の締結の際には、派遣先が行うべき事項も定めなければなりません（派遣法第26条第2項）。

なお、海外派遣を行う際は、派遣元は事前に届け出なければなりません（第7章274頁参照）。

解説

（1）「海外派遣」とは

海外派遣とは、派遣法の施行地外の地域、すなわち日本の主権の及ばない海外地域に所在する事業所その他の施設において就業する場合をいいます。

したがって、海外の事業所その他の施設において指揮命令を受け派遣労働者を就業させることを目的とする限り、海外に所在する法人または個人である場合はもとより、派遣先が国内に所在する法人または個人である場合に、派遣先の海外支店などにおいて就業させるときも該当します。

なお、派遣労働者の就業の場所が一時的に国外となる場合であったとしても出張などの形態により業務が遂行される場合、すなわち、主として指揮命令を行う者が日本国内におり、その業務が国内に所在する事業所の責任によりその事業所に帰属

して行われている場合は、「海外派遣」には該当しません。

(2) 海外派遣の場合の派遣契約に定めるべき事項
　海外派遣を行う場合には、派遣先の講ずべき措置として派遣契約の締結の際に次の事項を定めなければなりません（派遣法第26条第2項、派遣則第24条）。
① 派遣先責任者を選任すること。
② 派遣先管理台帳の作成、記載および通知を行うこと。
　派遣法第42条の規定による派遣先管理台帳の作成、記載および通知と同様の方法で行います。
③ 派遣労働者に関する派遣契約の定めに反することのないように適切な措置を行うこと。
　派遣法第39条の規定による措置と同様の内容です。
④ 派遣労働者の派遣先における就業に伴って生ずる苦情などについて、派遣元に通知し、その適切かつ迅速な処理を図ること。
　派遣法第40条第1項の規定による措置と同様の内容です。
⑤ 派遣先の事業所単位の派遣期間の制限に抵触する最初の日の通知を行うこと。
　派遣法第26条第4項と同様の内容です。
⑤ 教育訓練の実施に関する配慮を行うこと。
　派遣法第40条第2項と同様の内容です。
⑥ 福利厚生施設の利用の機会の付与に関する配慮を行うこと。
　派遣法第40条第3項と同様の内容です。
⑦ 賃金水準に関する情報の提供その他の措置の実施に関する配慮を行うこと。
　派遣法第40条第5項と同様の内容です。
⑧ 疾病、負傷などの場合における療養の実施その他派遣労働者の福祉の増進に係る必要な援助を行うこと。
　海外への派遣であるために、疾病、負傷などの場合における療養の実施などが特に求められます。
　「その他派遣労働者の福祉の増進のための援助」には、例えば、派遣労働者の帰国に対する援助などが含まれます。
⑨ 離職した労働者についての労働者派遣の役務の受入れの禁止に関する通知を行

うこと。
　派遣法第40条の9第2項と同様の内容です。
⑩　特定有期雇用派遣労働者の雇用に関する措置
　派遣法第40条の4と同様の内容です。
⑪　募集情報の提供に関する措置
　派遣法第40条の5と同様の内容です。
⑫　その他派遣労働者の就業が適正に行われるため必要な措置を行うこと。

(3) 海外派遣の場合の派遣契約の締結の際の手続

　派遣元は、海外派遣の場合の派遣契約の締結に際し、(1) の事項を書面に記載して、その海外派遣の役務の提供を受ける者に対し、これらの事項を記載した書面の交付またはファクシミリ・電子メールの送信を行わなければなりません（派遣則第23条）。

(4) 派遣先が海外派遣の場合の派遣契約の定めに反した場合の取扱い

　派遣先が海外派遣の場合の派遣契約の定めに反した場合、契約について債務不履行となり、派遣元は、その履行を派遣先に求めることができます。
　また、それを理由に派遣契約を解除することができます。
　海外派遣については、派遣元を通じて、派遣先が行わなければならない事項の履行を確保しています。

(5) 違反の効果

　海外派遣の場合の派遣契約に定めるべき事項の定めをしなかった派遣元は、許可の取消し（派遣法第14条第1項）、事業の停止命令（同条第2項）、改善命令（派遣法第49条第1項）の対象となります。

5 派遣元による労働者派遣の停止・派遣契約の解除

趣旨
　派遣元は、派遣労働者の派遣先における就業が適正に行われるように配慮しなければなりません（派遣法第31条）が、この配慮義務を実質的に担保するためには、派遣先において法違反があった場合に、その労働者派遣を直ちに中止することができるようにする必要があります。

　このような趣旨で、派遣先において法違反があった場合には、派遣元は、直ちに、派遣契約を解除し、または労働者派遣を停止することができます（派遣法第28条）。

解説
（1）派遣契約の解除など

　労働者派遣の停止または派遣契約の解除は、直ちに行うことができるものであり、派遣契約において解除制限事由または解除予告期間が定められていたとしてもその定めにかかわらず解除できます。

　一般に、契約は、解除事由につき別段の定めがあり、また、契約の当事者の合意がある場合を除き、法定の解除事由である債務不履行がある場合以外一方的に解除することはできませんが、派遣契約の場合には、その解除により派遣先が損害を被っても解除または停止を行った派遣元は債務不履行による損害賠償の責を負うことはありません。

（2）解除などをすることができる事由

　派遣契約の解除などをすることができるのは、労働者派遣の役務の提供を受ける者が、派遣法または同法により適用される労働基準法、労働安全衛生法、じん肺法、作業環境測定法、男女雇用機会均等法または育児・介護休業法に違反したときで、具体的には、派遣先が次の規定に違反した場合です。
① 　派遣法第39条から第43条まで、第45条第10項または第46条第7項
② 　労働基準法、労働安全衛生法、じん肺法、作業環境測定法、男女雇用機会均等法または育児・介護休業法の規定で、派遣法第3章第4節の規定により派遣先に

適用される規定

例えば、派遣先が派遣契約に違反して、適用除外業務に派遣労働者を就かせることのないよう適切な措置を講じていないような場合は、派遣法第39条に違反しているものとして、その派遣契約を解除できます。

6 派遣契約の解除の不遡及効

派遣契約は、労働契約などと同様に、継続的に給付を行うことを内容とするものです。このため、契約の解除がなされた場合にその効果が遡及することとなると、解除する側と解除された側に著しい不均等が生ずるとともに、給付の返還を行うことが不可能であり、適当ではありません。このような趣旨で、派遣契約の解除の効果は遡及しません（派遣法第29条）。

法定の解除事由である債務不履行や派遣法第28条の規定により、または契約上の解除事由により、派遣契約について解除しようとする時に、解除の効果は、解除の意思表示がなされた時以後についてのみ生じます。

この規定は強行規定であり、当事者間において、派遣契約でこれに反する定めをしても無効になります。

第7章
派遣元の事業の適正な運営

　派遣事業の適正な運営を図るために、派遣事業の許可を受けた派遣元は、次の事項を行わなければなりません。
1　適用除外業務についての派遣事業の禁止（派遣法第4条第1項）
2　事業報告書および収支決算書の提出（派遣法第23条第1項、第2項）
3　グループ企業（関係派遣先）への派遣割合の報告とその制限（派遣法第23条第3項、第23条の2）
4　海外派遣の届出（派遣法第23条第4項）
5　マージン率などの派遣事業に関する情報提供（派遣法第23条第5項）
6　争議行為中の事業所に対する新たな労働者派遣の禁止（派遣法第24条）
7　労働者の個人情報の取扱い、派遣元などの守秘義務（派遣法第24条の3、第24条の4）
8　派遣契約の締結の際の許可を受けている旨の明示（派遣法第26条第3項）
9　事業所単位の派遣期間の制限の抵触日を通知しない派遣先との派遣契約の締結の禁止（派遣法第26条第5項）
10　派遣先の事業所単位および派遣労働者個人単位の派遣期間の制限（派遣法第35条の2、第35条の3）
11　日雇労働者派遣の原則禁止（派遣法第35条の4）
12　1年以内に派遣先を離職した労働者の労働者派遣の禁止（派遣法第35条の5）
13　派遣労働者を特定することを目的とする行為に対する協力の禁止（派遣元指針）

1 派遣事業を行うことが禁止されている業務

趣旨

次の適用除外業務については、派遣事業を行うことが禁止されています（派遣法第4条第1項）。

（1）港湾運送業務（港湾労働法第2条第2号の港湾運送の業務および同条第1号の港湾以外の港湾において行われる港湾運送の業務に相当する派遣令第1条の業務）

（2）建設業務（土木、建築その他工作物の建設、改造、保存、修理、変更、破壊もしくは解体の作業またはこれらの準備の作業に関する業務）

（3）警備業法第2条第1項各号の業務

（4）派遣令第2条の医療関連業務（その業務の実施の適正を確保するためには業として行う労働者派遣により派遣労働者に従事させることが適当でないと認められる業務）

また、派遣労働者を適用除外業務に従事させることも禁止されています（派遣法第4条第3項）。

（参考）港湾運送事業を営んでいる事業主は、港湾労働法第12条の許可を受けた場合は、港湾運送業務に労働者派遣を行うことができます。

また、建設雇用改善法第31条の建設業務労働者就業機会確保事業の許可を受けた建設労働者を雇用して建設事業を行う事業主は、建設業務労働者就業機会確保事業として、自己の常時雇用する建設業務労働者について労働者派遣事業を行うことができます。

解説

（1）適用除外業務の範囲

1）港湾運送業務

港湾運送業務には、次の業務が含まれます。

① 港湾労働法第2条第1号の港湾（東京、横浜、名古屋、大阪、神戸および関門）における同条第2号の港湾運送の業務

② 港湾労働法第2条第1号の港湾以外の港湾において行われる港湾運送の業務に

相当する業務として派遣令第1条で定める業務
ア　港湾労働法第2条第1号の港湾（東京、横浜、名古屋、大阪、神戸および関門）における同条第2号の港湾運送業務
　港湾労働法第2条第2号の港湾運送の業務は、次の業務です。

1　港湾運送事業法第2条第1項第2号から第5号までに規定する船内荷役、はしけ運送、沿岸荷役およびいかだ運送（港湾労働法第2条第2号イ）
2　1と本質的機能を同じくするとともに、港湾運送の波動性の影響を受けるなど労働の態様が港湾運送と類似し、実際に港湾運送との間に労働者の相互の流動が見られる次の業務で、他人の需要に応じて行うもの（港湾労働法第2条第2号ロ）
（1）船舶に積み込まれた貨物の位置の固定もしくは積載場所の区画または船積貨物の荷造り若しくは荷直し
（2）1に先行し、または後続する船倉の清掃
（3）船舶もしくははしけによりもしくはいかだに組んで運送された貨物の港湾の水域の沿岸からおおむね500メートル（東京および大阪の港湾では200メートル）の範囲内の厚生労働大臣が指定した区域内にある倉庫（船舶もしくははしけによりまたはいかだに組んでする運送に関する貨物以外の貨物のみを通常取り扱うものを除く。「港湾倉庫」という）への搬入（上屋その他の荷さばき場から搬出された貨物の搬入であって、港湾運送事業法第2条第3項の港湾運送関連事業のうち同項第1号の行為に関するものもしくは同法第3条第1号から第4号までの事業または倉庫業法第2条第2項の倉庫業のうち港湾倉庫に関するものを営む者（「港湾運送関係事業者」という）以外の者が行うものを除く）、船舶もしくははしけによりもしくはいかだに組んで運送されるべき貨物の港湾倉庫からの搬出（上屋その他の荷さばき場に搬入すべき貨物の搬出で、港湾運送関係事業者以外の者が行うものを除く）または貨物の港湾倉庫における荷さばき（ただし、冷蔵倉庫の場合には、貨物の倉庫に附属する荷さばき場から冷蔵室への搬入、冷蔵室から倉庫に附属する荷さばき場への搬出および冷蔵室における荷さばきを除く）。
（4）道路運送車両法第2条第1項の道路運送車両もしくは鉄道（軌道を含む）

（「車両等」という）により運送された貨物の港湾倉庫もしくは上屋その他の荷さばき場への搬入（港湾運送関係事業者以外の者が行う貨物の搬入を除く）または車両等により運送されるべき貨物の港湾倉庫もしくは上屋その他の荷さばき場からの搬出（港湾運送関係事業者以外の者が行う貨物の搬出を除く）（ただし、冷蔵倉庫の場合には、貨物の倉庫に附属する荷さばき場から冷蔵室への搬入および冷蔵室から倉庫に附属する荷さばき場への搬出を除く）。

イ　港湾労働法第2条第1号の港湾以外の港湾における港湾運送の業務に相当する業務

　港湾労働法第2条第1号の港湾以外の港湾における港湾運送の業務は、次の業務です。

1　港湾運送事業法第2条第1項第2号から第5号までに規定する船内荷役、はしけ運送、沿岸荷役およびいかだ運送
2　1と本質的機能を同じくするとともに、港湾運送の波動性の影響を受けるなど労働の態様が港湾運送と類似し、実際に港湾運送との間に労働者の相互の流動が見られる次の行為で、他人の需要に応じて行うもの
（1）船舶に積み込まれた貨物の位置の固定もしくは積載場所の区画または船積貨物の荷造りもしくは荷直し
（2）1に先行し、または後続する船倉の清掃
（3）船舶もしくははしけによりもしくはいかだに組んで運送された貨物の特定港湾の水域の沿岸からおおむね500メートル（水島港では1,000メートル、鹿児島港では1,500メートル）の範囲内において厚生労働大臣が指定した区域内にある倉庫（船舶もしくははしけによりまたはいかだに組んでする運送に係る貨物以外の貨物のみを通常取り扱うものを除く。「特定港湾倉庫」という）への搬入（上屋その他の荷さばき場から搬出された貨物の搬入であって、港湾運送事業法第2条第3項の港湾運送関連事業のうち同項第1号の行為に関するものもしくは同法第3条第1号から第4号までの事業または倉庫業法第2条第2項の倉庫業のうち特定港湾倉庫に関するものを営む者（「特

定港湾運送関係事業者」という）以外の者が行うものを除く）、船舶若しくははしけにより若しくはいかだに組んで運送されるべき貨物の特定港湾倉庫からの搬出（上屋その他の荷さばき場に搬入すべき貨物の搬出で、特定港湾運送関係事業者以外の者が行うものを除く）または貨物の特定港湾倉庫における荷さばき。ただし、冷蔵倉庫の場合には、貨物の倉庫に附属する荷さばき場から冷蔵室への搬入、冷蔵室から倉庫に附属する荷さばき場への搬出および冷蔵室における荷さばきを除く。
(4) 車両等により運送された貨物の特定港湾倉庫もしくは上屋その他の荷さばき場への搬入（特定港湾運送関係事業者以外の者が行う貨物の搬入を除く）または車両等により運送されるべき貨物の特定港湾倉庫もしくは上屋その他の荷さばき場からの搬出（特定港湾運送関係事業者以外の者が行う貨物の搬出を除く）（ただし、冷蔵倉庫の場合には、貨物の倉庫に附属する荷さばき場から冷蔵室への搬入および冷蔵室から倉庫に附属する荷さばき場への搬出を除く）。

2）建設業務

建設業務は、土木、建築その他工作物の建設、改造、保存、修理、変更、破壊もしくは解体の作業またはこれらの準備の作業に関する業務をいいます。

ア　建設現場の事務業務

これらの業務は建設工事の現場において、直接にこれらの作業に従事するものに限られますので、例えば、建設現場の事務職員が行う業務は、原則として適用除外業務に該当しません。

イ　施工管理業務

土木建築などの工事についての施工計画を作成し、それに基づいて、工事の工程管理（スケジュール、施工順序、施工手段などの管理）、品質管理（強度、材料、構造などが設計図書どおりとなっているかの管理）、安全管理（従業員の災害防止、公害防止など）など工事の施工の管理を行ういわゆる施工管理業務は、適用除外業務に該当しません。

ウ　専任の主任技術者および監理技術者の業務

工程管理、品質管理、安全管理などに遺漏が生ずることのないよう、請負業者が

工事現場ごとに設置しなければならない専任の主任技術者および監理技術者については、建設業法により、適切な資格、技術力などを有する「工事現場に常駐して専らその職務に従事し、請負業者と直接的かつ恒常的な雇用関係にある者」を配置しなければならないとされていますので、派遣事業を行うことは出来ないという取扱いになっています。

エ　林業の業務

林業の業務は、造林作業（①地ごしらえ、②植栽、③下刈り、④つる切り、⑤除伐、⑥枝打、⑦間伐）および素材（丸太）生産作業（⑧伐採（伐倒）、⑨枝払い、⑩集材、⑪玉切り（造材））に分けることができますが、これらの業務のうち造林作業の①地ごしらえの業務については建設現場における整地業務と作業内容が類似していること、②植栽の業務については土地の改変が行われるので、適用除外業務に該当します。

一方、造林作業の③下刈り、④つる切り、⑤除伐、⑥枝打および⑦間伐の各業務ならびに素材（丸太）生産作業の各業務については、いずれも建設業務と類似する点はないため、適用除外業務に該当しません。

ただし、同一の派遣労働者が同時に、造林作業のうちの①または②の業務と、造林作業のうちの③から⑦までの業務または素材（丸太）生産作業の各業務のうちのいずれかの業務を併せて行う場合のように、適用除外業務が一部含まれているときは、全体として派遣事業を行うことができません。

また、造林作業のうちの③から⑦までの業務または素材（丸太）生産作業の各業務を実施するに当たっては、作業場・土場の整備、集材機の架設など建設業務に該当する業務を併せて行う場合がありますが、同一の派遣労働者が同時に素材（丸太）生産作業の各業務のうちのいずれかの業務と作業道・土場の整備、集材機の架設など派遣法の適用除外業務に該当する業務を併せて行う場合のように、適用除外業務が一部含まれているときは、全体として派遣事業を行うことができません。

3）警備業務

警備業務は、警備業法第2条第1項各号に定める次のアからエまでの業務をいいます。

ア　事務所、住宅、興行場、駐車場、遊園地などの警備業務対象施設における盗難などの事故の発生を警戒し、防止する業務

A　事務所、住宅、興行場、駐車場、遊園地など

「事務所、住宅、興行場、駐車場、遊園地など」は、警備業務を行う対象となる施設を例示的に列記しているもので、施設には、建物その他の工作物などの物的設備のほか、事業活動の全体を指しますが、ある施設が警備業務対象施設に該当するかどうかの判断は、その施設における事故の発生の警戒、防止の業務について、警備業法による規制を行う社会的必要性が一般的に認められるかどうかという観点に基づいて行われます。

B　事故の発生を警戒し、防止する業務

「事故の発生を警戒し、防止する業務」とは、警備業務対象施設における異常の有無を確認し、不審者を発見したときに警察へ通報したり、倒れている負傷者を救出するなどの活動を行う業務をいいます。

「事故」とは、施設における事業活動の正常な運行を妨げ、または施設の正常な状態を損なうような出来事をいい、「警戒し、防止する」とは、事故の発生につながるあらゆる情報を把握する目的を持って巡回、監視などの活動を行い、事故の発生につながる情報を把握した場合には、事故の発生を防止するために必要な措置を行い、または事故が発生した場合には被害の拡大を防止するために必要な措置を行う一連の活動を意味しますが、その一部を行う場合でも、「警戒し、防止する業務」に該当します。

イ　人もしくは車両の雑踏する場所またはこれらの通行に危険のある場所における負傷などの事故の発生を警戒し、防止する業務

祭礼、催し物などによって混雑する場所での雑踏整理、道路工事など現場周辺での人や車両の誘導などを行う業務をいいます。

ウ　運搬中の現金、貴金属、美術品などの盗難などの事故の発生を警戒し、防止する業務

現金、貴金属、美術品などの運搬に際し、その正常な運行を妨げるような事故の発生を警戒し、防止する業務をいいます。

「現金、貴金属、美術品など」とは、運搬中の事故が及ぼす社会的、経済的影響の大きい物品を例示的に列記しているもので、この業務としては、現金などの運搬に際し警備員を運搬車両に添乗させるなどして事故の発生を警戒し、防止する業務のほか、現金などを運搬すると同時に事故の発生を警戒、防止する形態の業務が含

まれます。

エ　人の身体に対する危害の発生を、その身辺において警戒し、防止する業務

　人の身体に対する危害の発生をその身辺において警戒、防止するいわゆるボディーガードなどの業務をいいます。

　なお、派遣労働者が従事する業務の一部にアからエまでの業務が含まれている場合は、派遣事業を行うことができません。

4）次の医療関連業務

　ただし、紹介予定派遣をする場合、産前・産後・育児・介護休業の代替である場合および就業の場所が関係法に基づき指定されたへき地または地域における医療確保のため必要と認められる一定の場所である場合を除きます（派遣令第2条）。

ア　病院、診療所、助産所、介護老人保健施設または医療を受ける者の居宅において医師が行う医業

イ　病院、診療所、介護老人保健施設または医療を受ける者の居宅において歯科医師が行う歯科医業

ウ　病院、診療所において薬剤師が行う調剤

エ　病院、診療所、助産所、介護老人保健施設または医療を受ける者の居宅において保健師、助産師または看護師が行う保健指導、助産、療養上の世話および診療の補助

オ　病院、診療所、介護老人保健施設または医療を受ける者の居宅において栄養士が行う傷病者に対する療養のため必要な栄養の指導

カ　病院、診療所、介護老人保健施設または医療を受ける者の居宅において歯科衛生士が行う業務

キ　病院、診療所、介護老人保健施設または医療を受ける者の居宅において診療放射線技師が行う業務

ク　病院、診療所において歯科技工士が行う業務

　一方、養護老人ホーム、特別養護老人ホーム、軽費老人ホーム、老人デイサービスセンター、老人短期入所施設、老人介護支援センター、障害者支援施設、乳児院、保育所、福祉型障害児入所施設、福祉型児童発達支援センターなどの社会福祉

施設などや障害者支援施設、救護施設、更生施設、労災リハビリテーション施設、養護老人ホーム、特別養護老人ホームまたは原子爆弾被爆者養護ホームの中に設けられた診療所において行われる医業などの医療関連業務については、派遣事業を行うことができます（派遣則第1条第2項）。

（2）違反の効果

適用除外業務について派遣事業を行った派遣元は、1年以下の懲役または100万円以下の罰金に処せられる（派遣法第59条第1号）ほか、許可の取消し（派遣法第14条第1項）、事業の停止命令（同条第2項）の対象となります。

また、派遣先が派遣労働者を適用除外業務に従事させた場合に、派遣労働者の就業を継続させることが著しく不適当であるときは、派遣元の法違反の有無にかかわらず、労働者派遣の役務の提供の停止を命ぜられることがあります（派遣法第49条第2項）。

なお、派遣労働者を適用除外業務に従事させた派遣先は、指導・助言（同法第48条第1項）の対象となり、指導助言を受けたにもかかわらずなお違反するおそれがあるときは勧告の対象となって（派遣法第49条の2第1項）、その勧告に従わなかったときは企業名の公表の対象となる（同条第2項）ほか、派遣先（国、特定独立行政法人、地方公共団体、特定地方独立行政法人の機関を除く）が、派遣労働者を適用除外業務に従事させたことを知らず、かつ、知らなかったことにつき過失がなかったときを除き、その時点において、派遣労働者に対し、その時点と同一の労働条件を内容とする労働契約の申込みをしたものとみなされます（派遣法第40条の6第1項）。

（3）適用除外業務以外の業務に関する制限

次の業務については、適用除外業務には該当しませんが、それぞれの事情から、派遣事業を行ってはならず、また、派遣先は、その指揮命令の下に派遣労働者をこれらの業務に従事させてはならないとする取扱いがそれぞれ行われています。
1) 人事労務管理関係のうち、派遣先において団体交渉または労働基準法などに規定する協定の締結などのための労使協議の際に使用者側の直接当事者として行う業務については、許可基準により当該業務への労働者派遣を行う場合は許可しな

いとするとともに、当該業務へ労働者派遣を行わない旨の許可条件が付けられています。

2）弁護士、外国法事務弁護士、司法書士および土地家屋調査士の業務については、資格者個人がそれぞれ業務の委託を受けて業務を行う（指揮命令を受けることがない）ことから、派遣事業の対象としてはならないとされています。

3）公認会計士の業務については、資格者個人がそれぞれ業務の委託を受けて業務を行う（指揮命令を受けることがない）ことから、派遣事業の対象としてはならないとされています。ただし、派遣元が監査法人（公認会計士を含む）以外の者である場合で、かつ、派遣の対象となる公認会計士が公認会計士業務を行わない場合には、派遣事業の対象とすることができます。

4）税理士の業務については、資格者個人がそれぞれ業務の委託を受けて業務を行う（指揮命令を受けることがない）ことから、派遣事業の対象としてはならないとされています。ただし、派遣元が税理士および税理士法人以外の者である場合で、かつ、派遣の対象となる税理士が派遣先の税理士または税理士法人の補助者として業務を行う場合には、派遣事業の対象とすることができます。

5）弁理士の業務については、資格者個人がそれぞれ業務の委託を受けて業務を行う（指揮命令を受けることがない）ことから、派遣事業の対象としてはならないとされています。ただし、相談に応ずること（いわゆるコンサルティング）に関しては、特許業務法人以外を派遣元とする場合には、派遣事業の対象とすることができます。

6）社会保険労務士の業務については、資格者個人がそれぞれ業務の委託を受けて業務を行う（指揮命令を受けることがない）ことから、派遣事業の対象としてはならないとされています。ただし、一定の業務に関し、社会保険労務士法人が派遣元となり、社会保険労務士法人の使用人である社会保険労務士を労働者派遣の対象とし、かつ、他の開業社会保険労務士または社会保険労務士法人を派遣先とする場合には、派遣事業の対象とすることができます。

7）行政書士の業務については、資格者個人がそれぞれ業務の委託を受けて業務を行う（指揮命令を受けることがない）ことから、派遣事業の対象としてはならないとされています。ただし、一定の業務に関し、行政書士または行政書士法人が派遣元となり、他の行政書士または行政書士法人を派遣先とする場合には、派遣

事業の対象とすることができます。
8）建築士事務所の管理建築士については、「専任」でなければならないことから、派遣事業の対象としてはならないものとされています。

2 事業報告書と収支決算書の提出

趣　旨

派遣事業が適正に運営され、派遣労働者の適正な就業を確保するためには、定期的に事業活動の状況を行政に報告させることにより行政として事業活動の状況を常時把握し、適宜、適切な指導監督を行い得るようにしておく必要があります。
このような趣旨から、派遣元には、事業報告書と収支決算書の作成と提出が求められています。

解　説

派遣元は、毎事業年度の派遣事業を行う事業所ごとのその事業に関する事業報告書と収支決算書を作成し、提出しなければなりません（派遣法第23条第1項、派遣則第17条、第19条）。

（1）事業報告書
事業報告書は、派遣元の事業所ごとの毎事業年度における業務の運営状況（年度報告）および毎年6月1日現在の業務の運営状況（6月1日現在の状況報告）の2つの内容について、様式第11号の「記載要領」に基づき記載して作成し、毎事業年度における事業年度の終了の日の属する月の翌月以後最初の毎年6月30日までに、報告しなければなりません。

1）年度報告
年度報告は、派遣元の毎年度の事業報告で、派遣労働者の数、派遣先の数、派遣料金・賃金の額、派遣事業の売上高、キャリアアップに資する教育訓練の実施状況などについて報告しなければなりません。

2）6月1日現在の状況報告
6月1日現在の状況報告は、毎年の6月1日現在の従事する業務別の派遣労働者

の数などについて報告しなければなりません。

（2）収支決算書

収支決算書は、派遣元のその事業年度の資産などの状況および派遣事業による売り上げなどの状況について、様式第12号の「記載要領」に基づき記載して作成し、毎事業年度経過後3か月以内に報告しなければなりませんが、次のような取扱いをすることができます。

1）派遣元が法人である場合

収支決算書に代えて、その事業年度の派遣事業に関する貸借対照表と損益計算書を提出しても構いません。ただし、損益計算書については、派遣事業の売上額が確認できる必要があります。

2）派遣元が個人で青色申告をしている場合（記載事項の簡易な損益計算書を作成する場合を除く）

収支決算書に代えて、その事業年度の貸借対照表および損益計算書（税務署に提出したもの）を提出しても構いません。ただし、損益計算書については、派遣事業の売上額が確認できるものである必要があります。

3）派遣元が派遣事業以外の事業と兼業する場合など

収支決算書については派遣事業に関する内容の確認ができるものが必要ですが、その把握が困難な場合には、事業全体の収支の状況を記載しても構いません。これは、貸借対照表および損益計算書を提出する場合も同様です。

（3）違反の効果

1）罰則

事業報告書または収支決算書が提出期限までに提出しなかった派遣元は、必要な報告を求められ（派遣法第50条）、これに従わず報告せず、または虚偽の報告をした場合は、30万円以下の罰金に処せられます（派遣法第61条第5号）。

2）行政処分

事業報告書または収支決算書について報告せず、または虚偽の報告をした派遣元は、許可の取消し（派遣法第14条第1項）、事業の停止命令（同条第2項）、改善命令（派遣法第49条第1項）の対象となります。

3 グループ企業(関係派遣先)への派遣割合の制限

趣旨

　グループ企業内の派遣元がグループ企業内派遣ばかりを行うとすれば、派遣元がグループ企業内の第2人事部的なものと位置付けられ、労働力需給調整システムである派遣事業制度の趣旨からみて問題があります。

　このため、派遣元が労働者派遣をするときは、グループ企業(関係派遣先)への派遣割合が8割以下となるようにしなければなりません(派遣法第23条の2)。

　また、その前提として、派遣元には、関係派遣先への派遣割合の報告が求められています(派遣法第23条第3項)。

解説

(1) 関係派遣先派遣割合報告書の提出

　派遣元が労働者派遣をするときは、関係派遣先への派遣割合が8割以下となるようにしなければなりません。

　その状況を報告するため、派遣元は、関係派遣先派遣割合報告書(様式第12号の2)を作成し、毎事業年度経過後3か月以内に、提出しなければなりません(派遣法23条第3項、派遣則第17条の2)。

　この報告は、派遣元の企業全体での関係派遣先への派遣割合の報告であり、事業所ごとの関係派遣先への派遣割合の報告ではありません。

1) 関係派遣先への派遣割合の算定

　関係派遣先への派遣割合は、1つの事業年度の派遣元が雇用する派遣労働者(60歳以上の定年退職者を除く)の関係派遣先での派遣就業の総労働時間を、その事業年度のその派遣元が雇用する派遣労働者の全ての派遣就業の総労働時間で除して算出します(百分率(%)表記にした場合に小数点以下一位未満の端数が生じたときは切り捨て(派遣則第18条の3第4項)。

2) 60歳以上の定年退職者

　「60歳以上の定年退職者」とは、60歳以上の定年年齢に達した者のことをいい、継続雇用(勤務延長・再雇用)の終了の後に離職した者(再雇用による労働契約期間満了前に離職した者などを含む)や、継続雇用中の者のような60歳以上の定年退

職者と同等の者も含まれます。また、グループ企業内の退職者に限られません。
　「60歳以上の定年退職者」の確認は、労働基準法第22条第1項の退職証明、雇用保険法施行規則第16条の離職証明書などにより行いますが、書類による確認が困難である場合には労働者本人からの申告によることでも構いません。
3）「関係派遣先」の範囲
　「関係派遣先」の範囲は、次のとおりです（派遣則第18条の3第1項から第3項まで）。
ア　派遣元が連結財務諸表を作成しているグループ企業に属している場合
①　派遣元を連結子会社とする者（いわゆる親会社）
②　派遣元を連結子会社とする者の連結子会社（いわゆる親会社の連結子会社）
　「連結子会社」とは、「連結財務諸表の用語、様式及び作成方法に関する規則」第2条第4号の連結子会社をいいます。
　連結子会社の範囲は、派遣元が属しているグループ企業が選択している会計基準により判断され、例えば、①「連結財務諸表に関する会計基準（企業会計基準委員会が作成している企業会計基準第22号）」を選択している場合、②親会社と子会社が一体となって他の会社を支配している場合、③子会社1社で他の会社を支配している場合など（「連結財務諸表における子会社及び関連会社の範囲の決定に関する適用指針（企業会計基準適用指針第22号）」）には、「他の会社」は親会社の子会社とみなされます。
イ　派遣元が連結財務諸表を作成していないグループ企業に属している場合
①　派遣元の親会社等
　「親会社等」とは、株式会社である派遣元の議決権の過半数を所有している者、持分会社である派遣元の資本金の過半数を出資している者または派遣元の事業の方針の決定に関してこれらと同等以上の支配力を有すると認められる者をいいます。
　「派遣元の事業の方針の決定に関してこれらと同等以上の支配力を有すると認められる者」とは、一般社団法人や事業協同組合などのように、議決権や出資金という概念では支配関係の有無を判断できない者のことを指しており、連結範囲の決定に用いる実質支配力基準を指しているものではありません。
　例えば、派遣元が一般社団法人であり、その一般社団法人の社員に各1個の議決権がある場合で、その社員の過半数の議決権の行使に関する意思決定を実質的に支

配している者がいる場合には、その支配している者が「派遣元の事業の方針の決定に関してこれらと同等以上の支配力を有すると認められる者」に該当します。

② 派遣元の親会社等の子会社等

「子会社等」とは、派遣元の親会社等が議決権の過半数を所有している株式会社、派遣元の親会社等が資本金の過半数を出資している持分会社または事業の方針の決定に関する派遣元の親会社等の支配力がこれらと同等以上と認められる者をいいます。

「事業の方針の決定に関する派遣元の親会社等の支配力がこれらと同等以上と認められる者」の考え方は、①の場合と同じです。

なお、事業年度中に関係派遣先の範囲に変更があった場合には、その変更があった時点から起算して関係派遣先への派遣割合を計算することが基本ですが、決算書類に基づき前々事業年度末（前事業年度開始時点）または前事業年度末（当事業年度開始時点）の関係派遣先の範囲を前事業年度の関係派遣先の範囲とした上で、関係派遣先への派遣割合を計算することもできます。

ただし、その場合には、関係派遣先派遣割合報告書（様式第12号の2）（表面）の余白に、「前々事業年度末（または前事業年度末）の関係派遣先の範囲を前事業年度における関係派遣先の範囲とした」旨を記載する必要があります。

（2）違反の効果

1）関係派遣先派遣割合報告書を提出しなかった場合

関係派遣先派遣割合報告書を提出期限までに提出しなかった場合で、指導・助言（派遣法第48条第1項）を受けてもなお関係派遣先派遣割合報告書を提出しないときは、必要な措置をとるべきことを指示されることがあります（同条第3項）。

この指示を受けたにもかかわらず、なお関係派遣先派遣割合報告書を提出しない場合には、許可の取消し（派遣法第14条第1項）の対象となります。

2）関係派遣先への派遣割合が8割以下でない場合

関係派遣先への派遣割合が8割以下でない場合で、指導・助言（派遣法第48条第1項）を受けてもなお関係派遣先への派遣割合が8割以下でないときは、必要な措置をとるべきことを指示されることがあります（同条第3項）。

この指示を受けたにもかかわらず、なお関係派遣先への派遣割合が8割以下でな

い場合には、許可の取消し（派遣法第14条第１項）の対象となります。

4　海外派遣の届け出

趣旨

　海外派遣の場合には、派遣先については原則として国内法が適用されず、また、派遣先が行うべき事項などに関して派遣法の実効を確保することが困難となるため、特別の対応が必要となります。このため、海外派遣を行うに際しては、派遣元は事前に届け出ることが求められています（派遣法第23条第４項）。

　なお、海外派遣に関する派遣契約の締結の際には、派遣元および派遣先は、派遣先が行うべき事項を定めなければなりません（第６章254、255頁参照）。

解説

（１）「海外派遣」とは

　海外派遣とは、派遣法の施行地外の地域、すなわち日本の主権の及ばない海外地域に所在する事業所その他の施設において就業する場合をいいます。

　したがって、海外の事業所その他の施設において指揮命令を受け派遣労働者を就業させることを目的とする限り、海外に所在する法人または個人である場合はもとより、派遣先が国内に所在する法人または個人である場合に、派遣先の海外支店などにおいて就業させるときも該当します。

　なお、派遣労働者の就業の場所が一時的に国外となる場合であったとしても出張などの形態により業務が遂行される場合、すなわち、主として指揮命令を行う者が日本国内におり、その業務が国内に所在する事業所の責任によりその事業所に帰属して行われている場合は、「海外派遣」には該当しません。

（２）海外派遣の届け出

　海外派遣をしようとするときには、派遣元は、あらかじめ海外派遣届出書（様式第13号）を提出しなければなりません（派遣則第18条、19条）。

（３）違反の効果

海外派遣の届出をしなかった派遣元は、30万円以下の罰金に処せられる（派遣法第61条第2号）ほか、許可の取消し（派遣法第14条第1項）、事業の停止命令（同条第2項）、改善命令（派遣法第49条第1項）の対象となります。

5　マージン率などの派遣事業に関する情報提供

趣旨

　派遣労働者および派遣先が派遣元を適切に選択できるようにするためには、派遣元の事業に関する情報を提供する必要があります。

　このため、派遣元は、派遣事業を行う事業所ごとの派遣労働者の数、派遣先の数、派遣料金の額の平均額から派遣労働者の賃金の額の平均額を控除した額を派遣料金の額の平均額で除して得た割合（いわゆるマージン率）、教育訓練に関する事項などに関する情報の提供が求められています（同法第23条第5項）。

解説

(1) 情報提供しなければならない事項

　派遣元が情報提供しなければならない事項は、次のとおりです（派遣則第18条の2第3項）。

1）派遣労働者の数

　直近の数が望ましいとされていますが、前事業年度の労働者派遣を行う事業所ごとの派遣労働者の数で差し支えありません。

　ただし、例えば事業報告書（年度報告）に記載する数と同じ数とする場合は、「1日平均」と記載するなど単位が分かるようにする必要があります。

2）派遣先の数

　直近の数が望ましいとされていますが、前事業年度の労働者派遣を行う事業所ごとの派遣先の数で差し支えありません。

　ただし、例えば事業報告書（年度報告）に記載する数と同じ数とする場合は、「事業年度あたりの事業所数」と記載するなど単位が分かるようにする必要があります。

3）派遣料金の額の平均額

直近の派遣料金の額の平均額（その事業所の派遣労働者1人1日（8時間）当たりの派遣料金の平均額。小数点以下の端数が生じた場合は四捨五入）が望ましいですが、直近の「事業報告書」に記載した派遣料金でも構いません。
　ただし、情報提供にあたっては、金額の時点や区分単位などが分かるようにする必要があります。

4）派遣労働者の賃金の額の平均額

　派遣労働者の賃金の平均額（その事業所の派遣労働者の1人1日（8時間）当たりの賃金の額の平均額。小数点以下の端数が生じた場合は四捨五入）が望ましいですが、直近の「事業報告書」に記載した派遣労働者の賃金の額とすることででも構いません。
　ただし、情報提供にあたっては、金額の時点や区分単位などが分かるようにする必要があります。

5）マージン率（派遣料金の額の平均額から派遣労働者の賃金の額の平均額を控除した額を派遣料金の額の平均額で除して得た割合）

　前事業年度の派遣事業を行う事業所ごとの派遣料金の額の平均額（その事業年度の派遣労働者1人1日当たりの派遣料金の額の平均額）から派遣労働者の賃金の額の平均額（その事業年度の派遣労働者1人1日当たりの派遣労働者の賃金の額の平均額）を控除した額を派遣料金の額の平均額で除して算出します（百分率（％）表記にした場合に、小数点以下1位未満の端数が生じた場合は四捨五入します（派遣則第18条の2第2項））。
　派遣料金の額の平均額および派遣労働者の賃金の額の平均額の算出は、加重平均によりますが、直近の「事業報告書」の「派遣料金」および「派遣労働者の賃金」を元に算出する場合は、加重平均でなくてよいとされています。
　情報提供にあたっては、事業報告で報告したすべての業務について記載する時点や単位、マージン率に含めている教育訓練に要する経費、福利厚生費、社会保険料などについても表示し、派遣労働者などが理解しやすくすることが望ましいとされています。
　なお、その事業所が派遣事業を行う他の事業所と一体的な経営を行っている場合には、その範囲内で算定しても差し支えありません（派遣則第18条の2第2項）。
　「一体的な経営」とは、例えば、一定の地域に所在する複数の事業所で共通経費

の処理を行っており、事業所ごとに経費が按分されていないような場合などが該当します。

6) 派遣労働者のキャリア形成支援制度に関する事項

　キャリア・コンサルティングの相談窓口の連絡先やキャリアアップに資する教育訓練に関する計画内容（その概要を含む）を示すことが求められています。

　公表する内容としては、入職時などの教育訓練や職能別訓練などの訓練種別、対象となる派遣労働者、賃金支給の有無、派遣労働者の費用負担の有無などの教育訓練計画に記載する事項と同様の事項を公表することが想定されていますが、それ以外の事項についても、積極的に公表することが望ましいとされています。

7) その他派遣事業の業務に関し参考となると認められる事項

　積極的な情報提供を行うことで実態をより正確に表すことが可能となり、派遣労働者や派遣先が派遣元を適切に選択することなどに資すると考えられる事項をいいます。

　例えば、福利厚生に関する事項や派遣労働者の希望や適性などに応じた派遣先とのマッチング状況などが想定されています。

(2) 情報提供の方法

　情報提供の方法は、事業所への書類の備付け、インターネットの利用その他の適切な方法により行います（派遣則第18条の2第1項）が、マージン率の情報提供に当たっては、常時インターネットの利用により広く関係者、とりわけ派遣労働者に必要な情報を提供することを原則としています（派遣元指針）。

　「その他の適切な方法」としては、例えば、パンフレットの作成や人材サービス総合サイトの活用などが想定されていますが、情報提供の趣旨に沿った適切な方法による必要があります。

　なお、人材サービス総合サイトについては、派遣元指針ではインターネットの利用が原則とされていることから、自社でホームページを有していない場合などについては積極的に活用することが望ましいとされています。

(3) 情報提供にあたっての留意点

　情報提供は、毎事業年度終了後可能な限り速やかに前年度分の実績を公表するこ

とが必要ですが、その年度分の実績を追加的に情報提供することもできます。

　マージン率は、その事業所が行っている労働者派遣の全業務・全派遣労働者の平均値を計算すればよいのですが、詳細な計算結果を追加的に情報提供することもできます。

　情報提供は、派遣労働者などが派遣元を適切に選択できるようにすることなどに資するよう、マージン率だけではなく、教育訓練やその他参考となる事項も含めて総合的に判断できるような形で行うことが重要で、派遣元は、派遣労働者などの関係者からの情報提供の求めがあった場合には、これに応じる義務があります。

(4) 違反の効果

　マージン率などの派遣事業に関する情報提供を行わなかった派遣元は、許可の取消し（派遣法第14条第1項）、事業の停止命令（同条第2項）、改善命令（派遣法第49条第1項）の対象となります。

6　労働争議に対する不介入

趣旨

　公正な労働関係の維持を図るためには、労働力需給調整機関は、労働争議に対して中立的立場を維持し、労働争議の自主的な解決を妨げることがあってはなりません。

　このため、公共職業安定所に規定されている職業安定法第20条を派遣事業について準用し、同盟罷業や作業所閉鎖の行われている事業所への新たな労働者派遣の禁止などが定められています（派遣法第24条）。

解説

　労働争議に対する不介入を担保するため、次の2つのケースに分けて規制しています。

(1) 現に同盟罷業または作業所閉鎖の行われているとき

　この場合、同盟罷業（ストライキ）または作業所閉鎖（ロックアウト）の行われ

ている事業所に労働者派遣をすることが禁止されています。

同盟罷業とは、労働者が団結して労働力の提供を拒否し、労働力を使用者に利用させない行為をいい、一部スト、部分スト、波状ストなどストライキ一般が含まれます。

作業所閉鎖とは、労働者に対して作業所を閉鎖して労働者を就業不能の状態におき、労働者の提供する労務の受領を拒否することをいい、いわゆるロックアウトがこれに当たります。

禁止される労働者派遣の範囲は、同盟罷業または作業所閉鎖が行われて以後、新たに労働者派遣をすることです。

したがって、それまでの間に、労働者派遣をしている場合には、その範囲内で引き続き労働者派遣をすることまで禁止するものではなく、現に派遣している労働者を引き揚げることまで求めたものではありません（同盟罷業または作業所閉鎖中に同一内容の契約の更新、更改を行うことも可能です）。

ただし、従来から労働者派遣はしていたものの、その派遣労働者を増加させることはできません。

また、同盟罷業または作業所閉鎖が予定されている場合に、その直前に新たに労働者派遣をすることも派遣法の趣旨に反します。

（2）争議行為が発生しており、同盟罷業や作業所閉鎖に至るおそれの多いとき

この場合は、労働委員会から公共職業安定所に対し、無制限に労働者派遣をすることによって、争議の解決が妨げられることが通報され、その旨が公共職業安定所から派遣元に対し通報された場合について、労働者派遣をすることが一定の範囲において禁止されています。

禁止される労働者派遣の範囲は、争議行為中の事業所について禁止される労働者派遣と同様新たに労働者派遣をすることであり、通報の際に、現に労働者派遣をしている場合に、引き続き労働者派遣をすることまでは禁止されていません。

また、この場合、労働争議の発生前に、通常使用されていた労働者の員数を維持するため必要な限度まで労働者派遣をすることは禁止されていません。

「通常使用されていた労働者の員数」とは、派遣労働者を含めた数であり、労働争議発生前3ヵ月の平均をもって判断しますが、季節や時期によって事情が異な

場合もあり、このような場合には、例年のその時期の労働者数を考慮して判断します。

7 個人情報の保護

趣旨

　ILO 第181号条約において労働力需給調整機関に関する個人情報保護措置が明確に規定されています。また、派遣先で派遣労働者の履歴書が出回るなど派遣労働者のプライバシーに関する情報が外部に漏れる事態も見られています。

　このため、派遣元は、派遣労働者などの個人情報の保護を図ることが求められており、労働者派遣に関し、その業務の目的の達成に必要な範囲内で派遣労働者などの個人情報を収集し、保管し、および使用するとともに、個人情報を適正に管理するために必要な措置を行わなければなりません（派遣法第24条の3）。

解説

（1）「個人情報」とは

　「個人情報」は、「個人に関する情報で、特定の個人を識別することができるもの（他の情報と照合することにより特定の個人を識別することができることとなるものを含む）」をいいます（派遣法第7条第1項第3号）。

（2）個人情報の収集・保管・使用

　派遣元は、労働者派遣に関し、その業務（紹介予定派遣をする場合の職業紹介を含む）の目的の達成に必要な範囲内で労働者の個人情報を収集し、保管し、および使用しなければなりません。このために、次の措置を行う必要があります。

1）収集

　派遣元は、派遣労働者となろうとする者を登録する際にはその労働者の希望および能力に応じた就業の機会の確保を図る目的の範囲内で、派遣労働者として雇用し労働者派遣を行う際にはその派遣労働者の適正な雇用管理を行う目的の範囲内で、派遣労働者となろうとする者や派遣労働者の個人情報を収集しなければなりません。

派遣労働者となろうとする者については、例えば、労働者の希望職種、希望勤務地、希望賃金、その者の有する能力・資格など適切な派遣先を選定する上で必要な情報がこれに当たり、派遣労働者については、例えば、給与事務や労働・社会保険の手続上必要な情報がこれに当たります。なお、労働者の銀行口座の暗証番号を派遣元が確認することは通常、「業務の目的の達成に必要な範囲」に含まれません。

　業務の目的の達成に必要な範囲とは通常考えられない次の個人情報は収集禁止とされており、これらの個人情報は原則として収集することはできません。ただし、特別な業務上の必要性が存在することその他業務の目的の達成に必要不可欠で、収集目的を示して本人から収集する場合は、可能です（派遣元指針）。

ア　人種、民族、社会的身分、門地、本籍、出生地その他社会的差別の原因となるおそれのある事項

　例えば、①家族の職業、収入、本人の資産などの情報（税金、社会保険の取扱いなど労務管理を適切に実施するために必要なものおよび日雇派遣の禁止の例外として認められる場合の収入要件を確認するために必要なものを除く）、②容姿、スリーサイズなど差別的評価に繋がる情報などが該当します。

> コメント71　日雇派遣の原則禁止が招いた本人や家族の収入などの個人情報の収集の必要性
> 　日雇派遣の原則禁止は、その例外として、本人や世帯の収入要件が設けられたために、今まで原則として収集することが禁止されていた個人情報の収集を必要とするようになりました。
> 　どちらの法益を優先させるかということなのでしょうが、個人情報の保護にマイナスの影響を与えてまで、日雇派遣の原則禁止の例外として、本人や世帯の収入要件を定める必要があるのかは、疑問です。

イ　思想および信条

　例えば、人生観、生活信条、支持政党、購読新聞・雑誌、愛読書などが該当します。

ウ　労働組合への加入状況

　例えば、労働運動、学生運動、消費者運動その他社会運動に関する情報などが該

当します。

　個人情報を収集する際には、本人から直接収集し、または本人の同意の下で本人以外の者から収集する（本人が不特定多数に公表している情報から収集する場合を含む）など適法かつ公正な手段によらなければなりません。

　さらに、高等学校・中等教育学校・中学校の新規卒業予定者（卒業後1年以内の者を含む）から応募書類の提出を求めるときは、職業安定局長の定める書類（全国高等学校統一応募用紙または職業相談票（乙））により提出を求めることが必要です。

2）保管・使用

　個人情報の保管または使用段階における「業務目的の達成に必要な範囲」とは、収集目的の範囲に限られます。

　特に使用段階（個人情報を外部に提供することは「使用」に含まれます）については、派遣労働者として雇用し労働者派遣を行う際には、派遣事業制度の性質上、派遣元が派遣先に提供することができる派遣労働者の個人情報は、派遣法第35条の規定により派遣先に通知すべき事項のほか、派遣労働者の業務遂行能力に関する情報に限られます。

　ただし、他の保管または使用の目的を示して本人の同意を得た場合または他の法律に定めのある場合は、可能です。

（3）個人情報の適正管理

1）適正管理の内容

　派遣元は、その保管または使用する個人情報に関し、次の措置を適切に行うとともに、派遣労働者等からの求めに応じ、その措置の内容を説明しなければなりません。

ア　個人情報を目的に応じ必要な範囲において正確かつ最新のものに保つための措置

イ　個人情報の紛失・破壊・改ざんを防止するための措置

ウ　正当な権限を有しない者による個人情報へのアクセスを防止するための措置

エ　収集目的に照らして保管する必要がなくなった（本人からの破棄や削除の要望があった場合を含む）個人情報を破棄・削除するための措置

なお、派遣元が、派遣労働者等の秘密に該当する個人情報を知り得た場合には、その個人情報が正当な理由なく他人に知られることのないよう、厳重な管理を行わなければなりません。

「個人情報」とは、個人を識別できるあらゆる情報をいいますが、このうち「秘密」とは一般に知られていない事実であって（非公知性）、他人に知られないことにつき本人が相当の利益を有すると客観的に認められる事実（要保護性）をいい、具体的には、本籍地、出身地、支持・加入政党、政治運動歴、借入金額、保証人となっている事実などが秘密に当たります。

2）個人情報適正管理規程

派遣元は、次の事項を含む個人情報適正管理規程を作成するとともに、その従業者を含めこれを遵守しなければなりません。

ア　個人情報を取り扱うことができる者の範囲
イ　個人情報を取り扱う者に対する研修などの教育訓練
ウ　本人から求められた場合の個人情報の開示・訂正・削除の取扱い
エ　個人情報の取扱いに関する苦情の処理

派遣元は、本人が個人情報の開示・訂正・削除の求めをしたことを理由として、派遣就業の機会を与えないなどの不利益な取扱いをしてはなりません。

（4）個人情報保護法の遵守

派遣元が個人情報保護法の個人情報取扱事業者に該当する場合には、同法に定める義務を遵守しなければなりません。

（5）違反の効果

業務目的外の個人情報を収集・保管・使用し、または個人情報の適正な管理をしなかった派遣元は、許可の取消し（派遣法第14条第1項）、事業の停止命令（同条第2項）、改善命令（派遣法第49条第1項）の対象となります。

8 秘密を守る義務

趣旨

派遣元およびその代理人、使用人その他の従業者は、派遣労働者のプライバシーや派遣先の営業上の秘密に接する機会が多いですが、正当な理由がある場合でなければ、その業務上取り扱ったことについて知り得た秘密を他に漏らしてはなりません（派遣法第24条の4）。

解説

（1）「秘密」とは

「秘密」とは、一般に知られていない事実であって（非公知性）、他人に知られないことにつき本人が相当の利益を有すると客観的に認められる事実（要保護性）をいい、具体的には、例えば派遣労働者の本籍地、出身地、支持・加入政党、政治運動歴、借入金額、保証人となっている事実などが秘密に当たります。

また、「秘密」とは、個々の派遣労働者等および派遣先に関する個人情報をいい、私生活に関するものに限られず、職務を行う機会に知り得た個人情報を含みます。

（2）「他に」とは

「他に」とは、秘密を知り得た事業所内の使用人その他の従業員以外の者をいいます。

（3）「正当な理由がある場合」とは

「正当な理由がある場合」とは、本人の同意がある場合、他の法益との均衡上許される場合などをいいます。

（4）違反の効果

秘密の漏えいを行った派遣元は、許可の取消し（派遣法第14条第1項）、事業の停止命令（同条第2項）、改善命令（派遣法第49条第1項）の対象となります。

9 派遣契約の締結の際の許可を受けている旨の明示

趣旨

派遣事業は許可を受けなければ行うことはできないため、派遣元は派遣契約を締結するに当たって、派遣事業の許可を受けている旨を明示しなければなりません（派遣法第26条第3項）。

解説

（1）許可を受けた事業主であることの明示

派遣元は、派遣契約を締結するに当たっては、あらかじめ、その契約の相手方に対し、許可証に記載される許可番号を示すなどにより、派遣事業の許可を受けている旨を明示しなければなりません。

（2）違反の効果

派遣事業の許可を受けている旨の明示をしなかった派遣元は、許可の取消し（派遣法第14条第1項）、事業の停止命令（同条第2項）、改善命令（派遣法第49条第1項）の対象となります。

10 派遣先の事業所単位の派遣期間の制限の抵触日を通知しない派遣先との派遣契約の締結の禁止

趣旨

派遣先の常用労働者との代替が生じないよう、派遣労働の利用についても原則として臨時的・一時的なものに限ることについて、運用上の配慮として規定されています（派遣法第25条）。

このような考え方を背景として、常用労働者との代替を防止するために、派遣先事業所等ごとの派遣期間を原則3年までとする派遣先の事業所単位の期間制限が設けられています。

派遣先の事業所単位の派遣期間の制限の規定の遵守を図るために、労働者派遣の役務の提供を受けようとする派遣先は、あらかじめ、派遣元に対し、派遣先の事業

所単位の派遣期間の制限の抵触日を通知しなければなりません（派遣法第26条第4項）が、派遣元は、派遣期間の制限の抵触日の通知をしない派遣先との間で派遣契約を締結してはなりません（同条第5項）。

解説

（1）抵触日を通知しない派遣先との派遣契約の締結の禁止

（2）の派遣期間の制限の対象とならない場合を除き、派遣元は、派遣先の事業所単位の派遣期間の制限に抵触する日の通知をしない派遣先との間で派遣契約を締結してはなりません（派遣先からの通知については、第9章372、373頁）参照。

（2）派遣期間の制限が適用されない場合

次の場合は、派遣期間の制限が適用されません（派遣法第40条の2第1項）。

1）派遣労働者が無期雇用である場合（同項第1号）
2）派遣労働者が60歳以上である場合（同項第2号）
3）事業の開始、転換、拡大、縮小または廃止のための業務で、一定の期間内に完了することが予定されている有期プロジェクト業務である場合（同項第3号イ）

「一定の期間内」とは、特に年数の定めはありませんが、終期が明確でなければなりません。

4）派遣労働者の従事する業務が1か月間に行われる日数が派遣先に雇用される通常の労働者の1か月間の所定労働日数に比し相当程度少なく、かつ、月10日以下である日数限定業務である場合（同項第3号ロ）

ア 「通常の労働者」の所定労働日数

「通常の労働者」の所定労働日数とは、原則として、派遣先のいわゆる正規の従業員（常用雇用的な長期勤続を前提として雇用される者）の所定労働日数です。ただし、派遣先の正規の従業員の方が少数である場合には、派遣先事業所等に、主として従事する労働者の所定労働日数を、「通常の労働者」の所定労働日数とし、例えば、正規の従業員が約2割の場外馬券売場の事業所で、所定労働日数が月8日の有期雇用の労働者が主として従事する馬券販売の担当部門において日数限定業務として派遣可能期間の制限なしに労働者派遣を受け入れようとする場合には、「通常の労働者」の所定労働日数は月8日となるとされています。

> **コメント72　同じ派遣法の同じ「通常の労働者」という規定を異なる意味で用いることはできるのか？**
>
> 　同じ法律で用いる同じ用語については、同じ意味でなければならないというのが鉄則です。そうしないと、それぞれごとに意味が違っていたら、混乱するからです。
>
> 　派遣法第40条の2第1項第3号ロに規定する「通常の労働者」については、派遣取扱要領243頁では上記のように原則「正規の従業員（常用雇用的な長期勤続を前提として雇用される者）」としながらも、「派遣先の正規の従業員の方が少数である場合には、派遣先の事業所等に、主として従事する労働者」であるとしています。
>
> 　ところが、派遣法第40条の5第1項にも「通常の労働者」という規定がありますが、こちらの派遣取扱要領253頁では、「通常の労働者」とは、「正規雇用労働者（常用雇用的な長期勤続を前提として雇用される者）」とだけしか記載されていません。
>
> 　派遣法第40条の5第1項の規定は、派遣先による労働者の募集情報の提供に関する規定ですが、仮にその派遣先の正規の従業員の方が少数である場合には、派遣先事業所等に主として従事する労働者の募集情報の提供を行わなければならないのか、分からなくなってしまいます。
>
> 　これは、派遣法の全体像を見ずに、それぞれの箇所で適当に解釈したために起こったと考えられます。
>
> 　混乱を回避するためにも、是正が求められます。

イ　相当程度少なく

　「相当程度少なく」とは半分以下である場合をいいます。このため、例えば、通常の労働者の所定労働日数が月20日の場合には、月10日以下しか行われない場合が対象となります。

ウ　業務を分割して、その一部に派遣労働者に従事させる場合

　日数限定業務に該当するためには、その業務が、通常の労働者の1か月間の所定労働日数の半分以下、かつ、月10日以下しか行われない業務であることが必要で

す。

　このため、「通常の労働者の1か月間の所定労働日数の半分以下、かつ、月10日以下」を超える日数行われている業務を分割して、その一部を「通常の労働者の1か月間の所定労働日数の半分以下、かつ、月10日以下」とし、その範囲において派遣労働者に従事させ、他の日は派遣先に雇用されている従業員のみで対応するような場合は、日数限定業務には該当せず、期間制限の適用を受けます。

　例えば月15日発生する業務について分割し、月10日間を派遣労働者に従事させ、残りの月5日間を派遣先に雇用されている従業員に行わせるような場合は、その業務は月15日間行われていますので、日数限定業務に当たりません。

　また、「通常の労働者の1か月間の所定労働日数の半分以下、かつ、月10日以下」を超える日数行われている業務について、繁忙対策として、業務量の多い日のみ派遣先に雇用されている従業員に加え派遣労働者にも従事させるような場合も、日数限定業務には該当せず、期間制限の適用を受けます。

エ　日数限定業務の例

　日数限定業務に該当する業務としては、例えば、書店の棚卸し業務や、土日のみに行われる住宅展示場のコンパニオンの業務が想定されています。

コメント73　日数限定業務が日雇派遣に該当するとして禁止されるという怪

　平成24年改正法の施行により、日雇労働者についての労働者派遣が原則禁止されました。ここでいう「日雇労働者」とは、日々または30日以内の期間を定めて雇用する労働者です（派遣法第35条の4第1項）。

　「日々または30日以内の期間を定めて雇用する労働者」ですから、日数単位で雇用される者が対象となると考えるのが通常の解釈なのですが、行政では「週20時間未満」の労働者は「日雇労働者」とする取扱いが示されているのです。

　つまり、日数単位の取扱いが時間数単位の取扱いに置き換えられているのです。

　現在では、あるいはそういう取扱いはしていないかもしれませんが、「週20時間未満」の労働者は「日雇労働者」だとすれば、上記の日数限定業務に該当する業務として想定されている「土日のみに行われる住宅展示場のコンパニオ

ンの業務」については、1日平均10時間以上従事しない限り、日雇派遣の原則禁止により禁止されてしまいます。

　日数限定業務に該当する業務として、期間制限を受けない業務の例として派遣取扱要領に示されているものが実は行政の取扱い上禁止されるというおかしな状態になっているのです。

　これも、派遣法の全体像を見ずに、それぞれの箇所で取扱いを決めているために起こったと考えられます。

5）産前産後休業・育児休業、産前休業に先行し、または産後休業・育児休業に後続する休業で、母性保護または子の養育をするための休業をする労働者を代替する業務の場合（派遣法第40条の2第1項第4号）

　なお、休業に入る労働者が従事していた業務を、休業に入る前に派遣労働者に対して引継ぎを行う場合やその業務に従事していた派遣労働者が、休業を終えて復帰する労働者に対して引継ぎを行う場合は、必要最小限の時間であれば、これに含めることができます。

6）介護休業、介護休業に後続する休業で、家族を介護するための休業をする労働者を代替する業務の場合（同項第5号）

　なお、休業に入る労働者が従事していた業務を、休業に入る前に派遣労働者に対して引継ぎを行う場合やその業務に従事していた派遣労働者が、休業を終えて復帰する労働者に対して引継ぎを行う場合は、必要最小限の時間であれば、これに含めることができます。

（3）違反の効果

　事業所単位の派遣期間の制限の抵触日を通知しない派遣先との間で派遣契約を締結した派遣元は、許可の取消し（派遣法第14条第1項）、事業の停止命令（同条第2項）、改善命令（派遣法第49条第1項）の対象となります。

11 派遣先の事業所単位および派遣労働者個人単位の派遣期間の制限

趣旨

　派遣労働については、派遣先の常用労働者との代替が生じないよう、派遣労働の利用についても原則として臨時的・一時的なものに限るほか、雇用の安定やキャリア形成が図られにくい面があることなどを理由に原則として臨時的・一時的な働き方として位置づけられており、このことについて、運用上の配慮として規定されています（派遣法第25条）。

　このような考え方を背景として、常用労働者との代替を防止するために、派遣先事業所等ごとの派遣期間を原則3年までとする派遣先の事業所単位の期間制限が設けられ、また、派遣労働への固定化を防止するために、派遣先事業所等における組織単位ごとの業務について同一の派遣労働者の派遣期間を3年までとする個人単位の期間制限が設けられています。

　このため、派遣元は、期間制限が適用されない場合を除き、派遣先事業所等について、派遣先の事業所単位の期間制限を超えて継続して労働者派遣を行ってはならない（派遣法第35条の2）とともに、派遣先事業所等における組織単位ごとの業務について、3年を超える期間継続して同一の派遣労働者を労働者派遣してはなりません（派遣法第35条の3）。

解説

（1）派遣先の事業所単位の派遣期間の制限

　派遣元は、10（2）の期間制限が適用されない場合（286〜289頁）を除き、派遣先から通知された事業所単位の期間制限に抵触する日以降継続して労働者派遣を行ってはなりません。

（2）派遣労働者個人単位の派遣期間の制限

　派遣元は、10（2）の派遣期間の制限が適用されない場合（286〜289頁）を除き、派遣先の事業所単位の派遣可能期間が延長された場合でも、派遣先事業所等における組織単位ごとの業務について、3年を超える期間継続して同一の派遣労働者を労働者派遣してはなりません。

(3)「組織単位」とは

　派遣先事業所等における組織単位については、課、グループなどの業務としての類似性や関連性がある組織で、かつ、その組織の長に業務の配分や労務管理上の指揮命令監督権限があり、派遣先における組織の最小単位よりも一般に大きな単位が想定されていますが、名称にとらわれることなく実態により判断されることになっていて、小規模の事業所などにおいては、組織単位と組織の最小単位が一致する場合もあります。

(4) クーリング期間

　派遣元は「継続して労働者派遣」を行うことが禁止されていますが、その「継続して」に関して、労働者派遣を行っていない期間があったとしても、それが3か月以内であれば継続しているという取扱いが行われています。

> コメント74　派遣先指針で「みなす」ことができるのか？
>
> 　派遣先指針には「新たな労働者派遣の開始と当該新たな労働者派遣の役務の受入れの直前に受け入れていた労働者派遣の終了との間の期間が3か月を超えない場合には、当該派遣先は、当該新たな労働者派遣の役務の受入れの直前に受け入れていた労働者派遣から継続して労働者派遣の役務の提供を受けているものとみなす」という記載があります。
>
> 　「みなす」とは、法律用語では、一般に「ある事物と性質の異なる他の事物を、一定の法律関係について同一視し、同じ法律効果を生じさせる」ことをいい、極めて強い法律効果があります。
>
> 　これほど強い法律効果のある「みなす」を国会で成立する法律に根拠なしに、告示である派遣先指針で行うことができるとは到底思えません。
>
> 　ちなみに、労働契約法第18条第2項では、「クーリング期間」について法律でみなしています。

(5) 違反の効果

　派遣先の事業所単位の期間制限または派遣労働者個人単位の派遣期間の制限を超えて労働者派遣を行った派遣元は、30万円以下の罰金に処せられる（派遣法第61条

第 3 号）ほか、許可の取消し（派遣法第14条第 1 項）、事業の停止命令（同条第 2 項）、改善命令（派遣法第49条第 1 項）の対象となります。

12 日雇労働者についての労働者派遣の原則禁止

趣旨

　日雇労働者についての労働者派遣（日雇派遣）については、必要な雇用管理がなされず、労働者保護が果たされないなどといった課題の指摘を理由に、その業務を迅速かつ的確に遂行するために専門的な知識・技術・経験を必要とする業務のうち労働者派遣により日雇労働者を従事させても日雇労働者の適正な雇用管理に支障を及ぼすおそれがないと認められる業務について労働者派遣をする場合または雇用の機会の確保が特に困難である労働者の雇用の継続などを図るために必要である場合などを除き、原則禁止されています（派遣法第35条の 4 第 1 項）。

解説

（1）禁止される日雇派遣の範囲

　禁止される日雇派遣の範囲は、日々または30日以内の期間を定めて雇用する労働者の派遣です。

　このため、労働契約の期間が31日以上であれば、派遣契約の期間が30日以内であっても、日雇派遣の禁止には違反しません。

　ただし、例えば、労働者派遣の期間が 1 日しかないにもかかわらず31日以上の労働契約を締結する、労働契約の初日と最終日しか労働者派遣の予定がないにもかかわらずその期間を通じて労働契約を締結するなど、社会通念上明らかに適当とはいえない労働契約については、日雇派遣の禁止の適用を免れることを目的とした行為であると解されています。

（2）禁止の例外

　日雇派遣の禁止の例外は、次のとおりです。

1) 労働者派遣の対象となる日雇労働者の適正な雇用管理に支障を及ぼすおそれがないと認められる次の18の業務（派遣令第 4 条第 1 項）

（1）情報処理システム開発（第1号）

　電子計算機を使用することにより機能するシステムの設計・保守（これらに先行し、後続し、その他これらに関連して行う分析を含む）またはプログラムの設計・作成・保守の業務

（2）機械設計（第2号）

　機械・装置・器具（これらの部品を含む。「機械等」という）または機械等により構成される設備の設計・製図（現図製作を含む）の業務

（3）機器操作（第3号）

　電子計算機、タイプライターまたはこれらに準ずる事務用機器（「事務用機器」という）の操作の業務

> コメント75　政令の規定を読まずに書かれた通達が引き起こした法改正
> 　26業務適正化プランおよび26業務疑義応答集は、本来派遣令に規定された26業務の範囲について解釈を示したものですが、その内容を読むと、解釈の対象となる派遣令の規定を読んでいるとは到底思えないものがあります。
> 　政令の規定を読まずに書いた通達が施行されたために、大量の官製派遣切りが起こり、それが派遣期間の制限に関する法改正を招いたというのが、平成27年の派遣法改正の一部です。
> 　26業務適正化プランおよび26業務疑義応答集によって最も大量の官製派遣切りが起こりましたが、そのうち最も多いのが機器操作です。
> 　政令に「タイプライターまたはこれらに準ずる事務用機器」と規定されていますので、タイプライターのような事務用機器であれば、派遣令の規定に当然該当します。
> 　タイプライターは、単純に数値や文字をキー入力するだけの機器で、ソフトウエア機能などなく、集計やグラフ化などはできません。
> 　ところが、26業務適正化プランおよび26業務疑義応答集は、「ソフトウエア操作に関する専門的技術を活用して、入力・集計・グラフ化などの作業を一体として行うもの」とか、「単純に数値や文字をキー入力するだけ

の業務の場合は、該当しない」とか、記載しているのです。
　これでは、政令に規定している意味はありません。

（4）通訳、翻訳、速記（第4号）
　通訳・翻訳・速記の業務
（5）秘書（第5号）
　法人の代表者その他の事業運営上の重要な決定を行い、またはその決定に参画する管理的地位にある者の秘書の業務
（6）ファイリング（第6号）
　文書、磁気テープなどのファイリング（能率的な事務処理を図るために総合的かつ系統的な分類に従ってする文書、磁気テープなどの整理（保管を含む）をいう）に関する分類の作成またはファイリング（高度の専門的な知識、技術または経験を必要とするものに限る）の業務

> コメント76　政令の規定を読まずに書かれた通達
> 　ファイリングについても機器操作と同様の問題が起こっています。
> 　政令は「ファイリングに係る分類の作成<u>または</u>ファイリング」と規定していますから、ファイリング、つまり「能率的な事務処理を図るために総合的かつ系統的な分類に従ってする文書、磁気テープなどの整理（保管を含む）」を行っていても、それが「高度の専門的な知識、技術または経験を必要とするもの」であれば、分類の作成をしなくても、政令の規定に合致します。
> 　ところが、26業務適正化プランおよび26業務疑義応答集は「既存の文書管理規程を見直しする権限のある業務であれば」などと、分類の作成・変更の権限がある場合に限って該当するとしているのです。

（7）調査（第7号）
　新商品の開発、販売計画の作成などに必要な基礎資料を得るためにする市場などに関する調査または調査結果の整理・分析の業務
（8）財務処理（第8号）

貸借対照表、損益計算書などの財務に関する書類の作成その他財務の処理の業務

(9) 国内外取引文書の作成（第9号）

外国貿易その他の対外取引に関する文書または商品の売買その他の国内取引に関する契約書、貨物引換証、船荷証券もしくはこれらに準ずる国内取引に関する文書の作成（一定の港湾運送に附帯して行うものおよび通関業務として通関書類の作成を除く）の業務

(10) デモンストレーション（第10号）

電子計算機、自動車その他その用途に応じて的確な操作をするためには高度の専門的な知識・技術・経験を必要とする機械の性能、操作方法などに関する紹介および説明の業務

コメント77　政令にない要件を追加して書かれた通達

　デモンストレーションについても機器操作やファイリングと同様の問題が起こっています。

　派遣令は「紹介および説明」を行う場所や対象者について何も規定していません。

　第11号の添乗において「車両の停車場、船舶・航空機の発着場」「旅行者」と規定し、第12号の受付・案内において「建築物、博覧会場」「来訪者」と規定しているのと対比すれば、明らかです。

　ところが、26業務疑義応答集は「モーターショー、産業用機械展示会などにおいて、販売事業者、関連メーカーなどに対し、紹介および説明を行う業務である」とする一方、「一般消費者に対して説明する業務は該当しない」などと「紹介および説明」を行う場所や対象者を限定しているのです。

---

(11) 添乗（第11号）

旅行者に同行して行う旅程管理業務もしくは参加する旅行者の募集をすることにより実施する企画旅行以外の旅行の旅行者に同行して行う旅程管理業務に相当する業務（「旅程管理業務等」という）、旅程管理業務等に付随して行う旅

行者の便宜となるサービスの提供の業務（車両・船舶・航空機内において行う案内の業務を除く）または車両の停車場もしくは船舶・航空機の発着場に設けられた旅客の乗降・待合いの用に供する建築物内において行う旅行者に対する送迎サービスの提供の業務

(12) 受付・案内（第12号）

建築物または博覧会場における来訪者の受付または案内の業務

(13) 研究開発（第13号）

科学に関する研究または科学に関する知識もしくは科学を応用した技術を用いて製造する新製品もしくは科学に関する知識もしくは科学を応用した技術を用いて製造する製品の新たな製造方法の開発の業務（（1）、（2）の業務を除く）

(14) 事業の実施体制の企画立案（第14号）

企業などがその事業を実施するために必要な体制またはその運営方法の整備に関する調査、企画または立案の業務（労働条件その他の労働に関する事項の設定または変更を目的として行う業務を除く）

(15) 書籍などの制作・編集（第15号）

書籍、雑誌その他の文章、写真、図表などにより構成される作品の制作における編集の業務

(16) 広告デザイン（第16号）

商品もしくはその包装のデザイン、商品の陳列または商品もしくは企業などの広告のために使用することを目的として作成するデザインの考案、設計または表現の業務（（6）の業務を除く。）

(17) OAインストラクション（第17号）

事務用機器の操作方法、電子計算機を使用することにより機能するシステムの使用方法またはプログラムの使用方法を習得させるための教授または指導の業務

> コメント78　政令の規定を読まずに書かれた通達2
> 　OAインストラクションについても、政令の規定ではソフトウエア機能のないタイプライターなどの操作が含まれるにもかかわらず、26業務疑義

応答集において「オフィス用のコンピュータなど複数のコンピュータを繋げるネットワークシステム、コンピュータにインストールされたソフトウエア、コンピュータの各種プログラムなどに関する操作方法の教授または指導を行う業務のうち、専門的な知識・技術を要するもの」としているために、機器操作と同じ問題が起こっています。

(18) セールスエンジニアの営業、金融商品の営業（第18号）
　顧客の要求に応じて設計（構造を変更する設計を含む）を行う機械等もしくは機械等により構成される設備もしくはプログラムまたは顧客に対して専門的知識に基づく助言を行うことが必要である金融商品に関する顧客に対して行う説明もしくは相談または売買契約（これに類する契約で同項に規定する金融商品の販売に係るものを含む）についての申込み、申込みの受付もしくは締結もしくは売買契約の申込みもしくは締結の勧誘の業務

2）雇用の機会の確保が特に困難であると認められる労働者の雇用の継続などを図るために必要であると認められる場合など労働者派遣の対象となる日雇労働者が次のいずれかに該当する場合（派遣令第4条第2項、派遣則第28条の2、第28条の3）。

ア　60歳以上
イ　学校の学生・生徒
　雇用保険の適用を受けない昼間学生の範囲と同じで、次のいずれかに該当する場合には、日雇派遣の例外となる学生・生徒には含まれません。
A　大学の夜間学部、高等学校の夜間など定時制の課程に在学する者
B　通信制の課程に在学する者
C　卒業見込証明書を有する者で、卒業前に雇用保険の適用事業に就職し、卒業後も引き続きその事業に勤務する予定のもの
D　休学中の者
E　事業主の命により（雇用関係を存続したまま）、大学院などに在学する者（社会人大学生など）
F　その他一定の出席日数を課程終了の要件としない学校に在学する者で、同種の

業務に従事する他の労働者と同様に勤務し得ると認められるもの
3）生業収入の額が500万円以上である者

　副業として日雇派遣に従事する者のことで、「生業収入」とは、主たる業務の収入のことをいい、例えば複数の業務を兼務している場合には、その収入額が最も高い業務が主たる業務となります。また、使用者から労働の対価として支払われる賃金に限られるものではなく、例えば、不動産の運用収入やトレーディング収入（株式売買、投資信託、外国為替、先物取引などによる収入）なども「生業収入」に含まれます。

4）主として生計を一にする配偶者（事実上婚姻関係と同様の事情にある者を含む）その他の親族（「配偶者等」という）の収入により生計を維持している場合で、世帯収入が500万円以上である場合

　主たる生計者以外の者のことで、「主として生計を一にする配偶者等の収入により生計を維持している」とは、世帯全体の収入に占める収入の割合が50％未満である場合をいいます。

　また、「生計を一にする」か否かは、実態として配偶者等の収入により生計を維持しているかどうかにより確認し、必ずしも配偶者等と同居している必要はなく、例えば、両親の収入により生計を維持している子供が単身で生活をしている場合であっても、世帯収入が500万円以上であれば対象となります。

　「世帯収入」には、本人の収入も含まれます。

　また、「収入」とは、使用者から労働の対価として支払われる賃金に限られるものではなく、例えば、不動産の運用収入やトレーディング収入（株式売買、投資信託、外国為替、先物取引などによる収入）なども「生業収入」に含まれます。

（3）禁止の例外の要件の確認方法

　禁止の例外の要件に該当するか否かの確認は、年齢が確認できる公的書類（住民票、健康保険証、運転免許証など）、学生証、配偶者等と生計を一にしているかどうかを確認できる公的書類（住民票、健康保険証）などによることが基本ですが、合理的な理由によりこれらの書類が用意できない場合、昼間学生に該当するか否かなどこれらの書類のみでは判断できない場合には、本人からの申告（誓約書の提出）によっても差し支えないとされています。

1）収入要件の確認

　収入要件を満たしているか否かの確認は、本人やその配偶者等の所得証明書、源泉徴収票の写しなどによることが基本ですが、合理的な理由によりこれらの書類が用意できない場合には、本人からの申告（誓約書の提出）によっても差し支えないとされています。

　収入要件は前年の収入により確認しますが、前年の収入が500万円以上である場合でも、その年の収入が500万円を下回ることが明らかな場合には、日雇派遣の禁止の例外には該当しません。

2）確認の時期

　従事する業務が（2）の1）の18業務に該当するかどうか、労働者が（2）の2）から4）までに該当するかどうかは、労働契約の締結ごとに確認する必要があります。

　また、（2）の2）から4）までに該当するかどうかについて、労働契約の締結時には書類などによる確認ができなかったが、その後、書類などによる確認ができるようになった場合には、事後的であっても書類などにより確認する必要があります。

3）記録の保存

　要件の確認に用いた書類などは保存しておく必要はありませんが、例えば、派遣元管理台帳に記録を残しておくなど、どのような種類の書類などにより要件の確認を行ったかが分かるようにしておく必要があります。

　ただし、要件の確認を誓約書の提出により行った場合には、誓約書を派遣元管理台帳と合わせて管理しておくことが望ましく、その際、書類などによる確認ではなく誓約書によることになった理由についても分かるようにしておくことが望ましいとされています。

(4) 違反の効果

　禁止の例外に該当しないにも関わらず、日雇労働者についての労働者派遣を行った派遣元は、許可の取消し（派遣法第14条第1項）、事業の停止命令（同条第2項）、改善命令（派遣法第49条第1項）の対象となります。

(5) 日雇指針

　禁止の例外に該当するものとして日雇労働者についての労働者派遣を行う場合にも、次の内容の日雇指針が定められています（派遣法第47条の4）ので、派遣元は日雇指針に定める派遣元の行うべき措置に沿って労働者派遣を行うことが、派遣先は日雇指針に定める派遣先の行うべき措置に沿って労働者派遣の役務の提供を受けることが、それぞれ求められています。

第2　日雇派遣労働者の雇用の安定を図るために必要な措置
1　派遣契約の締結に当たっての就業条件の確認
（1）派遣先は、派遣契約の締結の申込みを行うに際しては、就業中の日雇派遣労働者を直接指揮命令することが見込まれる者から、業務の内容、業務を遂行するために必要とされる知識、技術または経験の水準その他派遣契約の締結に際し定めるべき就業条件の内容を十分に確認すること。
（2）派遣元は、派遣先との間で派遣契約を締結するに際しては、派遣先が求める業務の内容、業務を遂行するために必要とされる知識、技術または経験の水準、労働者派遣の期間その他派遣契約の締結に際し定めるべき就業条件を事前にきめ細かに把握すること。
2　派遣契約の期間の長期化
　派遣元および派遣先は、派遣契約の締結に際し、労働者派遣の期間を定めるに当たっては、相互に協力しつつ、派遣先が労働者派遣の役務の提供を受けようとする期間を勘案して可能な限り長く定めるなど日雇派遣労働者の雇用の安定を図るために必要な配慮をすること。
3　労働契約の締結に際しての措置
　派遣元は、日雇派遣労働者として雇い入れようとするときは、日雇派遣労働者が従事する業務が派遣令第4条第1項各号の業務に該当するかどうか、または日雇派遣労働者が同条第2項各号の場合に該当するかどうかを確認すること。
4　労働契約の期間の長期化
　派遣元は、日雇派遣労働者として雇い入れようとするときは、労働者の希望および派遣契約における労働者派遣の期間を勘案して、労働契約の期間につい

て、できるだけ長期にする、その期間を派遣契約における労働者派遣の期間と合わせるなど日雇派遣労働者の雇用の安定を図るために必要な配慮をすること。

5　派遣契約の解除に当たっての措置

（1）派遣先は、専ら派遣先に起因する事由により、派遣契約の契約期間が満了する前の解除を行おうとする場合には、派遣元の合意を得ること。

（2）派遣元および派遣先は、派遣契約の契約期間が満了する前に日雇派遣労働者の責に帰すべき事由以外の事由によって派遣契約の解除が行われた場合には、互いに連携して、派遣先の関連会社での就業のあっせんなどにより、日雇派遣労働者の新たな就業機会の確保を図ること。

（3）派遣先は、派遣先の責に帰すべき事由により派遣契約の契約期間が満了する前に派遣契約の解除を行おうとする場合には、日雇派遣労働者の新たな就業機会の確保を図ることとし、これができないときには、速やかに、損害の賠償を行わなければならないこと。その他派遣先は、派遣元と十分に協議した上で適切な善後処理方策を講ずること。また、派遣元および派遣先の双方の責に帰すべき事由がある場合には、派遣元および派遣先のそれぞれの責に帰すべき部分の割合についても十分に考慮すること。

（4）派遣先は、派遣契約の契約期間が満了する前に派遣契約の解除を行う場合で、派遣元から請求があったときは、派遣契約の解除を行う理由を派遣元に対し明らかにすること。

第3　派遣契約に定める就業条件の確保

1　派遣元は、派遣先を定期的に巡回することなどにより、日雇派遣労働者の就業の状況が派遣契約の定めに反していないことの確認などを行うとともに、日雇派遣労働者の適正な就業の確保のためにきめ細かな情報提供を行うなどにより派遣先との連絡調整を的確に行うこと。また、派遣元は、日雇派遣労働者からも就業の状況が派遣契約の定めに反していなかったことを確認すること。

2　派遣先は、派遣契約を円滑かつ的確に履行するため、次の措置その他派遣先の実態に即した適切な措置を講ずること。

（1）就業条件の周知徹底

派遣契約に定められた就業条件について、日雇派遣労働者の業務の遂行を指揮命令する職務上の地位にある者その他の関係者にその就業条件を記載した書面を交付し、または就業場所に掲示するなどにより、周知の徹底を図ること。

(2) 就業場所の巡回

1つの派遣契約について少なくとも1回以上の頻度で定期的に日雇派遣労働者の就業場所を巡回し、日雇派遣労働者の就業の状況が派遣契約の定めに反していないことを確認すること。

(3) 就業状況の報告

日雇派遣労働者を直接指揮命令する者から、1つの派遣契約について少なくとも1回以上の頻度で定期的に日雇派遣労働者の就業の状況について報告を求めること。

(4) 派遣契約の内容の遵守に係る指導

日雇派遣労働者を直接指揮命令する者に対し、派遣契約の内容に違反することとなる業務上の指示を行わないようにすることなどの指導を徹底すること。

第4 労働・社会保険の適用の促進

1 日雇労働被保険者および日雇特例被保険者に関する適切な手続

派遣元は、日雇派遣労働者が雇用保険法第43条第1項に規定する日雇労働被保険者または健康保険法第3条第2項に規定する日雇特例被保険者に該当し、日雇労働被保険者手帳または日雇特例被保険者手帳の交付を受けている者(「手帳所持者」という)である場合には、印紙の貼付などの手続(「日雇手続」という)を適切に行うこと。

2 労働・社会保険に関する適切な手続

派遣元は、その雇用する日雇派遣労働者の就業の状況などを踏まえ、労働・社会保険に関する手続を適切に進め、被保険者である旨の行政機関への派遣則第27条の2第1項各号の書類の届出が必要な場合には、その届出を行ってから労働者派遣を行うこと。ただし、労働者派遣の開始後速やかにその届出を行うこともできること。

3 派遣先に対する通知

派遣元は、派遣法第35条第1項に基づき、派遣先に対し、日雇派遣労働者について届出を行っているか否かを通知すること。さらに、派遣元は、日雇派遣労働者が手帳所持者である場合には、派遣先に対し、日雇手続を行うか行えないかを通知すること。

4　届出または日雇手続を行わない理由に関する派遣先および日雇派遣労働者への通知

　派遣元は、日雇派遣労働者について被保険者である旨の行政機関への届出を行っていない場合には、その具体的な理由を派遣先および日雇派遣労働者に対し、通知すること。

　さらに、派遣元は、日雇派遣労働者が手帳所持者である場合で、日雇手続を行えないときには、その具体的な理由を派遣先および日雇派遣労働者に対し、通知すること。

5　届出または日雇手続の派遣先による確認

　派遣先は、派遣元が被保険者である旨の行政機関への届出または日雇手続を行う必要がある日雇派遣労働者については、その届出を行ったまたは日雇手続を行う日雇派遣労働者（派遣先への労働者派遣の開始後速やかにその届出が行われるものを含む）を受け入れるべきであり、派遣元から日雇派遣労働者についてその届出または日雇手続を行わない理由の通知を受けた場合に、その理由が適正でないと考えられる場合には、派遣元に対し、日雇派遣労働者についてその届出を行ってから派遣するようまたは日雇手続を行うよう求めること。

第5　日雇派遣労働者に対する就業条件などの明示

1　派遣元は、労働基準法第15条に基づき、日雇派遣労働者との労働契約の締結に際し、労働契約の期間、就業の場所および従事すべき業務、労働時間、賃金（労使協定に基づく賃金の一部控除の取扱いを含む）ならびに退職に関する事項について、書面の交付による明示を確実に行うこと。また、その他の労働条件についても、書面の交付により明示を行うよう努めること。

2　派遣元は、モデル就業条件明示書（日雇派遣・携帯メール用）の活用などにより、日雇派遣労働者に対し派遣法第34条に規定する就業条件などの明示を確実に行うこと。

第6　教育訓練の機会の確保など

1 派遣元は、職業能力開発促進法および派遣法第30条の4に基づき、日雇派遣労働者の職業能力の開発および向上を図ること。
2 派遣元は、日雇派遣労働者が従事する職務の遂行に必要な能力を付与するための教育訓練については、派遣労働者の就業前に実施しなければならないこと。
3 派遣元は、日雇派遣労働者が従事する職務を効率的に遂行するために必要な能力を付与するための教育訓練を実施するよう努めること。
4 派遣元は、2および3の教育訓練以外の教育訓練については、日雇派遣労働者の職務の内容、職務の成果、意欲、能力、経験などに応じ、実施することが望ましいこと。
5 派遣元は、日雇派遣労働者または登録中の日雇労働者について、その適性、能力などを勘案して、最も適合した就業の機会の確保を図るとともに、就業する期間および日、就業時間、就業場所、派遣先における就業環境などについてその希望と適合するような就業機会を確保するよう努めること。

> コメント79　日雇派遣労働者の希望と適合するような就業機会を確保することを妨げているのは、派遣法の日雇派遣の原則禁止の規定ではないか
>
> 　日雇指針は「日雇派遣労働者の希望と適合するような就業機会を確保するよう努めること」と記載されていますが、派遣法第35条の4の規定により日雇派遣が原則禁止されている以上、日雇労働者が日雇派遣を希望したとしても、日雇派遣では就業できません。
> 　したがって、「日雇派遣労働者の希望と適合するような就業機会を確保する」ことを優先して考えるのであれば、日雇派遣の原則禁止の廃止などを考えるよりほかないのではないでしょうか。
> 　ちなみに、有料職業紹介事業も、古くからあるものの多くが日雇形態ですが、これについては禁止されていません。
> 　しかし、日雇派遣と日雇紹介とを比べてみたときに、例えば労働・社会保険の適用などについても、日雇派遣の方が適用しやすいのではないでしょうか。

それを考えると、日雇派遣を原則禁止して、日雇紹介は行うことができるという法制度には疑問を感じます。

6 派遣先は、派遣元が行う教育訓練や日雇派遣労働者の自主的な能力開発などの日雇派遣労働者の教育訓練・能力開発について、可能な限り協力するほか、必要に応じた教育訓練に係る便宜を図るよう努めること。

第7 関係法令などの関係者への周知
1 派遣元は、日雇派遣労働者を登録するためのホームページを設けている場合には、関係法令などに関するコーナーを設けるなど、登録中の日雇労働者に対し関係法令などの周知を徹底すること。また、派遣元は、登録説明なども活用して、日雇派遣労働者の登録をしようとする者に対して関係法令などの周知を徹底すること。
2 派遣元は、派遣法の規定による派遣元および派遣先が行わなければならない事項の内容や派遣法第3章第4節に規定する労働基準法などの適用に関する特例など関係法令について、派遣先、日雇派遣労働者などの関係者への周知の徹底を図るために、文書の配布などを行うこと。
3 派遣先は、派遣法の規定による派遣先が行わなければならない事項の内容や派遣法第3章第4節に規定する労働基準法などの適用に関する特例など関係法令について、日雇派遣労働者を直接指揮命令する者、日雇派遣労働者などの関係者への周知の徹底を図るために、文書の配布などを行うこと。
4 派遣先は、日雇派遣労働者の受入れに際し、日雇派遣労働者が利用できる派遣先の各種の福利厚生に関する措置の内容についての説明、日雇派遣労働者が円滑かつ的確に就業するために必要な、日雇派遣労働者を直接指揮命令する者以外の派遣先の労働者との業務上の関係についての説明および職場生活上留意を要する事項についての助言などを行うこと。

第8 安全衛生に関する措置
1 派遣元が行わなければならない事項
（1）派遣元は、日雇派遣労働者に対して、労働安全衛生法第59条第1項に規定する雇入れ時の安全衛生教育を確実に行わなければならないこと。その際、日雇派遣労働者が従事する具体的な業務の内容について、派遣先から確

実に聴取した上で、その業務の内容に即した安全衛生教育を行うこと。
（2）派遣元は、日雇派遣労働者が労働安全衛生法第59条第3項に規定する危険有害業務に従事する場合には、派遣先が同項に規定する特別の安全衛生教育を確実に行ったかどうか確認すること。

2　派遣先が行わなければならない事項
（1）派遣先は、派遣元が日雇派遣労働者に対する雇入れ時の安全衛生教育を適切に行えるよう、日雇派遣労働者が従事する具体的な業務に関する情報を派遣元に対し積極的に提供するとともに、派遣元から雇入れ時の安全衛生教育の委託の申入れがあった場合には可能な限りこれに応じるよう努めるなど日雇派遣労働者の安全衛生に関する措置を実施するために必要な協力や配慮を行うこと。
（2）派遣先は、派遣元が日雇派遣労働者に対する雇入れ時の安全衛生教育を確実に行ったかどうか確認すること。
（3）派遣先は、日雇派遣労働者の安全と健康の確保に責務を有することを十分に認識し、労働安全衛生法第59条第3項に規定する特別の安全衛生教育の適切な実施など必要な措置を確実に行わなければならないこと。

第9　労働条件確保に関する措置
1　派遣元は、日雇派遣労働者の労働条件の確保に当たっては、第5の1の労働条件の明示のほか、特に次の事項に留意すること。
（1）賃金の一部控除
　派遣元は、日雇派遣労働者の賃金について、その一部を控除する場合には、購買代金、福利厚生施設の費用など事理明白なものについて適正な労使協定を締結した場合に限り認められることに留意し、不適正な控除が行われないようにすること。
（2）労働時間
　派遣元は、集合場所から就業場所への移動時間などであっても、日雇派遣労働者がその指揮監督の下にあり、その時間の自由利用が日雇派遣労働者に保障されていないため労働時間に該当する場合には、労働時間を適正に把握し、賃金を支払うこと。
2　1の事項のほか、派遣元および派遣先は、日雇派遣労働者に関して、労働

基準法など関係法令を遵守すること。

> コメント80　法律に根拠のない事項を記載した指針
> 　派遣法第47条の4は「派遣法第24条の3および第3章第1節から第3節までの規定により派遣元および派遣先が行うべき措置に関して、その適切かつ有効な実施を図るため必要な指針を公表する」旨規定していますので、派遣法に基づく指針であるためには「派遣法第24条の3および第3章第1節から第3節までの規定により派遣元および派遣先が行うべき措置に関」するものでなければなりません。
> 　ところが、第8の「安全衛生に関する措置」に記載されている事項は労働安全衛生法に関するものであり、第9の「労働条件確保に関する措置」に記載されている事項は労働基準法に関するものですので、これらの事項は、派遣法に根拠のない事項を指針に記載したということになります。

第10　情報の提供
　派遣元は、日雇派遣労働者および派遣先が良質な派遣元を適切に選択できるよう、労働者派遣の実績、派遣料金の額の平均額から派遣労働者の賃金の額の平均額を控除した額を派遣料金の額の平均額で除して得た割合（いわゆるマージン率）、教育訓練に関する事項などに関する情報を事業所への書類の備付け、インターネットの利用その他の適切な方法により提供すること。

第11　派遣元責任者および派遣先責任者の連絡調整など
1　派遣元責任者は、日雇派遣労働者の就業に関し、派遣法第36条に規定する派遣労働者に対する必要な助言・指導などを十分に行うこと。
2　派遣元責任者および派遣先責任者は、日雇派遣労働者の就業に関し、派遣法第36条および第41条に規定する派遣労働者から申出を受けた苦情の処理、派遣労働者の安全、衛生などに関する相互の連絡調整などを十分に行うこと。

第12　派遣先への説明
　派遣元は、派遣先が日雇派遣労働者についてこの指針に定める必要な措置を

行うことができるようにするため、派遣先に対し、派遣契約の締結に際し、日雇派遣労働者を派遣することが予定されている場合には、その旨を説明すること。

また、派遣元は、派遣先に対し、労働者派遣をするに際し、日雇派遣労働者を派遣する場合には、その旨を説明すること。

第13　その他

日雇派遣労働者について労働者派遣を行う派遣元および派遣先に対しても、派遣元指針および派遣先指針は当然に適用されるものであることに留意すること。

13　1年以内に派遣先を離職した労働者についての労働者派遣の禁止

趣旨

派遣事業は、常用労働者の代替防止を前提として制度化されていますので、ある企業を離職した労働者をその企業において派遣労働者として業務に従事させることは問題です。

このため、派遣元は、派遣先を離職した後1年を経過しない労働者（60歳以上の定年退職者を除く）を派遣労働者としてその派遣先へ労働者派遣してはなりません（派遣法第35条の5）。

解説

（1）禁止の対象となる労働者

禁止の対象となる労働者は、派遣先を離職した後1年を経過しない労働者であり、正規労働者に限定されず、非正規労働者も含まれます。

また、ここでいう「派遣先」とは、事業所単位ではなく、事業主単位であり、例えば、ある会社のA事業所を離職した労働者を、離職後1年を経過しない時点で、同じ会社のB事業所へ労働者派遣することは禁止されています。

なお、グループ企業への労働者派遣については、グループ企業は同一の事業主には該当しませんので、禁止の対象にはなりません。

(2) 禁止の例外

禁止の例外となる「60歳以上の定年退職者」とは、60歳以上の定年年齢に達した者のことをいい、継続雇用（勤務延長・再雇用）の終了後に離職した者（再雇用による労働契約期間満了前に離職した者等を含む）や、継続雇用中の者のような60歳以上の定年退職者と同等の者も含まれます。

「60歳以上の定年退職者」の確認は、労働基準法第22条第1項の退職証明、雇用保険法施行規則第16条の離職証明書などにより行いますが、書類による確認が困難である場合には労働者本人からの申告によることでも構いません。

(3) 違反の効果

60歳以上の定年退職者ではないにも関わらず、1年以内に派遣先を離職した労働者について労働者派遣を行った派遣元は、許可の取消し（派遣法第14条第1項）、事業の停止命令（同条第2項）、改善命令（派遣法第49条第1項）の対象となります。

14 派遣労働者を特定することを目的とする行為に対する協力の禁止

労働者派遣の役務の提供を受けようとする派遣先は、紹介予定派遣の場合を除き、派遣契約の締結に際し、派遣労働者を特定することを目的とする行為をしないよう努めなければなりません（派遣法第26条第6項）が、派遣元は、紹介予定派遣の場合を除き、派遣先による派遣労働者を特定することを目的とする行為に協力してはなりません（派遣元指針）。

なお、派遣労働者等が自らの判断で派遣就業開始前に事業所訪問したり、履歴書を送付するなどすることは、派遣労働者を特定することを目的とする行為には該当しませんが、派遣元は、派遣労働者等に対してこれらの行為を求めないようにする必要があります。

第8章 派遣元による派遣労働者の雇用管理

　派遣事業は、派遣労働者が派遣元に雇用されながら、派遣先から指揮命令を受けて労働に従事するという複雑な形態で事業が行われます。
　このため、派遣労働者の保護と雇用の安定を図るためには、派遣元が次の適正な雇用管理のための措置を行う必要があります。
1　派遣労働者に対する雇用安定措置（派遣法第30条）
2　段階的かつ体系的な教育訓練など（派遣法第30条の2）
3　均衡を考慮した待遇の確保のための措置（派遣法第30条の3）
4　派遣労働者の福祉の増進などのための措置（派遣法第30条の4）
5　派遣労働者の適正な就業を確保するための措置（派遣法第31条）
6　待遇に関する事項などの説明（派遣法第31条の2）
7　派遣労働者であることの明示など（派遣法第32条）
8　派遣労働者の派遣元から退職後の雇用制限の禁止（派遣法第33条）
9　派遣労働者に対する就業条件の明示（派遣法第34条）
10　派遣料金の額の明示（派遣法第34条の2）
11　派遣元から派遣先への通知（派遣法第35条）
12　派遣元責任者の選任
13　派遣元管理台帳の作成・記載・保存
　また、これらの派遣元が行わなければならない措置に関して、派遣元指針および日雇指針が定められています（派遣法第47条の4）。

1 派遣労働者に対する雇用安定措置

趣旨

(1) 個人単位の期間制限に達する見込みの派遣労働者に対する雇用安定措置

　派遣労働への固定化防止の観点から、派遣労働者については、派遣先の同一の組織単位において最長3年とする派遣労働者個人単位の期間制限が設けられていますが、この期間制限に達した後に次の就業先が確保されなければ職を失う可能性があります。

　このため、派遣労働者の雇用の安定を図るために、雇用主である派遣元は、3年間の個人単位の期間制限に達する見込みの派遣労働者が引き続き就業することを希望する場合は、次のいずれかの雇用の安定のための措置を行わなければなりません（派遣法第30条第2項）。

① 派遣先への直接雇用の依頼
② 新たな就業機会（派遣先）の提供
③ 派遣元において無期雇用
④ 派遣元が職業紹介を行うことができる場合に、紹介予定派遣の対象とし、または紹介予定派遣の派遣労働者としての雇入れ
⑤ 新たな就業機会を提供するまでの間に報酬を与えて受けさせる教育訓練
⑥ その他安定した雇用の継続が確実に図られると認められる措置

　このうち、①を行った場合に、直接雇用に至らなかったときは、その後②から⑥のいずれかの措置を行わなければなりません（派遣則第25条の2第2項）

(2) 1年以上3年未満の期間継続して派遣先の同一の組織単位に派遣された派遣労働者に対する雇用安定措置の努力義務

　3年未満の期間においても、派遣契約の終了により職を失うことがないようにすることも重要ですので、1年以上継続して派遣先の同一の組織単位に派遣された派遣労働者が、個人単位の期間制限に達する前にその組織単位での就業を終了する場合で、派遣労働者が引き続き就業することを希望するときには、派遣元は、(1)の①から④までのいずれかの雇用の安定のため措置を行うよう努めなければなりま

せん（派遣法第30条第1項）。

解説

(1) 対象となる派遣労働者

1) 雇用安定措置の努力義務の対象となる派遣労働者（特定有期雇用派遣労働者等）

　雇用安定措置を行う努力義務の対象となる派遣労働者（特定有期雇用派遣労働者等）は、次のいずれかに該当する者をいいます（派遣則第25条）。

ア　派遣先事業所等における同一の組織単位の業務について、継続して1年以上の期間派遣労働者として就業する見込みがある有期雇用派遣労働者で、予定の派遣期間終了後も引き続き就業することを希望しているもの（特定有期雇用派遣労働者）

> 「組織単位」とは、課や室その他名称の如何を問わず、業務の関連性に基づいて派遣先が設定した労働者の配置の区分であって、配置された労働者の業務の遂行を指揮命令する者が当該労働者の業務の配分および労務管理に関して直接の権限を有するものをいいます（派遣則第21条の2）。

イ　派遣元に雇用された期間が通算して1年以上である有期雇用派遣労働者（特定有期雇用派遣労働者を除く）

　イに該当する者は、主に、同一の派遣元に雇用された期間が通算して1年以上である有期雇用派遣労働者のうち、派遣先の同一の組織単位で継続して就業している期間が1年未満の者です。

ウ　派遣元に雇用された期間が通算して1年以上である登録中の労働者

　イおよびウの「派遣元に雇用された期間が通算して1年以上」とは、派遣元に最初に雇用されてからその時点までの雇用期間が通算して1年以上であるかどうかで判断します（派遣労働者が複数の事業所に派遣されていた場合であっても、労働契約の相手方である派遣元が同一である場合には、その期間を通算します）。

　なお、労働基準法などの規定により関係書類の保存が義務付けられている期間を超える部分については、派遣元の人事記録などにより雇用関係の有無が実際に確認できる範囲で判断して差し支えありませんが、派遣労働者がその派遣元から給与が

支払われた事実が確認できる給与明細などの書類を持参してきたときは、給与の支払対象となった期間については、雇用関係があったものとして取り扱います。

　また、イおよびウの「派遣元と通算して1年以上の労働契約を結んでいた」派遣労働者は、派遣契約の期間に関わらず雇用安定措置の対象となり、派遣契約が終了したとしても、派遣元との雇用が継続しており通算雇用期間が1年以上であれば努力義務の対象となります。

２）雇用安定措置の義務の対象となる派遣労働者

　雇用安定措置を行う義務の対象となる派遣労働者は、派遣先事業所等における同一の組織単位の業務に継続して3年間従事する見込みがある特定有期雇用派遣労働者で、派遣先の組織単位での就業が終了した後も働き続けることを希望するものです。

　「3年間従事する見込みがある」とは、個人単位の期間制限の上限まで就業することが予定されていることを指し、例えば、1年単位で契約期間が更新されている派遣契約について、2回目の更新をして通算契約期間が3年になった時点において、その派遣労働者が最初の派遣契約に基づく就業の開始時点から同一の組織単位で継続して就業している場合には、3年間派遣就業に従事する見込みがあると判断されなど、派遣元の主観的な意思ではなく、契約期間という客観的な指標により判断されます。

（２）派遣元が行わなければならない措置

　派遣元が行わなければならないのは次のいずれかの措置です。

１）特定有期雇用派遣労働者の派遣先に対し、その特定有期雇用派遣労働者に対して労働契約の申込みをするよう求めること。

> 　派遣先で直接雇用されなかった場合には別の措置を行わなければならないため、時間的な余裕をもって行うことが望ましいとされています。
> 　なお、直接雇用の依頼を受けた件数に対して派遣先が直接雇用した人数が著しく少ない場合は、派遣先に対してその理由を聴取し直接雇用化の推進に向けた助言・指導が行われる場合があります。

2）派遣労働者として就業させることができるように就業の機会を確保し、特定有期雇用派遣労働者等に提供すること。

> 　ただし、その就業の条件は、特定有期雇用派遣労働者等の能力、経験、派遣労働者の居住地、就業場所、通勤時間、賃金などの以前の派遣契約により派遣されていた際の待遇などに照らして合理的なものでなければなりません。
> 　合理的なものとは、遜色のないことをいい、待遇には、賃金だけではなく、福利厚生など幅広い処遇が含まれます。
> 　就業の機会を提供するに当たっては、それまで労働者派遣されていた際の待遇を考慮する必要があり、例えば、①システムエンジニアの業務に従事していた派遣労働者に対して本人が希望していないにも関わらず清掃業務に従事するよう提示すること、や②現在の居住地の通勤圏内の派遣先で従事していた派遣労働者に対して本人が希望していないにも関わらず転居を伴う遠方の派遣先を提示すること、などは合理的な範囲のものとは言えないとされています。
> 　「合理的な範囲」か否かは個別具体的に判断されますが、派遣労働者の能力、経験、居住地、就業場所、通勤時間、賃金などの従前派遣されていた際の待遇などだけでなく、本人の希望についても事前に把握しておく必要があります。
> 　派遣労働者の能力、経験、居住地、就業場所、通勤時間、賃金などの待遇が合理的な範囲である派遣先を派遣労働者に対して提示した場合には、派遣労働者の事情によってその派遣先で就業しなかったとしても、派遣元は雇用安定措置を行ったことになりますが、派遣労働者の希望を全く考慮せず雇用安定措置を行う形を示すだけの形式的な提示とならないようにする必要があります。
> 　なお、派遣労働者を無期雇用派遣労働者にすると、派遣労働者個人単位および派遣先の事業所単位の期間制限の双方の対象外となりますので、従前と同一の組織単位での就業させることができます。
> 　このため、特に本人が希望していないにもかかわらず有期の労働契約を締結している派遣労働者については、その希望に応じできる限り無期の労働契約で雇用されるようにしていくことが、派遣労働者の雇用の安定を図るうえで重要であり、そのため派遣元は、特定有期雇用派遣労働者等の希望に応じ、無期雇

用契約での雇用も念頭に置きながら、雇用安定措置を行うようにする必要があります。

また、雇用安定措置の実効性ある実施により労働契約法第18条の無期転換申込権を得ることのできる派遣労働者を拡大することが、派遣労働の中では比較的安定的な無期雇用派遣労働者への転換を望む者の希望をかなえることにつながるので、派遣元は同法第18条の立法趣旨を周知する必要があります。

逆に派遣元が、その雇用する有期雇用派遣労働者からの労働契約法第18条第１項の規定による無期労働契約の締結の申込みを妨げるために、その有期雇用派遣労働者の有期労働契約の更新を拒否し、または、空白期間を設けることは、同条の規定に反する脱法的な運用であるとされていることに留意する必要があります。

３）派遣労働者以外の労働者としての無期雇用の機会を確保し、提供すること。

派遣元における直接雇用のポストを提示することであり、具体的には、派遣元における営業や派遣労働者を管理する業務などの無期雇用のポストが該当します。

４）派遣元が職業紹介を行うことができる場合には、特定有期雇用派遣労働者等を紹介予定派遣の対象とし、または紹介予定派遣の派遣労働者として雇い入れること。
５）特定有期雇用派遣労働者等に対する教育訓練で新たな就業機会を提供するまでの間に報酬を与えて受けさせる教育訓練を実施すること
６）その他雇用の安定を図るために必要な措置を行うこと。

例えば、派遣元が職業紹介をできる場合に、派遣労働者を職業紹介の対象とし、雇用に結びつけた場合なども含まれます。

なお、派遣元は、次のようなやり方などで、雇用安定措置を行うよう求められています。

1 労働契約書に「雇用安定措置について派遣労働者が派遣先の同一の組織単位の業務について継続して3年間就業する見込みがあり、就業の終了後も引き続き就業する希望がある場合は、派遣元は派遣労働者に対し、派遣法第30条の規定に基づき、派遣先への直接雇用の依頼などの措置（雇用安定措置の具体的な措置の項目を列挙することや特定の措置のみを規定することでも差し支えありません）を行う」と定めることが望ましいこと。
2 対象となる特定有期雇用派遣労働者等に対し、キャリア・コンサルティングや労働契約の更新の際の面談などの機会を利用し、または電子メールを活用するなどにより、労働者派遣の終了後に継続して就業することの希望の有無および希望する雇用安定措置の内容を把握すること。
3 労働者派遣の終了の直前ではなく、早期に希望する雇用安定措置の内容について聴取した上で、十分な時間的余裕をもって着手すること。
4 対象となる特定有期雇用派遣労働者等の希望する雇用安定措置を講ずるよう努めること。
5 特定有期雇用派遣労働者が派遣先での直接雇用を希望する場合には、派遣先での直接雇用が実現するよう努めること。
6．直接雇用の申込みを依頼するにあたっては、派遣元は派遣先に対して書面の交付などにより行うことが望ましいこと。
7．派遣労働者に対して行った雇用安定措置の日時および内容については、派遣元管理台帳に記載すること（派遣法第37条第8項）。特に、派遣先に対して行った直接雇用の依頼については、派遣先からの受入れの可否についても併せて記載すること。派遣元管理台帳の記載を派遣労働者に対するキャリア・コンサルティングや雇用安定措置に関する派遣労働者の意向の確認などにも積極的に活用することが望ましいこと。
8．雇用安定措置の義務の対象となる派遣労働者については、派遣元によって義務が適切に行われるか、派遣労働者が就業を希望しなくなるまでその効力が失われることがないため、労働契約が終了した後でも、派遣元は、労働契約を継続して有給で雇用の安定を図るために必要な措置を行うなどして、その義務を行わなければならないこと。

(3) 違反の効果

雇用安定措置を適正に行わなかった派遣元は、許可の取消し（派遣法第14条第1項）、事業の停止命令（同条第2項）、改善命令（派遣法第49条第1項）の対象となります。

1) 業務上の必要性などなく同一の派遣労働者の派遣先事業所等における同一の組織単位の業務について継続して労働に従事する期間を3年未満とすることは、派遣法第30条第2項の規定の趣旨に反する脱法的な運用で法違反と同視されるので、このような行為を行い、繰り返し指導を受けたにも関わらず是正しない派遣元は、許可基準を満たさないものとして、許可が更新されません。
2) また、雇用安定措置を行うべきことが明確であるにもかかわらず行わないときに、雇用安定措置を行うべき旨の指示を受けたにも関わらず、その指示に従わない派遣元は、許可が取り消されます。

2 派遣労働者に対するキャリアアップ措置

趣旨

派遣労働者の中には、正規雇用の労働者として働きたい、あるいは派遣労働者としてスキルアップしたいというニーズがある一方、一般に正規雇用労働者に比べ、教育訓練の受講機会などの職業能力形成の機会が乏しい状況にあります。このため、派遣労働者のキャリアアップを図るために、派遣元は、その雇用する派遣労働者が段階的かつ体系的に就業に必要な技能および知識を習得することができるように教育訓練を実施しなければなりません。

このうち無期雇用派遣労働者については、その職業生活の全期間を通じてその有する能力を有効に発揮できるように配慮しなければなりません（派遣法第30条の2第1項）。

また、派遣労働者が正規雇用労働者になったり、ステップアップしたりするためには、派遣労働者がどのようなキャリアパスを歩んでいくのか、その希望を聴きながら、適切な派遣先の選択や必要な資格取得などの知識を付与するなどの支援を行うことが重要です。このため、派遣元は、その雇用する派遣労働者の求めに応じ、

第8章　派遣元による派遣労働者の雇用管理　319

キャリア・コンサルティングを行わなければなりません（派遣法第30条の2第2項）。

解説

（1）段階的かつ体系的な教育訓練の実施

段階的かつ体系的な教育訓練については、次の要件を満たす教育訓練計画を作成し、それに沿って行う必要があります。

1）派遣事業の許可または更新を行った年は提出した教育訓練計画に基づいた教育訓練を行うこと

派遣事業の許可または更新を行った年については、提出した教育訓練計画に基づいた教育訓練を実施する必要があります。

なお、教育訓練計画については年度変わりなどの時期に随時見直すことは可能で、その都度変更を届け出る必要はありませんが、2）以下の要件は満たしている必要があります。

2）派遣元に雇用されている派遣労働者全員を対象とすること。

次により、派遣労働者全員を対象とすることが必要です。

ア　登録型の有期雇用派遣労働者や日雇派遣労働者も対象とすること。

イ　登録型の有期雇用派遣労働者や日雇派遣労働者については、労働契約が締結された状態で教育訓練を行うため、労働契約を締結していること。

ウ　過去に同じ派遣元の下で同じ内容の訓練を受けた者、例えば資格取得のための訓練については既にその資格を持っている者、初めて就労する者を対象とした社会人用マナー研修については正社員などの経験がある者など訓練内容に関する能力を十分に有していることが明確な者については、受講済みとして扱って差し支えないこと。

3）有給、無償で実施されること

ア　賃金の支払い

訓練の実施時間は労働時間とすることを原則とし、その取扱いを就業規則または労働契約に規定する必要があります。

ただし、派遣先が派遣元の事業所から通常の交通手段では半日（概ね4時間）以上を必要とするなどの遠隔地に散らばっており、集合研修をするための日程調整などが困難であることに加え、eラーニングの施設も有していないなどの場合は、

キャリアアップに資する自主教材を派遣労働者に提供した上で、その教材の学習に必要な時間数に見合った手当を支給することも可能です。
イ　交通費の負担
　派遣労働者が教育訓練を受講するために要する交通費については、派遣先との間の交通費より高くなる場合は派遣元が負担する必要があります。
4）派遣労働者のキャリアアップに資する内容であること
ア　教育訓練計画への記載
　次の事項については、教育訓練計画に記載する必要があります。
A　具体的な教育訓練項目がキャリアアップに資する理由
B　計画的に実施されるOJTを含めること
イ　趣味的な要素の強いものは対象外
　教育訓練の内容は派遣元の裁量で決定されますが、一般的にヨガ教室のような趣味的要素が強いキャリア形成と無関係であることが明確な場合は、派遣法第30条の2第1項の教育訓練には該当しません。
ウ　派遣先に協力を求める場合の派遣契約への記載
　派遣先に協力を求める場合には、派遣契約などに具体的な時間数や必要とする知識の付与や訓練方法などについて記載しておく必要があります。
5）入職時の教育訓練が含まれること
　1年以上の雇用の見込みがない短期雇用の者についても、入職時の教育訓練を行う必要があり、また、その後もキャリアの節目などの一定の期間ごとにキャリアパスに応じた訓練を行う必要があります。
6）最初の3年間は毎年1回以上教育訓練を行うこと
　派遣労働者には、少なくとも最初の3年間は毎年1回以上の機会の提供が必要です。
　その後の提供の時期については派遣元に裁量があります。
7）1年以上の雇用見込みのある者については一定時間数以上の教育訓練を行うこと
　1年以上の雇用見込みのある者については、次の時間以上の教育訓練を行う必要があります。
ア　フルタイム勤務の者に対しては毎年概ね8時間

イ 短時間勤務の者に対しては、フルタイム勤務の者の勤務時間に比例した時間数
8）無期雇用派遣労働者に対しては長期的なキャリア形成を念頭に置いた教育訓練
を行うこと

　無期雇用派遣労働者については、派遣労働者以外の無期雇用労働者と同様に、長期的なキャリア形成を念頭において教育訓練を行う必要があり、例えば同一の派遣先に長期間勤務した者については、職場のリーダーとして役割が期待されるので、コミュニケーション能力やマネージメントスキルに関する研修を行うことなどが考えられます。

（2）段階的かつ体系的な教育訓練の実施にあたっての留意点

　段階的かつ体系的な教育訓練の実施にあたっては、派遣元は、このほか次の点に留意する必要があります。

1）登録中の労働者に対し、労働契約締結時までに教育訓練計画を明示するとともに、事務所に備え付けるなどの方法で周知することが望ましいこと。
2）教育訓練計画を変更した場合には、その雇用する派遣労働者に対し、周知することが望ましいこと。
3）その雇用する派遣労働者が教育訓練計画に基づく教育訓練を受けられるよう配慮すること。教育訓練計画の策定に当たっては、複数の受講機会を設け、または開催日時や時間に配慮するなどにより可能な限り派遣労働者が受講しやすいものとすることが望ましいこと。
4）派遣労働者が良質な派遣元を選択できるよう、段階的かつ体系的な教育訓練計画の内容がわかる情報をインターネットなどにより提供すること。
5）雇用する派遣労働者のキャリアアップを図るため、要件を満たす教育訓練計画に基づく教育訓練を実施するのみならず、さらなる教育訓練を実施することが望ましいこと。

　さらなる教育訓練については、必ずしも（1）の要件を満たす必要はないが、教育訓練に関する派遣労働者の費用負担を実費程度とすることで、派遣労働者が教育訓練を受講しやすいようにすることが望ましいこと。

　ただし、派遣労働者の参加が強制される場合、教育訓練に参加した時間は労働時間であり、有給とする必要があること。

6）個々の派遣労働者の適切なキャリアアップについて、個人単位のキャリアアップ計画をキャリア・コンサルティングなどに基づいて策定し、派遣労働者の意向に沿った実効性ある教育訓練が行われることが望ましいこと。
7）段階的かつ体系的な教育訓練を実施するために、マージン率を引き上げ、派遣労働者の賃金削減で対応することは望ましくないこと。

(3) キャリア・コンサルティングの実施
1）「キャリアパス」とは
「キャリアパス」とは、ある職位や職務などに就任するために必要な一連の業務経験とその順序、配置、異動のルートやスキルの積み重ねなどをいいます。
2）「キャリア・コンサルティング」とは
「キャリア・コンサルティング」とは、労働者の職業生活の設計に関する相談その他の援助を行うことをいいます。
3）担当者の配置
キャリア・コンサルティングを実施するため、キャリア・コンサルティングの知見を有する相談員または派遣先と連絡調整を行う担当者を相談窓口に配置しなければなりません。

「キャリア・コンサルティングの知見」とは必ずしも国家資格の取得を必要とするものではなく、キャリア・コンサルティングの経験でも差し支えありません。

「派遣先と連絡調整を行う担当者」は派遣先の事情などを考慮して相談を行う必要があります。

外部のキャリア・コンサルタントに委嘱して対応することとしても差し支えありません。

相談窓口はその雇用するすべての派遣労働者が利用できるものである必要があります。
4）キャリア・コンサルティングの実施
キャリア・コンサルティングは、希望に応じて行う必要がありますので、希望がある場合には必ず行わなければなりません。

実施方法については、対面だけでなく、電話などで行うこともできます。

（4）キャリア・コンサルティングを行うにあたっての留意点

キャリア・コンサルティングを行うにあたっては、派遣元は、このほか次の点に留意する必要があります。

1 ）雇用安定措置の実施に当たっては、キャリア・コンサルティングの結果を踏まえて行うことが望ましいこと。
2 ）キャリア・コンサルティングを受けることにより、今後の自身のキャリアを見つめ直すきっかけになることや、教育訓練を受けることにより習得できる知識・技能と希望する職務の関連性を理解することにつながることから、キャリア・コンサルティングを受けることが望ましい旨を派遣労働者に対して周知することが望ましいこと。

（5）違反の効果

段階的かつ体系的な教育訓練やキャリア・コンサルティングを適正に実施しなかった派遣元は、許可の取消し（派遣法第14条第1項）、事業の停止命令（同条第2項）、改善命令（派遣法第49条第1項）の対象となり、許可基準を満たさないものとして許可が更新されないことがあります。

3 均衡を考慮した待遇の確保のための措置

概要

派遣労働者の待遇については、実態として正規雇用労働者との間で格差が存在することが指摘されています。

（1）賃金の決定に関する配慮

このため、派遣元は、派遣労働者と同種の業務に従事する派遣先の労働者の賃金水準との均衡を考慮し、同種の業務に従事する一般の労働者の賃金水準、派遣労働者の職務の内容、職務の成果、意欲、能力、経験などを勘案して、派遣労働者の賃金を決定するように配慮しなければなりません（派遣法第30条の3第1項）。

(2) 教育訓練・福利厚生に関する配慮

同様に、派遣元は、派遣労働者と同種の業務に従事する派遣先の労働者との均衡を考慮して、派遣労働者の教育訓練・福利厚生の実施など派遣労働者の円滑な就業の確保のために必要な措置を行うように配慮しなければなりません（派遣法第30条の3第2項）。

解説

(1)「派遣労働者の従事する業務と同種の業務」

「派遣労働者の従事する業務と同種の業務」に該当するか否かは、業務内容などを勘案して、個々の実態に即して判断されます。

ただし、例えば、複数の労働者がチームを組んで作業する場合に、そのチームメンバーの一員として派遣労働者も参画し、かつ、派遣先に雇用される労働者と同様の業務に従事している場合などは、基本的には「同種の業務」に従事しているものとして取り扱うものとされています。

また、職業分類の細分類項目が同一である場合には、同種の業務であるとされています。

(2)「賃金」の範囲

「賃金」には基本給だけでなく、諸手当も含まれます。

(3) 派遣労働者の職務能力の評価

派遣元からの求めに応じ派遣先から、派遣労働者と同種の業務に従事する派遣先の労働者の賃金水準に関する情報や派遣労働者の業務の遂行の状況などの情報が提供された場合でも、派遣労働者の職務能力の評価を行うときは、派遣先からの情報だけでなく、派遣元が自ら収集した情報に基づいて評価を行う必要があります。

(4) 賃金の決定に関して派遣元に求められるその他の事項

賃金の決定に関して、派遣元は、次のような事項を行うことも求められています（派遣元指針）。

1) 派遣労働者の職務の成果、意欲などを適切に把握し、職務の成果などに応じた適切な賃金を決定するよう努めること。

2）同種の業務に従事する派遣先の労働者の賃金水準との均衡を考慮した結果のみをもって、派遣労働者の賃金を従前より引き下げるような取扱いは、派遣法第30条の3第1項の規定の趣旨を踏まえた対応とはいえないこと。
3）派遣料金の額に関する派遣先との交渉が派遣労働者の待遇の改善にとって極めて重要であることを踏まえて、交渉に当たるよう努めること。
4）派遣料金の額が引き上げられた場合には、可能な限り派遣労働者の賃金を引き上げるよう努めること。
5）通勤手当に関する派遣元の通常の労働者と派遣労働者との労働条件の相違は、労働契約法第20条に基づき、労働者の業務の内容および業務に伴う責任の程度、これらの職務の内容、配置の変更の範囲その他の事情を考慮して派遣労働者にとって不合理と認められるものであってはならないこと。

なお、通勤手当はあくまで例示であり、その他の労働条件についても同様に不合理と認められるものであってはなりません。また、通勤手当の取扱いについては、基本給と別に支給するか否かによって非課税の範囲が異なってきます。

（5）派遣先による賃金水準に関する情報の提供

派遣先は、派遣元の求めに応じ、その指揮命令の下に労働させる派遣労働者が従事する業務と同種の業務に従事する派遣先の労働者の賃金水準に関する情報を提供するよう配慮しなければなりません（派遣法第40条第5項）。

また、派遣元の求めに応じ、派遣労働者と同種の業務に従事する派遣先の労働者の情報や、派遣先の指揮命令の下に労働させる派遣労働者の業務の遂行の状況などの情報を派遣元に提供するよう努めなければなりません（同条第6項）。

（6）「派遣労働者の円滑な就業の確保のための措置」

「派遣労働者の円滑な派遣就業の確保のための措置」には、福利厚生施設の利用、職場内研修への参加などが含まれます。

（7）教育訓練・福利厚生に関して派遣元に求められるその他の事項

教育訓練・福利厚生に関して、派遣元は、業務を円滑に遂行する上で有用な物品の貸与や教育訓練の実施などの派遣労働者の福利厚生などの措置について、同種の

業務に従事する派遣先の労働者の福利厚生などの実状を把握して、派遣先の労働者との均衡に配慮し必要な措置を行うよう努めることも求められています（派遣元指針）。

「業務を円滑に遂行する上で有用な物品の貸与や教育訓練の実施」とは、例えばOA機器操作を円滑に行うための周辺機器の貸与や、着衣への汚れを防止するための衣服、手袋などの支給、業務を迅速に進めるための研修の受講などが考えられ、派遣元は、派遣先に対し、派遣労働者と同種の業務に従事している派遣先の労働者などの福利厚生などの実状について情報提供を求める、派遣労働者から要望を聴くなどして、必要な措置を行うよう努めなければならないとされています。

（8）派遣先による教育訓練・福利厚生に関する措置

派遣先は、派遣先の労働者に対して業務の遂行に必要な能力を付すための教育訓練を行う場合は、派遣元からの求めに応じ、派遣先の労働者と同種の業務に従事する派遣労働者に対しても、その教育訓練を行うよう配慮しなければなりません（派遣法第40条第2項）。

また、派遣先は、派遣先に雇用される労働者に対して利用の機会を与える給食施設、休憩室および更衣室については、その指揮命令の下に労働させる派遣労働者に対しても、利用の機会を与えるよう配慮する（同条第3項）ほか、それ以外の福利厚生施設についても、その利用に関する便宜の供与などを行うように努めなければなりません（同条第4項）。

（9）違反の効果

賃金の決定や教育訓練・福利厚生に関して適切に配慮していない派遣元は、指導・助言（派遣法第48条第1項）の対象となります。

4　派遣労働者の福祉の増進など

概要

派遣元は、その雇用する派遣労働者や登録状態にある労働者について、各人の希

望、能力および経験に応じた就業の機会（派遣労働者以外の労働者としての就業の機会を含む）および教育訓練の機会の確保、労働条件の向上その他雇用の安定を図るための措置を行うことにより、派遣労働者や登録状態にある労働者の福祉の増進を図るように努めなければなりません（派遣法第30条の４）。

解説

（１）「各人の希望、能力および経験に応じた就業の機会の確保」

「各人の希望、能力および経験に応じた就業の機会の確保」とは、個々の労働者の適性、能力および経験を勘案してこれに最も適合し、かつ、その労働者の就業ニーズ、就業する期間、日、１日における就業時間、就業場所、派遣先の職場環境についてその希望に適合するような就業機会を確保することです。

この就業の機会の中には、派遣労働以外の就業の機会も含まれていて、派遣労働者の中には直接雇用を希望する者も相当程度いるので、直接雇用を希望する者については、派遣元は直接雇用の機会を確保して提供するよう努めなければなりません。

（２）「労働条件の向上その他雇用の安定を図るために必要な措置」

「労働条件の向上その他雇用の安定を図るために必要な措置」とは、賃金、労働時間、安全衛生、災害補償等労働者の職場における待遇である労働条件について、よりよい条件の下における労働者の就業機会の確保、社会保険、労働保険の適用の促進、福利厚生施設の充実などに努めることです。

（３）違反の効果

派遣労働者の福祉の増進などの措置を適切に行っていない派遣元は、指導・助言（派遣法第48条第１項）の対象となります。

5　適正な派遣労働者の就業の確保

趣旨

一般に、事業主は、その雇用する労働者の就業が適正に行われるよう配慮すべき

義務を負います。派遣事業の場合にも、派遣元は、派遣労働者の雇用主ですから、派遣労働者は派遣先の指揮命令のもとに就業するということで派遣先に派遣労働者の具体的な就業についてすべて委ねるということではなく、派遣元も自ら適切に配慮することが必要です。

このため、派遣元は、派遣先がその指揮命令の下に派遣労働者を労働させるに当たって、その就業に関し派遣法や派遣法第3章第4節の規定により適用される法律の規定に違反することがないよう、その他派遣労働者の就業が適正に行われるように必要な措置を行うなど適切な配慮をしなければなりません（派遣法第31条）。

解説

（1）派遣先において法違反がないよう配慮する必要がある具体的な事項

派遣先において法違反がないよう配慮する必要がある具体的な事項は、派遣法第39条から第42条までの派遣先が行わなければならない事項、派遣法第3章第4節において適用の特例が規定されている労働基準法、労働安全衛生法、じん肺法、作業環境測定法、男女雇用機会均等法および育児・介護休業法における派遣先が使用者などとみなされるなどの事項です。

（2）その他派遣労働者の就業が適正に行われるように必要な措置

「その他派遣労働者の就業が適正に行われるように必要な措置」には、例えば、派遣先における職場環境が適切に維持されるようにすることなどがあります。

（3）適切な配慮の内容

適切な配慮の内容としては、例えば次のようなものがあります。
1）法違反の防止および是正を派遣先に要請すること。
2）法違反を行う派遣先に対する労働者派遣を停止し、またはその派遣先との間の派遣契約を解除すること。
3）派遣先に適用される法令の規定を周知すること。
4）派遣元責任者に派遣先の事業所を巡回させ、法違反がないよう事前にチェックすること。
5）派遣先との密接な連携のもとに、派遣労働者から申出を受けた苦情を適切に処理するとともに、派遣先において発生した派遣労働者の就業に関する問題につい

て迅速かつ的確に解決を図ること。

(4) 派遣先との連絡調整

派遣先との連絡調整に関して、派遣元は次のような事項を行うことが求められています（派遣元指針）。

1）派遣先を定期的に巡回することなどにより、派遣労働者の就業の状況が派遣契約の定めに反していないことの確認などを行うとともに、派遣労働者の適正な派遣就業の確保のために、きめ細かな情報提供を行うことなどにより、派遣先との連絡調整を的確に行うこと。
2）特に、時間外・休日労働協定の内容など派遣労働者の労働時間の枠組みについて情報提供を行うことなどにより、派遣先との連絡調整を的確に行うこと。
3）割増賃金などの計算に当たり、その雇用する派遣労働者の実際の労働時間などについて、派遣先に情報提供を求めること。
4）派遣労働者が派遣先における業務遂行に気兼ねして、年次有給休暇、産前産後休業、育児休業または介護休業などの申出を行いにくいようなことがないよう、これらの休業の取得に関して十分な連絡調整を行うこと。
5）派遣労働者に対する雇入れ時および作業内容変更時の安全衛生教育を適切に行えるよう、派遣労働者が従事する業務に関する情報を派遣先から入手すること、健康診断などの結果に基づく就業上の措置を行うに当たって派遣先の協力が必要な場合には派遣先に対して措置の実施に協力するよう要請することなど派遣労働者の安全衛生に関する措置を行うために、派遣先と必要な連絡調整などを行うこと。

(5) 関係法令の関係者への周知

関係法令の関係者への周知に関して、派遣元は、派遣法の規定による派遣元および派遣先が行わなければならない事項の内容や派遣法第3章第4節に規定する労働基準法などの適用に関する特例など関係法令の関係者への周知の徹底を図るために、説明会などの実施、文書の配布などの措置を行うことが求められています（派遣元指針）。

（6）違反の効果

適正な派遣労働者の就業の確保に関する措置を適切に行っていない派遣元は、指導・助言の対象となるほか、派遣先が派遣契約に定める就業条件に従って派遣労働者を労働させれば、労働基準法の労働時間、休憩、休日、深夜業、危険有害業務の就業制限などの規定や労働安全衛生法の就業制限、病者の就業禁止などの規定に抵触する場合に、派遣元が労働者派遣を行い、現実に派遣先がこれらの規定に抵触したときは、派遣元も派遣先と同様に労働基準法や労働安全衛生法違反として罰せられます。

また、その場合には、許可の取消し（派遣法第14条第1項）、事業の停止命令（同条第2項）、改善命令（派遣法第49条第1項）の対象となります。

6　待遇などに関する説明

概要
（1）待遇などに関する説明

派遣労働者として就労しようとする労働者が、実際の就労時の賃金の額の見込みなどを事前に把握することにより安心・納得して働くことができるよう、派遣元は、登録中の労働者に対し、派遣労働者として雇用した場合の賃金の見込み額その他の待遇などを説明しなければなりません（派遣法第31条の2第1項）。

（2）均衡を考慮した待遇の確保に関する説明

派遣労働者が納得して就労できることに資するため、派遣元は、その雇用する派遣労働者から求めがあったときは、賃金、教育訓練、福利厚生などに関し均衡を考慮した待遇の確保について、派遣労働者に説明しなければなりません（派遣法第31条の2第2項）。

解説
（1）登録中の労働者に対する待遇などに関する説明事項

登録中の労働者に対する待遇などに関する説明しなければならない事項は、次のとおりです（派遣則第25条の6第2項）。

1）労働者を派遣労働者として雇用した場合の賃金の見込み額その他の待遇に関する事項

「賃金の見込み額」は、労働者の能力・経験・職歴・保有資格などを考慮し、その労働者を派遣労働者として雇用した場合の現時点における賃金額の見込みであり、一定の幅があっても差し支えありません。

「健康保険、厚生年金保険、雇用保険の各労働・社会保険の被保険者となる」か否かについて、労働・社会保険の一般的な加入条件を説明する必要がありますが、予定されている派遣就業がある場合には、就業した場合の労働・社会保険の被保険者資格の取得の有無を明示することが必要です。

このほか、想定される就業時間や就業日・就業場所・派遣期間、教育訓練、福利厚生などについて、その時点において説明可能な事項について説明する必要があります。

2）事業運営に関する事項

派遣元の事業内容、事業規模など事業の概要について、パンフレットなどを活用して説明する必要があります。

3）労働者派遣に関する制度の概要

労働者派遣制度の大まかな概要が分かるよう、派遣元で作成している資料や厚生労働省作成の派遣労働者向けのパンフレットを活用して説明する必要があります。

(2) 均衡を考慮した待遇の確保に関する説明事項

均衡を考慮した待遇の確保に関する説明とは、例えば、派遣労働者の賃金の決定にあたって派遣先から提供のあった派遣先の同種の労働者に係る賃金水準を参考にしたなどの説明を行うことをいいます。

(3) 説明の方法

待遇に関する事項などの説明は、書面の交付、ファクシミリ・電子メールの送信その他の適切な方法により行います。ただし、賃金の見込み額を説明する場合には、書面の交付またはファクシミリ・電子メールの送信のいずれかで行わなければなりません（派遣則第25条の6第1項）。

「その他の適切な方法」としては、例えば、口頭やインターネットによる説明が

考えられますが、インターネットにより説明する場合には、派遣元のホームページのリンク先を明示するなど、労働者が確認すべき画面が分かるようにする必要があります。

賃金の見込み額を電子メールの送信により説明する場合には、電子メールの本文の中で賃金の額の見込みを明示する必要があり、派遣元のホームページのリンク先を明示することによって説明に代えることは原則としてできません。

（4）均衡を考慮した待遇の確保の説明に関する留意点

派遣元は、派遣労働者が均衡待遇の確保に関する説明を求めたことを理由として、不利益な取扱いをしてはなりません（派遣元指針）。

（5）違反の効果

待遇や均衡を考慮した待遇の確保に関する説明を行わなかった派遣元は、許可の取消し（派遣法第14条第1項）、事業の停止命令（同条第2項）、改善命令（派遣法第49条第1項）の対象となります。

7 派遣労働者であることの明示など

概要

派遣労働者として雇用されること（紹介予定派遣の派遣労働者として雇い入れる場合には紹介予定派遣の派遣労働者として雇用されること）を明確にするため、派遣元は、派遣労働者として雇い入れようとするときは、あらかじめ、その労働者に派遣労働者として雇い入れる（紹介予定派遣の派遣労働者として雇い入れる場合には紹介予定派遣の対象として雇い入れる）旨を明示しなければなりません（派遣法第32条第1項）。

なお、無期雇用派遣労働者の募集に当たっては、無期雇用派遣労働者の募集であることを明示することが求められています（派遣元指針）

一方、派遣労働者として雇用していない労働者を新たに派遣労働者にしようとする場合には、その労働者に派遣労働者に変更する（新たに紹介予定派遣の対象とし

ようとする場合には、紹介予定派遣の対象にする）旨を明示し、その労働者の同意を得なければなりません（派遣法第32条第 2 項）。

解説

（1）無期雇用派遣労働者の募集に当たって留意すべき事項

派遣元は、無期雇用派遣労働者の募集に当たっては、「無期雇用派遣」という文言を使用することなどにより、無期雇用派遣労働者の募集であることを明示することが求められています（派遣元指針）

> コメント81　「正社員」であるか否かは別として、派遣労働者として募集する以上、派遣労働者の募集であることを明確にした方が良いのではないか。
> 　上記の派遣元指針に関して、派遣取扱要領223頁に、「平成27年の派遣法改正において無期雇用派遣が期間制限の例外とされたことなどを契機として、無期雇用派遣を『正社員』と誤解されかねない募集広告により求職者を集めようとしたビジネスモデルが国会において問題視されたことなどから、このような誤解を招かないようにする趣旨である。したがって、現在、既に定着している派遣形態として見られる、派遣元の『正社員』として採用しており、待遇面も『正社員』に相応しいものとなっている技術者派遣まで直ちに規制しようとするものではなく、当分の間、現在の取扱いを認める」旨の記載があります。
> 　前半部分の記載は、国会で問題視されたからと、その経緯を正直に述べています。
> 　ところで、派遣法第32条第 1 項は、派遣労働者として採用する以上派遣労働者として採用することを明確にすることを求めている訳ですが、そうであるなら、採用の前段階である募集の段階において派遣労働者として募集することを明確にした方が良いのではないでしょうか。
> 　そうすると、派遣取扱要領223頁の記載は適切とはいえないのではないでしょうか。

（2）派遣労働者として雇入れの際の明示

派遣労働者として雇入れの際の明示は、労働契約の締結に際し、事前に行われなければなりません。

また、明示は、労働者に対して、派遣労働者となること（紹介予定派遣の派遣労働者として雇い入れる場合には、紹介予定派遣の対象となること）を明確に行う必要があります。

労働者を派遣労働者として雇い入れようとする際に、あらかじめ、派遣労働者として雇い入れる（紹介予定派遣の派遣労働者として雇い入れる場合には、紹介予定派遣の対象となる）旨を明示し、それを認識した上でその労働者が雇い入れられた場合には、その労働者は派遣労働者（紹介予定派遣の派遣労働者の場合には、紹介予定派遣の派遣労働者）となることについて同意し、労働契約の内容となると解されています。

なお、就業規則または労働協約に「労働者派遣の対象となる（紹介予定派遣の対象となる場合には紹介予定派遣の対象となる）」旨の定めがある場合に、その労働者が就業規則または労働協約の適用対象であることが明確であるときは、その就業規則または労働協約の明示をすれば、雇入れの際の明示とすることができます。

（3）雇入れの際の労働条件の明確化

雇入れの際には、このほか、労働基準法第15条の規定により労働条件を明示することが求められていますが、派遣労働者の労働条件の明確化を図るため、派遣労働者の雇入れの際にモデル労働条件通知書を活用することが勧奨されています。

（4）雇入れ後の派遣労働者とする場合の明示とこれに対する同意

「新たに労働者派遣の対象としようとする」とは、派遣労働者として雇用していない労働者を新たに派遣労働者とすることをいい、既に派遣労働者として雇用している労働者については労働者派遣を行うごとに同意を得る必要はありません。

ただし、派遣労働者として雇い入れた労働者を、新たに紹介予定派遣の対象としようとする場合には、新たに紹介予定派遣の対象としようとする旨の明示とこれに対する同意が必要です。

雇入れ後の派遣労働者とする場合の明示とこれに対する同意は、労働者派遣を行う前に行われなければなりません。

雇入れ後、派遣労働者とする場合の明示とこれに対する同意については、その労働者を採用した後に、新たに就業規則または労働協約に「労働者派遣の対象となる

（紹介予定派遣の対象となる場合には紹介予定派遣の対象となる）」旨の定めを設けたとしても、それだけでは、明示とこれに対する同意があったということになりませんので、新たに労働者派遣の対象とする際に、あらかじめ、行わなければなりません。

（5）労働者が同意しない場合の不利益取扱いの禁止

派遣元は、現に雇用する労働者を新たに派遣労働者としようとする場合で、その労働者が労働者派遣の対象となる（紹介予定派遣の対象となる場合には紹介予定派遣の対象となる）ことに同意しないときに、その労働者に対し解雇その他不利益な取扱いをしてはなりません（派遣元指針）。

（6）労働者を派遣労働者として他の派遣元に転籍させる場合の取扱い

事業主がその雇用する労働者を他の派遣元に雇用される派遣労働者または紹介予定派遣の対象の労働者として転籍させようとするときにも、事業主が自ら雇用する労働者を転籍させる場合における一般的な取扱いと同じく、あらかじめその労働者に派遣労働者または紹介予定派遣の対象の労働者として転籍させる旨を明示し、その同意を得なければならないと解されています。

（7）違反の効果

派遣労働者として雇入れの際に派遣労働者であることの明示などを行わず、または雇入れ後の派遣労働者とする場合の明示を行わないか、もしくは労働者の同意を得なかった派遣元は、許可の取消し（派遣法第14条第1項）、事業の停止命令（同条第2項）、改善命令（派遣法第49条第1項）の対象となります。

8 派遣労働者の雇用を制限することの禁止

趣旨

憲法第22条は、何人に対しても、職業選択の自由を保障しています。
このため、一般に、労働者が事業主との間の雇用関係が終了した後、誰と雇用関

係を成立させるかは、原則として、その労働者の自由であり、正当な事由、例えば競業を避けるべき義務がある場合などを除き、制限を受けません。

派遣事業の場合もこの趣旨は同様で、派遣元との雇用関係が終了した後、派遣労働者であった者が、派遣先であった者を含めて、誰に雇用されるかは、原則としてその労働者の自由です。

ところが、派遣元が、派遣労働者との間の労働契約あるいは派遣先との派遣契約において、派遣労働者が派遣元との雇用関係終了後、派遣先であった者に雇用されることを制限する定めをするようなことが許されると、実態的に派遣労働者が派遣先に雇用されようとする場合に、その妨げとなります。

このため、派遣労働者の職業選択の自由を保障するために、派遣元は、

(1) その雇用する派遣労働者（登録状態にある労働者を含む）との間で、正当な理由がなく、その派遣先に派遣元との雇用関係の終了後雇用されることを禁ずる旨の契約を締結してはなりません（派遣法第33条第1項）。

(2) また、その派遣先との間で、正当な理由がなく、派遣先が派遣労働者を派遣元との雇用関係の終了後雇用することを禁ずる旨の契約を締結してはなりません（派遣法第33条第2項）。

解説

(1) 禁止の効果

派遣元と派遣労働者間における派遣先に雇用されない旨の定め、あるいは、派遣元と派遣先間における派遣先が派遣労働者を雇用しない旨の定めは、一般の雇用関係の下にある労働者についても、公序に反し、民法第90条により無効と解されていますので、仮に契約上そのような定めがあっても、契約の相手方である派遣労働者または派遣先はこれに従う義務はないと解されています。

(2) 禁止される契約

禁止されるのは、雇用関係の終了後、雇用し、または雇用されることを禁ずる旨の契約で、例えば、労働契約において「退職後6か月間は派遣先に雇用されないこと」などと定めたり、派遣契約において「派遣先が労働者派遣を受けた派遣労働者について、労働者派遣の終了後、1年間は雇用しないこと」などと定めることはできません。

一方、労働契約の終了以前（特に期間の定めのある労働契約においてはその期間内）について、派遣労働者を雇用し、または雇用されることを禁ずる旨の契約を締結することは、差し支えありません。

なお、派遣法第33条に違反する契約は無効であり、派遣労働者を派遣先が雇用するために派遣契約の更新を拒絶した場合には解約金を支払う旨の契約は、形式的には派遣法第33条に違反していなくても、派遣元が派遣先との間で、正当な理由がなく、派遣先が派遣労働者を派遣元との雇用関係の終了後雇用することを禁ずる結果となるので、実質的に派遣法第33条に違反し、無効であるとする裁判例（ホクトエンジニアリング事件　東京地裁平成９年11月26日）があります。

（３）「正当な理由」

「正当な理由」は、競業避止義務との関係で問題となりますが、雇用関係の終了後特定の職業に就くことを禁ずる定めについては、次のように考えられます。

労働者が雇用関係継続中に習得した知識、技術、経験が普遍的なものではなく、特殊なものであり、他の使用者の下にあっては習得できないものである場合には、その知識、技術、経験は使用者の財産となり、これを保護するために、使用者の財産について知り得る立場にある者（例えば、技術の中枢部に接する職員）に秘密保持義務を負わせ、かつ、その秘密保持義務を実質的に担保するため労働契約終了後の競業避止義務を負わせることが必要である場合には、正当な理由があると考えられています。

具体的には、制限の時間、場所的範囲、制限の対象となる機種の範囲、代償措置の有無について、使用者の利益（企業秘密の保護）と労働者の不利益（職業選択の自由の制限）、社会的利害（独占集中のおそれなど）を総合的に勘案して正当な理由があるか否かが判断されます。

ただし、派遣労働者の場合には、もともと他社に派遣され就業するという性格であるために、このような正当な理由が存在する場合は非常に少ないと考えられます。

（４）違反の効果

派遣元との雇用関係終了後、派遣労働者が派遣先に雇用されることを制限する定

めをした派遣元は、許可の取消し（派遣法第14条第1項）、事業の停止命令（同条第2項）、改善命令（派遣法第49条第1項）の対象となります。

9 就業条件などの明示

趣旨

派遣事業の場合、派遣労働者は、派遣元に雇用されつつも、派遣先の指揮命令を受けて就業する関係にあるため、派遣労働者の就業をめぐるトラブルの発生を防止するためには、派遣元、派遣先、派遣労働者の三者間において、具体的な就業条件があらかじめ明らかにされていることが必要です。

このため、派遣契約の締結に際し、業務内容、就業場所、指揮命令者、派遣期間、就業日、始業・終業の時刻、休憩時間、安全衛生などの就業条件を、派遣元および派遣先の間で定めなければならないこととし、これによって、派遣労働者の就業に関し、派遣元と派遣先の間のトラブルの発生を防止することにしています（派遣法第26条第1項）が、そこで定められた就業条件を派遣労働者に明示することにより、具体的な就業条件をあらかじめ明らかにする必要があります。

また、派遣労働者が派遣先における派遣期間の制限を認識できるようにすることは派遣労働者のためにも望ましく、また、事業所単位および派遣労働者個人単位の期間制限を遵守させるためにも有用です。

このため、派遣元は、労働者派遣をしようとするときは、あらかじめ、派遣労働者に対し、労働者派遣をする旨、その就業条件ならびに派遣先の事業所単位の期間制限の抵触日および派遣労働者個人単位の期間制限の抵触日を明示しなければなりません（派遣法第34条）。

解説

（1）明示しなければならない就業条件など

1）明示しなければならない具体的就業条件など

派遣元は、派遣契約で定めた次の事項のうち個々の派遣労働者に関するものを明示しなければなりません（同法第34条）。

ア　派遣労働者が従事する業務の内容

派遣令第4条第1項各号の業務が含まれるときは、その業務が該当する同項各号の号番号を付けることが必要です。

イ　派遣労働者が労働に従事する事業所の名称、所在地その他派遣派遣労働者の就業の場所および組織単位
ウ　派遣先のために就業中の派遣労働者を直接指揮命令する者
エ　労働者派遣の期間および派遣労働者が就業をする日
オ　派遣就業の開始・終了の時刻および休憩時間
カ　安全衛生
　派遣労働者の危険・健康障害を防止するための措置などの派遣契約に定めた安全衛生に関する事項
キ　派遣労働者から苦情の申出を受けた場合の苦情の処理
ク　派遣契約の解除に当たっての派遣労働者の雇用の安定を図るための措置
ケ　紹介予定派遣の場合には、次の事項
ⅰ　紹介予定派遣である旨
ⅱ　紹介予定派遣を経て派遣先が雇用する場合に予定される次の労働条件
a　従事すべき業務の内容
b　労働契約の期間
c　就業の場所
d　始業・終業の時刻、時間外労働の有無、休憩時間、休日
e　賃金の額
f　健康保険、厚生年金、労災保険および雇用保険の適用
ⅲ　紹介予定派遣を受けた派遣先が、職業紹介を受けることを希望しなかった場合または職業紹介を受けた者を雇用しなかった場合には、それぞれのその理由を、派遣労働者の求めに応じ、書面の交付（派遣労働者が希望した場合にはファクシミリ・電子メールの送信）により、派遣労働者に明示する旨
ⅳ　紹介予定派遣を経て派遣先が雇用する場合に、年次有給休暇および退職金の取扱いについて、労働者派遣の期間を勤務期間に含めて算入する場合はその旨
コ　派遣労働者個人単位の期間制限に抵触する最初の日（期間制限のない労働者派遣に該当する場合はその旨）
サ　派遣先の事業所単位の期間制限に抵触する最初の日（期間制限のない労働者派

シ　派遣元責任者および派遣先責任者
ス　派遣元と派遣先との間で、派遣先が時間外・休日労働をさせることができる旨の定めをした場合には、時間外労働させることができる時間数または休日労働させることができる日
セ　派遣元と派遣先との間で、派遣先が派遣労働者に、現に派遣先に雇用される労働者が通常利用している診療所、給食施設、レクリエーション施設、レクリエーション設備などの利用、制服の貸与、教育訓練その他の便宜を供与する旨の定めをした場合には、その便宜の供与の内容
ソ　派遣先が、労働者派遣の終了後に、派遣労働者を雇用する場合に、その雇用意思を事前に派遣元に示すこと、派遣元が職業紹介を行うことが可能な場合は職業紹介により紹介手数料を支払うことなどの労働者派遣の終了後に派遣契約の当事者間の紛争を防止するための措置
タ　健康保険、厚生年金および雇用保険の被保険者資格取得届が提出されていない場合は、その具体的な理由（派遣則第26条の2）
チ　期間制限のない労働者派遣に該当する場合には、次の事項
ⅰ　有期プロジェクト業務について労働者派遣を行うときは、有期プロジェクト業務に該当する旨
ⅱ　日数限定業務について労働者派遣を行うときは、
a　日数限定業務に該当する旨
b　派遣先においてその業務が1か月間に行われる日数
c　派遣先の通常の労働者の1か月間の所定労働日数
ⅲ　育児休業などの代替要員としての業務について労働者派遣を行うときは、
a　派遣先において休業する労働者の氏名および業務
b　休業の開始・終了予定の日
ⅳ　介護休業などの代替要員としての業務について労働者派遣を行うときは、
a　派遣先において休業する労働者の氏名および業務
b　休業の開始・終了予定の日

2）就業条件の明示に関する留意点

ア　派遣契約においては、就業条件の内容の組合せごとに派遣労働者の人数を定め

なければなりませんが、就業条件の明示は個々の派遣労働者に関する事項であるため、派遣契約に定めた派遣期間内などにおいて派遣労働者を入れ替えるなどの場合には、派遣契約に定める内容と就業条件の明示の内容が相違する場合があります。
イ　個々の派遣労働者に明示される就業条件は、派遣契約の定めた就業条件の範囲内でなければなりません。

（2）派遣先の事業所単位および派遣労働者の個人単位の期間制限の抵触日の明示

派遣元は、労働者派遣をしようとするときは、その労働者派遣が期間制限を受けないものである場合を除き、あらかじめ、派遣労働者に対して、
① 派遣労働者が労働に従事する派遣先事業所等における組織単位の業務について派遣元が同一の派遣労働者について3年の期間制限に抵触する最初の日（派遣労働者個人単位の期間制限の抵触日。派遣法第34条第1項第3号）
② 派遣労働者が労働に従事する派遣先事業所等の業務について、派遣先が派遣先の事業所単位の期間制限に抵触する最初の日（派遣先の事業所単位の期間制限の抵触日。派遣法第34条第1項第4号）
を明示しなければなりません。

1）期間制限の抵触日を派遣労働者に明示する目的

派遣労働者の個人単位の期間制限の抵触日は、派遣労働者が派遣先の同一の組織単位で就業することができる日を超える最初の日であるため、その抵触日をあらかじめ通知しておくことによって、個人単位の期間制限の到来により労働者派遣が終了したことによるトラブルを未然に防ぐことを目的としています。

また、派遣先の事業所単位の期間制限の抵触日も、派遣労働者の個人単位の期間制限に抵触する最初の日が到来する前に派遣先の事業所単位の期間制限に抵触する最初の日が到来し、派遣可能期間が延長されない場合はその時点でその派遣先では就業できなくなるため、その抵触日をあらかじめ通知しておくことによって、派遣先の事業所単位の期間制限の到来により労働者派遣が終了したことによるトラブルを未然に防ぐことを目的としています。

2）派遣可能期間が延長された場合の明示

派遣先は、派遣先の事業所単位の派遣可能期間が延長された場合には、速やか

に、派遣元に対し、派遣先の事業所単位の期間制限の抵触日を通知しなければなりませんが、派遣元は派遣先からその通知を受けたときは、遅滞なく、その派遣労働者に、延長された抵触日を明示しなければなりません（派遣法第34条第2項）。

3）労働契約申込みみなし制度の適用に関する明示

　派遣元は、派遣労働者に対し就業条件などを明示するに当たっては、派遣先が派遣先の事業所単位の期間制限または派遣労働者個人単位の期間制限に違反して労働者派遣の役務の提供を受けた場合には労働契約の申込みをしたものとみなされることとなる旨を併せて明示しなければなりません（派遣法第34条第3項）。

　なお、派遣元は、労働契約申込みみなし制度が適用される場合については、期間制限以外の事由によるものもあることについても明示することが望ましいとされています。

（3）明示の方法

　就業条件などの明示は、労働者派遣に際し、あらかじめ、明示すべき事項を書面の交付（派遣労働者が希望した場合はファクシミリ・電子メールの送信）により個々の派遣労働者に明示しなければなりません（派遣則第26条）。

　ただし、時間的余裕がなく、緊急の必要があるため書面の交付などを行うことができない場合は、それ以外の方法で明示することもできますが、その場合でも、派遣労働者から労働者派遣の開始より前に個別の請求があったとき、または請求がなくても実際に派遣される期間が1週間を超えるときは、労働者派遣開始後、遅滞なく、明示すべき事項を書面の交付などにより個々の派遣労働者に明示しなければなりません。

（4）明示に関する留意点

1）明示の方法に関する派遣労働者の希望の確認

　就業条件などの明示をファクシミリ・電子メールの送信で行うことは派遣労働者がその方法で行うことを希望することが条件となっていますが、派遣労働者の希望の確認は、事後のトラブルを防止するため、口頭ではなく、書面により行うことが望ましいとされています。

　また、派遣労働者にファクシミリ・電子メールの送信による明示を希望するよう

強制してはならないとされています。

2）ファクシミリ・電子メールの送信の場合の到達の有無の確認

就業条件などの明示をファクシミリ・電子メールの送信により行う場合には、事後のトラブルを防止するため、到達の有無を確認することが望ましいとされています。

3）ファクシミリ番号・メールアドレスの個人情報としての適正な取扱い

就業条件などの明示をファクシミリ・電子メールの送信により行うために、派遣労働者のファクシミリ番号またはメールアドレスを取得した場合は、個人情報として、その適正な取扱いを行う必要があります。

4）就業条件の一部変更の場合の取扱い

就業条件の一部を変更して再度労働者派遣をしようとする場合には、変更される事項およびその内容が明確にされ、他の就業条件は同一であることを明確にすれば、差し支えありません。

5）労働基準法による労働条件の明示との関係

労働基準法第15条では、労働契約の締結に際し、労働者に対して賃金、労働時間その他の労働条件を明示しなければなりませんが、労働契約の締結の際と労働者派遣を行おうとする際が一致するような場合には、就業条件などの明示と労働基準法による労働条件の明示とを共通の書面で行うことも可能です。

また、そのためにもモデル就業条件明示書の様式により就業条件の内容を明示するよう、様式の利用が勧奨されています。

（5）違反の効果

就業条件などの明示をしなかった派遣元は、30万円以下の罰金に処せられる（派遣法第61条第3号）ほか、許可の取消し（派遣法第14条第1項）、事業の停止命令（同条第2項）、改善命令（派遣法第49条第1項）の対象となります。

10 派遣料金の額の明示

概要

派遣労働者による派遣元の選択に資するよう、派遣元は、派遣労働者の雇入れ時（労働契約を締結する場合）、派遣開始時（実際に派遣する場合）および派遣料金の額の変更時に、その労働者の派遣料金の額を明示しなければなりません（派遣法第34条の2）。

解説

(1) 明示すべき派遣料金の額

　明示すべき派遣料金の額は、次のいずれかです（派遣則第26条の3第3項）。
1) その労働者の労働者派遣に関する料金の額
2) 労働者派遣を行う事業所における派遣料金の額の平均額

　事業所ごとの情報提供を行う場合に用いる前事業年度における派遣労働者1人1日当たりの派遣料金の額の平均額です。

　ただし、事業年度期間中に派遣料金の平均額が大きく変わる見込みがある場合には、再度明示することが望ましいとされています。

　また、同法第23条第5項の規定による情報の提供を行うに当たり、その事業所が他の派遣事業を行う事業所と一体的な経営を行っている場合に、その範囲内で派遣料金の額の平均額から派遣労働者の賃金の額の平均額を控除した額を派遣料金の額の平均額で除して得た割合（いわゆるマージン率）を算出している場合（276、277頁参照）には、マージン率の算定に用いた派遣料金の額の平均額を明示しても差し支えありません。

(2) 明示すべき派遣料金の単位

　明示する派遣料金の額については、時間額でも日額でも月額でも年額などでも構いませんが、その料金額の単位（時間額・日額・月額・年額など）が分かるように明示する必要があります。

(3) 明示の方法

　派遣料金の明示は、書面の交付またはファクシミリもしくは電子メールの送信により行わなければなりません（派遣則第26条の3第1項）。

　なお、労働者派遣をしようとする場合の派遣料金の額が、派遣労働者として雇い入れようとする場合に明示した額（派遣法第34条の2第1号）と同一である場合に

は、再度の明示は必要ありません（派遣則第26条の3第2項）。

（4）違反の効果

派遣料金の明示をしなかった派遣元は、許可の取消し（派遣法第14条第1項）、事業の停止命令（同条第2項）、改善命令（派遣法第49条第1項）の対象となります。

11 派遣先への通知

趣旨

派遣労働者を派遣先にいつ、どのように派遣するかは派遣元が決定し、派遣先は、派遣元が決定した派遣労働者を派遣契約に定める就業の条件に従って就業させること、派遣元と派遣先との間で締結された派遣契約には、労働者派遣全体の就業条件と派遣労働者の人数は定められるものの、実際の就業に当たって、どのような派遣労働者が労働者派遣され、かつ、どのような就業条件で個々の派遣労働者を就業させることができるのかは定められていません。

このため、派遣契約の適正な履行を確保するとともに、派遣期間制限の遵守および労働・社会保険の適正な加入を担保するため、派遣元は、労働者派遣をするときは、派遣労働者の氏名、派遣労働者が無期雇用派遣労働者であるか有期雇用派遣労働者であるかの別、派遣労働者が60歳以上の者であるか否かの別、派遣労働者の労働・社会保険への加入状況などを派遣先に通知しなければなりません（派遣法第35条第1項）。

また、通知した後に、派遣労働者について無期雇用派遣労働者であるか有期雇用派遣労働者であるかの別、60歳以上の者であるか否かの別、労働・社会保険への加入状況などについて変更があったときは、遅滞なく、その旨を派遣先に通知しなければなりません（同条第2項）。

解説

（1）通知しなければならない事項

派遣元が派遣先に通知しなければならないのは、次の事項です（派遣法第35条、

派遣則第27条の2、第28条)。
1) 派遣労働者の氏名および性別(派遣労働者が45歳以上である場合には45歳以上である旨、派遣労働者が18歳未満である場合には派遣労働者の年齢を含む)

　性別や一定の年齢を派遣先に通知するのは、派遣先における労働関係法令の遵守を担保するためだとされています。

コメント82　45歳以上である旨の通知をする必要はあるのか？

　性別や一定の年齢を派遣先に通知するのは派遣先における労働関係法令の遵守を担保するためだとされています。

　確かに、女性や18歳未満の労働者については、労働基準法の第6章および第6章の2において特別の規制が行われていますが、45歳以上の労働者についてはそのような規制はありません。

　派遣労働者が60歳以上の者であるか否かの別については、別途通知するのですから、45歳以上の労働者について45歳以上である旨の通知をする必要はないのではないでしょうか。

---

2) 無期雇用派遣労働者か有期雇用派遣労働者であるかの別
3) 派遣労働者が60歳以上の者であるか否かの別
4) 派遣労働者の健康保険、厚生年金保険および雇用保険の被保険者資格取得届の提出の有無

　「無」の場合は、被保険者資格取得届が提出されていない具体的な理由を付けて派遣先に通知しなければなりません(派遣則第27条の2第2項))。

　具体的な理由としては、健康保険、厚生年金保険または雇用保険の適用基準を満たしていない場合には、単に「適用基準を満たしていないため」、「被保険者に該当しないため」などと記載するのでは足りず、「1週間の所定労働時間が15時間であるため」など適用基準を満たしていないことが具体的に分かるものであることが必要です。

　また、被保険者資格の取得届の手続中である場合には、単に「手続中であるため」などと記載するのでは足らず、「現在、必要書類の準備中であり、今月の○日には届出予定」などと、手続の具体的な状況を記載することが必要です。

派遣先への通知は、派遣先が、派遣労働者が労働・社会保険に加入するか否かについての明確な認識を持った上で、労働者派遣の受入れを行うことを期待して行われるものです。

このため、派遣先は、適正でないと考えられる理由の通知を受けた場合には、派遣元に対して、労働・社会保険に加入させてから派遣するよう求める必要があります。

5）派遣労働者の派遣就業の就業条件の内容が派遣契約の就業条件の内容と異なる場合における派遣労働者の就業条件の内容

（2）就業条件の内容の組合せ通知事項

派遣先への通知は、派遣契約に定める派遣労働者の就業条件の内容の組合せが1つである場合は、その組合せに関する（1）の1）から5）までの事項を通知し、派遣契約に定める派遣労働者の就業条件の内容の組合せが複数である場合には、その組合せごとにその組合せに関する（1）の1）から5）までの事項を通知しなければなりません（派遣則第27条第1項）。

（3）通知の方法

通知は、労働者派遣に際し、あらかじめ、（1）の1）から5）までの事項を記載した書面の交付またはファクシミリ・電子メールの送信により行わなければなりません（派遣則第27条第2項、第3項）。

ただし、労働者派遣の実施について緊急の必要があるため、書面の交付またはファクシミリ・電子メールの送信ができない場合は、通知すべき事項をそれ以外の方法で通知して差し支えありませんが、就業条件の組合せが複数ある場合で、派遣期間が2週間を超えるときは、労働者派遣の開始後、遅滞なく、書面の交付またはファクシミリ・電子メールの送信により行わなければなりません。

（4）健康保険、厚生年金保険および雇用保険の被保険者証の写しなどの提示・送付

健康保険、厚生年金保険および雇用保険に加入させた上で労働者を派遣するときまたは労働者派遣の開始の後、加入手続中の派遣労働者について被保険者資格取得

届が提出されたときは、派遣元は被保険者証の写しなど加入させていることがわかる資料を派遣先に提示または送付することが必要で、被保険者証の写しなどを提示する場合は、原則として労働者本人の同意を得る必要がありますが、この同意が得られなかったときは、生年月日、年齢などを黒塗りするとともに、派遣先に確認後には派遣元に返送することを依頼するなど個人情報の保護に配慮することが必要です。

（5）変更時の通知

　派遣元は、期間を定めないで雇用する労働者であるか否かの別、60歳以上の者であるか否かの別、各種保険の加入状況の通知をした後に変更があったときも、遅滞なく書面の交付またはファクシミリ・電子メールの送信により派遣先に通知しなければなりません（派遣法第35条第2項、派遣則第27条第5項）。

（6）違反の効果

　派遣先への通知をしなかった派遣元は、30万円以下の罰金に処せられる（派遣法第61条第3号）ほか、許可の取消し（派遣法第14条第1項）、事業の停止命令（同条第2項）、改善命令（派遣法第49条第1項）の対象となります。

12 派遣元責任者の選任

概要

　派遣労働者に関する派遣元による適正な雇用管理を行うため、派遣元は、派遣労働者に関する派遣元の雇用管理上の責任を一元的に負う「派遣元責任者」を選任しなければなりません（同法第36条）。

解説

（1）派遣元責任者の選任

　派遣元は、派遣労働者の就業に関し（5）の事項を行わせるため、（2）の要件を満たす者のうちから派遣元責任者を選任しなければなりません。

> コメント83　派遣法と労働安全衛生法の選任に関する規定の違い
> 　派遣法の派遣元責任者などの選任では「○○の事項を行わせるため、○○を選任しなければならない」と規定しているのに対し、労働安全衛生法の衛生管理者などの選任では「○○を選任し、その者に○○の事項を管理させなければならない」と規定しています。
> 　このため、派遣法では○○を選任しなかった場合だけが法違反になるのに対し、労働安全衛生法では○○を選任しなかった場合も、○○の事項を管理させなかった場合も、いずれも法違反になります。

（2）派遣元責任者となる者の要件

1）欠格事由

派遣元責任者は、次のいずれにも該当しない者のうちから選任しなければなりません（派遣法第36条、派遣則第29条の2）。

ア　禁錮以上の刑に処せられ、または派遣法の規定もしくは次のAからKまでの規定に違反し、またはLからMまでの罪を犯したことにより、罰金の刑に処せられ、その執行を終わり、または執行を受けることがなくなった日から起算して5年を経過していない者

> A　労働基準法第117条、第118条第1項（同法第6条、第56条の規定に関する部分）、第119条（同法第16条、第17条、第18条第1項、第37条の規定に関する部分）、第120条（同法第18条第7項、第23条から第27条までの規定に関する部分）の規定、これらの規定に関する同法第121条の規定（これらの規定が派遣法第44条（第4項を除く）の規定により適用される場合を含む）
> B　職業安定法第63条、第64条、第65条（第1号を除く）、第66条の規定、これらの規定に関する同法第67条の規定
> C　最低賃金法第40条の規定、同条の規定に関する同法第42条の規定
> D　建設雇用改善法第49条、第50条、第51条（第2号、第3号を除く）の規定、これらの規定に関する同法第52条の規定
> E　賃金支払確保法第18条の規定、同条の規定に関する同法第20条の規定

> F 港湾労働法第48条、第49条（第1号を除く）、第51条（第2号、第3号に関する部分）の規定、これらの規定に関する同法第52条の規定
> G 中小企業労働力確保法第19条、第20条、第21条（第1号に関する部分）の規定、これらの規定に関する同法第22条の規定
> H 育児・介護休業法第62条、第63条、第65条の規定、これらの規定に関する同法第66条の規定
> I 林業労働力確保法第32条、第33条、第34条（第1号に関する部分）の規定、これらの規定に関する同法第35条の規定
> J 派遣法第44条第4項の規定により適用される労働基準法第118条、第119条、第121条の規定
> K 派遣法第45条第7項の規定により適用される労働安全衛生法第119条、第122条の規定
> L 刑法第204条、第206条、第208条、第208条の3、第222条、第247条の罪
> M 暴力行為処罰法の罪
> N 出入国管理難民認定法第73条の2第1項の罪

イ　成年被後見人もしくは被保佐人または破産者で復権を得ないもの
ウ　派遣事業の許可を取り消され、取消しの日から起算して5年を経過しない者
エ　派遣事業の許可を取り消された者が法人である場合に、その取消しを受ける原因となった事項が発生した当時にその法人の役員であった者で、取消しの日から起算して5年を経過しないもの
オ　派遣事業の許可の取消しに関する聴聞の通知があった日から処分をする日または処分をしないことを決定する日までの間に派遣事業の廃止の届出をした者で、その届出の日から起算して5年を経過しないもの
カ　オの期間内に廃止の届出をした者が法人である場合に、聴聞の通知の日前60日以内にその法人の役員であった者で、その届出の日から起算して5年を経過しないもの
キ　暴力団員等
ク　未成年者

2）雇用管理能力

派遣事業の許可において、派遣元責任者は雇用管理能力に関する一定の基準を満たすことおよび過去3年以内に派遣元責任者講習を受講していること（派遣則第29条の2）を選任の要件としています。

（3）派遣元責任者の選任方法

派遣元責任者は、次の方法により選任しなければなりません（派遣則第29条）。
1）派遣元の事業所ごとにその事業所に専属の派遣元責任者として自己の雇用する労働者（派遣元の事業主、法人の場合はその役員を含む）の中から選任すること。

なお、専属とはその派遣元責任者の業務のみを行うということではなく、他の事業所の派遣元責任者と兼任しないという意味です。

2）その事業所の派遣労働者の数1人以上100人以下を1単位とし、1単位につき1人以上ずつ選任すること。

（4）製造業務専門派遣元責任者の選任

物の製造の業務に労働者派遣をする事業所においては、物の製造の業務に従事させる派遣労働者の数について1人以上100人以下を1単位とし、1単位につき1人以上ずつ、物の製造の業務に従事させる派遣労働者を専門に担当する「製造業務専門派遣元責任者」を、選任しなければなりません（派遣則第29条第3号）。

ただし、製造業務専門派遣元責任者のうち1人は、物の製造以外の業務へ労働者派遣された派遣労働者を併せて担当することができます。

（5）派遣元責任者の職務

派遣元責任者は、次の職務を行います。
1）派遣労働者であることの明示など
2）就業条件などの明示
3）派遣先への通知
4）派遣元管理台帳の作成・記載・保存
5）派遣労働者に対する助言・指導

例えば、派遣事業制度の趣旨、内容、派遣契約の趣旨、派遣元および派遣先が行

わなければならない事項、労働基準法などの適用に関すること、苦情などの申出方法などについての助言・指導などです。

6）派遣労働者から申出を受けた苦情の処理

例えば、派遣労働者から直接申出を受けた苦情や派遣先から通知のあった苦情を、適切に処理することです。

なお、派遣元責任者が苦情処理を適切に処理し得るためには、本人が派遣先に直接出向いて処理する必要性が高いので、派遣先の対象地域については派遣元責任者が日帰りで苦情処理を行い得る地域とされています。

7）派遣先との連絡・調整

例えば、派遣先の連絡調整の当事者となる派遣先責任者との間において苦情の処理のほか派遣労働者の就業に伴い生じた問題の解決を図っていくことです。

8）派遣労働者の個人情報の管理

例えば、派遣労働者等の個人情報が目的に応じ正確かつ最新のものに保たれているか、個人情報が紛失・破壊・改ざんされていないか、事業所内の個人情報を取り扱う職員以外の者が個人情報にアクセスしていないか管理を行うこと、必要がなくなった個人情報の破棄・削除を行うことなどです。

9）派遣労働者に対する段階的かつ体系的な教育訓練の実施

作成した教育訓計画に基づく教育訓練が実施されるよう管理することです。

10）キャリア・コンサルティング（職業生活設計に関する相談）の機会の確保

キャリア・コンサルティングを希望する派遣労働者との相談窓口としての連絡調整などです。

ただし、別にキャリア・コンサルティングの窓口担当者が選任された場合には、派遣元責任者がキャリア・コンサルティングの窓口担当である必要はありません。

11）安全衛生

派遣労働者の安全衛生に関し、派遣元の事業所において衛生管理者などの労働者の安全衛生に関する業務を統括する者および派遣先と必要な連絡調整を行うことで、派遣労働者の安全衛生が的確に確保されるよう、例えば、次の事項について連絡調整を行うことです。

ア　一般定期健康診断、有害業務従事者に対する特別な健康診断などの健康診断の実施時期、内容、有所見の場合の就業場所の変更など

イ　雇入れ時の安全衛生教育、作業内容変更時の安全衛生教育、特別の安全衛生教育、職長等教育などの実施時期、内容、実施責任者など
ウ　派遣契約に定めた安全衛生に関する事項の実施状況の確認
エ　労災事故などが発生した場合の内容・対応状況の確認

（6）違反の効果

　派遣元責任者を所定の方法により選任しなかった、または所定の要件を満たさない者を派遣元責任者に選任した派遣元は、30万円以下の罰金に処せられる（派遣法第61条第3号）ほか、許可の取消し（派遣法第14条第1項）、事業の停止命令（同条第2項）、改善命令（派遣法第49条第1項）の対象となります。

13　派遣元管理台帳の作成・記載・保存

趣旨

　派遣元は、派遣先において就業する派遣労働者の雇用主として適正な雇用管理を行うため、派遣労働者の就業に関し、派遣元管理台帳を作成し、台帳に派遣労働者ごとに所定の事項を記載する（派遣法第37条第1項）とともに、派遣労働者の就業に関する紛争の解決を図り、行政による指導監督の用に供するため、派遣元管理台帳を3年間保存しなければなりません（同条第2項）。

（1）派遣元管理台帳の作成

　派遣元管理台帳は、派遣元の事業所ごとに、派遣労働者を有期雇用労働者と無期雇用労働者に分けて作成しなければなりません（派遣則第30条第1項）。
　なお、派遣元管理台帳は、労働者名簿や賃金台帳とあわせて調製することができます。

（2）派遣元管理台帳の記載

　派遣元管理台帳は、各事項が確定する都度記載しなければなりません（同法施行規則第30条第2項）。

このため、各事項の内容により記載時期は異なっており、例えば、苦情の処理については、苦情の申出を受け、およびその処理に当たった都度、教育訓練やキャリア・コンサルティングについては、これらを行った都度記載します。

また、派遣先からの派遣労働者の就業の実績に関する通知を受けた場合にその実績があらかじめ予定していた就業の時間などと異なるときは、その通知を受けたその実績内容を記載しなければなりません（派遣則第30条第3項）。

（3）派遣元管理台帳の記載事項

派遣元管理台帳には、次の事項を記載しなければなりません（派遣法第37条第1項、派遣則第31条）
1) 派遣労働者の氏名
2) 無期雇用派遣労働者か有期雇用派遣労働者かの別、有期雇用派遣労働者の場合は労働契約の期間
3) 60歳以上の者であるか否かの別
4) 派遣先の氏名または名称
　派遣先が個人の場合は氏名を、法人の場合は名称を記載します。
5) 派遣先の事業所の名称
6) 派遣先の事業所の所在地その他派遣労働者が就業する場所および組織単位
　派遣先の事業所において派遣労働者が就業する組織単位を記載します。
7) 労働者派遣の期間および派遣労働者が就業する日
8) 始業・終業の時刻
9) 従事する業務の種類
　従事する業務は可能な限り詳細に記載します。
　派遣令第4条第1項各号の業務の場合は、その号番号を付けます。
10) 派遣労働者から申出を受けた苦情の処理
　苦情の申出を受けた年月日、苦情の内容および苦情の処理状況について、苦情の申出を受け、または苦情の処理に当たった都度、記載します。
　派遣労働者から苦情の申出を受けたことを理由として、派遣労働者に対して不利益な取扱いをしてはなりません（派遣元指針）。
11) 紹介予定派遣の場合には、①紹介予定派遣であること、②求人・求職の意思確

認などの職業紹介の時期および内容、③採否結果、④紹介予定派遣を受けた派遣先が職業紹介を受けることを希望しなかった場合または職業紹介を受けた者を雇用しなかった場合に派遣先から明示された理由
12) 派遣元責任者および派遣先責任者
13) 派遣契約に、派遣先が時間外・休日労働をさせることができる旨の定めをした場合には、時間外労働させることのできる時間数または休日労働させることができる日
14) 有期プロジェクトの場合は、有期プロジェクトの業務であること
15) 日数限定業務の場合は、①日数限定業務に該当すること、②派遣先においてその業務が1か月間に行われる日数、③派遣先の通常の労働者の1か月間の所定労働日数
16) 育児休業などの代替要員の場合は、派遣先において休業する労働者の氏名および業務ならびに休業の開始・終了予定の日
17) 介護休業などの代替要員の場合は、派遣先において休業する労働者の氏名および業務ならびに休業の開始・終了予定の日
18) 健康保険、厚生年金保険および雇用保険の被保険者資格取得届の提出の有無
「無」の場合はその具体的な理由を付けます。また、被保険者資格取得届の提出手続終了後は「有」に書き換えます。
19) 段階的かつ体系的な教育訓練を行った日時とその内容
20) キャリア・コンサルティングを行った日時とその内容
21) 雇用安定措置の内容
派遣労働者に対して行った雇用安定措置の日付、内容とその結果について記載します。派遣先に直接雇用の依頼を行った場合には、派遣先の受入れの可否についても記載します。

(4) 派遣元管理台帳の保存

派遣元管理台帳は、労働者派遣の終了の日から起算して3年間保存しなければなりません。

「労働者派遣の終了」とは、派遣労働者の派遣期間の終了であり、派遣契約が更新された場合には、更新に伴い定められた派遣労働者の派遣期間の終了です。

ただし、同一の派遣労働者（無期雇用派遣労働者を除く）を同一の就業の場所および組織単位で従事する業務の種類において就業させる労働者派遣については、派遣契約が更新されていない場合でも、就業の終了の日から次の同一の就業の開始の日までの期間が3か月以下のときは労働者派遣の終了とは取り扱われません。

派遣元管理台帳の保存は、各事業所ごとに行い、紹介予定派遣の派遣元管理台帳とそれ以外の派遣の派遣元管理台帳は別々に管理することが望ましいとされています。

（5）違反の効果

派遣元管理台帳を所定の方法により作成、記載または保存しなかった派遣元は、30万円以下の罰金に処せられる（派遣法第61条第3号）ほか、許可の取消し（派遣法第14条第1項）、事業の停止命令（同条第2項）、改善命令（派遣法第49条第1項）の対象となります。

14 派遣元指針

このほか、次の内容の派遣元指針が定められていますので、派遣元は、その指針に沿って労働者派遣を行う必要があります（派遣法第47条の4）。

第2　派遣元が講ずべき措置
1　派遣契約の締結に当たっての就業条件の確認
　派遣元は、派遣先との間で派遣契約を締結するに際しては、派遣先が求める業務の内容、その業務を遂行するために必要とされる知識、技術または経験の水準、労働者派遣の期間その他派遣契約の締結に際し定めるべき就業条件を事前にきめ細かに把握すること。
2　派遣労働者の雇用の安定を図るために必要な措置
（1）労働契約の締結に際して配慮すべき事項
　派遣元は、労働者を派遣労働者として雇い入れようとするときは、労働者の希望および派遣契約における労働者派遣の期間を勘案して、労働契約の期間を

派遣契約の労働者派遣の期間と合わせるなど派遣労働者の雇用の安定を図るために必要な配慮をするよう努めること。

（1）派遣契約の締結に当たって講ずべき措置

イ　派遣元は、派遣契約の締結に当たって、派遣先の責に帰すべき事由により派遣契約の契約期間が満了する前に派遣契約の解除が行われる場合には、派遣先は派遣労働者の新たな就業機会の確保を図ること、およびこれができないときには少なくとも派遣契約の解除に伴い派遣元が派遣労働者を休業させることなどを余儀なくされることにより生ずる損害である休業手当、解雇予告手当などに相当する額以上の額について損害の賠償を行うことを定めるよう求めること。

ロ　派遣元は、派遣契約の締結に当たって、労働者派遣の終了後に派遣労働者を派遣先が雇用する場合に、その雇用が円滑に行われるよう、派遣先が労働者派遣の終了後に派遣労働者を雇用する意思がある場合にはその意思を事前に派遣元に示すこと、派遣元が職業安定法その他の法律の規定による許可を受けて、または届出をして有料職業紹介を行うことができる場合には、派遣先は職業紹介により派遣労働者を雇用し、派遣元に職業紹介手数料を支払うことなどを定めるよう求めること。

（2）派遣契約の解除に当たって講ずべき措置

　派遣元は、派遣契約の契約期間が満了する前に派遣労働者の責に帰すべき事由以外の事由によって派遣契約の解除が行われた場合には、派遣先と連携して、派遣先からその関連会社での就業のあっせんを受けること、派遣元において他の派遣先を確保することなどにより、派遣労働者の新たな就業機会の確保を図ること。また、派遣元は、派遣契約の解除に当たって、新たな就業機会の確保ができない場合は、まず休業などを行い、派遣労働者の雇用の維持を図るようにするとともに、休業手当の支払などの労働基準法などに基づく責任を果たすこと。さらに、やむを得ない事由によりこれができない場合において派遣労働者を解雇しようとするときであっても、労働契約法の規定を遵守することはもとより、派遣労働者に対する解雇予告、解雇予告手当の支払などの労働基準法などに基づく責任を果たすこと。

（4）派遣契約の終了に当たって講ずべき事項

イ　派遣元は、無期雇用派遣労働者の雇用の安定に留意し、労働者派遣が終了した場合において、労働者派遣の終了のみを理由として無期雇用派遣労働者を解雇してはならないこと。
ロ　派遣元は、有期雇用派遣労働者の雇用の安定に留意し、労働者派遣が終了した場合であって、有期雇用派遣労働者との労働契約が継続しているときは、労働者派遣の終了のみを理由としてその有期雇用派遣労働者を解雇してはならないこと。

3　適切な苦情の処理

　派遣元は、派遣労働者の苦情の申出を受ける者、派遣元において苦情の処理を行う方法、派遣元と派遣先との連携のための体制などを派遣契約において定めること。また、派遣元管理台帳に苦情の申出を受けた年月日、苦情の内容および苦情の処理状況について、苦情の申出を受け、および苦情の処理に当たった都度、記載すること。また、派遣労働者から苦情の申出を受けたことを理由として、派遣労働者に対して不利益な取扱いをしてはならないこと。

4　労働・社会保険の適用の促進

　派遣元は、その雇用する派遣労働者の就業の状況などを踏まえ、労働・社会保険の適用手続を適切に進め、労働・社会保険に加入する必要がある派遣労働者については、加入させてから労働者派遣を行うこと。ただし、新規に雇用する派遣労働者について労働者派遣を行う場合で、労働者派遣の開始後速やかに労働・社会保険の加入手続を行うときは、この限りでないこと。

5　派遣先との連絡体制の確立

　派遣元は、派遣先を定期的に巡回することなどにより、派遣労働者の就業の状況が派遣契約の定めに反していないことの確認などを行うとともに、派遣労働者の適正な派遣就業の確保のために、きめ細かな情報提供を行うなどにより、派遣先との連絡調整を的確に行うこと。

　特に、労働基準法第36条第1項の時間外・休日労働協定の内容など派遣労働者の労働時間の枠組みについては、情報提供を行うなどにより、派遣先との連絡調整を的確に行うこと。

　なお、時間外・休日労働協定の締結に当たり、過半数労働者の選出を行う場合には、労働基準法施行規則第6条の2の規定に基づき、適正に行うこと。

また、派遣元は、割増賃金などの計算に当たり、その雇用する派遣労働者の実際の労働時間などについて、派遣先に情報提供を求めること。

6　派遣労働者に対する就業条件の明示

　派遣元は、モデル就業条件明示書の活用などにより、派遣労働者に対し就業条件を明示すること。

7　労働者を新たに派遣労働者とするに当たっての不利益取扱いの禁止

　派遣元は、その雇用する労働者で派遣労働者として雇い入れた労働者以外のものを新たに労働者派遣の対象としようとする場合において、労働者が同意をしないことを理由として、解雇その他不利益な取扱いをしてはならないこと。

8　派遣労働者の雇用の安定、福祉の増進など

（1）無期雇用派遣労働者について留意すべき事項

　派遣元は、無期雇用派遣労働者の募集に当たっては、「無期雇用派遣」という文言を使用することなどにより、無期雇用派遣労働者の募集であることを明示しなければならないこと。

（2）特定有期雇用派遣労働者等について留意すべき事項

イ　派遣元が、派遣法第30条第2項の規定の適用を避けるために、業務上の必要性などなく同一の派遣労働者に関する派遣先事業所等における同一の組織単位の業務について継続して労働に従事する期間を3年未満とすることは、派遣法第30条第2項の規定の趣旨に反する脱法的な運用であって、義務違反と同視できるものであり、厳に避けるべきものであること。

ロ　派遣元は、派遣法第30条第1項（同条第2項の規定により読み替えて適用する場合を含む）の規定により同条第1項の雇用安定措置を講ずるに当たっては、雇用安定措置の対象となる特定有期雇用派遣労働者等（近い将来に該当する見込みのある者を含む）に対し、キャリア・コンサルティング（労働者の職業生活の設計に関する相談その他の援助）や労働契約の更新の際の面談などの機会を利用し、または電子メールを活用することなどにより、労働者派遣の終了後に継続して就業することの希望の有無および希望する雇用安定措置の内容を把握すること。

ハ　派遣元は、雇用安定措置を講ずるに当たっては、雇用安定措置の対象とな

る特定有期雇用派遣労働者等の希望する雇用安定措置を講ずるよう努めること。

また、派遣元は、特定有期雇用派遣労働者が派遣先での直接雇用を希望する場合には、派遣先での直接雇用が実現するよう努めること。
ニ 派遣元は、雇用安定措置を講ずるに当たっては、雇用安定措置の対象となる特定有期雇用派遣労働者等の労働者派遣の終了の直前ではなく、早期に特定有期雇用派遣労働者等の希望する雇用安定措置の内容について聴取した上で、十分な時間的余裕をもって着手すること。
（3）労働契約法の適用について留意すべき事項
イ 派遣元は、派遣労働者についても労働契約法の適用があることに留意すること。
ロ 派遣元が、その雇用する有期雇用派遣労働者について、有期雇用派遣労働者からの労働契約法第18条第1項の規定による期間の定めのない労働契約の締結の申込みを妨げるために、有期雇用派遣労働者に関する期間の定めのある労働契約の更新を拒否し、また、空白期間を設けることは、同条の規定の趣旨に反する脱法的な運用であること。
ハ 有期雇用派遣労働者の通勤手当に関する労働条件が、期間の定めがあることにより同一の派遣元と期間の定めのない労働契約を締結している労働者の通勤手当に関する労働条件と相違する場合においては、その労働条件の相違は、労働契約法第20条の規定により、労働者の業務の内容及び当該業務に伴う責任の程度（職務の内容）、職務の内容及び配置の変更の範囲その他の事情を考慮して、不合理と認められるものであってはならないこと。
（4）派遣労働者等の適性、能力、経験、希望などに適合する就業機会の確保など

派遣元は、派遣労働者等について、その適性、能力、経験などを勘案して、最も適した就業の機会の確保を図るとともに、就業する期間および日、就業時間、就業場所、派遣先における就業環境などについて派遣労働者等の希望と適合するような就業機会を確保するよう努めなければならないこと。

また、派遣労働者等はその有する知識、技術、経験などを活かして就業機会を得ていることに鑑み、派遣元は、派遣法第30条の2の規定による教育訓練な

どの措置を講じなければならないほか、就業機会と密接に関連する教育訓練の機会を確保するよう努めなければならないこと。
（5）派遣労働者に対するキャリアアップ措置
イ　派遣元は、その雇用する派遣労働者に対し、派遣法第30条の2第1項の規定による教育訓練を実施するに当たっては、基準に適合した教育訓練計画に基づく教育訓練を行わなければならないこと。
ロ　派遣元は、派遣労働者として雇用しようとする労働者に対し、労働契約の締結時までに教育訓練計画を周知するよう努めること。
　　また、派遣元は、教育訓練計画に変更があった場合は、その雇用する派遣労働者に対し、速やかにこれを周知するよう努めること。
ハ　派遣元は、その雇用する派遣労働者が教育訓練計画に基づく教育訓練を受講できるよう配慮しなければならないこと。
　　特に、教育訓練計画の策定に当たっては、派遣元は、教育訓練の複数の受講機会を設け、または開催日時や時間の設定について配慮することなどにより、可能な限り派遣労働者が教育訓練を受講しやすくすることが望ましいこと。
ニ　派遣元は、その雇用する派遣労働者のキャリアアップを図るため、教育訓練計画に基づく教育訓練を実施するほか、更なる教育訓練を自主的に実施するとともに、教育訓練に関する派遣労働者の費用負担を実費程度とすることで、派遣労働者が教育訓練を受講しやすくすることが望ましいこと。
ホ　派遣元は、その雇用する派遣労働者のキャリアアップを図るとともに、その適正な雇用管理に資するため、労働者派遣の期間および派遣就業をした日、従事した業務の種類、教育訓練を行った日時およびその内容などを記載した書類を保存するよう努めること。
（6）派遣先の労働者との均衡に配慮した取扱い
イ　派遣元は、その雇用する派遣労働者の賃金の決定に当たっては、派遣法第30条の3第1項の規定の趣旨を踏まえ、派遣労働者の従事する業務と同種の業務に従事する派遣先に雇用される労働者の賃金水準との均衡を考慮しつつ、派遣労働者の従事する業務と同種の業務に従事する一般の労働者の賃金水準または派遣労働者の職務の内容、能力若しくは経験などを勘案するよう

努めること。
　　　　また、派遣元は、派遣労働者の職務の成果、意欲などを適切に把握し、職務の成果などに応じた適切な賃金を決定するよう努めること。
　ロ　派遣労働者の従事する業務と同種の業務に従事する派遣先に雇用される労働者の賃金水準との均衡を考慮した結果のみをもって、派遣労働者の賃金を従前より引き下げるような取扱いは、派遣法第30条の1第1項の規定の趣旨を踏まえた対応とはいえないこと。
　ハ　派遣元は、労働者派遣に関する料金の額に関する派遣先との交渉が派遣労働者の待遇の改善にとって極めて重要であることを踏まえつつ、交渉に当たるよう努めること。
　ニ　派遣元は、労働者派遣に関する料金の額が引き上げられた場合には、可能な限り、派遣労働者の賃金を引き上げるよう努めること。
　ホ　派遣元は、派遣法第30条の3第2項の規定の趣旨を踏まえ、業務を円滑に遂行する上で有用な物品の貸与や教育訓練の実施などを始めとする派遣労働者の福利厚生などの措置について、派遣労働者の従事する業務と同種の業務に従事する派遣先に雇用される労働者の福利厚生などの実状を把握し、派遣先に雇用される労働者との均衡に配慮して必要な措置を講ずるよう努めること。
　ヘ　派遣元は、派遣労働者が派遣法第31条の2第2項の規定により説明を求めたことを理由として、派遣労働者に対して不利益な取扱いをしてはならないこと。
（7）同一の組織単位の業務への労働者派遣
　派遣元が、派遣先事業所等における同一の組織単位の業務について継続して3年間同一の派遣労働者の労働者派遣を行った場合において、派遣労働者が希望していないにもかかわらず、労働者派遣の終了後3月が経過した後に、同一の組織単位の業務について再度その派遣労働者を派遣することは、派遣労働者のキャリアアップの観点から望ましくないこと。
（8）障害者である派遣労働者の有する能力の有効な発揮の支障となっている事情の改善を図るための措置
　派遣元は、障害者雇用促進法第2条第1号に規定する障害者である派遣労働

者から派遣先の職場において障害者である派遣労働者の有する能力の有効な発揮の支障となっている事情の申出があった場合または派遣先からその事情に関する苦情があった旨の通知を受けた場合などにおいて、障害者雇用促進法第36条の3の規定による措置を講ずるに当たって、その障害者である派遣労働者と話合いを行い、派遣元において実施可能な措置を検討するとともに、必要に応じ、派遣先と協議などを行い、協力を要請すること。

9　関係法令の関係者への周知

派遣元は、派遣法の規定による派遣元および派遣先が行うべき措置の内容ならびに派遣法第3章第4節に規定する労働基準法などの適用に関する特例など関係法令の関係者への周知の徹底を図るために、説明会などの実施、文書の配布などの措置を講ずること。

10　個人情報の保護

(1)　個人情報の収集、保管および使用

イ　派遣元は、派遣労働者となろうとする者を登録する際にはその希望、能力および経験に応じた就業の機会の確保を図る目的の範囲内で、派遣労働者として雇用し労働者派遣を行う際には派遣労働者の適正な雇用管理を行う目的の範囲内で、派遣労働者等の個人情報を収集することとし、次の個人情報を収集してはならないこと。ただし、特別な業務上の必要性が存在することその他業務の目的の達成に必要不可欠であって、収集目的を示して本人から収集する場合はこの限りでないこと。

(イ)　人種、民族、社会的身分、門地、本籍、出生地その他社会的差別の原因となるおそれのある事項

(ロ)　思想および信条

(ハ)　労働組合への加入状況

ロ　派遣元は、個人情報を収集する際には、本人から直接収集し、または本人の同意の下で本人以外の者から収集するなど適法かつ公正な手段によらなければならないこと。

ハ　派遣元は、高等学校もしくは中等教育学校または中学校もしくは義務教育学校の新規卒業予定者であって派遣労働者となろうとする者から応募書類の提出を求めるときは、職業安定局長の定める書類によりその提出を求めるこ

と。
ニ　個人情報の保管または使用は、収集目的の範囲に限られること。なお、派遣労働者として雇用し労働者派遣を行う際には、派遣事業制度の性質上、派遣元が派遣先に提供することができる派遣労働者の個人情報は、派遣法第35条第1項の規定により派遣先に通知すべき事項のほか、派遣労働者の業務遂行能力に関する情報に限られるものであること。

　　ただし、他の保管もしくは使用の目的を示して本人の同意を得た場合または他の法律に定めのある場合は、この限りでないこと。

（2）適正管理

イ　派遣元は、その保管または使用する個人情報に関し、次の措置を適切に講ずるとともに、派遣労働者等からの求めに応じ、措置の内容を説明しなければならないこと。

（イ）個人情報を目的に応じ必要な範囲において正確かつ最新のものに保つための措置

（ロ）個人情報の紛失、破壊および改ざんを防止するための措置

（ハ）正当な権限を有しない者による個人情報へのアクセスを防止するための措置

（ニ）収集目的に照らして保管する必要がなくなった個人情報を破棄または削除するための措置

ロ　派遣元が、派遣労働者等の秘密に該当する個人情報を知り得た場合には、個人情報が正当な理由なく他人に知られることのないよう、厳重な管理を行わなければならないこと。

ハ　派遣元は、次の事項を含む個人情報適正管理規程を作成し、これを遵守しなければならないこと。

（イ）個人情報を取り扱うことができる者の範囲に関する事項

（ロ）個人情報を取り扱う者に対する研修など教育訓練に関する事項

（ハ）本人から求められた場合の個人情報の開示または訂正（削除を含む）の取扱いに関する事項

（ニ）個人情報の取扱いに関する苦情の処理に関する事項

ニ　派遣元は、本人が個人情報の開示または訂正の求めをしたことを理由とし

て、当該本人に対して不利益な取扱いをしてはならないこと。
（3）個人情報保護法の遵守など
　（1）及び（2）に定めるもののほか、派遣元は、個人情報保護法第2条第3項に規定する個人情報取扱事業者に該当する場合には、個人情報保護法第4章第1節に規定する義務を遵守しなければならないこと。また、個人情報取扱事業者に該当しない場合であっても、個人情報取扱事業者に準じて、個人情報の適正な取扱いの確保に努めること。
11　派遣労働者を特定することを目的とする行為に対する協力の禁止など
（1）派遣元は、紹介予定派遣の場合を除き、派遣先による派遣労働者を特定することを目的とする行為に協力してはならないこと。なお、派遣労働者等が、自らの判断の下に派遣就業開始前の事業所訪問もしくは履歴書の送付または派遣就業期間中の履歴書の送付を行うことは、派遣先によって派遣労働者を特定することを目的とする行為が行われたことには該当せず、実施可能であるが、派遣元は、派遣労働者等に対してこれらの行為を求めないなど派遣労働者を特定することを目的とする行為への協力の禁止に触れないよう十分留意すること。
（2）派遣元は、派遣先との間で派遣契約を締結するに当たっては、職業安定法第3条の規定を遵守するとともに、派遣労働者の性別を派遣契約に記載し、かつ、これに基づき派遣労働者を派遣先に派遣してはならないこと。
（3）派遣元は、派遣先との間で派遣契約を締結するに当たっては、派遣元が派遣先の指揮命令の下に就業させようとする労働者について、障害者であることを理由として、障害者を排除し、またはその条件を障害者に対してのみ不利なものとしてはならず、かつ、これに基づき障害者でない派遣労働者を派遣先に派遣してはならないこと。
12　安全衛生に関する措置
　派遣元は、派遣労働者に対する雇入れ時および作業内容変更時の安全衛生教育を適切に行えるよう、派遣労働者が従事する業務に関する情報を派遣先から入手すること、健康診断などの結果に基づく就業上の措置を行うに当たって、派遣先の協力が必要な場合には、派遣先に対して、措置の実施に協力するよう要請することなど派遣労働者の安全衛生に関する措置を行うため、派遣先と必

要な連絡調整などを行うこと。
13　紹介予定派遣
（1）紹介予定派遣を受け入れる期間
　派遣元は、紹介予定派遣を行うに当たっては、6か月を超えて、同一の派遣労働者の労働者派遣を行わないこと。
（2）派遣先が職業紹介を希望しない場合または派遣労働者を雇用しない場合の理由の明示
　派遣元は、紹介予定派遣を行った派遣先が職業紹介を受けることを希望しなかった場合または職業紹介を受けた派遣労働者を雇用しなかった場合には、派遣労働者の求めに応じ、派遣先に対し、それぞれその理由を書面の交付またはファクシミリ・電子メール送信により明示するよう求めること。また、派遣先から明示された理由を、派遣労働者に対して書面の交付またはファクシミリ・電子メールの送信（ファクシミリ・電子メールの送信は、派遣労働者が希望した場合に限る）により明示すること。
（3）派遣元は、派遣先が障害者に対し、面接その他紹介予定派遣の派遣労働者を特定することを目的とする行為を行う場合に、障害者雇用促進法第36条の2または第36条の3の規定による措置を行うに当たっては、障害者と話合いを行い、派遣元において実施可能な措置を検討するとともに、必要に応じ、派遣先と協議などを行い、協力を要請すること。
14　情報の提供
　派遣元は、派遣労働者および派遣先が良質な派遣元を適切に選択できるよう、労働者派遣の実績、派遣料金の額の平均額から派遣労働者の賃金の額の平均額を控除した額を派遣料金の額の平均額で除して得た割合（マージン率）、教育訓練に関する事項などに関する情報を事業所への書類の備付け、インターネットの利用その他の適切な方法により提供すること。特に、マージン率の情報提供に当たっては、常時インターネットの利用により広く関係者とりわけ派遣労働者に必要な情報を提供することを原則とすること。
　また、労働者派遣の期間の区分ごとの雇用安定措置を講じた人数などの実績および教育訓練計画については、インターネットの利用その他の適切な方法により関係者に対し情報提供することが望ましいこと。

コメント84　法律に根拠のない事項、内容などを記載した指針

　派遣法第47条の4は「派遣法第24条の3および第3章第1節から第3節までの規定により派遣元および派遣先が講ずべき措置に関して、その適切かつ有効な実施を図るため必要な指針を公表する」旨規定していますので、派遣法に基づく指針であるためには「派遣法第24条の3および第3章第1節から第3節までの規定によ」るものでなければなりません。

　ところが、8（3）の「労働契約法の適用について留意すべき事項」に記載されている事項は労働契約法に関するものであり、12の「安全衛生に関する措置」に記載されている事項は労働安全衛生法に関するものですので、これらの事項は、派遣法に根拠のない事項ということになります。

　また、内容的に法律に根拠がなく、いきなり指針で記載できるのか疑問なものもあります。例えば、13（1）の「紹介予定派遣を受け入れる期間」の「紹介予定派遣を行うに当たっては、6か月を超えて、同一の派遣労働者の労働者派遣を行わないこと」という記載は、法律に規定せずに指針に記載できるとは到底思えません。ガイドライン的なものでなければ、立法権の侵害に当たるかもしれません。

　8（3）ロの「派遣元が、その雇用する有期雇用派遣労働者について、有期雇用派遣労働者からの労働契約法第18条第1項の規定による期間の定めのない労働契約の締結の申込みを妨げるために、有期雇用派遣労働者に関する期間の定めのある労働契約の更新を拒否し、また、空白期間を設けることは、同条の規定の趣旨に反する脱法的な運用であること」という記載は、派遣元以外の一般の事業主についてはこのような記載が見当たらないことからすれば、事項としても内容的にも不適切な記載といえるかもしれません。

第9章
派遣先が行わなければならない事項

概要

　派遣事業は、派遣労働者がその雇用されている派遣元ではなく、派遣先から指揮命令を受けて労働に従事するという形で事業が行われます。

　このため、派遣事業の適正な運営と派遣労働者の保護を図るためには、派遣先において、適正な労働者派遣の役務の提供の受入れと派遣労働者の就業が確保されることが必要です。

　このような観点から、派遣先は、次の事項を行う必要があります。

1　適用除外業務についての労働者派遣の役務の提供の受入れの禁止（派遣法第4条第3項）
2　無許可で派遣事業を行う者からの労働者派遣の役務の提供の受入れの禁止（派遣法第24条の2）
3　派遣先の事業所単位の派遣期間の制限の抵触日の通知（派遣法第26条第4項）
4　派遣先の事業所単位の派遣期間の制限（派遣法40条の2）
5　派遣労働者個人単位の派遣期間の制限（派遣法第40条の3）
6　派遣労働者を特定することを目的とする行為の禁止（派遣法第26条第6項）
7　1年以内に離職した労働者の労働者派遣の役務の提供の受入れの禁止（派遣法第40条の9）
8　いわゆる偽装請負による労働者派遣の役務の提供の受入れの禁止（派遣法第40条の6第1項第5号）
9　派遣契約を遵守するための措置（派遣法第39条）
10　苦情の迅速・的確な処理（派遣法第40条第1項）
11　派遣先による均衡待遇の確保（派遣法第40条第2項～第6項）
12　適正な派遣労働者の就業を確保するための措置（派遣法第40条第1項）

13　派遣労働者の雇用の努力義務（派遣法第40条の4）
14　労働者の募集情報の周知（派遣法第40条の5）
15　派遣契約の解除などに関する措置（派遣法第29条の2）
16　不当な理由による派遣契約の解除の禁止（派遣法第27条）
17　派遣先責任者の選任（派遣法第41条）
18　派遣先管理台帳の作成・記載・保存および記載事項の通知（派遣法第42条）
19　労働契約申込みみなし制度（派遣法第40条の6〜第40条の8）

また、これらの派遣先が行わなければならない措置に関して、派遣先指針および日雇指針が定められています（派遣法第47条の4）。

1 適用除外業務についての労働者派遣の役務の提供の受入れの禁止

趣旨

次の適用除外業務については、派遣事業を行うことが禁止されています（派遣法第4条第1項）が、派遣労働者を適用除外業務に従事させることも禁止されています（同条第3項）。

1）港湾運送業務（港湾労働法第2条第2号の港湾運送の業務および同条第1号の港湾以外の港湾において行われる港湾運送の業務に相当する派遣令第1条の業務）
2）建設業務（土木、建築その他工作物の建設、改造、保存、修理、変更、破壊もしくは解体の作業またはこれらの準備の作業に関する業務）
3）警備業務（警備業法第2条第1項各号の業務）
4）医療関連業務（派遣令第2条の業務）

解説

（1）適用除外業務の範囲

各適用除外業務の詳細については、第7章260〜267頁参照。

（2）違反の効果

派遣労働者を適用除外業務に従事させた派遣先は、指導・助言（同法第48条第1

項）の対象となり、指導助言を受けたにもかかわらずなお違反するおそれがあるときは勧告の対象となり（派遣法第49条の2第1項）、その勧告に従わなかったときは企業名の公表の対象となる（同条第2項）ほか、派遣先（国、特定独立行政法人、地方公共団体、特定地方独立行政法人の機関を除く）が、派遣労働者を適用除外業務に従事させたことを知らず、かつ、知らなかったことにつき過失がなかったときを除き、その時点において、派遣労働者に対し、その時点と同一の労働条件を内容とする労働契約の申込みをしたものとみなされます（同法第40条の6第1項）。

なお、適用除外業務について派遣事業を行った派遣元は、1年以下の懲役または100万円以下の罰金に処せられる（派遣法第59条第1号）ほか、許可の取消し（派遣法第14条第1項）、事業の停止命令（同条第2項）の対象となります。

また、派遣先が派遣労働者を適用除外業務に従事させた場合に、派遣労働者の就業を継続させることが著しく不適当であるときは、派遣元の法違反の有無にかかわらず、派遣元は労働者派遣の役務の提供の停止を命ぜられることがあります（派遣法第49条第2項）。

2 無許可の派遣事業を行う者からの労働者派遣の役務の提供の受入れの禁止

趣旨
派遣事業は許可を受けなければ行うことはできないため、派遣元は派遣契約を締結するに当たって、派遣事業の許可を受けている旨を明示しなければなりません（派遣法第26条第3項）が、無許可の派遣事業を行う者から労働者派遣の役務の提供を受けることも禁止されています（派遣法第24条の2）。

解説
（1）無許可の派遣事業を行う者からの労働者派遣の役務の提供の受入れの禁止
労働者派遣の役務の提供を受ける者は、許可を受けないで派遣事業を行う者から労働者派遣の役務の提供を受けいれてはなりません。

（2）違反の効果
無許可の派遣事業を行う者から労働者派遣の役部の提供を受けた者は、指導・助

言（同法第48条第1項）の対象となり、指導助言を受けたにもかかわらずなお違反するおそれがあるときは勧告の対象となり（派遣法第49条の2第1項）、その勧告に従わなかったときは企業名の公表の対象となる（同条第2項）ほか、その者（国、特定独立行政法人、地方公共団体、特定地方独立行政法人の機関を除く）が、無許可の派遣事業を行う者から労働者派遣の役務の提供を受けたことを知らず、かつ、知らなかったことにつき過失がなかったときを除き、その時点において、派遣労働者に対し、その時点と同一の労働条件を内容とする労働契約の申込みをしたものとみなされます（派遣法第40条の6第1項）。

3 派遣先の事業所単位の派遣期間の制限の抵触日の通知

趣旨

　派遣先の常用労働者との代替が生じないよう、派遣労働の利用についても原則として臨時的・一時的なものに限ることについて、運用上の配慮として規定されています（派遣法第25条）。

　このような考え方を背景として、派遣先の常用労働者との代替を防止するために、派遣先は、無期雇用の派遣労働者など派遣期間制限の対象とならない場合を除き、派遣先事業所等ごとの業務について、派遣元から原則3年までとする派遣先の事業所単位の派遣期間制限の期間（派遣可能期間）を超えて継続して労働者派遣の役務の提供を受け入れてはなりません（派遣法第40条の2第1項、第2項）。

　派遣先の事業所単位の派遣期間の制限の遵守を図るために、労働者派遣の役務の提供を受けようとする派遣先は、あらかじめ、派遣元に対し、派遣先の事業所単位の派遣期間の制限に抵触する日を通知しなければなりません（派遣法第26条第4項）。

　派遣期間の制限に抵触する日の通知がないときは、派遣元は、その通知をしない派遣先との間で、派遣契約を締結してはなりません（同条第5項）。

解説

（1）通知の方法

　派遣先の事業所単位の派遣期間の制限の抵触日の通知については、派遣契約の締

結に際し、あらかじめ、労働者派遣の役務の提供を受けようとする者から派遣元に対して、通知すべき事項を記載した書面の交付またはファクシミリ・電子メールの送信により行わなければなりません（派遣則第24条の２）。

（２）通知事項

通知しなければなければならない事項は、締結しようとする派遣契約による労働者派遣の役務の提供が派遣先の事業所単位の派遣期間の制限に抵触する最初の日です。

（３）派遣期間の延長の通知

派遣先は、派遣先の事業所単位の期間制限の派遣可能期間を延長したときは、速やかに、派遣元に対し、延長された派遣可能期間の抵触日を通知しなければなりません（派遣法第40条の２第７項）。

この通知についても、派遣先から派遣元に対して、通知すべき事項を記載した書面の交付またはファクシミリ・電子メールの送信により行わなければなりません（派遣則第33条の６）。

（４）違反の効果

事業所単位の派遣期間の制限の抵触日を通知しなかった派遣先は、派遣元が派遣契約を締結することが禁止されるほか、指導・助言（派遣法47条第１項）の対象となります。

4　派遣先の事業所単位の期間制限

趣旨

派遣労働については、派遣先の常用労働者との代替が生じないよう、労働者派遣の利用を臨時的・一時的なものに限ることを原則としています。

このため、常用労働者との代替を防止するため、派遣先は、無期雇用の派遣労働者など期間制限の対象とならない場合を除き、派遣先事業所等ごとの業務につい

て、派遣元から原則3年までとする派遣先の事業所単位の期間制限の派遣可能期間を超えて継続して労働者派遣の役務の提供を受け入れてはなりません（派遣法第40条の2第1項、第2項）。

ただし、派遣可能期間は、派遣先が派遣先の過半数組合等の意見を聴くなどの手続きを行えば、さらに3年延長することができ、その後も同様です（同条第3項から第6項）。

なお、常用代替の防止は、派遣労働者が現に派遣先で就労している常用労働者を代替することを防止するだけでなく、派遣先の常用労働者の雇用の機会が不当に狭められることを防止することも含んでいます。

また、特に、派遣先が派遣労働者を受け入れたことによりその雇用する労働者を解雇することは常用代替そのものであり、派遣労働者の利用の在り方として問題があります。

解説
(1) 派遣先の事業所単位の期間制限の例外
次の場合は、派遣先の事業所単位の期間制限の例外となります（派遣法第40条の2第1項）。
1) 派遣労働者が無期雇用である場合（同項第1号）
2) 派遣労働者が60歳以上である場合（同項第2号）
3) 事業の開始、転換、拡大、縮小または廃止のための業務で、一定の期間内に完了することが予定されている有期プロジェクト業務である場合（同項第3号イ）
4) 派遣労働者の従事する業務が1か月間に行われる日数が派遣先に雇用される通常の労働者の1か月間の所定労働日数に比し相当程度少なく、かつ、月10日以下である日数限定業務である場合（同項第3号ロ）
5) 産前産後休業・育児休業、産前休業に先行し、または産後休業・育児休業に後続する休業で、母性保護または子の養育をするための休業をする労働者を代替する業務の場合（同項第4号）
6) 介護休業、介護休業に後続する休業で、家族を介護するための休業をする労働者を代替する業務の場合（同項第5号）

各例外事由の詳細については、第7章286〜289頁参照。

(2) 事業所等とは

「事業所等」は、工場、事務所、店舗など場所的に他の事業所その他の場所から独立していること、経営の単位として人事、経理、指導監督、労働の態様などにおいてある程度の独立性があること、一定期間継続し、施設としての持続性があることなどの観点から実態に即して判断します。

「事業所」とは、雇用保険法などと同様、出張所、支所などで、規模が小さく、その上部機関などとの組織的関連ないし事務能力からみて1つの事業所という程度の独立性がないものについては、直近上位の組織に包括して全体を1つの事業所として取り扱います。

「等」には、事業を行っていない者が派遣先となる場合に労働者派遣の役務の提供を受ける場所が該当し、例えば、個人宅が派遣先になる場合は当該家庭（居宅）が、大学の研究室が派遣先になる場合は、その研究室がこれに該当します。

(3)「継続して」の取扱い

労働者派遣の役務の提供を受けていた派遣先の事業所等が新たに労働者派遣の役務の提供を受ける場合に、新たな労働者派遣と直前に受け入れていた労働者派遣との間の期間が3か月を超えないときは、直前に受け入れていた労働者派遣から継続して労働者派遣の役務の提供を受けているものとする取扱いが行われています（派遣先指針。第7章コメント74（291頁参照））。

一方、派遣可能期間の延長に関する意見聴取の手続を回避することを目的として、労働者派遣の終了後3か月が経過した後に再度労働者派遣の役務の提供を受けるような実質的に労働者派遣の役務の提供の受入れを継続する行為は、派遣法の趣旨に反するとされています。

(4) 派遣可能期間の延長

当初の派遣可能期間は3年です（派遣法第40条の2第2項）が、派遣先は、派遣先事業所等ごとの業務について3年を超える期間継続して労働者派遣の役務の提供を受けようとするときは、労働者派遣の役務の提供が開始された日から派遣先の事業所単位の期間制限の抵触日の1月前までの間（意見聴取期間）に派遣先の過半数組合等からの意見聴取などの手続を行えば、派遣可能期間を3年以内の期間延長す

ることができます。

また、延長した期間を更に延長しようとするときも同様です（同条第3項）。

1）派遣可能期間の延長に当たっての過半数組合等からの意見聴取

派遣先は、派遣可能期間を延長しようとするときは、意見聴取期間に、派遣先の過半数組合等の意見を聴かなければなりません（同条第4項）。

2）過半数組合等からの意見聴取の趣旨など

派遣先が派遣先の過半数組合等の意見を聴くことで派遣可能期間を延長できるとする趣旨は、派遣労働者の受入れを一律に制限するのではなく、現場の実状などをよく把握している労使の判断に委ねることにする点にあるとされています。

このため、派遣先の使用者と過半数組合等はお互いの意見を尊重し、実質的な話合いが行われることが期待されています。

また、意見聴取の際の説明は法律上の義務ではありませんが、過半数組合等から質問があれば説明を行うことが期待されています。

なお、法律的な義務はありませんが、最初の派遣労働者の受入れに当たっても、過半数組合等にその受入れの考え方を説明することが望ましいとされています。

3）過半数代表者の要件

過半数代表者は、次のいずれにも該当する者でなければなりません（派遣則第33条の3第2項）。

ア　労働基準法第41条第2号の管理監督者でないこと。

イ　派遣可能期間の延長に関する意見を聴取される者を選出する目的であることを明らかにして実施される投票、挙手などの方法による手続により選出された者であること。

なお、「投票、挙手など」には、労働者の話合い、持ち回り決議など労働者の過半数がその者の選任を支持していることが明確になる民主的な手続が該当します。

ただし、アに該当する者がいない事業所には、イに該当する者であることが必要です（派遣則第33条の3第2項）。

また、派遣先は、労働者が過半数代表者であること、過半数代表者になろうとしたことまたは過半数代表者として正当な行為をしたことを理由とする不利益な取扱いを行うことが禁止されています（派遣則第33条の5）。

意見を聴取した過半数代表者が、使用者の指名などの民主的な方法により選出さ

れたものではない場合、派遣可能期間の延長手続のための代表者選出であることを明らかにせずに選出された場合、管理監督者である場合には、事実上意見聴取が行われていないものと同視できるとして、労働契約申込みみなし制度が適用されます。

なお、時間外・休日労働協定（36協定）の締結の協定当事者に関して、親睦会代表との間で締結していて、過半数労働者代表でない場合には、その36協定は無効であり、36協定がなければ労働者には残業義務はないとする判例（トーコロ事件　最高裁第二小法廷平成13年6月22日　労働判例808号11頁）があります。

4）過半数組合等からの意見聴取の手続

派遣先は、派遣先の過半数組合等からの意見聴取に当たって、次のような手続を行う必要があります。

ア　意見聴取の前に、過半数組合等に次の事項を記載した書面を交付します（派遣則第33条の3第1項）。
① 労働者派遣の役務の提供を受けようとする事業所等
② 延長しようとする派遣可能期間

派遣先は、派遣可能期間を延長しようとする際に過半数組合等から意見を聴くに当たっては、派遣先事業所等の業務について、労働者派遣の開始時（再延長の場合は前の延長時）からの派遣労働者の数および派遣先が雇用する期間の定めのない労働者の数の推移に関する資料その他意見聴取の参考となる資料を過半数組合等に提供することが求められています。

また、派遣先は、過半数組合等からの求めに応じ、部署ごとの派遣労働者の数、各々の派遣労働者の派遣期間などの情報を提供することが望ましいとされています（派遣先指針）。

5）過半数組合等からの意見聴取の記録の保存

派遣先は、派遣可能期間を延長するに当たっては、次の事項を書面に記載し、事業所単位の期間制限の抵触日から3年間保存しなければなりません（派遣則第33条の3第3項）。

① 意見聴取した過半数労働組合の名称または過半数代表者の氏名

過半数代表者の場合は選出方法も併せて記載することが望ましいとされています。

② 過半数組合等に通知した事項および通知した日
③ 過半数組合等から意見を聴いた日およびその意見の内容
④ 過半数組合等に対し説明した内容
⑤ 意見を聴いて、延長しようとする派遣可能期間を変更したときは、その変更した派遣可能期間

6）派遣可能期間を延長するに当たっての労働者への周知

　派遣可能期間を延長するに当たっては、5）の事項を次のいずれかの方法によって、事業所の労働者に周知しなければなりません（派遣則第33条の3第4項）。
① 常時各作業場の見やすい場所へ掲示し、または備え付けること。
② 書面を労働者に交付すること。
③ 電子計算機に備えられたファイル、磁気ディスクその他これらに準じる物に記録し、かつ、各作業場に労働者がその記録の内容を常時確認できる機器を設置すること。

7）過半数組合等が異議を述べたときの対応方針の説明

　派遣先は、派遣可能期間の延長について意見を聴かれた過半数組合等が異議を述べたときは、事業所単位の期間制限の抵触日の前日までに、過半数組合等に対し、次の事項を説明しなければなりません（派遣法第40条の2第5項、派遣則第33条の4第1項）。
① 延長しようとする期間およびその理由
② 過半数組合等の常用代替に関する異議への対応に関する方針

　異議とは、派遣可能期間を延長することに反対する旨の意見のみならず、延長する期間を短縮する旨の意見や今回限り延長を認めるといった意見、受入派遣労働者数を減らすことを前提に延長を認めるといった条件付き賛成の意見なども含まれます。

　派遣先は、過半数組合等から、派遣可能期間が適当でない旨の意見を受けた場合には、その意見に対する派遣先の考え方を過半数組合等に説明するとともに、その意見を勘案して派遣可能期間について再検討を行うことなどにより、過半数組合等の意見を十分に尊重する必要があります。

　異議への対応に関する方針とは、例えば、派遣可能期間を延長しないことや、提示した延長する期間を短縮することなどがあります。

派遣先は、派遣可能期間を延長する際に過半数組合等から異議があった場合に、延長期間が経過したときに更に延長するに当たり、再度過半数組合等から異議があったときは、その意見を十分に尊重し、派遣可能期間の延長の中止または延長する期間の短縮、受け入れようとする派遣労働者の数の減少などの対応について検討した上で、その結論をより一層丁寧に過半数組合等に説明しなければなりません。

また、派遣先は派遣可能期間を延長する場合の過半数組合等からの意見の聴取や過半数組合等が異議を述べた場合の当該過半数組合等に対する派遣可能期間の延長の理由等の説明にあたっては、誠実に行うよう努めなければなりません（派遣法第40条の2第6項）。

8）派遣元への通知

派遣可能期間を延長したときは、速やかに、派遣元に対し、延長後の事業所単位の期間制限に抵触する最初の日を通知しなければなりません（派遣法第40条の2第7項）。

これらの通知は、書面の交付またはファクシミリ・電子メールの送信により行わなければなりません（派遣則第24条の2）。

9）その他の留意点

ア　意見聴取は、派遣先事業所等ごとに行う必要があります。

イ　過半数組合等からの意見聴取に当たっては、十分な考慮期間を設けることが必要です。

ウ　過半数組合等からの意見聴取に当たっては、十分な考慮期間を設けていれば、意見の提出期限を付けることも、期限までに意見がない場合には意見がないものとみなす旨を事前に通知した上で、そのように取り扱うことも可能です。

(5) 違反の効果

派遣先の事業所単位の期間制限に違反し、派遣可能期間を超えて労働者派遣の役務の提供の受入れを行った派遣先は、その行った行為が派遣可能期間を超えた労働者派遣の役務の提供の受入れに該当することを知らず、かつ、知らなかったことにつき過失がなかったときを除き、労働契約申込みみなし制度の対象となる（派遣法第40条の6、第40条の8）ほか、指導・助言（同法第48条第1項）の対象となり、指導助言を受けたにもかかわらずなお違反するおそれがあるときは勧告の対象とな

り（派遣法第49条の2第1項）、その勧告に従わなかったときは企業名の公表の対象となります（同条第2項）。

5 派遣労働者個人単位の期間制限

趣旨
派遣労働は雇用の安定やキャリア形成が図られにくい面があることから、派遣労働を臨時的・一時的な働き方とすることを原則としています。

このような趣旨および派遣労働者の就業への望まない固定化の防止を図るため、派遣先は、無期雇用の派遣労働者など期間制限の対象とならない場合を除き、派遣先事業所等における組織単位ごとの業務について、3年を超える期間継続して同一の派遣労働者による労働者派遣の役務の提供を受けてはなりません（派遣法第40条の3）。

解説
（1）派遣労働者個人単位の期間制限の例外

次の場合は、派遣先の事業所単位の期間制限と同様、派遣労働者個人単位の期間制限の例外となります（派遣法第40条の3）。
1）派遣労働者が無期雇用である場合
3）派遣労働者が60歳以上である場合
3）有期プロジェクト業務である場合
4）日数限定業務である場合
5）産前産後休業・育児休業、産前休業に先行し、または産後休業・育児休業に後続する休業で、母性保護または子の養育をするための休業をする労働者を代替する業務の場合
6）介護休業、介護休業に後続する休業で、家族を介護するための休業をする労働者を代替する業務の場合

各例外事由の詳細については、第7章286～289頁参照。

（2）期間の延長の禁止

派遣先の事業所単位の期間制限は延長が可能ですが、派遣先の事業所単位の期間制限が延長された場合であっても、派遣労働者個人単位の期間制限については延長することができません。

（3）組織単位

事業所等における組織単位については、課、グループなどの業務としての類似性や関連性がある組織であり、かつ、その組織の長が業務の配分や労務管理上の指揮監督権限を持つもので、派遣先における組織の最小単位よりも一般に大きな単位が想定されていますが、名称にとらわれることなく実態により判断されることになっています。

ただし、小規模の事業所などにおいては、組織単位と組織の最小単位が一致する場合もあるとされています。

（4）「継続して」の取扱い

同一の派遣労働者について、派遣先の同一の組織単位における就業の日と次回の就業の日との間の期間が3か月以下であれば、派遣先は、事業所等における組織単位ごとの業務について、継続して同一の派遣労働者による労働者派遣の役務の提供を受けているものとする取り扱いが行われています（派遣先指針。第7章コメント74（291頁）参照）。

同一の派遣労働者である場合には、派遣元が異なっても同一の派遣労働者と評価されていて、この場合には、派遣先は、派遣労働者個人単位の期間制限に違反するとして、派遣元に対し、派遣労働者の交代を要求できるとされています。

> コメント85　同一の派遣労働者である場合には、派遣元が異なっても同一の派遣労働者と評価するのは、合理的か？
> 　派遣法第35条の3は「派遣元は、派遣先事業所等における組織単位ごとの業務について、3年を超える期間継続して同一の派遣労働者に関する労働者派遣を行つてはならない」旨規定しています。
> 　ここでいう「3年を超える期間」とは、その派遣元がその労働者派遣を開始してからと考えるよりほかはないと思われます。

> そうでなければ、派遣法第35条の３は、特定の派遣元については３年よりも短い期間（３年から「その派遣労働者が他の派遣元から同一の派遣事業所等における組織単位に派遣された期間」を控除した期間）の労働者派遣しか行ってはならないと規定していることになり、極めて不合理な解釈となってしまいます。したがって、派遣法第35条の３は、派遣元が同一の派遣労働者に関する労働者派遣を行う場合であっても、３年間は適法に行うことができると解するしかありません。

一方、派遣先が、派遣先事業所等における組織単位ごとの業務について、３年を超える期間継続して同一の派遣労働者による労働者派遣の役務の提供を受けることを目的として、労働者派遣の終了後３か月が経過した後に、再度その派遣労働者による労働者派遣の役務の提供を受けることは、趣旨に反するとされています。

なお、継続して同一の派遣労働者による労働者派遣の役務の提供を受けることを目的とする場合には、派遣労働者を特定することを目的とする行為の禁止に該当する可能性が高いので、注意が必要です。

（５）違反の効果

派遣労働者個人単位の期間制限の期間を超えて労働者派遣の役務の提供の受入れを行った派遣先は、その行った行為が派遣労働者個人単位の期間制限の期間を超えて労働者派遣の役務の提供の受入れに該当することを知らず、かつ、知らなかったことにつき過失がなかったときを除き、労働契約申込みみなし制度の対象となる（同法第40条の６、第40条の８）ほか、指導・助言（同法第48条第１項）の対象となり、指導助言を受けたにもかかわらずなお違反するおそれがあるときは勧告の対象となり（同法第49条の２第１項）、その勧告に従わなかったときは企業名の公表の対象となります（同条第２項）。

6 派遣労働者を特定することを目的とする行為の禁止

労働者派遣の役務の提供を受けようとする派遣先は、紹介予定派遣の場合を除

き、派遣契約の締結に際し、派遣労働者を特定することを目的とする行為をしないよう努めなければなりません（派遣法第26条第6項）。

（1）派遣労働者を特定することを目的とする行為

「派遣労働者を特定することを目的とする行為」とは、派遣元が派遣先の指揮命令の下に就業させようとする労働者について、派遣先が、労働者派遣に先立って面接すること、労働者の履歴書を送付させること、若年者に限るなど年齢や性別によって派遣労働者をあらかじめ限定すること、短期間の派遣契約を締結し派遣先が労働者派遣の役務の提供を受けた後に更に労働者派遣の役務の提供を受ける段階で、派遣先がその派遣労働者を指名することなどが含まれます。

ただし、派遣労働者を特定することを目的とする行為の禁止は、個々の派遣労働者の特定につながる行為をしないようにすることを目的としていますので、業務に必要な技術や技能の水準を指定するため、技術・技能レベル（取得資格など）とその技術・技能の取得に必要な経験年数などを記載するいわゆるスキルシートを送付することは、派遣労働者を特定することを目的とする行為の禁止には該当しませんが、スキルシートに「当社に就労経験を有すること」のような記述を行うことは、必要とする技術を明確にしていないほか、具体的な派遣労働者が特定される可能性が高いことから適当ではありません。

（2）派遣労働者の判断で行う就業開始前の事業所訪問など

派遣労働者や派遣労働者となろうとする者が、就業予定の派遣先が適当か否かを確認するため自らの判断で就業開始前に就業予定の事業所を訪問し、あるいは履歴書を送付することは派遣先による派遣労働者を特定することを目的とする行為が行われたことには該当しませんが、派遣先は、派遣元または派遣労働者などに、これらのことを行うよう求めたりしないようにする必要があります（派遣先指針）。

（3）派遣労働者を特定することを目的とする行為に関する裁判例

派遣労働者を特定することを目的とする行為に関しては、次のような裁判例があります。

1）派遣先に対し特定行為をしないよう努力義務を課すにとどまっているから、派

遣先がこれに違反して特定行為をし、派遣元がこれに協力したとしても、直ちに不法行為になるとはいえない（リクルートスタッフィング事件　東京地裁平成17年7月20日　労働判例901号85頁）

2）派遣元が派遣労働者を派遣先の担当者に引き合わせた場合に、「顔合わせ」であるとの説明がされていたこと、派遣先による能力についての質問や試験などが実施されず、もっぱら派遣先の業務内容の説明が行われていたこと、来たときは派遣されることが決まっており、ほかに派遣先に法務職の派遣労働者として引き合わされた者はいなかったことなどの事情がある場合には、派遣労働者を特定することを目的とする行為であったとは認められない（パーソンズ等事件　東京地裁平成14年7月17日）

7　1年以内に派遣先を離職した労働者の労働者派遣の役務の提供の受入れの禁止

趣旨

　派遣事業は、常用労働者の代替防止を前提としていますので、ある企業を離職した労働者をその企業において派遣労働者として業務に従事させることは問題です。

　このため、派遣先は、労働者派遣の役務の提供を受けようとする場合に、派遣労働者が派遣先を離職した者であるときは、離職の日から起算して1年を経過するまでの間は、その派遣労働者（60歳以上の定年退職者を除く）の労働者派遣の役務の提供を受け入れてはなりません（派遣法第40条の9第1項、派遣則第33条の10第1項）。

　また、派遣先は、その派遣労働者が1年以内に派遣先を離職した者（60歳以上の定年退職者を除く）であるときは、そのことを労働者派遣する派遣元に通知しなければなりません（派遣法第40条の9第2項）。

解説

（1）禁止の対象となる労働者

　禁止の対象となる労働者は、派遣先を離職した後1年を経過しない労働者であり、正規労働者に限らず、非正規労働者も含まれます。

　ここでいう「派遣先」とは、事業所単位ではなく、事業主単位であり、例えば、

ある会社のA事業所を離職した労働者を、離職後1年を経過しない時点で、同じ会社のB事業所へ労働者派遣することは禁止されています。

なお、グループ企業への労働者派遣については、グループ企業は同一の事業主には該当しませんので、禁止の対象にはなりません。

（2）禁止の例外

禁止の例外となる「60歳以上の定年退職者」とは、60歳以上の定年年齢に達した者のことをいい、継続雇用（勤務延長・再雇用）の終了の後に離職した者（再雇用による労働契約期間満了前に離職した者などを含む）や、継続雇用中の者のような60歳以上の定年退職者と同等の者も含まれます。

「60歳以上の定年退職者」の確認は、労働基準法第22条第1項の退職証明、雇用保険法施行規則第16条の離職証明書などにより行いますが、書類による確認が困難である場合には労働者本人からの申告によることでも構いません。

（3）通知の方法

派遣労働者が1年以内に派遣先を離職した者であるときの通知は、書面の交付またはファクシミリ・電子メールの送信により行わなければなりません（派遣則第33条の10第2項）。

（4）違反の効果

離職して1年を経過していない労働者を派遣労働者として受け入れた派遣先は、指導・助言の対象となり（派遣法第48条第1項）、指導・助言を受けたにもかかわらずなお違反するおそれがあるときは勧告の対象となり（派遣法第49条の2第1項）、その勧告に従わなかったときは企業名の公表の対象となります（同条第2項）。

8 いわゆる偽装請負による労働者派遣の役務の提供の受入れの禁止（派遣法第40条の6第1項第5号）

趣旨

派遣法または派遣法第3章第4節の規定により適用される法律の規定の適用を免

れる目的で、請負その他労働者派遣以外の名目で契約を締結し、派遣契約締結の際に定めるべき事項を定めずに労働者派遣の役務の提供を受けた場合には、派遣先が派遣労働者に対して労働契約の申込みを行ったとみなされます。

解説

(1) 労働契約の申込みみなしの対象となる偽装請負

労働契約の申込みみなしの対象となる偽装請負は、派遣法または派遣法第3章第4節の規定により適用される労働基準法、労働安全衛生法、じん肺法、作業環境測定法、男女協機会均等法もしくは育児・介護休業法の規定（具体的な規定は第11章参照）の適用を免れる目的で、請負その他派遣以外の名目で契約を締結し、派遣契約の締結の際に定めるべき事項を定めずに労働者派遣を受け入れることです。

このような労働者派遣を受け入れること自体を直接禁止した規定はありませんが、このような行為に対して、いわば罰則として、派遣先が派遣労働者に対して労働契約の申込みを行ったとみなされます。

労働契約の申込みみなしの対象となる偽装請負に該当するためには、次のすべてに該当することが必要です。

1) 派遣先に派遣法または派遣法第3章第4節の規定により適用される労働基準法、労働安全衛生法、じん肺法、作業環境測定法、男女協機会均等法もしくは育児・介護休業法の規定の適用を免れる目的があること（主観的な要素）
2) 請負、準委任（委託）、その他労働者派遣以外の名目で契約を締結すること（客観的な要素）
3) 派遣契約の締結の際に定めるべき派遣法第26条第1項各号の事項を定めていないこと（客観的な要素）
4) 労働者派遣の役務の提供を受けていること（客観的な要素）

(2) 労働契約の申込みみなしの対象となる偽装請負に関する留意点

労働契約の申込みみなしの対象となる偽装請負に関する最大の問題は、行政の解釈が不適切であるということです。

例えば、請負基準疑義応答集第1集では「偽装請負」という記載をしていますが、(1)の1)から4)のすべてに該当するのではなく、請負基準疑義応答集第2集の記載と対比してみれば分かるように、「派遣事業」あるいは「派遣事業また

は労働者供給事業」のことを「偽装請負」と表現しているに過ぎませんので、請負基準疑義応答集第1集の「偽装請負」に該当するからといって、労働契約の申込みみなしの対象となることはありません。

　また、派遣取扱要領にある「○○業務の場合」に関する記載や請負基準疑義応答集第1集・第2集の記載は、派遣法第2条第1号の「労働者派遣」の定義規定や請負基準の規定に合致していない記載が数多くありますので、（1）の4）すら満たしていないものが数多くあります（第4章143～174頁参照）。注意が必要です。

（3）違反の効果

　（1）の1）から3）のすべてに該当する労働者派遣の役務の提供を受けた者は、その者（国、特定独立行政法人、地方公共団体、特定地方独立行政法人の機関を除く）が、無許可の派遣事業を行う者から労働者派遣の役部の提供を受けたことを知らず、かつ、知らなかったことにつき過失がなかったときを除き、その時点において、派遣労働者に対し、その時点と同一の労働条件を内容とする労働契約の申込みをしたものとみなされます（派遣法第40条の6第1項）。

9 派遣契約を遵守するための措置

趣旨

　派遣労働者の就業に関しては、派遣契約において、派遣元および派遣先の間で業務の内容などに応じた就業条件が定められ、その就業条件が派遣労働者に明示されます。派遣契約に定める就業条件は、派遣先において、これが遵守されるよう適切な措置が行われるべきであって、このため、派遣先は、派遣契約の就業条件に関する定めに反することのないように適切な措置を行わなければなりません（派遣法第39条）。

解説

（1）遵守するための措置を行わなければならない派遣契約の就業条件に関する定め

　派遣先が遵守するための措置を行わなければならない派遣契約の就業条件に関す

る定めは、次の事項です。
1）派遣労働者が従事する業務の内容
2）派遣労働者が労働に従事する事業所の名称・所在地その他就業の場所と組織単位
3）労働者派遣の役務の提供を受ける者のために、就業中の派遣労働者を直接指揮命令する者
4）労働者派遣の期間と派遣労働者が就業する日
5）派遣労働者の就業の開始・終了の時刻と休憩時間
6）安全衛生を確保するための措置
7）派遣労働者から苦情の申出を受けた場合における苦情の処理
8）派遣契約の解除に当たって行う派遣労働者の雇用の安定を図るための措置
9）派遣契約が紹介予定派遣である場合には、職業紹介により従事すべき業務の内容、労働条件その他の紹介予定派遣に関する事項
10）派遣先責任者
11）労働者派遣の役務の提供を受ける者が時間外・休日労働をさせることができる旨の定めをした場合には、時間外労働をさせることができる時間数または休日労働させることができる日
12）派遣元と派遣先との間で、派遣先が派遣労働者に対し、現に派遣先に雇用される労働者が通常利用している診療所、給食施設などの施設の利用、レクリエーションなどに関する施設・設備の利用、制服の貸与、教育訓練その他の派遣労働者の福祉の増進のための便宜の供与

（2）派遣契約に定める就業条件を確保するための措置
　派遣先は、派遣契約を円滑かつ的確に履行するため、次の措置その他派遣先の実態に即した適切な措置を行わなければなりません（派遣先指針）。
1）就業条件の周知徹底
　派遣労働者の業務の遂行を指揮命令する立場にある者その他の関係者に、派遣契約で定められた就業条件を記載した書面を交付するなどにより、周知の徹底を図ること。
2）就業場所の巡回

定期的に派遣労働者の就業場所を巡回し、派遣労働者の就業の状況が派遣契約に反していないことを確認すること。

3）就業状況の報告

派遣労働者を直接指揮命令する者から、定期的に派遣労働者の就業の状況について報告を求めること。

4）派遣契約の内容の遵守の指導

派遣労働者を直接指揮命令する者に対し、派遣契約の内容に違反するような業務上の指示を行わないようにすることなどの指導を徹底すること。

5）派遣契約の定めに違反する事実を知った場合の是正措置

派遣先は、派遣契約の定めに反する事実を知った場合には、これを早急に是正するとともに、派遣契約の定めに反する行為を行った者および派遣先責任者に対し派遣契約を遵守させるために必要な措置を行うこと。

6）損害賠償などの善後処理

派遣元と十分に協議した上で損害賠償などの善後処理方策を行うこと。

（3）違反の効果

派遣契約に定める就業条件を確保するための措置を行わなかった派遣先は、指導・助言（派遣法第48条第1項）の対象となります。

10 苦情の適切かつ迅速な処理

趣旨

派遣労働者の労働条件については、基本的には、雇用関係のある派遣元と派遣労働者の間で決定されるので、就業条件に対する苦情は通常派遣元に申し出ると考えられますが、派遣労働者は現実に派遣先において就業しているので、具体的な就業に伴う問題についての苦情が派遣労働者から派遣先に申し出る場合も想定されます。

このような場合には、その苦情の原因となる問題の迅速な解決を図ることが、派遣労働者の適正な就業を確保するためには必要となります。

このため、派遣先は、その指揮命令の下に労働させる派遣労働者からその就業に関し、苦情の申出を受けたときは、苦情の内容を派遣元に通知するとともに、派遣元との密接な連携の下に、誠意をもって、遅滞なく、苦情の適切かつ迅速な処理を図らなければなりません（派遣法第40条第1項）。

解説
（1）苦情の申出の方法
　派遣労働者から出される、例えば、指揮命令の方法の改善、セクシャルハラスメント、パワーハラスメント、マタニティーハラスメント、障害者である派遣労働者の有する能力の有効な発揮の支障となっている事情に関するものなどの派遣先に対する苦情の申出は、派遣先の事業主、派遣労働者を直接指揮命令する者、派遣先責任者に限らず、派遣先や派遣先に代わって派遣労働者を管理する地位にある者が認識できるのであれば申出としての効果を持ち、その方法は、書面であっても、口頭であっても、構いません。

（2）苦情の内容の派遣元への通知
　派遣先は、派遣労働者から苦情の申出を受けたときは、苦情の内容を、遅滞なく、派遣元に通知しなければなりません。ただし、派遣先において、申出を受けた苦情の解決が容易であり、現実的にその苦情を即時に処理してしまったような場合は、あえて派遣元に通知する必要はありません。

（3）苦情の処理の方法
　派遣先が適切かつ迅速な処理を図るべきである苦情には、セクシャルハラスメント、パワーハラスメント、マタニティーハラスメント、障害者である派遣労働者の有する能力の有効な発揮の支障となっている事情に関するものなどが含まれます。
　派遣労働者の苦情が、派遣先の派遣労働者への対処方法のみに起因する場合は派遣先のみで解決が可能ですが、その原因が派遣元にもある場合は、単独では解決を図ることが困難であり、派遣元と密接に連絡調整を行いつつ、その解決を図っていくことが必要です。
　いずれの場合にも中心となって処理を行うのは派遣先責任者であり、苦情の原因が派遣元にもある場合には、派遣先責任者が派遣元責任者と連絡調整を行いつつ、

その解決を図らなければなりません。

（4）派遣先の労働組合法上の使用者性に関する代表的な裁判例や中央労働委員会命令

派遣先は、派遣労働者の苦情の処理を行うに当たっては、派遣先の労働組合法上の使用者性に関する次のような代表的な裁判例や中央労働委員会命令の内容に留意する必要があります（派遣先指針）。

> 1　朝日放送事件（最高裁第3小法廷平成7年2月28日　労働判例668号11頁）
> 　労組法第7条に定める使用者は、一般に、労働契約上の雇用主をいい、雇用主以外の事業主であっても、労働者の基本的な労働条件等について、雇用主と部分的とはいえ同視できる程度に現実的かつ具体的に支配、決定することができる地位にある場合には、その限りにおいて、当該事業主は同条の「使用者」に当たる。
>
> 2　クボタ事件（東京地裁平成23年3月17日　労働判例1034号87頁、東京高裁平成23年12月21日）
> 　労組法7条にいう使用者は、労働契約関係ないしはそれに隣接ないし近似する関係を基盤として成立する団体労使関係上の一方当事者を意味し、労働契約上の雇用主が基本的にこれに該当するものの雇用主以外の者であっても、当該労働者との間に、近い将来において雇用関係が成立する現実的かつ具体的な可能性が存する者もまた、これに該当すべきと解すべきである。
> 　本件では、19年1月26日の時点で、会社が4月1日まで派遣労働者である本件従業員らを直雇用化することを決定していること、2月16日の説明会において、会社が本件従業員らに対し、直雇用化により会社の契約社員となることに同意する旨の「同意書」を配付し、2月28日までに提出している者がいること、希望すれば契約社員として採用されることになっていたことなどの事実によれば、遅くとも、2月28日に団体交渉申入れが行われた時点においては、近い将来において組合員らと労働契約関係が成立する現実的かつ具体的な可能性が存する状態にあり、労働契約関係ないしはそれに隣接ないし近似する関係を基盤として成立する団体労使関係上の一方当事者として団交申入れに応ずるべ

き労組法第7条の使用者に該当していた。

3　阪急交通社事件（東京地裁平成25年12月5日　労働判例1091号14頁）

　派遣法の原則的な枠組みにおいては、派遣労働者の労働条件は、基本的には、雇用関係のある派遣元と派遣労働者の間で決定されるものであり、派遣先は、原則として、労組法7条の使用者には当たらない。もっとも、労働者派遣が、派遣法の原則的枠組みによらない場合、例えば、労働者派遣が、原則的枠組みを超えて遂行され、派遣先が、派遣労働者の基本的労働条件を現実的かつ具体的に支配・決定している場合のほか、派遣先が同法第44条ないし第47条の2の規定により、使用者とみなされ労基法などによる責任を負うとされる労働時間、休憩、休日などの規定に違反し、かつ部分的とはいえ雇用主と同視できる程度に派遣労働者の基本的な労働条件などを現実的かつ具体的に支配、決定していると認められる場合には、決定されている労働条件などに限り、労組法7条の使用者に該当するところ、本件においては、派遣先は、労働時間管理を行っておらず、そのことにより算定された時間外労働時間に応じた割増賃金の支払を受けることを事実上困難にしている点において部分的とはいえ雇用主と同視できる程度に基本的労働条件を支配、決定していると認められることから、労働時間管理に関する要求事項につき、労組法第7条の使用者に当たる。

4　ショーワ事件（中央労働委員会平成24年10月18日）

　派遣法上の派遣先は、派遣労働者の所属する組合との関係では原則として労組法第7条の使用者には該当しないが、例えば、派遣法の枠組みまたは派遣契約で定められた基本的事項を逸脱して労働者派遣が行われている場合や、派遣法上派遣先に一定の責任や義務が課されている部分を履行していない場合などについては、労組法第7条の使用者に該当する場合があり得る。また、派遣法第40条の4の直接雇用の申込義務が発生しているだけでは認められないが、派遣先に対して派遣労働者の雇入れを求める行政勧告ないしその前段階としての行政指導がなされた場合においては、派遣先は、派遣労働者との間で近い将来において雇用関係の成立する可能性が現実的かつ具体的に存する者として労組法第7条の使用者となり得る。

　本件のように、派遣契約の範囲内での就労実態や直接雇用の申込義務が発生

していたとはいえないなどの事実関係の下では、会社は労組法第7条の使用者には該当せず、労組法第7条第1号及び第2号の不当労働行為責任を負わない。

5　東海市事件（中央労働委員会平成25年2月27日）

　市の小学校におけるＡＬＴ（外国語指導助手）業務は業務委託契約であるものの、組合員Ａの就労実態は、労働者派遣の形態にあったと認められる。しかし、市には、労働者派遣法第40条の4に基づく直接雇用（任用）の申込義務が生じていたといえず、また、近い将来において市とＡとの間で雇用関係が成立する可能性が現実的かつ具体的に存在していたと認めることはできない。そして、市は、Ａに対する就労（就労時間など）の管理および雇用（採用・配置・雇用の終了）の管理のいずれにおいても、雇用主と部分的とはいえ同視できる程度に現実的かつ具体的な支配をしていたとはいえないから、市は、Ａの直接雇用などを求める組合の団体交渉に応ずべき労組法第7条第2号の使用者に当たらない。

（5）苦情の処理に関する説明

　派遣先は、派遣労働者の受入れに際し、説明会などを開催して、派遣労働者の苦情の申出を受ける者、派遣先において苦情の処理をする方法、派遣元と派遣先との連携を図るための体制など派遣契約の内容について派遣労働者に説明することが求められています（派遣先指針）。

（6）苦情の申出を理由とする不利益取扱いの禁止

　派遣労働者から苦情の申出を受けたことを理由として、その派遣労働者に対して不利益な取扱いをすることは禁じられています（派遣先指針）。

　この禁止される「不利益な取扱い」には、苦情の申出を理由としてその派遣労働者が処理すべき業務量を増加させるなどのような派遣労働者に対して直接行う不利益取扱いのほか、苦情の申出を理由として派遣元に対して派遣労働者の交代を求めたり、派遣契約の更新を行わないなどの間接的に派遣労働者の不利益につながる行為も含まれます。

　また、派遣労働者から苦情の申出を受けたことを理由とする派遣契約の解除は、

禁止されています（派遣法第27条）。

（5）違反の効果

苦情の適切かつ迅速な処理を行わず、または苦情の申出を理由とする不利益取扱いを行った派遣先は、指導・助言（派遣法第48条第1項）の対象となります。

11 派遣先による均衡待遇の確保

趣旨

派遣労働者と派遣先の労働者との均衡待遇を推進し、派遣労働者の処遇改善を図るためには、派遣先による対応がないと処遇の改善が進まない場合があります。

このため、派遣先においても、派遣労働者の教育訓練、福利厚生、賃金に関し、必要な措置を行うことが求められています（派遣法第40条第2項～第6項）。

解説

（1）教育訓練の実施

1）派遣先による教育訓練の実施

派遣先は、派遣先の労働者に対して業務の遂行に必要な能力を付すための教育訓練を行っている場合は、派遣先の労働者と同種の業務に従事する派遣労働者に対しても、派遣元からの求めに応じ、派遣労働者が既にその業務に必要な能力を有している場合や派遣元で同様の教育訓練を行うことが可能である場合を除き、その教育訓練を行うよう配慮しなければなりません（派遣法第40条第2項）。

派遣労働者に対しては、雇用主である派遣元が必要な教育訓練を行うべき立場にありますが、派遣先の業務に密接に関連した教育訓練については、実際の就業場所である派遣先が実施する方が効果的であり、また、その実施も容易です。また、派遣労働者の教育訓練が不足している状況を踏まえることも必要です。

このため、派遣先に、派遣元からの求めに応じて、派遣先の労働者と同様の教育訓練を行う配慮義務が定められています。

配慮義務は、派遣先の労働者と同様の教育訓練を行うことが難しいときまで義務を課すものではなく、別の措置を行うことも認める趣旨であるとされています。

このため、例えば、研修機材の不足やコストが多額になるなどの事情がある場合には、派遣先の労働者は集団研修を行うが、派遣労働者に対しては同内容のDVDを視聴させるなどでも差し支えないとされています。

> コメント86　配慮義務と努力義務のその程度の軽重についての答弁の不思議
> 　平成27年5月27日の衆議院厚生労働委員会において、政府参考人である内閣法制局第4部長は「<u>派遣法におきましては、これまでも、努力義務につきましては、何らかのことを実行して実現することに向けて努力することを求めるもの</u>。これに対しまして、<u>配慮義務は、配慮の対象となりました事項の実現に向けて実際に取り組むことを義務づけるものとして整理をされて、配慮義務の方がよりその程度が高い</u>ものというふうに整理されてきて」と答弁しています。
> 　しかし、派遣法の制定時の内閣法制局の審査に一貫して携わった本書の筆者としては、そんな整理がされていたなどということは全く記憶になく、「いつからそんな整理がされたのだ？」と狐につままれたような気分です。

2）派遣元による教育訓練の実施に対する協力

　派遣先は、派遣元が派遣労働者に対し段階的かつ教育訓練を行うに当たり、あるいはその他の教育訓練や派遣労働者の自主的な能力開発などについて、派遣元から求めがあったときは、派遣元と協議を行い、派遣労働者がその教育訓練を受けられるよう可能な限り協力し、必要な便宜を図るよう努めなければなりません（派遣先指針）。

（2）福利厚生施設の利用の機会の提供

1）給食施設、休憩室および更衣室の利用の機会の提供

　派遣先は、派遣先に雇用される労働者に対して利用の機会を与える福利厚生施設のうち、給食施設、休憩室および更衣室については、その指揮命令の下に労働させる派遣労働者に対しても、利用の機会を与えるよう配慮しなければなりません（派遣法第40条第3項）。

　食堂、休憩室および更衣室は業務の円滑な遂行に資する施設であり、派遣労働者

と派遣先の労働者で別の取扱いをすることは適当でないとして、同様の取扱いをする配慮義務が派遣先に課されています。

なお、配慮義務というのは、派遣先の労働者と同様の取扱いをすることが困難な場合まで同様の取扱いを求めるものではないとされていて、例えば、定員の関係で派遣先の労働者と同じ時間帯に食堂の利用を行わせることが困難であれば別の時間帯に設定するなどの措置を行うことにより配慮義務を尽くしたと解されています。

２）その他の福利厚生施設の利用の機会の提供

派遣先は、現に派遣先に雇用される労働者が通常利用している診療所など給食施設、休憩室および更衣室以外の福利厚生施設についても、その指揮命令の下に労働させる派遣労働者に対しても、その利用に関する便宜の供与などを行うように努めなければなりません（派遣法第40条第4項）。

（３）賃金水準に関する情報の提供

派遣元は、その雇用する派遣労働者の賃金の決定に当たって、派遣労働者と同種の業務に従事する派遣先の労働者の賃金水準との均衡を考慮しつつ、派遣労働者の従事する業務と同種の業務に従事する一般の労働者の賃金水準、派遣労働者の職務の内容、職務の成果、意欲、能力、経験などを勘案して、賃金を決定するよう配慮しなければなりません（派遣法第30条の3）が、この派遣元の配慮義務を実効あるものにするためには、派遣先からの派遣先の労働者の賃金水準に関する情報の提供が不可欠です。

このため、派遣先は、派遣元の求めに応じ、その指揮命令の下に労働させる派遣労働者が従事する業務と同種の業務に従事する派遣先の労働者の賃金水準に関する情報を提供するよう配慮しなければなりません（派遣法第40条第5項）。

提供すべき情報としては、派遣先に雇用される同種の業務に従事する労働者に関する賃金水準についての情報が望ましいのですが、対外的に提供することに支障がある場合は、次のいずれか、あるいはこれらに準じた情報であっても差し支えないとされています。

１）派遣先において同種の業務に従事する労働者が属する職種（雇用グループ）について求人情報を公表したことがある場合にはその情報

２）派遣先において同種の業務に従事する労働者が属する職種（雇用グループ）の

一般的な賃金相場（業界における平均賃金など）

> コメント87　派遣労働者が従事する業務と同種の業務に従事する派遣先の労働者は誰なのか？
> 「派遣労働者が従事する業務と同種の業務に従事する派遣先の労働者は誰なのか」ということは、日本の企業のように職能型賃金を取り、職務給となっていないところでは極めて難しい問題です。
> 例えば、定期昇給制度のあるいわゆる年功序列型の賃金体系をとっていると、同じいわゆる正社員であっても、同種の業務に従事していたとしても、勤続年数その他の事情も異なってくるでしょうし、さらに、いわゆる正社員のほかに、契約社員、パート、アルバイトなどが雇用されて、その1時点をとらえれば、同種の業務に従事していると見られることもあり得ます。
> そうなると、その中で同種の業務に従事する派遣先の労働者は誰だとすればよいのか、難問です。
> 派遣先からすれば、派遣労働者は就業できる期間も限られていますので、恐らく契約社員に近いということかもしれませんが、そういう就業期間などを加味したものでなければ、比較は難しいのではないでしょうか。

（4）派遣労働者の職務遂行状況などについての情報の提供

派遣先は、派遣元において段階的かつ体系的な教育訓練やキャリアコンサルティング、賃金などに関する均衡待遇の確保のための措置が適切に行われるようにするため、派遣元の求めに応じ、派遣労働者と同種の業務に従事する派遣先の労働者の情報や、派遣先の指揮命令の下に労働させる派遣労働者の業務の遂行の状況などの情報を派遣元に提供するよう努めなければなりません（派遣法第40条第6項）。

「業務の遂行の状況」とは、仕事の処理速度や目標の達成度合いに関する情報を指し、派遣先の能力評価の基準や様式により示されたもので足りるとされています。

派遣元が派遣労働者の職務能力の評価を行う場合には、派遣労働者の業務の遂行の状況などの情報だけでなく、派遣元が自ら収集した情報に基づき評価を行うことが必要とされています。

12 適切な就業環境の維持などの措置

概要

派遣先は、派遣労働者の就業が適正かつ円滑に行われるようにするため、適切な就業環境の維持など必要な措置を行うように努めなければなりません（派遣法第40条第4項）。

解説

派遣先が適切な就業環境の維持などの措置としては、例えば次のような事項が考えられます。

（1）雇用調整により解雇した労働者が就いていたポストへの労働者派遣の受け入れ

派遣先は、雇用調整により解雇した労働者が就いていたポストへの派遣の受入れについては慎重に対応し、解雇後3か月以内に派遣労働者を受け入れる場合には、必要最小限度の労働者派遣の期間を定めるとともに、派遣先に雇用される労働者に対し労働者派遣の役務の提供を受ける理由を説明するなど派遣先の労働者の理解が得られるよう努めることが求められています（派遣先指針）。

なお、派遣先が派遣労働者を受け入れたことによりその雇用する労働者を解雇することは常用代替であり、問題です。

（2）派遣労働者に対する説明会などの開催

派遣先は、派遣労働者の受入れに際し、説明会などを開催し、派遣労働者が円滑かつ的確に就業するために必要な派遣労働者を直接指揮命令する者以外の派遣先の労働者との業務上の関係についての説明や職場生活上留意する事項についての助言などを行うことが求められています（派遣先指針）。

（3）派遣元との連絡体制の確立

派遣先は、派遣元の事業所で締結される時間外・休日労働協定の内容など派遣労

働者の労働時間の枠組みについて派遣元に情報提供を求めるなどにより、派遣元との連絡調整を的確に行うことが求められています（派遣先指針）。

（4）安全衛生に関する措置
　派遣先は、派遣労働者の安全衛生に関する措置を実施するために必要な次の協力や配慮を行うことが求められています（派遣先指針）。
1）安全衛生教育に関する協力や配慮
ア　安全衛生教育に関する情報の提供など
　派遣元が派遣労働者に対する雇入れ時および作業内容変更時の安全衛生教育を適切に行えるよう、派遣労働者が派遣先で使用する機械・設備の種類・型式の詳細、作業内容の詳細、派遣先の事業所において労働者に対する雇入れ時の安全衛生教育を行う際に使用している教材、資料など派遣労働者が従事する具体的な業務に関する情報を派遣元に対し積極的に提供するとともに、派遣元から教育カリキュラムの作成支援などの依頼があった場合には、可能な限り応じるよう努めること。
　また、派遣労働者の受入れに当たり、派遣元が行った雇入れ時や作業内容変更時の安全衛生教育の実施結果を確認すること。
イ　派遣元から安全衛生教育の委託の申入れがあった場合の対応
　派遣元から雇入れ時や作業内容変更時の安全衛生教育の委託の申入れがあった場合には、可能な限り応じるよう努めるとともに、委託の申入れに応じて安全衛生教育を実施した場合には、その結果を派遣元に報告すること。
ウ　安全衛生教育の実施結果の報告
　派遣先自らの措置として派遣労働者に作業内容変更時の安全衛生教育を実施したときは、その結果を派遣元に報告すること。
2）危険有害業務に関する連絡調整
　派遣労働者が従事する予定の業務が就業制限業務であるときは、派遣労働者がその資格を持っていることを確認し、必要な資格がない者が就業制限業務に従事することがないよう、派遣元と連絡調整を行うこと。
3）健康診断の実施後の就業上の措置などに関する連絡調整
ア　情報の提供
　派遣元が健康診断または面接指導の結果についての医師からの意見の聴取を適切

に行えるよう、派遣元に派遣労働者の労働時間を通知するほか、派遣元から派遣労働者のその他の勤務の状況や職場環境に関する情報について提供の依頼があった場合には、必要な情報を提供すること。
イ　健康診断・面接指導の結果に基づく就業上の措置に対する協力
　派遣元が健康診断または面接指導の結果に基づく就業上の措置を行うに当たり、協力するよう要請があった場合には、必要な協力を行うこと。
　この場合に、派遣元から就業上の措置に関する協力の要請があったことを理由として、派遣労働者の変更を求めることその他の派遣労働者に対する不利益な取扱いをしてはならないこと。
ウ　特殊健康診断の結果に基づく就業上の措置
　特殊健康診断の結果に基づく就業上の措置を講ずるに当たっては、あらかじめ、就業上の措置の内容について派遣労働者の意見を聴くよう努めるとともに、派遣元と連絡調整を行った上で実施すること。
　また、就業上の措置を行ったときは、派遣元に、その措置の内容に関する情報を提供すること。

４）労働災害の再発防止対策に関する連絡調整
　派遣労働者の労働災害について労働者死傷病報告を所轄労働基準監督署に提出した場合には、派遣元に対し、遅滞なく、その写しを送付するとともに、労働災害の原因、再発防止のための対策などについて必要な情報を提供すること。

５）その他の安全衛生に関する措置
　そのほか、派遣契約で定めた安全衛生に関する事項に関する措置の実施その他の安全衛生に関し必要な協力や配慮を行うこと。

（６）違反の効果
　適正な就業環境の維持などの措置を行わなかった派遣先は、指導・助言（派遣法第48条第１項）の対象となります。

13 特定有期派遣労働者の雇用の努力義務

趣旨

　派遣労働への固定化防止という趣旨で派遣労働者個人単位の期間制限が設けられていますが、これにより派遣期間の上限などに達した派遣労働者については職を失うおそれがあります。

　このため、派遣先は、派遣元から雇用安定措置として特定有期雇用派遣労働者の直接雇用の依頼を受けた場合に、引き続きその特定有期雇用派遣労働者が従事していた業務に労働者を従事させるため、派遣期間が経過した以後労働者を雇い入れようとするときは、継続して就業することを希望する直接雇用の依頼の対象の特定有期派遣労働者を雇い入れるよう努めなければなりません（派遣法第40条の4）。

解説

（1）優先雇用の対象となる特定有期派遣労働者

　優先雇用の対象となるのは、次のいずれにも該当する特定有期雇用派遣労働者です。

① 派遣先事業所等の組織単位ごとの同一の業務について1年以上継続して有期雇用派遣労働者として派遣労働に従事していたこと。

② 派遣先が派遣先事業所等の組織単位ごとの同一の業務に引き続き労働者を従事させるため、労働者派遣の受入れ期間以後労働者を雇い入れようとしていること。

③ 派遣元からその者について雇用安定措置として直接雇用の依頼があったこと。

（2）違反の効果

　派遣先への直接雇用の依頼について、直接雇用の依頼を受けた件数に対して派遣先が直接雇用した人数が著しく少ない場合には、派遣先は、その理由を聴取され、直接雇用の推進に向けた助言・指導（派遣法第48条第1項）を受けることがあります。

14 労働者の募集情報の周知

趣旨

（1）通常の労働者（正社員）の募集情報の周知

　派遣労働者の中には、いわゆる正社員での直接雇用を希望しながらも、やむを得ず派遣労働に従事している者もいることから、このような者に正社員として雇用される機会をできるだけ提供できるよう、派遣先は、派遣先事業所等において通常の労働者（正社員）の募集を行うときは、派遣先事業所等において1年以上就業している派遣労働者に対して、派遣先事業所等に掲示することなどにより、従事すべき業務の内容、賃金、労働時間その他の募集事項を派遣労働者に周知しなければなりません（派遣法第40条の5第1項）。

（2）特定有期雇用派遣労働者に対する募集情報の周知

　同一の組織単位において3年間継続して就業した派遣労働者で直接雇用を希望するものについて、機会をできるだけ提供できるよう、派遣先は、派遣先事業所等において雇用形態の如何を問わず労働者の募集を行うときは、直接雇用の依頼の対象となった特定有期雇用派遣労働者で継続して就業することを希望している者のうち派遣先事業所等の同一の組織単位において継続して3年間就業する見込みがあるものに対して、派遣先事業所等に掲示することなどにより、従事すべき業務の内容、賃金、労働時間その他の募集事項を派遣労働者に周知しなければなりません（同条第2項）。

解説

（1）通常の労働者（正社員）の募集情報の周知

1）対象となる派遣労働者

　通常の労働者（正社員）の募集情報の周知の対象となる派遣労働者は、同一の派遣先事業所等において1年以上の期間継続して就業している派遣労働者で、有期雇用派遣労働者に限らず、無期雇用派遣労働者も含まれます。

　同一の派遣先事業所等において1年以上継続して就業していれば対象となり、途中で派遣先事業所等内の組織単位を異動した場合も含まれます。

2）派遣先が行うべき具体的な措置の内容

その派遣先事業所等において労働に従事する通常の労働者の募集を行うときに、その募集情報を派遣労働者に周知しなければなりません。

「通常の労働者」とは、派遣先のいわゆる正規雇用労働者（常用雇用的な長期勤続を前提として雇用される者）を言い、有期雇用は含まないとされています（「通常の労働者」に関しては、第7章コメント72（287頁）参照）。

募集情報は、新卒の学生を対象とした全国転勤の総合職の求人情報など派遣労働者に応募資格がないことが明白である場合は周知する必要はありません。

周知の方法としては、派遣先事業所等の掲示板に求人票を貼り出すこと、直接メールなどで通知することのほか、派遣先から派遣元に募集情報を提供し、派遣元を通じて派遣労働者に周知しても差し支えありません。

派遣元を通じずに募集情報を提供した際には提供したことを派遣元にも情報提供すること、周知した内容については派遣先において記録し、保存することが望ましいとされています。

（2）同一の組織単位の業務に3年間継続就業見込みのある者に対する募集情報の周知

1）対象となる派遣労働者

対象となるのは、次の要件をいずれも満たす特定有期雇用派遣労働者です。

ア　派遣先事業所等における同一の組織単位の業務について継続して3年間就業する見込みのある特定有期雇用派遣労働者

イ　アの特定有期雇用派遣労働者について派遣元から雇用安定措置として直接雇用の依頼があったこと

2）派遣先が行うべき具体的な措置の内容

1）の特定有期雇用派遣労働者が就業している派遣先事業所等において労働者の募集を行うときは、その派遣先事業所等に、従事すべき業務の内容、賃金、労働時間その他の募集事項を掲示するなどにより派遣労働者に周知しなければなりません。

この募集情報は、正規雇用労働者に関するもののみならず、パートタイム労働者、契約社員などその派遣先事業所等において労働に従事する直接雇用の労働者に

関するものです。

ただし、特殊な資格を必要とするなどその有期雇用派遣労働者が募集条件に該当しないことが明らかな場合には周知する必要はありません。

周知の方法としては、派遣先事業所等の掲示板に求人票を貼り出すこと、直接メールなどで通知することのほか、派遣先から派遣元に募集情報を提供し、派遣元を通じて派遣労働者に周知しても差し支えありません。

派遣元を通じずに募集情報を提供した際には提供したことを派遣元にも情報提供すること、周知した内容については派遣先において記録し、保存することが望ましいとされています。

(3) 違反の効果

労働者の募集情報の周知を行わなかった派遣先は、指導・助言（派遣法第48条第1項）の対象となります。

15 派遣契約の解除などに関する措置

派遣先は、派遣契約の解除などに関して、派遣労働者の雇用の安定を図るため、次の措置を行わなければなりません（派遣法第29条の2　派遣先指針）。

(1) 派遣契約の締結に当たって行わなければならない措置

派遣契約の締結に当たって、派遣先の責に帰すべき事由により派遣契約の契約期間が満了する前に派遣契約の解除を行おうとする場合には、派遣先は派遣労働者の新たな就業機会の確保を図ること、およびこれができないときには少なくとも派遣契約の解除に伴い派遣元が派遣労働者を休業させることなどを余儀なくされることにより生ずる損害である休業手当、解雇予告手当などに相当する額以上の額について損害の賠償を行うことを定めること。

また、労働者派遣の期間を定めるに当たっては、派遣元と協力し、派遣先において労働者派遣の役務の提供を受けようとする期間を勘案して可能な限り長く定めるなど派遣労働者の雇用の安定を図るために必要な配慮をするよう努めること。

(2) 派遣契約の解除の事前の申入れ

専ら派遣先に起因する事由により、派遣契約の契約期間が満了する前の解除を行おうとする場合には、派遣元の合意を得ることはもとより、あらかじめ相当の猶予期間をもって派遣元に解除の申入れを行うこと。

(3) 派遣先における就業機会の確保

派遣契約の契約期間が満了する前に派遣労働者の責に帰すべき事由以外の事由によって派遣契約の解除が行われた場合には、派遣先の関連会社での就業をあっせんするなどにより、派遣労働者の新たな就業機会の確保を図ること。

(4) 損害賠償など

派遣先の責に帰すべき事由により派遣契約の契約期間が満了する前に派遣契約の解除を行おうとする場合には、派遣労働者の新たな就業機会の確保を図ることとし、これができないときには、少なくとも派遣契約の解除に伴い派遣元が派遣労働者を休業させることなどを余儀なくされたことにより生じた損害の賠償を行うこと。

例えば、派遣元が派遣労働者を休業させる場合は休業手当に相当する額以上の額について、派遣元がやむを得ない事由により派遣労働者を解雇する場合には、派遣先による解除の申入れが相当の猶予期間をもって行われなかったことにより派遣元が解雇の予告をしないときは30日分以上、予告をした日から解雇の日までの期間が30日に満たないときは解雇の日の30日前の日から予告の日までの日数分以上の賃金に相当する額以上の額について、損害賠償を行うこと。

その他派遣先は派遣元と十分に協議した上で適切な善後処理方策を行うこと。

また、派遣元および派遣先の双方に責に帰すべき事由がある場合には、派遣元および派遣先のそれぞれの責に帰すべき部分の割合についても十分に考慮すること。

なお、派遣元が派遣労働者を休業させる場合における休業手当に相当する額、または派遣元がやむを得ない事由により派遣労働者を解雇する場合における解雇予告手当に相当する額については、派遣元に生ずる損害の例示であり、休業手当および解雇予告手当以外のものについても、それが派遣先の責に帰すべき事由により派遣元に実際に生じた損害であれば、派遣先は賠償を行うこと。

(5) 派遣契約の解除の理由の明示

派遣契約の契約期間が満了する前に派遣契約の解除を行おうとする場合に派遣元から請求があったときは、派遣契約の解除を行った理由を派遣元に明らかにすること。

(6) 違反の効果

派遣契約の解除などに関する措置を行わなかった派遣先は、指導・助言（派遣法第48条第1項）の対象となります。

16 不当な理由による派遣契約の解除の禁止

趣旨

派遣契約は、派遣元と派遣先との間の契約であり、派遣労働者の就業条件について定められることはあるにせよ、派遣労働者と派遣元との間の労働契約と直ちに結びつくものではありません。

その意味では、派遣契約の終了が、派遣労働者の雇用関係の終了に直ちに結びつくものではありませんが、派遣労働者の場合、派遣先において就業するのは派遣契約に基づくものであり、派遣契約の終了は、少なくとも、その派遣先における就業が終了することにつながり、その就業の終了が実態的に雇用関係の終了に結びつく可能性があることは否定できません。

このため、派遣先による派遣契約の解除について、不当な理由によって行われることを制限する必要があります。

このような趣旨で、派遣先による派遣労働者の国籍、信条、性別、社会的身分、派遣労働者が労働組合の正当な行為をしたことなどの不当な理由による派遣契約の解除は禁止されています（派遣法第27条）。

解説

（1）禁止の対象となる「解除」

禁止されるのは、派遣契約の一部であるか全部であるかを問わず、これを解除する行為です。

なお、派遣先が派遣元と合意のうえで派遣契約を解除する場合であっても、派遣法第27条に規定している事由を理由とする限り、その解除は、派遣先について禁止されます。

派遣法第27条に違反して派遣契約を解除した場合には、その解除は公序良俗に反するものとして無効となります。

このため、派遣先が解除を主張したとしても、派遣元は解除の無効を主張して契約の履行を求めることができ、さらに、損害を被った場合には損害賠償の請求をすることができます。

(2) 派遣契約の解除が禁止される事由

「国籍」とは、国民たる資格で、「信条」とは特定の宗教的または政治的信念を、「社会的身分」とは生来的な地位をそれぞれいいます。

「労働組合の正当な行為」とは、労働組合の社会的相当行為として許容されるものであり、具体的には、団体交渉、争議行為その他労働組合の行為であって正当なものをいいます。

なお、例えば、いわゆる政治ストや山猫ストのように労働組合の正当でない行為はこれに該当しません。

派遣法第27条で派遣契約の解除が禁止される事由は、あくまでも例示ですので、これ以外にも労働関係において形成されている公序に反する事由により派遣契約を解除することは禁止されます。

具体的には人種、門地、女性労働者が婚姻し、妊娠し、出産したこと、障害者であること、労働組合の組合員であること、労働組合に加入し、またはこれを結成しようとしたこと、派遣先へ苦情を申し出たこと、派遣先が法に違反したことを関係行政機関に申告したことなどが含まれます。

また、「理由として」とは、国籍、信条、性別、社会的身分、派遣労働者が労働組合の正当な行為をしたことなどの事由が派遣契約の解除の決定的原因となっていると判断される場合をいい、その事由が決定的原因であるものか否かについては、個々具体的な事実に即して判断されます。

(3) 違反の効果

派遣法第27条に違反して不当な理由により派遣契約を解除した派遣先は、その解除は公序良俗に反するものとして無効となるほか、指導・助言（派遣法第48条第1項）の対象となります。

17 派遣先責任者の選任

趣旨

派遣労働者に関する派遣先による適正な就業の管理を行うため、派遣先は、派遣労働者に関する派遣先の就業管理の責任を一元的に負う「派遣先責任者」を選任しなければなりません（派遣法第41条）。

解説

(1) 派遣先責任者の選任

派遣先は、派遣労働者の就業に関し（5）の事項を行わせるため、派遣先責任者を選任しなければなりません（労働者派遣法と労働安全衛生法の選任に関する規定の違いについては、第8章コメント83（349頁）参照）。

(2) 派遣先責任者に求められる能力

派遣先責任者については、派遣元責任者のような選任要件はありませんが、労働関係法令に関する知識のある者であること、人事・労務管理などについて専門的な知識または相当期間の経験のある者であること、派遣労働者の就業に関する事項について一定の決定・変更を行うことのできる権限がある者であることなど派遣先責任者の職務を的確に遂行することができる者を選任するよう努めることが求められています（派遣先指針）。

(3) 派遣先責任者の選任方法

派遣先責任者は、次の方法により選任しなければなりません（派遣則第34条）。
1) 派遣先事業所等ごとに専属の派遣先責任者として自己の雇用する労働者（派遣先の事業主、法人の場合はその役員を含む）の中から選任すること。

なお、専属とはその派遣先責任者の業務のみを行うということではなく、他の派遣先事業所等の派遣先責任者と兼任しないという意味です。
2）派遣先事業所等の派遣労働者の数1人以上100人以下を1単位とし、1単位につき1人以上ずつ選任すること。

ただし、派遣先事業所等における派遣労働者の数とその派遣先事業所等で直接雇用する労働者の数を足した数が5人以下のときは、派遣先責任者を選任する必要はありません。

（4）製造業務専門派遣元責任者の選任

製造業務に派遣労働者を従事させる派遣先事業所等の場合には、製造業務に従事させる派遣労働者の数について1人以上100人以下を1単位とし、1単位につき1人以上ずつ、製造業務に従事させる派遣労働者を専門に担当する「製造業務専門派遣先責任者」を、選任しなければなりません（派遣則第34条第3号）。

ただし、製造業務に従事させる派遣労働者の数が50人以下の派遣先事業所等については、製造業務専門派遣先責任者を選任する必要はありません。

また、製造業務専門派遣先責任者のうち1人は、製造業務以外の業務へ労働者派遣された派遣労働者を併せて担当することができます。

さらに、製造業務に従事させる派遣労働者と製造業務に付随する製造業務以外の業務（製造付随業務）に従事させる派遣労働者を、同一の派遣先責任者が担当することが、製造付随業務に従事させる派遣労働者の安全衛生の確保のために必要な場合には、製造業務に従事させる派遣労働者と製造付随業務に従事させる派遣労働者の合計数が100人を超えない範囲内で、製造業務専門派遣先責任者に、製造付随業務に従事させる派遣労働者を併せて担当させることができます。

（5）派遣先責任者の職務

派遣先責任者は、次の職務を行います。
1）次の事項の内容を、派遣労働者の業務の遂行を指揮命令する職務上の地位にある者その他の関係者に周知すること。
ア　派遣法および派遣法第3章第4節の労働基準法などの適用に関する特例などにより適用される法令の規定

イ 派遣労働者の就業条件に関する派遣契約の定め
ウ 派遣労働者に関する派遣元からの通知
　なお、「派遣労働者の業務の遂行を指揮命令する職務上の地位にある者」とは、派遣労働者を直接指揮命令する者だけではなく、派遣労働者の就業の在り方を左右する地位に立つ者全てを含み、「その他の関係者」とは、派遣労働者の就業に関わりのある者全てをいいます。
2）派遣先の事業所単位の期間制限に関する派遣可能期間の延長の通知
3）派遣先における教育訓練の実施状況、福利厚生施設および派遣元に提供した賃金水準に関する資料の把握などの均衡待遇の確保に関すること
4）派遣先管理台帳の作成・記録・保存および記載事項の派遣元への通知
5）派遣労働者から申出を受けた苦情の処理
6）派遣労働者の安全衛生に関する派遣先の安全管理者、衛生管理者など労働者の安全衛生に関する業務を統括する者および派遣元責任者などとの次の事項などについての連絡調整
ア 一般定期健康診断、有害業務従事者に対する特殊健康診断などの健康診断の実施時期、内容、有所見の場合の就業場所の変更などの措置
イ 雇入れ時の安全衛生教育、作業内容変更時の安全衛生教育、特別教育、職長等教育などの安全衛生教育の時期、内容、実施責任者など
ウ 派遣契約で定めた安全衛生に関する事項の実施状況
エ 労災事故などが発生した場合の内容・対応状況
7）そのほか、派遣元責任者との間の派遣労働者の就業に伴い生じた問題の解決に向けた連絡調整を行うこと。

（6）派遣先責任者講習の受講の奨励

　派遣先は、選任した派遣先責任者について、派遣労働者の就業に関する派遣法や労働基準法などの趣旨、派遣先責任者の職務、必要な事務手続などに関する適切な知識を取得できるよう、「派遣先責任者講習」を受講させることが望ましいとされています。

（7）違反の効果

派遣先責任者を所定の方法により選任しなかった派遣先は、30万円以下の罰金に処せられる（派遣法第61条第3号）ほか、指導・助言（派遣法第48条第1項）の対象となります。

18 派遣先管理台帳

概要

派遣先は、労働日、労働時間などの派遣労働者の就業実態を的確に把握するため、派遣労働者の就業に関し、派遣先管理台帳を作成し、派遣労働者ごとに所定の事項を記載し（派遣法第42条第1項）、派遣労働者の就業に関する紛争の解決を図り、行政による指導監督の用に供するため、派遣先管理台帳を3年間保存する（同条第2項）とともに、派遣元の適正な雇用管理に資するため、台帳の所定の記載事項を派遣元に通知しなければなりません（同条第3項）。

解説

（1）派遣先管理台帳の作成

派遣先管理台帳は、派遣労働者の就業する派遣先事業所等ごとに作成しなければなりません。

ただし、派遣先事業所等における派遣労働者の数とその派遣先で直接雇用する労働者の数を足した数が5人以下のときは、派遣先管理台帳を作成する必要はありません（派遣則第35条第1項、第3項）。

（2）派遣先管理台帳の記載

派遣先管理台帳は、記載する各事項が確定する都度記載しなければなりません（派遣則第35条第2項）。

このため、記載する各事項の内容により記載時期は異なっており、例えば、派遣労働者の氏名や派遣元の氏名または名称については労働者派遣を受ける際に既に記載されている必要がありますが、就業した日ごとの始業・終業の時刻については、一般的には就業日の就業が終了した段階で遅滞なく記載します。

また、苦情の処理に関する事項の派遣先管理台帳への記載は、派遣労働者から苦情の申出を受け、および苦情の処理に当たった都度行わなければなりません。

（3）派遣先管理台帳の記載事項
　派遣先管理台帳には、次の事項について派遣労働者ごとに記載しなければなりません（派遣法第42条第1項、派遣則第36条）。
1）派遣労働者の氏名
2）派遣元の氏名または名称
　派遣元が個人の場合は氏名を、法人の場合は名称を記載します。
3）派遣元の事業所の名称
4）派遣元の事業所の所在地
　派遣先が必要な場合に派遣元を直接訪れて連絡がとれる程度の内容であることが必要です。
5）無期雇用派遣労働者か有期雇用派遣労働者かの別
6）派遣労働者が就業をした日
　実際に派遣労働者が就業した日の実績を記載します。
7）派遣労働者が就業をした日ごとの始業・終業時刻および休憩した時間
　実際の始業・終業の時刻および休憩時間の実績を記載します。
8）従事した業務の種類
　従事した業務の内容については、可能な限り詳細に記載します。
　派遣令第4条第1項各号の業務について労働者派遣をするときは、その号番号を付けます。
9）派遣労働者が労働に従事した事業所の名称および所在地その他就業をした場所ならびに組織単位
10）派遣労働者から申出を受けた苦情の処理に関する事項
　苦情の申出を受けた年月日、苦情の内容および苦情の処理状況について、苦情の申出を受け、および苦情の処理に当たった都度記載するとともに、その内容を派遣元に通知します。
　また、派遣労働者から苦情の申出を受けたことを理由として、派遣労働者に対して不利益な取扱いをしてはなりません（派遣先指針）。

11) 紹介予定派遣の場合は、①紹介予定派遣であること、②派遣労働者を特定することを目的とする行為を行った場合には、特定目的行為の内容および複数人から派遣労働者の特定を行った場合には特定の基準、③採否の結果、④職業紹介を受けることを希望しなかった場合または職業紹介を受けた者を雇用しなかった場合には、その理由
12) 教育訓練を行った日時および内容

業務の遂行の過程内における実務を通じた実践的な技能およびこれに関する知識の習得に係る教育訓練（OJT）であって計画的に行われるものならびに業務の遂行の過程外において行われる教育訓練（off-JT）（派遣則第35条の2）について記載します
13) 派遣先責任者および派遣元責任者
14) 60歳以上の者か否かの別
15) 有期プロジェクトの場合は、有期プロジェクトであること。
16) 日数限定業務の場合は、①日数限定業務であること、②派遣先においてその業務が1か月間に行われる日数、③派遣先の通常の労働者の1か月間の所定労働日数
17) 育児休業などの代替要員の場合は、休業する労働者の氏名および業務ならびに休業の開始・終了予定の日
18) 介護休業などの代替要員の場合は、休業する労働者の氏名および業務ならびに休業の開始・終了予定の日
19) 派遣元から通知を受けた派遣労働者の健康保険、厚生年金保険および雇用保険の被保険者資格取得届の提出の有無

「無」の場合は、その具体的な理由を付けます。

派遣労働者について被保険者資格の取得届の提出がなされていない場合には、派遣元は、その「具体的な」理由を派遣先に通知しなければならず、「労働契約の期間が6週間であり、引き続き雇用されることが見込まれないため」「現在、必要書類の準備中であり、今月の○日には届出予定」など適用基準を満たしていない具体理由または手続の具体的状況が明らかとなるようなものでなければなりません。

（4）派遣先管理台帳の保存

派遣先は、派遣先管理台帳を労働者派遣の終了の日から3年間保存しなければなりません（派遣法第42条第2項、派遣則第37条）。

「労働者派遣の終了の日」とは、労働者派遣の役務の提供を受ける際に、派遣元から通知を受けた派遣労働者の労働者派遣の期間の終了の日であり、派遣契約が更新された場合は、更新に当たって通知された派遣労働者の派遣期間の終了の日です。

（5）派遣元への通知
1）通知すべき事項

派遣先は、派遣先管理台帳の記載した次の事項を派遣元に通知しなければなりません（派遣法第42条第3項、派遣則第38条）。

1）派遣労働者の氏名
2）派遣労働者が就業をした日
3）派遣労働者が就業をした日ごとの始業・終業時刻および休憩した時間
4）従事した業務の種類
5）派遣労働者が労働に従事した派遣先事業所等および組織単位

2）通知の方法

派遣元への通知は、1か月ごとに1回以上、一定の期日を定めて派遣労働者ごとに通知すべき事項を記載した書面の交付またはファクシミリ・電子メール送信によらなければなりません（派遣則第38条第1項）。

また、派遣元から請求があったときは、遅滞なく、派遣労働者ごとの書面の交付またはファクシミリ・電子メール送信により通知しなければなりません（派遣則第38条第2項）。

（6）違反の効果

派遣先管理台帳の作成・記載・保存・所定の記載事項の派遣元への通知を行わなかった派遣先は、30万円以下の罰金に処せられる（派遣法第61条第3号）ほか、指導・助言（派遣法第48条第1項）の対象となります。

19 労働契約申込みみなし制度

趣旨

　派遣先の重大な法違反行為を防止するとともに、派遣労働者の中には派遣先に直接雇用されることを希望する者もいることから派遣先に直接雇用される機会を確保するため、労働契約申込みみなし制度が設けられており、国・特定独立行政法人および地方公共団体・特定地方独立行政法人の機関以外の派遣先が一定の重大な法違反行為を行った場合には、派遣先が、その行った行為がその重大な法違反行為に該当することを知らず、かつ、知らなかったことにつき過失がなかったときを除き、その時点で派遣先から派遣労働者に対し、その時点でのその派遣労働者の労働条件と同一の労働条件を内容とする労働契約の申込みをしたものとみなされます（派遣法第40条の6第1項。国・特定独立行政法人および地方公共団体・特定地方独立行政法人の機関である派遣先の場合には、関係法令の規定に基づく採用その他の適切な措置を行わなければなりません（派遣法第40条の7第1項））。

解説

（1）労働契約申込みのみなしの対象となる法違反行為

　労働契約申込みのみなしの対象となるのは、派遣先が次のいずれかに該当する場合です。

1）派遣事業を行うことが禁止されている適用除外業務に派遣労働者を従事させた場合

　　適用除外業務は、①港湾運送業務、②建設業務、③警備業務および④医療機関における医療関連業務です（第7章260～267頁参照）。

2）派遣事業の許可を得ていない事業主から労働者派遣の役務の提供を受けた場合（371、372頁参照）

3）派遣先の事業所単位の期間制限に違反して、派遣可能期間を超えて労働者派遣の役務の提供を受けた場合（373～380頁参照）

4）派遣労働者の個人単位の期間制限に違反して、労働者派遣の役務の提供を受けた場合（380～382頁参照）

5）派遣法または派遣法第3章第4節の規定により適用される法律の規定の適用を

免れる目的で、請負その他労働者派遣以外の名目で契約を締結し、派遣契約締結の際に定めるべき事項を定めずに労働者派遣の役務の提供を受けた場合（386、387頁参照）

（２）労働契約申込みのみなしの対象とならない場合

派遣先が、その行った行為が（１）の１）から５）までのいずれかの行為に該当することを知らず、かつ、知らなかったことにつき過失がなかったときは、労働契約の申込みのみなしの対象にはなりません。

（３）国・特定独立行政法人および地方公共団体・特定地方独立行政法人の機関以外の派遣先が法違反行為を行った場合

１）「みなす」とは

「みなす」とは、法律では、「あるものと性質の異なる他のものを、一定の法律関係について同一視し、同じ法律効果を生じさせる」ことをいいますので、派遣先が派遣労働者に対し労働契約の申込みをする意思があるか否か、その際の労働条件をどのように定めようとするのかの如何を問わず、強制的に派遣労働者の派遣元との間の労働条件と同一の労働条件を内容とする労働契約の申込みを派遣先から派遣労働者に対して行ったものとして、法律的に取り扱われます。

なお、この場合には、派遣先から派遣労働者に対して労働契約の申込みを行ったとみなされるだけですので、派遣労働者の側には派遣先からの申込みを承諾するか否かの自由があります。

このため、派遣労働者が派遣先からの申込みを承諾すれば、派遣先と派遣労働者との間の労働契約が成立し、派遣労働者が派遣先からの申込みを拒否すれば、派遣先と派遣労働者との間の労働契約は成立しないことになります。

２）申込みの撤回

労働契約の申込みをしたものとみなされた派遣先は、法違反行為が終了した日から１年を経過するまでの間は、みなされた労働契約の申込みを撤回することができません（派遣法第40条の６第２項）。

３）申込みの失効

労働契約の申込みを受けたものとみなされた派遣労働者が、法違反行為が終了し

た日から1年を経過するまでの間に、その申込みに対して、承諾する、または承諾しない、旨の意思表示をしなかったときは、その申込みは効力を失います（派遣法第40条の6第3項）。

4）派遣元事業主から派遣先への労働条件の内容の通知

労働契約の申込みを受けたものとみなされた派遣労働者を雇用する派遣元は、派遣先から求めがあった場合には、派遣先に対し、速やかに、派遣労働者の労働条件の内容を通知しなければなりません（派遣法第40条の6第4項）。

5）有期労働契約の更新

派遣先は、労働契約申込みみなし制度の下で、有期の労働契約が成立した後にその労働契約を更新することについて、労働者の意向を踏まえつつ、派遣元と締結されていた労働契約の状況などを考慮し真摯に検討すべきものとされています。

（4）国・特定独立行政法人または地方公共団体・特定地方独立行政法人の機関である派遣先が法違反行為を行った場合

1）採用その他の措置

国・特定独立行政法人または地方公共団体・特定地方独立行政法人の機関である派遣先が（1）の1）から5）までのいずれかに該当する行為を行ったときは、その行為が終了した日から1年を経過する日までの間に、派遣労働者がその機関において同一の業務に従事することを求めるときは、その機関は、国家公務員法、裁判所職員臨時措置法、国会職員法、自衛隊法、地方公務員法などの規定に基づき採用その他の適切な措置を講じなければなりません（派遣法第40条の7第1項）。

2）派遣元から派遣先への労働条件の内容の通知

1）の求めを行った派遣労働者を雇用する派遣元は、国・特定独立行政法人または地方公共団体・特定地方独立行政法人の機関である派遣先から求めがあった場合には、派遣先に対し、速やかに、派遣労働者の労働条件の内容を通知しなければなりません（派遣法第40条の7第2項）。

（5）助言・指導・勧告・公表

1）助言

派遣先または派遣労働者から求めがあった場合には、派遣先の行為が、（1）の

1）から5）までのいずれかに該当するかどうかについて都道府県労働局から助言をされる場合があります（派遣法第40条の8第1項）。
2）助言・指導・勧告
　労働契約の申込みを受けたものとみなされた派遣労働者が申込みを承諾した場合に、労働契約の申込みをしたものとみなされた派遣先が派遣労働者を就労させない場合には、派遣先は、都道府県労働局から派遣労働者の就労に関して、助言・指導または勧告をされる場合があります（派遣法第40条の8第2項）。
3）公表
　2）により派遣労働者を就労させるべき旨の勧告を受けた場合に、その勧告を受けた労働契約の申込みをしたものとみなされた派遣先がその勧告に従わなかったときは、企業名を公表される場合があります（派遣法第40条の8第3項）。

20 派遣先指針

　このほか、次の内容の派遣先指針が定められていますので、派遣先は、その指針に沿って労働者派遣の役務の提供を受けることが求められています（派遣法第47条の4）。

第2　派遣先が講ずべき措置
1　派遣契約の締結に当たっての就業条件の確認
　派遣先は、派遣契約の締結の申込みを行うに際しては、就業中の派遣労働者を直接指揮命令することが見込まれる者から、業務の内容、その業務を遂行するために必要とされる知識、技術または経験の水準その他派遣契約の締結に際し定めるべき就業条件の内容を十分に確認すること。
2　派遣契約に定める就業条件の確保
　派遣先は、派遣契約を円滑かつ的確に履行するため、次の措置その他派遣先の実態に即した適切な措置を行うこと。
（1）就業条件の周知徹底
　派遣契約で定められた就業条件について、派遣労働者の業務の遂行を指揮命

令する職務上の地位にある者その他の関係者にその就業条件を記載した書面を交付し、または就業場所に掲示するなどにより、周知の徹底を図ること。
（2）就業場所の巡回
　定期的に派遣労働者の就業場所を巡回し、派遣労働者の就業の状況が派遣契約に反していないことを確認すること。
（3）就業状況の報告
　派遣労働者を直接指揮命令する者から、定期的に派遣労働者の就業の状況について報告を求めること。
（4）派遣契約の内容の遵守に関する指導
　派遣労働者を直接指揮命令する者に対し、派遣契約の内容に違反する業務上の指示を行わないようにすることなどの指導を徹底すること。
3　派遣労働者を特定することを目的とする行為の禁止
　派遣先は、紹介予定派遣の場合を除き、派遣元が派遣しようとする労働者について、労働者派遣に先立って面接すること、派遣先にその労働者の履歴書を送付させることのほか、若年者に限ることなど派遣労働者を特定することを目的とする行為を行わないこと。なお、派遣労働者等が、自らの判断の下に派遣労働者としての就業開始前の事業所訪問もしくは履歴書の送付または就業期間中の履歴書の送付を行うことは、派遣先によって派遣労働者を特定することを目的とする行為が行われたことには該当しないが、派遣先は、派遣元または派遣労働者等にこれらの行為を求めないなど派遣労働者を特定することを目的とする行為の禁止に触れないよう十分留意すること。
4　性別による差別および障害者であることを理由とする不当な差別的取扱いの禁止
（1）性別による差別の禁止
　派遣先は、派遣元との間で派遣契約を締結するに当たっては、派遣契約に派遣労働者の性別を記載してはならないこと。
（2）障害者であることを理由とする不当な差別的取扱いの禁止
　派遣先は、派遣元との間で派遣契約を締結するに当たっては、派遣元が派遣しようとする労働者について、障害者雇用促進法第2条第1号に規定する障害者であることを理由として、障害者を排除し、またはその条件を障害者に対し

てのみ不利なものとしてはならないこと。
5　派遣契約の定めに違反する事実を知った場合の是正措置など
　派遣先は、派遣契約の定めに反する事実を知った場合には、これを早急に是正するとともに、派遣契約の定めに反する行為を行った者および派遣先責任者に対し派遣契約を遵守させるために必要な措置を行うこと、派遣元と十分に協議した上で損害賠償などの善後処理方策をおこなうことなど適切な措置を行うこと。
6　派遣労働者の雇用の安定を図るために必要な措置
（1）派遣契約の締結に当たって講ずべき措置
イ　派遣先は、派遣契約の締結に当たって、派遣先の責に帰すべき事由により派遣契約の契約期間が満了する前に派遣契約の解除を行おうとする場合には、派遣先は派遣労働者の新たな就業機会の確保を図ること、およびこれができないときには少なくとも派遣契約の解除に伴い派遣元が派遣労働者を休業させることなどを余儀なくされることにより生ずる損害である休業手当、解雇予告手当などに相当する額以上の額について損害の賠償を行うことを定めなければならないこと。

　　また、労働者派遣の期間を定めるに当たっては、派遣元と協力しつつ、派遣先において労働者派遣の役務の提供を受けようとする期間を勘案して可能な限り長く定めるなど派遣労働者の雇用の安定を図るために必要な配慮をするよう努めること。
ロ　派遣先は、派遣契約の締結に当たって、労働者派遣の終了後に派遣労働者を雇用する場合に、当該雇用が円滑に行われるよう、派遣元の求めに応じ、派遣先が労働者派遣の終了後に派遣労働者を雇用する意思がある場合には、その意思を事前に派遣元に示すこと、派遣元が許可を受けて、または届出をして有料職業紹介事業を行うことができる場合には、派遣先は職業紹介により派遣労働者を雇用し、派遣元に職業紹介手数料を支払うことなどを定め、これらの措置を適切に行うこと。
（2）派遣契約の解除の事前の申入れ
　派遣先は、専ら派遣先に起因する事由により、派遣契約の契約期間が満了する前の解除を行おうとする場合には、派遣元の合意を得ることはもとより、あ

らかじめ相当の猶予期間をもって派遣元に解除の申入れを行うこと。
（3）派遣先における就業機会の確保
　派遣先は、派遣契約の契約期間が満了する前に派遣労働者の責に帰すべき事由以外の事由によって派遣契約の解除が行われた場合には、派遣先の関連会社での就業をあっせんするなどにより、派遣労働者の新たな就業機会の確保を図ること。
（4）損害賠償などに関する適切な措置
　派遣先は、派遣先の責に帰すべき事由により派遣契約の契約期間が満了する前に派遣契約の解除を行おうとする場合には、派遣労働者の新たな就業機会の確保を図ることとし、できないときには、少なくとも派遣契約の解除に伴い派遣元が派遣労働者を休業させることなどを余儀なくされたことにより生じた損害の賠償を行わなければならないこと。
　例えば、派遣元が派遣労働者を休業させる場合は休業手当に相当する額以上の額について、派遣元がやむを得ない事由により派遣労働者を解雇する場合は、派遣先による解除の申入れが相当の猶予期間をもって行われなかったことにより派遣元が解雇の予告をしないときは30日分以上、予告をした日から解雇の日までの期間が30日に満たないときは解雇の日の30日前の日から予告の日までの日数分以上の賃金に相当する額以上の額について、損害の賠償を行わなければならないこと。
　その他派遣先は派遣元と十分に協議した上で適切な善後処理方策を講ずること。
　また、派遣元および派遣先の双方の責に帰すべき事由がある場合には、派遣元および派遣先のそれぞれの責に帰すべき部分の割合についても十分に考慮すること。
（5）派遣契約の解除の理由の明示
　派遣先は、派遣契約の契約期間が満了する前に派遣契約の解除を行う場合で、派遣元から請求があったときは、派遣契約の解除を行う理由を派遣元に対し明らかにすること。
7　適切な苦情の処理
（1）適切かつ迅速な処理を図るべき苦情

派遣先が適切かつ迅速な処理を図るべき苦情には、セクシュアルハラスメント、パワーハラスメント、障害者である派遣労働者の有する能力の有効な発揮の支障となっている事情に関するものなどが含まれることに留意すること。
（2）苦情の処理を行う際の留意点など
　派遣先は、派遣労働者の苦情の処理を行うに際しては、派遣先の労働組合法上の使用者性に関する代表的な裁判例や中央労働委員会の命令に留意すること。
　また、派遣先は、派遣労働者の苦情の申出を受ける者、派遣先において苦情の処理を行う方法、派遣元と派遣先との連携のための体制などを派遣契約において定めるとともに、派遣労働者の受入れに際し、説明会などを実施して、その内容を派遣労働者に説明すること。
　さらに、派遣先管理台帳に苦情の申出を受けた年月日、苦情の内容および苦情の処理状況について、苦情の申出を受け、および苦情の処理に当たった都度、記載するとともに、その内容を派遣元に通知すること。
　また、派遣労働者から苦情の申出を受けたことを理由として、派遣労働者に対して不利益な取扱いをしてはならないこと。
8　労働・社会保険の適用の促進
　派遣先は、労働・社会保険に加入する必要がある派遣労働者については、労働・社会保険に加入している派遣労働者（派遣元が新規に雇用した派遣労働者で、派遣先への労働者派遣の開始後速やかに労働・社会保険への加入手続が行われるものを含む）を受け入れるべきであり、派遣元から派遣労働者が労働・社会保険に加入していない理由の通知を受けた場合において、その理由が適正でないと考えられるときは、派遣元に対し、派遣労働者を労働・社会保険に加入させてから派遣するよう求めること。
9　適正な派遣就業の確保
（1）適切な就業環境の維持、福利厚生など
　派遣先は、派遣労働者の就業が適正かつ円滑に行われるようにするため、派遣法第40条第3項に定める給食施設・休憩室・更衣室のほか、セクシュアルハラスメントの防止など適切な就業環境の維持、その雇用する労働者が通常利用している診療所などの施設の利用に関する便宜を図るよう努めなければならな

いこと。

　また、派遣先は、派遣法第40条第6項の規定に基づき、派遣元の求めに応じ、派遣労働者と同種の業務に従事している労働者などの教育訓練、福利厚生などの実状を把握するために必要な情報を派遣元に提供するとともに、派遣元が派遣労働者の職務の成果などに応じた適切な賃金を決定できるよう、派遣元からの求めに応じ、派遣労働者の職務の評価などに協力をするよう努めなければならないこと。

（2）労働者派遣に関する料金の額

　派遣先は、労働者派遣に関する料金の額の決定に当たっては、その指揮命令の下に労働させる派遣労働者の就業の実態、労働市場の状況などを勘案し、派遣労働者の賃金水準が、派遣労働者と同種の業務に従事している労働者の賃金水準と均衡が図られたものとなるよう努めなければならないこと。

　また、派遣先は、派遣契約の更新の際の労働者派遣に関する料金の額の決定に当たっては、派遣労働者の就業の実態、労働市場の状況などに加え、派遣労働者が従事する業務の内容、業務に伴う責任の程度および派遣労働者に要求する技術水準の変化を勘案するよう努めなければならないこと。

（3）教育訓練・能力開発

　派遣先は、派遣労働者に対して派遣法第40条第2項の規定による教育訓練を実施するよう配慮するほか、派遣元が派遣法第30条の2第1項の規定による教育訓練を実施するに当たり、派遣元から求めがあったときは、派遣元と協議などを行い、派遣労働者が教育訓練を受講できるよう可能な限り協力するとともに、必要に応じて教育訓練に関する便宜を図るよう努めなければならないこと。

　派遣元が行うその他の教育訓練、派遣労働者の自主的な能力開発などについても同様とすること。

（4）障害者である派遣労働者の適正な就業の確保

① 派遣先は、派遣労働者に対する教育訓練および福利厚生の実施について、派遣労働者が障害者であることを理由として、障害者でない派遣労働者と不当な差別的取扱いをしてはならないこと。

② 派遣先は、派遣契約に基づき派遣された労働者について、派遣元が障害者

雇用促進法第36条の3の規定による「障害者でない労働者との均等な待遇の確保または障害者である労働者の有する能力の有効な発揮の支障となっている事情を改善するため、その雇用する障害者である労働者の障害の特性に配慮した職務の円滑な遂行に必要な施設の整備、援助を行う者の配置その他の措置」を行うため、派遣元から求めがあったときは、派遣元と協議などを行い、可能な限り協力するよう努めなければならないこと。

10　関係法令の関係者への周知

派遣先は、派遣法の規定により派遣先が行うべき措置の内容および派遣法第3章第4節に規定する労働基準法などの適用に関する特例など関係法令の関係者への周知の徹底を図るために、説明会などの実施、文書の配布などを行うこと。

11　派遣元との労働時間などに関する連絡体制の確立

派遣先は、派遣元で締結される時間外休日労働協定の内容など派遣労働者の労働時間の枠組みについて派遣元に情報提供を求めるなどにより、派遣元との連絡調整を的確に行うこと。

また、派遣法第42条第1項及び第3項において、派遣先は派遣先管理台帳に派遣労働者が就業をした日ごとの始業・終業時刻、休憩時間などを記載し、これを派遣元に通知しなければならず、派遣先は、適正に把握した実際の労働時間などを派遣元に正確に情報提供すること。

12　派遣労働者に対する説明会などの実施

派遣先は、派遣労働者の受入れに際し、説明会などを実施し、派遣労働者が利用できる派遣先の各種の福利厚生に関する措置の内容についての説明、派遣労働者が円滑かつ的確に就業するために必要な、派遣労働者を直接指揮命令する者以外の派遣先の労働者との業務上の関係についての説明および職場生活上留意を要する事項についての助言などを行うこと。

13　派遣先責任者の適切な選任および適切な業務の遂行

派遣先は、派遣先責任者の選任に当たっては、労働関係法令に関する知識を有する者であること、人事・労務管理などについて専門的な知識または相当期間の経験を有する者であること、派遣労働者の就業に関する事項に関する一定の決定、変更を行い得る権限を有する者であることなど派遣先責任者の職務を

的確に遂行することができる者を選任するよう努めること。
14　派遣期間の制限の適切な運用
　派遣先は、派遣法第40条の2の派遣先の事業所単位の期間制限および第40条の3の派遣労働者個人単位の期間制限の規定に基づき派遣労働者による常用労働者の代替および派遣就業を望まない派遣労働者が派遣就業に固定化されることの防止を図るため、次の基準に従い、派遣先事業所等ごとの業務について、派遣元から派遣法第40条の2第2項の派遣可能期間を超える期間継続して労働者派遣（同条第1項各号の期間制限の適用が除外されているものを除く）の役務の提供を受けてはならず、また、派遣先事業所等における組織単位ごとの業務について、派遣元から3年を超える期間継続して同一の派遣労働者の労働者派遣の役務の提供を受けてはならないこと。
（1）派遣先事業所等については、工場、事務所、店舗など場所的に他の事業所その他の場所から独立していること、経営の単位として人事、経理、指導監督、労働の態様などにおいてある程度の独立性があること、一定期間継続し、施設としての持続性があることなどの観点から実態に即して判断すること。
（2）派遣先事業所等における組織単位については、派遣法第40条の3の派遣労働者個人単位の期間制限の目的が、派遣労働者がその組織単位の業務に長期間にわたって従事することによって派遣就業を望まない派遣労働者が派遣就業に固定化されることを防止することにあることに留意しつつ判断すること。
　　すなわち、課、グループなどの業務としての類似性や関連性がある組織であり、かつ、その組織の長が業務の配分や労務管理上の指揮監督権限を有するもので、派遣先における組織の最小単位よりも一般に大きな単位を想定しており、名称にとらわれることなく実態により判断すべきものであること。ただし、小規模の派遣先事業所等においては、組織単位と組織の最小単位が一致する場合もあることに留意すること。
（3）派遣先は、労働者派遣の役務の提供を受けていた派遣先事業所等ごとの業務について、新たに労働者派遣の役務の提供を受ける場合には、新たな労働者派遣の開始と新たな労働者派遣の役務の受入れの直前に受け入れていた

労働者派遣の終了との間の期間が3か月を超えない場合には、派遣先は、新たな労働者派遣の役務の受入れの直前に受け入れていた労働者派遣から継続して労働者派遣の役務の提供を受けているものとみなすこと。

（4）派遣先は、労働者派遣の役務の提供を受けていた派遣先事業所等における組織単位ごとの業務について、同一の派遣労働者の新たな労働者派遣の役務の提供を受ける場合には、新たな労働者派遣の開始と新たな労働者派遣の役務の受入れの直前に受け入れていた労働者派遣の終了との間の期間が3か月を超えない場合には、派遣先は、新たな労働者派遣の役務の受入れの直前に受け入れていた労働者派遣から継続して労働者派遣の役務の提供を受けているものとみなすこと。

（5）派遣先は、派遣先事業所等ごとの業務について派遣元から3年間継続して労働者派遣の役務の提供を受けている場合に、派遣可能期間の延長に関する手続を回避することを目的として、労働者派遣の終了後3か月が経過した後に再度労働者派遣の役務の提供を受けるような、実質的に派遣労働者の受入れを継続する行為は、派遣可能期間の延長に関する手続規定の趣旨に反するものであること。

15　派遣可能期間の延長に係る意見聴取の適切かつ確実な実施
（1）意見聴取に当たっての情報提供

　派遣先は、派遣法第40条の2第4項の規定に基づき、過半数組合等に対し、派遣可能期間を延長しようとする際に意見を聴くに当たっては、派遣先事業所等ごとの業務について、労働者派遣の役務の提供の開始時（派遣可能期間を延長した場合には延長時）から業務に従事した派遣労働者の数および派遣先に期間を定めないで雇用される労働者の数の推移に関する資料など意見聴取の際に過半数組合等が意見を述べるに当たり参考となる資料を過半数組合等に提供するものとすること。

　また、派遣先は、意見聴取の実効性を高める観点から、過半数組合等からの求めに応じ、派遣先の部署ごとの派遣労働者の数、各々の派遣労働者の派遣期間などに関する情報を提供することが望ましいこと。

（2）十分な考慮期間の設定

　派遣先は、過半数組合等に対し意見を聴くに当たっては、十分な考慮期間を

設けること。
（3）異議への対処
イ　派遣先は、派遣可能期間を延長することに対して過半数組合等から異議があった場合に、派遣法第40条の2第5項の規定により意見への対応に関する方針などを説明するに当たっては、その意見を勘案して延長について再検討を加えることなどにより、過半数組合等の意見を十分に尊重するよう努めること。
ロ　派遣先は、派遣可能期間を延長する際に過半数組合等から異議があった場合に、延長期間が経過した場合に更に延長しようとするに当たり、再度過半数組合等から異議があったときは、その意見を十分に尊重し、派遣可能期間の延長の中止または延長する期間の短縮、派遣可能期間の延長の対象となる派遣労働者の数の削減などの対応を採ることについて検討した上で、その結論をより一層丁寧に過半数組合等に説明しなければならないこと。
（4）誠実な実施
　派遣先は、派遣法第40条の2第6項の規定に基づき、（1）から（3）までの内容を含め、派遣可能期間を延長しようとする場合における過半数組合等からの意見の聴取および過半数組合等が異議を述べた場合における過半数組合等に対する派遣可能期間の延長の理由などの説明を行うに当たっては、誠実に行うよう努めなければならないこと。
16　雇用調整により解雇した労働者が就いていたポストへの派遣労働者の受け入れ
　派遣先は、雇用調整により解雇した労働者が就いていたポストに、解雇後3か月以内に派遣労働者を受け入れる場合には、必要最小限度の労働者派遣の期間を定めるとともに、派遣先に雇用される労働者に対し労働者派遣の役務の提供を受ける理由を説明するなど適切な措置を行い、派遣先の労働者の理解が得られるよう努めること。
17　安全衛生に関する措置
　派遣先は、派遣元が派遣労働者に対する雇入れ時および作業内容変更時の安全衛生教育を適切に行えるよう、派遣労働者が従事する業務に関する情報を派遣元に対し積極的に提供するとともに、派遣元から雇入れ時および作業内容変

更時の安全衛生教育の委託の申入れがあった場合には可能な限りこれに応じるよう努めること、派遣元が健康診断などの結果に基づく就業上の措置を行うに当たって、その措置に協力するよう要請があった場合には、これに応じ、必要な協力を行うことなど派遣労働者の安全衛生に関する措置を実施するために必要な協力や配慮を行うこと。

18　紹介予定派遣

（1）紹介予定派遣を受け入れる期間

　派遣先は、紹介予定派遣を受け入れるに当たっては、6か月を超えて、同一の派遣労働者を受け入れないこと。

（2）職業紹介を希望しない場合または派遣労働者を雇用しない場合の理由の明示

　派遣先は、紹介予定派遣を受け入れた場合において、職業紹介を受けることを希望しなかった場合または職業紹介を受けた派遣労働者を雇用しなかった場合には、派遣元の求めに応じ、それぞれその理由を派遣元に対して書面の交付またはファクシミリ・電子メールの送信により明示すること。

（3）派遣先が特定等に当たり雇用対策法第10条の趣旨に照らし行うべき措置

① 　派遣先は、紹介予定派遣の派遣労働者を特定することを目的とする行為または派遣労働者の特定（特定等）を行うに当たっては、次の措置を行うこと。

ア　②に該当するときを除き、派遣労働者の年齢を理由として、特定等の対象から派遣労働者を排除しないこと。

イ　派遣先が職務に適合する派遣労働者を受け入れまたは雇い入れ、かつ、派遣労働者がその年齢にかかわりなく、その有する能力を有効に発揮することができる職業を選択することを容易にするため、特定等に関する職務の内容、その職務を遂行するために必要とされる派遣労働者の適性、能力、経験、技能の程度その他の派遣労働者が紹介予定派遣を希望するに当たり求められる事項をできる限り明示すること。

② 　年齢制限が認められるとき（派遣労働者がその有する能力を有効に発揮するために必要であると認められるとき以外のとき）

　派遣先が行う特定等が次のいずれかに該当するときには、年齢制限をするこ

とが認められる。

ア　派遣先が、その雇用する労働者の定年の定めをしている場合において定年の年齢を下回ることを条件として派遣労働者の特定等を行うとき（派遣労働者について期間の定めのない労働契約を締結することを予定する場合に限る）。

イ　派遣先が、労働基準法その他の法令の規定により特定の年齢の範囲に属する労働者の就業などが禁止または制限されている業務についてその年齢の範囲に属する派遣労働者以外の派遣労働者の特定等を行うとき。

ウ　派遣先の特定等における年齢による制限を必要最小限のものとする観点から見て合理的な制限である場合として次のいずれかに該当するとき。

i　長期間の継続勤務による職務に必要な能力の開発・向上を図ることを目的として、青少年その他特定の年齢を下回る派遣労働者の特定等を行うとき（派遣労働者について期間の定めのない労働契約を締結することを予定する場合に限り、かつ、派遣労働者が職業に従事した経験があることを特定等の条件としない場合で、学校、専修学校、職業能力開発施設または職業能力開発総合大学校を新たに卒業しようとする者としてまたはこれらの者と同等の処遇で採用する予定で特定等を行うときに限る）。

ii　派遣先が雇用する特定の年齢の範囲に属する特定の職種の労働者（派遣先の人事管理制度に照らし必要と認められるときは、派遣先がその一部の事業所において雇用する特定の職種に従事する労働者。「特定労働者」という）の数が相当程度少ない場合（特定労働者の年齢について、30歳から49歳までの範囲内において、派遣先が特定等を行おうとする任意の労働者の年齢の範囲（その範囲内の年齢のうち最も高いもの（範囲内最高年齢）と最も低いもの（範囲内最低年齢）との差（特定数）が4から9までの場合に限る）に属する労働者数が、範囲内最高年齢に1を加えた年齢からその年齢に特定数を加えた年齢までの範囲に属する労働者数の2分の1以下であり、かつ、範囲内最低年齢から1に特定数を加えた年齢を減じた年齢から範囲内最低年齢から1を減じた年齢までの範囲に属する労働者数の2分の1以下である場合をいう）において、その職種の業務の遂行に必要な技能およびこれに関する知識の継承を図ることを目的として、特定労働者である派遣労働者の特定等を

行うとき（派遣労働者について期間の定めのない労働契約を締結することを予定する場合に限る）。
iii　芸術・芸能の分野における表現の真実性などを確保するために特定の年齢の範囲に属する派遣労働者の特定等を行うとき。
iv　高年齢者の雇用の促進を目的として、特定の年齢以上の高年齢者（60歳以上の者に限る）である派遣労働者の特定等を行うとき、または特定の年齢の範囲に属する労働者の雇用を促進するため、特定の年齢の範囲に属する派遣労働者の特定等を行うとき（特定の年齢の範囲に属する労働者の雇用の促進に関する国の施策を活用しようとする場合に限る）。

（4）派遣先が特定等に当たり男女雇用機会均等法第5条の「性別を理由とする募集および採用についての差別の禁止」および第7条の「募集および採用に関する性別以外の事由を要件とする措置」の趣旨に照らし行ってはならない措置など

1）派遣先は、特定等を行うに当たっては、例えば次の措置を行わないこと。
ア　特定等に当たって、その対象から男女のいずれかを排除すること。
イ　特定等に当たっての条件を男女で異なるものとすること。
ウ　特定に関する選考において、能力、資質の有無などを判断する場合に、その方法や基準について男女で異なる取扱いをすること。
エ　特定等に当たって男女のいずれかを優先すること。
オ　派遣労働者としての就業または雇用の際に予定される求人の内容の説明など特定等に関する情報の提供について、男女で異なる取扱いをすることまたは派遣元にその旨要請すること。

2）派遣先は、特定等に関する措置で派遣労働者の性別以外の事由を要件とするもののうち、次の措置については、その措置の対象となる業務の性質に照らしてその措置の実施がその業務の遂行上特に必要である場合、事業の運営の状況に照らしてその措置の実施が派遣労働者としての就業または雇用の際に予定される雇用管理上特に必要である場合その他の合理的な理由がある場合でなければ、行ってはならない。
ア　派遣労働者の特定等に当たって、派遣労働者の身長、体重または体力を要

件とすること。
イ　将来、コース別雇用管理における総合職の労働者として派遣労働者を採用することが予定されている場合に、派遣労働者の特定等に当たって、転居を伴う転勤に応じることができることを要件とすること。
3）紹介予定派遣の特定等に当たっては、将来派遣労働者を採用することが予定されている雇用管理区分において、女性労働者が男性労働者と比較して相当程度少ない場合には、特定等の基準を満たす者の中から男性より女性を優先して特定することその他男性と比較して女性に有利な取扱いをすることは、男女雇用機会均等法第8条に定める「雇用の分野における男女の均等な機会及び待遇の確保の支障となっている事情を改善することを目的とする措置（ポジティブ・アクション）」として、1）にかかわらず、行って差し支えない。
4）次の場合において1）の措置を行うことは、性別にかかわりなく均等な機会を与えていない、または性別を理由とする差別的取扱いをしているとは解されず、1）にかかわらず、行って差し支えない。
ア　次の職務に従事する派遣労働者に係る場合
ｉ　芸術・芸能の分野における表現の真実性などの要請から男女のいずれかのみに従事させることが必要である職務
ⅱ　守衛、警備員など防犯上の要請から男性に従事させることが必要である職務（派遣事業を行ってはならない警備業法第2条第1項各号の業務を内容とするものを除く）
ⅲ　ｉおよびⅱのほか、宗教上、風紀上、スポーツにおける競技の性質上その他の業務の性質上男女のいずれかのみに従事させることについてこれらと同程度の必要性がある職務
イ　労働基準法第61条第1項、第64条の2もしくは第64条の3第2項の規定により女性を就業させることができず、または保健師助産師看護師法第3条の規定により男性を就業させることができないため、通常の業務を遂行するために、派遣労働者の性別にかかわりなく均等な機会を与えまたは均等な取扱いをすることが困難である場合
ウ　風俗、風習などの相違により男女のいずれかが能力を発揮し難い海外での

勤務が必要な場合その他特別の事情により派遣労働者の性別にかかわりなく均等な機会を与えまたは均等な取扱いをすることが困難である場合

（5）派遣先が特定等に当たり障害者雇用促進法第34条（労働者の募集および採用について、障害者に対して、障害者でない者と均等な機会を与えなければならない）の趣旨に照らし行ってはならない措置など

1）派遣先は、特定等を行うに当たっては、例えば次の措置を行わないこと。

ア　特定等に当たって、障害者であることを理由として、障害者をその対象から排除すること。

イ　特定等に当たって、障害者に対してのみ不利な条件を付すこと。

ウ　特定等に当たって、障害者でない者を優先すること。

エ　派遣労働者としての就業または雇用の際に予定される求人の内容の説明などの特定等に関する情報の提供について、障害者であることを理由として障害者でない者と異なる取扱いをすることまたは派遣元にその旨要請すること。

2）1）に関し、特定等に際して一定の能力を有することを条件とすることについては、その条件が派遣先において業務遂行上特に必要なものと認められる場合には、行って差し支えないこと。

一方、特定等に当たって、業務遂行上特に必要でないにもかかわらず、障害者を排除するために条件を付すことは、行ってはならないこと。

3）1）および2）に関し、積極的差別是正措置として、障害者でない者と比較して障害者を有利に取り扱うことは、障害者であることを理由とする差別に該当しないこと。

4）派遣先は、障害者に対し、面接その他特定することを目的とする行為を行う場合に、派遣元が障害者雇用促進法第36条の2の措置（募集および採用について、障害者と障害者でない者との均等な機会の確保の支障となっている事情を改善するため、障害者からの申出により障害者の障害の特性に配慮して行う措置）または第36条の3（障害者である労働者について、障害者でない労働者との均等な待遇の確保または障害者である労働者の有する能力の有効な発揮の支障となっている事情を改善するため、その雇用する障害者であ

る労働者の障害の特性に配慮した職務の円滑な遂行に必要な施設の整備、援助を行う者の配置その他の措置の措置）を行うため、派遣元から求めがあったときは、派遣元と協議などを行い、可能な限り協力するよう努めなければならないこと。

> コメント88　法律に根拠のない事項、内容などを記載した指針
> 　派遣法第47条の4は「厚生労働大臣は、派遣法第24条の3および第3章第1節から第3節までの規定により派遣元および派遣先が行うべき措置に関して、その適切かつ有効な実施を図るため必要な指針を公表する」と規定していますので、派遣法に基づく指針であるためには「派遣法第24条の3および第3章第1節から第3節までの規定により派遣元および派遣先が行うべき措置に関」するものでなければなりません。
> 　ところが、17の「安全衛生に関する措置」に記載されている事項は労働安全衛生法に関するものですので、派遣法に根拠のない事項ということになります。
> 　また、内容的に法律に根拠がなく、いきなり指針で記載できるのか疑問なものもあります。例えば、14の（3）および（4）の「新たな労働者派遣の開始と当該新たな労働者派遣の役務の受入れの直前に受け入れていた労働者派遣の終了との間の期間が3か月を超えない場合には、派遣先は、新たな労働者派遣の役務の受入れの直前に受け入れていた労働者派遣から継続して労働者派遣の役務の提供を受けているものとみなす」という記載は、特に「みなす」という法的に強い効果のあるもので、法律に規定せずに指針に記載できるとは到底思えません。明らかに立法権を侵害しています。
> 　18（1）の「紹介予定派遣を受け入れる期間」の「紹介予定派遣を行うに当たっては、6か月を超えて、同一の派遣労働者の労働者派遣を行わないこと」という記載も、法律に規定せずに指針に記載できるとは到底思えません。ガイドライン的なものでなければ、立法権の侵害に当たるかもしれません。

21 日雇指針

　また、日雇労働者についての労働者派遣の禁止の例外に該当するものとして、日雇労働者についての労働者派遣の役務の提供を受ける場合には、日雇指針が定められていますので、派遣先も、日雇指針に定める派遣先が行うべき措置に沿って労働者派遣の役務の提供を受けることが求められています（日雇指針については、第7章300〜308頁参照）。

第10章
紹介予定派遣

1 紹介予定派遣とは

紹介予定派遣とは、許可を受けて派遣事業を行うとともに、許可を受けるなどして職業紹介事業を行う派遣元事業主兼職業紹介事業主が、労働者派遣の役務の提供の開始前または開始後に、派遣労働者および派遣先に対して、職業紹介を行い、または行うことを予定するものをいい、職業紹介により、派遣労働者が派遣先に雇用される旨が労働者派遣の役務の提供の終了前に派遣労働者と派遣先との間で約束される場合を含みます（派遣法第2条第4号）。

2 派遣労働者を特定することを目的とする行為の禁止に関する努力義務の適用除外

紹介予定派遣については、派遣先が派遣労働者を特定することを目的とする行為の禁止に関する努力義務規定が適用されません（派遣法第26条第6項）。

（1）派遣労働者を特定することを目的とする行為

紹介予定派遣については、円滑かつ的確な労働力需給の結合を図るための手段として設けられたものなので、次の事項を行うことができます。
1）派遣労働者の就業開始前の面接、履歴書の送付など
2）派遣労働者の就業開始前および就業期間中の求人条件の明示
3）派遣労働者の就業期間中の求人・求職の意思などの確認および採用内定

(2) 年齢・性別・障害の有無による差別の禁止

紹介予定派遣については、派遣先が派遣労働者を特定することを目的とする行為が可能ですが、派遣先は、紹介予定派遣に関する特定を行うに当たっては、直接採用する場合と同様に、次の規定などに定められた事項の内容と同旨の内容の措置を適切に行う必要があります（派遣先指針）。

1) 募集および採用における年齢にかかわりない均等な機会の確保に関する措置（雇用対策法第10条および雇用対策法施行規則第1条の3）
2) 労働者に対する性別を理由とする差別の禁止等に関する規定に定める事項に関し、事業主が適切に対処するための指針（男女雇用機会均等法第10条第1項）
3) 障害者に対する差別の禁止に関する規定に定める事項に関し、事業主が適切に対処するための指針（障害者雇用促進法第36条第1項）

(3) 派遣労働者を特定することを目的とする行為を行うに当たって

紹介予定派遣について派遣先が派遣労働者を特定することを目的とする行為ができるのは、円滑な直接雇用を図るためですので、派遣先が、試験、面接、履歴書の送付などにより派遣労働者を特定する場合は、業務遂行能力に関する試験の実施や資格の有無など社会通念上公正と認められる客観的な基準によって行う必要があります。

(4) 派遣先が障害者に対して特定することを目的とする行為を行う場合の措置

派遣元は、派遣先が障害者に対し、面接その他紹介予定派遣に関する派遣労働者を特定することを目的とする行為を行う場合に、障害者の障害の特性に配慮した必要な措置または障害者である労働者の障害の特性に配慮した職務の円滑な遂行に必要な施設の整備、援助を行う者の配置その他の必要な措置を行うに当たっては、障害者と話合いを行い、派遣元において行うことができる措置を検討するとともに、必要に応じ、派遣先と協議などを行い、協力を要請する必要があります（派遣元指針）。

一方、派遣先は、障害者に対し、面接その他特定することを目的とする行為を行う場合に、派遣元が障害者の障害の特性に配慮した必要な措置または障害者である労働者の障害の特性に配慮した職務の円滑な遂行に必要な施設の整備、援助を行う

者の配置その他の必要な措置を行うため、派遣元から求めがあったときは、派遣元と協議などを行い、可能な限り協力するよう努めなければなりません（派遣先指針）。

3 紹介予定派遣において行わなければならない事項

(1) 派遣契約への紹介予定派遣に関する事項の記載

派遣契約が紹介予定派遣に関するものである場合は、次の事項を記載する必要があります。

1) 紹介予定派遣である旨
2) 紹介予定派遣を経て派遣先が雇用する場合に予定される労働者が従事すべき業務の内容、労働契約の期間、就業の場所、始業・終業の時刻、所定労働時間を超える労働の有無、休憩時間、休日、賃金の額、健康保険・厚生年金・労災保険・雇用保険の適用など
3) 紹介予定派遣を受けた派遣先が、職業紹介を受けることを希望しなかった場合または職業紹介を受けた者を雇用しなかった場合には、派遣元の求めに応じ、その理由を、書面の交付またはファクシミリ送信、電子メール送信により、派遣元に対して明示する旨
4) 紹介予定派遣を経て派遣先が雇用する場合に、年次有給休暇および退職金の取扱いについて労働者派遣の期間を勤務期間に含めて算入する場合はその旨

(2) 紹介予定派遣の期間

1) 紹介予定派遣の期間の制限

派遣元は、紹介予定派遣を行うに当たっては、6か月を超えて、同一の派遣労働者の労働者派遣を行わず（派遣元指針）、派遣先は、紹介予定派遣を受け入れるに当たっては、6か月を超えて、同一の派遣労働者を受け入れないこと（派遣先指針）とされています（第8章コメント88（433頁）など参照）。

2) 派遣期間の短縮

当初予定していた紹介予定派遣の派遣期間については、派遣労働者、派遣先およ

び派遣元の三者の合意により短縮し、派遣先と派遣労働者との間で労働契約を締結することはできます。

　早期の職業紹介による派遣先の直接雇用を実現できるようにするため、三者の合意に基づき、当初の契約において、派遣期間の短縮（派遣契約の終了）がある旨およびその短縮される期間に対応する形で紹介手数料の設定を行うことができる旨を定めることは可能であり、派遣期間が短縮されたときには、派遣元（職業紹介事業者）がこれに対応した手数料を徴収しても差し支えないとされています。

　これらの特約による派遣期間の短縮（派遣契約の終了）は、あくまで職業紹介による派遣先の直接雇用の早期実現を可能とするためのものであり、派遣先の責に帰すべき事由により派遣契約の中途解除が行われるような目的で行うことはできません。

3）求人・求職の意思確認を行う時期や職業紹介を行う時期の早期化

　当初予定していた紹介予定派遣の求人・求職の意思確認を行う時期や職業紹介を行う時期についても、派遣労働者、派遣先および派遣元の三者の合意により、早期化することができます。

　早期の派遣先の直接雇用を実現できるようにするため、三者の合意に基づき、当初の契約において、求人・求職の意思確認や職業紹介の早期化がある旨を定めることもできます。

　これらの特約による求人・求職の意思確認や職業紹介の早期化は、あくまで派遣先の直接雇用の早期実現を可能とするためのものであり、派遣先の責に帰すべき事由により派遣契約の中途解除が行われるような目的で行うことはできません。

（3）紹介予定派遣以外の労働者派遣として開始した場合の求人条件の明示など

　当初より紹介予定派遣として派遣労働者の就業が開始された場合でなくとも、就業期間中に、①職業紹介事業者でもある派遣元が、派遣労働者または派遣先の希望に応じて、求人条件の明示、求人・求職の意思などの確認を行うこと、および②派遣先が派遣労働者に対して採用内定を行うことは可能です。

　なお、①の求人条件の明示などの結果、派遣労働者および派遣先が職業紹介を受けることに合意した場合には、その時点で労働者派遣は紹介予定派遣に該当することから、速やかに、従前の派遣契約の変更を行い、紹介予定派遣に関する事項を定

めるなど紹介予定派遣に必要とされる措置を行う必要があります。

（4）派遣先が職業紹介を希望しない場合や派遣労働者を雇用しない場合の理由の明示

　派遣元は、紹介予定派遣を行った派遣先が職業紹介を受けることを希望しなかった場合または職業紹介を受けた派遣労働者を雇用しなかった場合には、派遣労働者の求めに応じ、派遣先に対して、それぞれその理由について、書面の交付またはファクシミリ・電子メール送信により明示するよう求める必要があります。

　また、派遣先から明示された理由を、派遣労働者に対して書面の交付（派遣労働者が希望する場合はファクシミリ・電子メールの送信）により明示する必要があります（派遣元指針）。

　一方、派遣先は、紹介予定派遣を受け入れた場合に、職業紹介を受けることを希望しなかった場合または職業紹介を受けた派遣労働者を雇用しなかった場合には、派遣元の求めに応じ、それぞれのその理由を派遣元に対して書面の交付またはファクシミリ・電子メールの送信により明示する必要があります（派遣先指針）。

（5）派遣労働者であることの明示など

　派遣元は、紹介予定派遣の派遣労働者として雇い入れようとするときは、あらかじめ、その旨を明示しなければなりません（派遣法第32条第1項）。

　また、その雇用する労働者で、紹介予定派遣の派遣労働者として雇い入れた労働者以外のものを新たに紹介予定派遣の対象としようとするときは、あらかじめ、その旨を明示し、その同意を得なければなりません（派遣法第32条第2項）。

（6）就業条件などの明示

　派遣元は、紹介予定派遣をしようとするときは、あらかじめ、派遣労働者に対し、職業紹介により従事すべき業務の内容および労働条件その他の紹介予定派遣に関する次の事項を明示しなければなりません（派遣法第34条）。

1）紹介予定派遣である旨
2）紹介予定派遣を経て派遣先が雇用する場合に予定される①従事すべき業務の内容、②労働契約の期間、③就業の場所、④始業・終業の時刻、所定労働時間を超

える労働の有無、休憩時間および休日、⑤賃金の額、⑥健康保険、厚生年金、労災保険および雇用保険の適用などの労働条件
3）紹介予定派遣を受けた派遣先が、職業紹介を受けることを希望しなかった場合または職業紹介を受けた者を雇用しなかった場合には、それぞれのその理由を、派遣労働者の求めに応じ、書面の交付（派遣労働者が希望した場合はファクシミリ・電子メール送信）により、派遣労働者に対して明示する旨
4）紹介予定派遣を経て派遣先が雇用する場合に、年次有給休暇および退職金の取扱いについて、労働者派遣の期間を勤務期間に含めて算入する場合はその旨

(7) 派遣元管理台帳への紹介予定派遣に関する事項の記載

　派遣元は、紹介予定派遣の場合には、派遣元管理台帳に次の事項を記載しなければなりません（派遣法第37条第1項）。
1）紹介予定派遣である旨
2）求人・求職の意思確認などの職業紹介の時期および内容
3）採否の結果
4）紹介予定派遣を受けた派遣先が職業紹介を受けることを希望しなかった場合または職業紹介を受けた者を雇用しなかった場合に派遣先から明示された理由

(8) 派遣先管理台帳への紹介予定派遣に関する事項の記載

　派遣先は、紹介予定派遣の場合には、派遣先管理台帳に次の事項を記載しなければなりません（派遣法第42条第1項）。
1）紹介予定派遣である旨
2）派遣労働者を特定することを目的とする行為を行った場合には、その内容および複数人から派遣労働者の特定を行った場合には特定の基準
3）採否の結果
4）職業紹介を受けることを希望しなかった場合または職業紹介を受けた者を雇用しなかった場合には、その理由

(9) その他の留意事項
1）派遣元の留意すべき事項

ア　紹介予定派遣においては、派遣先および派遣労働者の求人・求職の意思を確認して職業紹介を行うものであるので、その意思のいかんによっては職業紹介が行われないこともあることを派遣労働者および派遣先に明示する必要があります。
イ　派遣期間の制限を免れる目的で紹介予定派遣を行うことはできません。
　3）紹介予定派遣の場合の職業紹介についても、職業安定法の均等待遇（同法第3条）、個人情報の取扱い（同法第5条の4）などの規定が適用されます。
1）派遣先の留意すべき事項
ア　紹介予定派遣により雇い入れた労働者については試用期間を設けることはできません。
イ　派遣期間終了後に派遣先が職業紹介を受けることを希望せず、または職業紹介の結果派遣労働者を採用することとならなかった場合に、派遣先が派遣労働者を特定して労働者派遣を受けることを希望したときは、その派遣労働者の雇入れについて指導を受けることがあります。
ウ　派遣期間中に派遣先が派遣労働者に対して採用内定を行うことはできますが、紹介予定派遣における採用内定についても、紹介予定派遣によらない通常の採用内定の取扱いと同様、解約権を留保した労働契約が成立したものと考えられ、また、採用内定の取消しの取扱いについても、解約権留保の趣旨・目的に照らし社会通念上相当として是認することができなければ解約権の濫用に当たり無効となると考えられます。

第11章
労働基準法などの適用

　労働基準法などの労働者保護法規の派遣事業に対する適用については、原則として、派遣労働者を雇用している派遣元が責任を負う立場にあります。
　しかしながら、実際には、派遣労働者に関しては、派遣元の責任を問いえないような場合があり、また、派遣先に責任を負わせることが適当な場合もあります。
　このため、派遣労働者について、その保護に欠けることのないようにする観点から、労働基準法、労働安全衛生法、じん肺法、作業環境測定法、男女雇用機会均等法および育児・介護休業法について適用の特例などに関する規定を設けています。
　これらの適用の特例などに関する規定の基本原則は次のとおりです。
（1）労働基準法の基本規定については、派遣元だけではなく、派遣先も、使用者としての義務を負います。
（2）労働時間、休憩、休日などの労働者の具体的就業に関連する事項については、枠組みの設定に関しては派遣元が、具体的な運用については派遣先が、使用者としての義務を負います。
（3）安全衛生に関する事項については、作業環境の重要な要素である設備などの設置・管理、業務遂行上の具体的指揮命令に関係することから、原則として派遣先が措置義務を負います。
　ただし、一般健康診断など雇用期間中継続的に行うべき事項については、派遣元が措置義務を負います。
（4）派遣契約に定める就業条件に従って、派遣労働者を派遣先が指揮命令して労働させたならばそれぞれの規定に抵触する場合には、労働者派遣をしてはならず、派遣元に対してもそれぞれの規定に関して定める罰則が適用されます。
（5）派遣先が派遣労働者について健康診断を行った場合には、健康診断の結果を記録した書類を派遣元に送付しなければなりません。

（6）派遣先は、派遣労働者に関する労働者死傷病報告書を提出したときは、その写しを派遣元に送付しなければならず、送付された派遣元はその写しを所轄の労働基準監督署長に提出しなければなりません。
（7）妊娠・出産、育児・介護休業などを理由とする解雇その他不利益取扱いの禁止、職場における性的な言動や妊娠、出産、育児休業などに関する言動に起因する問題に関する雇用管理上の措置などについては、派遣元だけではなく、派遣先も事業主としての義務を負います。

　これらの規定を通じて、派遣労働者の労働条件や安全衛生などを確保することにしています。

　なお、労働基準法などの適用の特例などに関する規定は、派遣元が雇用し、派遣先は指揮命令を行うが、雇用していないという雇用就業形態に着目して設けられているので、労働者派遣が行われている状態について規制するものです。

　そのため、派遣労働者であっても、労働者派遣が行われていない状態の者についてはこれらの規定は適用されず、原則どおり派遣元が労働基準法の使用者などの責任をすべて負います。

　また、これらの規定は労働者派遣という就業形態に着目して、労働基準法などに関する責任の分配などを行うものですから、派遣事業の実施につき許可を受けた派遣元が行う労働者派遣だけではなく、それ以外の労働基準法などの適用事業の事業主が行う労働者派遣についても、また業として行われる労働者派遣だけでなく業として行われない労働者派遣についても適用されます。

　さらに、派遣労働者が派遣先と労働契約関係にあると評価し得る状態になった場合については、労働者派遣されている状態とはいえず、派遣先と派遣労働者間についてはこのような特例規定ではなく、労働基準法などの規定が直接適用されます（この意味では、派遣法第2条第1号の「労働者派遣」の定義とは若干異なります）。

　なお、派遣元、派遣先双方との間に二重に労働契約関係が成立している場合は、いわゆる在籍出向と同じであり、派遣元と派遣先とがそれぞれ権限と責任を有する事項について、労働基準法などが適用されます。

　派遣先が労働基準法などの適用の対象となる事業といえないような場合（派遣先が事業を行っていない場合）には、仮に派遣先が直接労働者を雇用する場合でも労働基準法などの適用はないので、特例規定によって派遣先に労働基準法などの規定

が適用されることはなく、原則どおり派遣元が労働基準法の使用者などの責任を全面的に負います。

1 労働基準法の適用の特例など

趣旨
派遣中の労働者に関する労働基準法の適用などについて、次のような特例措置が定められています。
（1）強制労働の禁止などの規定については、派遣先も使用者とみなして適用すること。
（2）公民権の行使その他の労働時間、休憩、休日などの規定については、派遣先を使用者とみなして適用すること。
（3）派遣契約に定める就業条件に従って派遣労働者に労働をさせたならば、労働時間などに関する規定に抵触する場合には、労働者派遣をしてはならないこととし、違反した派遣元に対しては、労働時間などに関する規定の罰則を適用すること。
（4）その他監督機関などの規定について所要の読替えをして、適用すること。

解説
（1）適用範囲など
労働基準法の適用に関する特例などの規定が適用されるのは、派遣元に雇用され、派遣先の指揮命令のもとに労働に従事させるために労働者派遣されている労働者であって、派遣先に雇用されていないもの（派遣中の労働者）に限られます。

（2）派遣中の労働者に関し、派遣元のみならず、派遣先にも労働基準法を適用する規定
派遣中の労働者に関して、派遣元とともに、派遣先にも労働基準法を適用される規定は、①均等待遇（労働基準法第3条）、②強制労働の禁止（同法第5条）および③徒弟の弊害排除（同法第69条）の各規定で、これらの規定に違反した場合には、それぞれに対応した罰則が適用されます（派遣法第44条第1項）。

（3）派遣先のみに使用者としての責任を負わせる規定

　派遣先のみに使用者としての責任を負わせる規定は、①公民権行使の保障（労働基準法第7条）、②労働時間（同法第32条、第32条の2第1項、第32条の3、第32条の4第1項から第3項まで、第33条）、③休憩（同法第34条）、④休日（同法第35条）、⑤時間外・休日労働（同法第36条）、⑥労働時間および休憩（同法第40条）、⑦労働時間などの適用の除外（同法第41条）、⑧年少者に関する労働時間および休日（同法第60条）、⑨年少者に関する深夜業（同法第61条）、⑩年少者に関する危険有害業務の就業制限（同法第62条）、⑪年少者に関する坑内労働の禁止の規定（同法第63条）、⑫女性に関する坑内労働の禁止（同法第64条の2）、⑬妊産婦などに関する危険有害業務の就業制限（同法第64条の3）、⑭妊産婦に関する時間外労働、休日労働および深夜業（同法第66条）、⑮育児時間（同法第67条）、⑯生理日の就業が著しく困難な女性に対する措置（同法第68条）の各規定です（派遣法第44条第2項）。

　変形労働時間制の定めならびに時間外・休日労働協定およびその届出は派遣元が行わなければならず、派遣先は派遣元が定めた変形労働時間制や締結した時間外・休日労働協定の範囲内においてのみ時間外・休日労働をさせることができます。

　このため、派遣先が時間外・休日労働を命ずるに当たっては、派遣元が時間外・休日労働協定をし、およびその届出を行っていることを前提として、派遣契約により所定の就業日、始業・終業時刻を超えて就業させることを可能とする定めをする場合において、その定めの範囲内で行うことができますが、その範囲内において時間外・休日労働を命ずる限り労働基準法に違反することはありません（派遣元が派遣契約に所定の就業日、始業・終業時刻を超えて労働が可能である旨およびその内容を定めたとしても、派遣元が、現実には、所定の就業日、始業・終業時刻を超えて労働が可能となるような内容の時間外・休日労働協定およびその届出をしていない場合に労働者派遣を行えば、派遣先が労働基準法違反を引き起こすことになりますから、このような労働者派遣を行うことは禁止されています。

　このような労働者派遣を行い、派遣先が違反行為を実行した場合には、派遣元に対し刑罰を科すことにし、このような事態が起きることを防止しています。

（4）派遣元が労働者派遣をする場合に派遣契約に定める就業条件に従って派遣先

が派遣労働者を労働させたならば労働基準法のその規定に抵触することになる場合に労働者派遣を禁止する規定

　派遣元は、労働者派遣をする場合に、派遣契約に定める就業条件に従って派遣先が派遣労働者を労働させたならば、労働基準法の一定の規定に抵触することとなる場合には、労働者派遣をしてはならないと規定していますが、その対象となる規定は、①労働時間（労働基準法第32条）、②休憩（同法第34条）、③休日（同法第35条）、④有害業務に関する時間外労働の制限（同法第36条第1項ただし書）、⑤労働時間および休憩の特例（同法第40条）、⑥年少者に関する深夜業（同法第61条）、⑦年少者に関する危険有害業務の就業制限（同法第62条）、⑧年少者に関する坑内労働の禁止（同法第63条）、⑨女性に関する坑内業務の就業制限（同法第64条の2）、⑩妊産婦などに関する危険有害業務の就業制限（同法第64条の3）の各規定です（派遣法第44条第3項）。

　具体的にこれに該当すると考えられる事例は、次のとおりです。

労働基準法の条文	事項	労働者派遣契約に定める就業条件	労働者派遣のしかた
第32条 第40条	労働時間	時間外労働可能	三六協定を締結せずに労働者派遣
		変形労働時間制により労働させる	変形労働時間制の定めをせずに労働者派遣
第34条	休憩	就業時間13時〜17時で休憩時間なし	9時〜13時に他の事業場で労働した者を労働者派遣
第35条	休日	休日労働可能	三六協定を締結せずに派遣
第36条第1項ただし書	時間外労働	有害業務に従事 就業時間13時〜21時	9時〜13時に他の事業場で有害業務に従事した者を労働者派遣
第61条	年少者の深夜業	労働時間が深夜にかかる	年少者を労働者派遣
第62条	年少者の危険有害業務	危険有害業務に従事	年少者を労働者派遣
第63条	年少者の坑内労働	坑内労働に従事	年少者を労働者派遣
第64条の2	女性の坑内業務	就業制限された坑内業務に従事	妊産婦などを労働者派遣
第64条の3	妊産婦などの危険有害業務	危険有害業務に従事	妊産婦などを労働者派遣

派遣元がこれらの規定に違反して労働者派遣をした場合で、派遣先が、これらの規定に抵触するときは、派遣元が違反したものとして、これらの規定の罰則が適用されます（派遣法第44条第4項）。

（5）読替えを行った上で適用する規定

所要の読替えを行った上で適用する規定は、①事業場外労働（労働基準法第38条の2）、②専門業務型裁量労働制（同法第38条の3）、③監督組織（同法第99条および第100条）、④労働基準監督官の権限（同法第101条および102条）、⑤監督機関に対する申告（同法第104条）、⑥報告の義務（同法第104条の2）、⑦国の援助義務（同法第105条の2）、⑧法令規則の周知（同法第106条）、⑨記録の保存（同法第109条）および⑩国・公共団体についての適用（同法第112条）の各規定です（派遣法第44条第6項）

（6）技術的読替えなど

このほか、労働基準法の適用に関する特例を適用する場合における技術的読替えその他必要な事項は、派遣令第5条および派遣則第39条に規定されています。

（7）労働基準法の適用関係

労働基準法の適用関係は、次のとおりです。

派遣元	派遣先
均等待遇 男女同一賃金の原則 強制労働の禁止	均等待遇 強制労働の禁止 公民権行使の保障
労働契約 賃金 1か月単位の変形労働時間制、フレックスタイム制、1年単位の変形労働時間制の協定の締結・届出、時間外・休日労働の協定の締結・届出、事業場外労働に関する協定の締結・届出、専門業務型裁量労働制に関する協定の締結・届出	労働時間、休憩、休日

時間外・休日、深夜の割増賃金	
年次有給休暇	
最低年齢	
年少者の証明書	労働時間及び休日（年少者）
	深夜業（年少者）
	危険有害業務の就業制限（年少者および妊産婦など）
	坑内労働の禁止（年少者）
帰郷旅費（年少者）	
	女性の坑内業務の就業制限
産前産後の休業	産前産後の時間外、休日、深夜業
	育児時間
	生理日の就業が著しく困難な女性に対する措置
徒弟の弊害の排除	徒弟の弊害の排除
職業訓練に関する特例	
災害補償	
就業規則	
寄宿舎	
国の援助義務	国の援助義務
申告を理由とする不利益取扱禁止	申告を理由とする不利益取扱禁止
法令規則の周知義務	法令規則の周知義務（就業規則を除く）
労働者名簿	
賃金台帳	
記録の保存	記録の保存
報告の義務	報告の義務

2　労働安全衛生法の適用の特例など

趣旨

　派遣中の労働者に関する労働安全衛生法の適用などについて、次のような特例措置が定められています。
（1）職場における労働者の安全衛生の確保などの規定は、派遣元のみならず、派遣先にも適用すること。
（2）派遣中の労働者に関する一般的な健康管理に関する措置義務は派遣元が負

い、その他の労働安全衛生に関する措置義務は派遣先が負うこと。
（3）派遣元は、派遣先が派遣契約に定める就業条件に従って派遣中の労働者を就業させたなら労働安全衛生法の規定に抵触する場合には、労働者派遣をしてはならず、その違反には抵触する規定の罰則を派遣元にも適用すること。
（4）派遣先は、派遣中の労働者に対して健康診断を行ったときには、健康診断の結果を記録した書面を、派遣元に送付しなければならないこと。
（5）派遣先は、派遣中の労働者に関する労働者死傷病報告書を所轄の労働基準監督署長に提出したときは、その写しを派遣元に送付しなければならず、派遣元は送付された労働者死傷病報告書の写しを所轄の労働基準監督署長に提出しなければならないこと。

解説

（1）派遣元のみならず、派遣先も事業者としての義務を負う規定

　派遣元のみならず、派遣先の事業者としての義務を負う規定は、事業者などの責務など（労働安全衛生法第3条第1項および第4条）、②総括安全衛生管理者（同法第10条）、③衛生管理者（同法第12条）、④安全衛生推進者など（同法第12条の2）、⑤産業医など（同法第13条および第13条の2）、⑥衛生委員会（同法第18条）、⑦安全管理者などに対する教育など（同法第19条の2）、⑧作業内容変更時の安全衛生教育（同法第59条第2項）、⑨危険有害業務従事者に対する安全衛生教育（同法第60条の2）、⑩中高年齢者などについての配慮（同法第62条）、⑪健康診断実施後の措置（同法第66条の5第1項）、⑫健康教育など（同法第69条）、⑬体育活動などについての便宜供与など（同法第70条）の各規定です（派遣法第45条第1項）。

（2）派遣中の労働者について派遣元の安全衛生管理体制を適用する場合に、派遣元の義務の範囲を派遣先に課された義務以外に限定する規定

　派遣中の労働者について派遣元の事業における安全衛生管理体制に適用する場合に、派遣元の義務の範囲は、派遣先に課された義務以外に限定する規定は、①総括安全衛生管理者（労働安全衛生法第10条第1項）、②衛生管理者（同法第12条第1項）、③安全衛生推進者など（同法第12条の2）、④産業医（同法第13条第1項）、⑤衛生委員会（同法第18条第1項）の各規定です（派遣法第45条第2項）。

第11章　労働基準法などの適用　451

（3）派遣先のみに事業者としての義務を負わせる規定

　派遣先のみに事業者としての義務を負わせる規定は、①安全管理者（労働安全衛生法第11条）、②作業主任者（同法第14条）、③統括安全衛生責任者（同法第15条）、④元方安全衛生管理者（同法第15条の2）、⑤店社安全衛生管理者（同法第15条の3）、⑥安全委員会（同法第17条）、⑦危険防止などのための事業者の講ずべき措置など（同法第20条から第27条までおよび第31条の3）、⑧事業者の行うべき調査など（同法第28条の2）、⑨元方事業者などの講ずべき措置など（同法第29条から第30条の3まで）、⑩厚生労働省令への委任（同法第36条（第30条第1項および第4項、第30条の2第1項および第4項ならびに第30条の3第1項および第4項の部分））、⑪定期自主検査（同法第45条（第2項を除く））、⑫化学物質の有害性の調査（同法第57条の3から第57条の5まで）、⑬特別の安全衛生教育（同法第59条第3項）、⑭指導監督者に対する安全衛生教育（同法第60条）、⑮就業制限（同法第61条第1項）、⑯作業環境測定など（同法第65条および第65条の2）、⑰作業の管理（同法第65条の3）、⑱作業時間の制限（同法第65条の4）、⑲健康診断など（同法第66条第2項から第5項まで、第66条の3および第66条の4）、⑳病者の就業禁止（同法第68条）、㉑快適な職場環境形成のため事業者が講ずべき措置（同法第71条の2）、㉒安全衛生改善計画（同法第78条および第79条）、㉓安全衛生診断（同法第80条）、㉔建設物の設置などに関する計画の届出など（同法第88条）、㉕建設物の設置などに関する計画についての厚生労働大臣等の審査など（同法第89条および第89条の2）の各規定です（派遣法第45条第3項および第5項）。

（4）特定自主検査の検査を行う者に派遣中の労働者をあてることの禁止

　派遣先の事業に関しては、一定の機械等についての特定自主検査の規定（労働安全衛生法第45条第2項）が適用されますが、その検査を行う者に派遣中の労働者をあてることは禁止されています。また、特定自主検査（同法第45条第2項）を、派遣元は派遣中の労働者に行わせることはできません（派遣法第45条第4項および第5項）。

（5）派遣元が労働者派遣をする場合に派遣契約に定める就業条件に従って派遣先が派遣労働者を労働させたならば労働安全衛生法のその規定に抵触することにな

る場合に労働者派遣を禁止する規定

　派遣元は、労働者派遣をする場合に、派遣契約に定める就業条件に従って派遣先が派遣労働者を労働させたならば、労働安全衛生法の一定の規定に抵触することとなる場合には、労働者派遣をしてはならないと規定していますが、その対象となる規定は、①特別の安全衛生教育（労働安全衛生法第59条第3項）、②就業制限（同法第61条第1項）、③作業時間の制限（同法第65条の4）、④病者の就業禁止（同法第68条）の各規定です（派遣法第45条第6項）。

　具体的にこれに該当すると考えられる事例は、次のとおりです。

労働安全衛生法の条文	事項	労働者派遣契約に定める就業条件	労働者派遣のしかた
第59条第3項	特別安全衛生教育	特別安全衛生教育の科目について十分な知識および技能を有している者であること	知識・技能を有していない者を労働者派遣
第61条第1項	就業制限	クレーンの運転免許の所有者などの有資格者であること	無資格者を労働者派遣
第65条の4	作業時間の制限	当日潜水作業を行った者でないこと	当日潜水作業を行った者を労働者派遣
第68条	病者の就業禁止	特に定めなし	当日労働者が疾病にかかっていることを秘匿して労働者派遣

　派遣元がこれに違反して労働者派遣を行い、派遣先がこれらの規定に抵触した場合、派遣元はこれらの規定に違反したものとして、これらの規定の罰則が適用されます（派遣法第45条第7項）。

（6）読替えを行った上で適用する規定

　所要の読替えを行った上で適用する規定は、①JVについての適用の特例（労働安全衛生法第5条第1項および第4項）、②労働災害の防止に関する厚生労働大臣の勧告など（同法第9条）、③安全衛生責任者（同法第16条第1項）、④安全衛生委員

会（同法第19条）、⑤技術上の指針などに関する厚生労働大臣の指導など（同法第28条第4項）、⑥注文者の講ずべき措置（同法第31条第1項および第31条の2）、⑦注文者の違法な指示の禁止（同法第31条の4）、⑧請負人の講ずべき措置（同法第32条）、⑨機械等貸与者の講ずべき措置（同法第33条第1項）、⑩建築物貸与者の講ずべき措置（同法第34条）、⑪安全衛生教育に関する国の援助（同法第63条）、⑫健康診断実施後の措置のための指針に関する厚生労働大臣の指導など（同法第66条の5第3項）、⑬健康の保持増進のための指針に関する厚生労働大臣の指導など（同法第70条の2第2項）、⑭快適な職場環境の形成のための指針に関する厚生労働大臣の指導など（同法第71条の3第2項）、⑮快適な職場環境の形成に関する国の援助（同法第71条の4）、⑯労働基準監督署長および労働基準監督官（同法第90条）、⑰労働基準監督官の権限（同法第91条第1項および第92条）、⑱産業安全専門官および労働衛生専門官（同法第93条第2項および第3項）、⑲労働者の申告（同法第97条）、⑳使用停止命令など（同法第98条第1項および第99条第1項）、㉑労働災害の再発防止のための講習の指示（同法第99条の2第1項および第2項）、㉒報告等（同法第100条）、㉓法令の周知（同法第101条）、㉔ガス工作物等設置者の義務（同法第102条）、㉕書類の保存など（同法第103条第1項）、㉖国の援助（同法第106条第1項）、㉗疫学的調査など（同法第108条の2第3項）、㉘適用除外（同法第115条第1項）の各規定です（派遣法第45条第8項、第9項および第15項）。

（7）健康診断の結果の送付

　派遣先は、労働安全衛生法第66条第2項、第3項もしくは第4項の規定により、派遣中の労働者に対し健康診断を行ったとき、または派遣中の労働者から同条第5項ただし書の規定による健康診断の結果を証明する書面の提出があったときは、遅滞なくこれらの健康診断の結果を記載した書面を作成し、派遣元に送付しなければなりません。

　この書面の送付を受けた派遣元は、その書面を一定期間保存しなければなりません。

　これらの規定に違反した者は、30万円以下の罰金に処せられ、法人の代表者または法人もしくは人の代理人、使用人その他の従業者が、その法人または人の業務に関して、これらの義務に違反する行為をしたときは、行為者が罰せられるほか、そ

の法人または人に対しても同様の罰金刑が科されます（派遣法第45条第10項から第13項まで）。

（8）医師などの意見聴取の通知

派遣先は、労働安全衛生法第66条の4の規定により、健康診断の結果について医師などの意見を聴いたときは、その意見を遅滞なく派遣元に通知しなければなりません（派遣法第45条第14項）。

（9）免許の取消処分事由、指定の欠格事由などへの該当

労働安全衛生法の適用の特例などに違反した者は、同法においてこれに相当する規定に違反した者と同じく、同法に基づく免許の取消処分事由、指定の欠格事由などに該当するに至った者とされます（派遣法第45条第16項）。

（10）労働者死傷病報告書の提出その他の技術的読替えなど

このほか、労働安全衛生法の適用に関する特例を適用する場合における技術的読替えその他必要な事項は、派遣令第6条および派遣則第40条から第43条までに規定されています。

技術的読替えなどとして、派遣則第42条は「派遣先は、派遣中の労働者に関する労働者死傷病報告書を所轄の労働基準監督署長に提出したときは、遅滞なく、その写しを派遣中の労働者を雇用する派遣元に送付しなければならない」旨規定しており、送付された派遣元は送付された派遣中の労働者に関する労働者死傷病報告書の写しを所轄の労働基準監督署長に提出しなければなりません（労働安全衛生規則第97条第1項）。

（11）労働安全衛生法の適用関係

労働安全衛生法の適用関係は、次の通りです。

第11章 労働基準法などの適用　455

派遣元	派遣先
職場における安全衛生を確保する事業者の責務	職場における安全衛生を確保する事業者の責務
事業者などの実施する労働災害の防止に関する措置に協力する労働者の責務	事業者などの実施する労働災害の防止に関する措置に協力する労働者の責務
労働災害防止計画の実施に関する厚生労働大臣の勧告など	労働災害防止計画の実施に関する厚生労働大臣の勧告など
総括安全衛生管理者の選任など	総括安全衛生管理者の選任など
	安全管理者の選任など
衛生管理者の選任など	衛生管理者の選任など
安全衛生推進者の選任など	安全衛生推進者の選任など
産業医の選任など	産業医の選任など
	作業主任者の選任など
	統括安全衛生責任者の選任など
	元方安全衛生管理者の選任など
	安全委員会
衛生委員会	衛生委員会
	安全管理者等に対する教育など
	労働者の危険または健康障害を防止するための措置
	安全管理者などに対する教育など
	事業者の行うべき調査など
	事業者の講ずべき措置
	労働者の遵守すべき事項
	元方事業者の講ずべき措置
	特定元方事業者の講ずべき措置
	定期自主検査
	化学物質の有害性の調査
安全衛生教育（雇入れ時、作業内容変更時）	安全衛生教育（作業内容変更時、危険有害業務就業時）
	職長教育
危険有害業務従事者に対する教育	危険有害業務従事者に対する教育
	就業制限
中高年齢者などについての配慮	中高年齢者などについての配慮
事業者が行う安全衛生教育に対する国の援助	事業者が行う安全衛生教育に対する国の援助
	作業環境を維持管理するよう努める義務
	作業環境測定
	作業環境測定の結果の評価など
	作業の管理
	作業時間の制限

健康診断（一般健康診断など、当該健康診断結果についての意見聴取）	健康診断（有害な業務に関する健康診断など、当該健康診断結果についての意見聴取）
健康診断（健康診断実施後の作業転換などの措置）	健康診断（健康診断実施後の作業転換などの措置）
健康診断の結果通知	
医師等による保健指導	
面接指導など	
心理的な負担の程度を把握するための検査など	
	病者の就業禁止
健康教育など	健康教育など
体育活動などについての便宜供与など	体育活動などについての便宜供与など
	安全衛生改善計画など
	機械等の設置、移転に関する計画の届出、審査など
申告を理由とする不利益取扱禁止	申告を理由とする不利益取扱禁止
	使用停止命令など
報告など	報告など
法令の周知	法令の周知
書類の保存など	書類の保存など
事業者が行う安全衛生施設の整備などに対する国の援助	事業者が行う安全衛生施設の整備などに対する国の援助
疫学的調査など	疫学的調査など

3 じん肺法の適用の特例など

趣旨

　派遣中の労働者に関するじん肺法の適用などについて、次のような特例措置が定められています。
（1）派遣中の労働者を派遣先の事業において粉じん作業に従事させたことのある派遣先が、じん肺に関する予防、教育、健康診断などの措置を行う義務があること。
（2）健康管理のための措置は、派遣元および派遣先双方に行う義務があること。
（3）派遣先の事業において常時粉じん作業に従事したことがあり、その派遣先以外の事業において現に粉じん作業以外の作業に従事するもので、派遣元に雇用されている労働者に関する健康診断などは、派遣元に行う義務があること。

(4) 派遣先がじん肺健康診断を行ったときは、その結果を記載した書面を派遣元に送付しなければならないこと。

解説
(1) 派遣先のみが事業者としての義務を負う規定

派遣先の事業において粉じん作業に従事したことのある派遣中の労働者に関して、派遣先のみが事業者としての義務を負う規定は、①じん肺の予防（じん肺法第5条）、②じん肺に関する予防および健康管理のための教育（同法第6条）、③健康診断（同法第7条から第9条の2まで）、④労働者の受診義務（同法第11条）、⑤事業者によるエックス線写真などの提出（同法第12条）、⑥じん肺管理区分の決定手続、通知など（同法第13条、第14条、第15条第3項および第16条）、⑦エックス線写真などの提出命令（同法第16条の2）、⑧じん肺健康診断に関する記録の作成、保存など（同法第17条）および⑨法令の周知（同法第35条の2）の各規定です（派遣法第46条第1項、第2項）。

(2) 派遣元および派遣先双方が義務を負う規定

粉じん作業に関する事業における派遣中の労働者の就業に関して派遣元および派遣先双方が義務を負う規定は、①じん肺健康診断の結果に基づく労働者の健康保持に関する責務（じん肺法第20条の2）、②粉じんにさらされる程度を低減するための措置（同法第20条の3）、③作業の転換（同法第21条）および④作業転換のための教育訓練（同法第22条の2）の各規定です（派遣法第46条第4項）。

(3) 派遣元のみが事業者としての義務を負う規定

粉じん作業を行う派遣先の事業における派遣中の労働者の就業に関する転換手当（じん肺法第22条）の支払い義務は派遣元の事業者が負います（派遣法第46条第5項）。

また、派遣先の事業において常時粉じん作業に従事したことのある労働者で、現に派遣元の事業に雇用され、かつ、常時粉じん作業に従事していないものについて派遣元のみが事業者としての義務を負う規定は、①じん肺健康診断の実施など（じん肺法第8条から第11条まで）、②事業者によるエックス線写真などの提出（同法第12条）、③じん肺管理区分の決定手続、通知など（同法第13条および第14条）、④じん肺管理区分の決定などの申請（同法第15条第3項および第16条）、⑤エックス

線写真などの提出命令（同法第16条の2）、⑥じん肺健康診断に関する記録の作成、保存など（同法第17条）、⑦じん肺健康診断の結果に基づく労働者の健康を保持するための事業者の責務（同法第20条の2）、⑧作業転換のための教育訓練（同法第22条の2）および⑨法令の周知（同法第35条の2）の各規定です（派遣法第46条第6項）。

（4）読み替えて適用される規定

じん肺健康診断と労働安全衛生法の健康診断との関係の規定（じん肺法第10条）については、派遣先が派遣中の労働者に対してじん肺健康診断を行った場合は、その限度において、派遣先は労働安全衛生法66条第2項の有害な業務に関する特殊健康診断を、派遣元は同条第1項の一般健康診断または第2項の特殊健康診断を行うことを必要がないと読み替えて適用されます（派遣法第46条第3項、第13項）。

また、①政府の技術的援助など（じん肺法第32条）、②じん肺診査医、労働基準監督署長および労働基準監督官（同法第39条から第43条まで）、③労働者の申告（同法第43条の2）および④報告（同法第44条）の各規定については、所要の読替えをして適用されます（派遣法第46条第12項）。

（5）健康診断の結果の送付など

派遣先は、派遣中の労働者に対して、じん肺健康診断を実施し（じん肺法第7条から第9条の2まで）、または派遣中の労働者からじん肺健康診断の結果を証明する書面その他の書面の提出があったときは、じん肺健康診断に関する記録（同法第17条第1項）に基づいて、この記録の写しを作成し、遅滞なく派遣元に送付しなければなりません。

また、派遣先が都道府県労働局長から派遣中の労働者に関するじん肺管理区分の決定の通知を受けたときは、その通知の内容を記載した書面を作成し、遅滞なく派遣元に送付しなければなりません。

これらの書面の送付を受けた派遣元は、派遣先による健康診断の結果を記載した書面については7年間、じん肺管理区分の決定の通知の内容を記載した書面については3年間、保存しなければなりません。

一方、派遣元は、派遣中の労働者で常時粉じん作業に従事する者（じん肺管理区

分が管理2、管理3または管理4と決定されている労働者を除く）が労働安全衛生法第66条第1項の一般健康診断または第2項の特殊健康診断（派遣先が行うものを除く）において、じん肺の所見があり、またはじん肺にかかっている疑いがあると診断されたときは、遅滞なく、その旨を派遣先に通知しなければなりません。

　これらの規定に違反した者は、30万円以下の罰金に処せられ、法人の代表者または法人もしくは人の代理人、使用人その他の従業者が、その法人または人の業務に関して、これらの義務に違反する行為をしたときは、行為者が罰せられるほか、その法人または人に対しても同様の罰金刑が科されます（派遣法第46条第7項から第11項まで）。

（6）技術的読替えなど

　このほか、じん肺法の適用に関する特例を適用する場合における技術的読替えその他必要な事項は、派遣令第7条ならびに派遣則第44条および第45条に規定されています。

（7）じん肺法の適用関係

　じん肺法の適用関係は、次の通りです。

派遣元	派遣先
	事業者および労働者のじん肺の予防に関する適切な措置を講ずる責務
	じん肺の予防および健康管理に関する教育
	じん肺健康診断の実施
	じん肺管理区分の決定など
じん肺健康診断の結果に基づく事業者の責務	じん肺健康診断の結果に基づく事業者の責務
粉じんにさらされる程度を軽減させるための措置	粉じんにさらされる程度を軽減させるための措置
	作業の転換作業の転換
転換手当	
作業転換のための教育訓練	作業転換のための教育訓練
政府の技術的援助など	政府の技術的援助など
法令の周知（粉じん作業に関する事業場への派遣終了後）	法令の周知
申告を理由とする不利益取扱禁止	申告を理由とする不利益取扱禁止
報告	報告

4 作業環境測定法の適用の特例

趣旨

派遣中の労働者に関する作業環境測定法の適用については、一定の事項について派遣元および派遣先双方に同法の事業者としての義務を負わせます。

解説

(1) 派遣元および派遣先双方が義務を負う規定

派遣中の労働者の就業に関しては、①作業環境測定の実施などの総則(作業環境測定法第1条から第4条まで)、②作業環境測定士名簿の閲覧(同法第8条第2項)および③行政機関による監督、指導、援助などの雑則(同法第38条から第51条まで)の各規定については、派遣元とともに、派遣先も事業者としての義務を負います(派遣法第47条第1項)。

(2) 登録の欠格事由などへの該当

派遣法第45条の労働安全衛生法の適用の特例などまたは(1)の作業環境測定法の適用の特例に違反した者については、労働安全衛生法または作業環境測定法においてこれに相当する規定に違反した者と同じく、作業環境測定士の登録の欠格事由などに該当するに至った者とされます(派遣法第47条第2項)。

(3) 技術的読替えなど

このほか、作業環境測定法の適用に関する特例を適用する場合における技術的読替えその他必要な事項は、派遣令第8条に規定されています。

(4) 作業環境測定法の適用関係

作業環境測定法の適用関係は、次の通りです。

派遣元	派遣先
作業環境測定の実施などの総則規定 作業環境測定士名簿の閲覧 雑則	作業環境測定の実施などの総則規定 作業環境測定士名簿の閲覧 雑則

5 男女雇用機会均等法の適用の特例

趣旨
派遣労働者の就業に関する男女雇用機会均等法の適用については、婚姻、妊娠、出産などを理由とする不利益取扱いの禁止などの事項について派遣元および派遣先双方に同法の事業主としての義務を負わせます。

解説
（1）派遣元および派遣先双方が義務を負う規定

派遣労働者の就業に関しては、①妊娠・出産などを理由とする解雇その他不利益取扱いの禁止（男女雇用機会均等法第9条第3項）、②職場における性的な言動に起因する問題に関する雇用管理上の措置（同法第11条第1項）、③職場における妊娠、出産などに関する言動に起因する問題に関する雇用管理上の措置（同法第11条の2第1項）、④妊娠中および出産後の健康管理に関する措置（同法第12条および第13条第1項）の各規定については、派遣元とともに、派遣先も事業主としての義務を負います（派遣法第47条の2）。

（2）男女雇用機会均等法の適用関係

男女雇用機会均等法の適用関係は、次の通りです。

派遣元	派遣先
基本的理念 性別を理由とする差別の禁止 性別以外の事由を要件とする措置 女性労働者に係る措置に関する特例 婚姻、妊娠、出産などを理由とする不利益取扱いの禁止 職場における妊娠、出産などに関する言動に起因する問題に関する雇用管理上の措置 職場における性的な言動に起因する問題に関する雇用管理上の措置 妊娠中および出産後の健康管理に関する措置 事業主に対する国の援助 紛争の解決 雑則	婚姻、妊娠、出産などを理由とする不利益取扱いの禁止 職場における妊娠、出産などに関する言動に起因する問題に関する雇用管理上の措置 職場における性的な言動に起因する問題に関する雇用管理上の措置 妊娠中および出産後の健康管理に関する措置

6 育児・介護休業法の適用の特例

趣旨

　派遣労働者の就業に関する育児・介護休業法の適用については、育児休業の申出または育児休業の取得を理由とする不利益取扱いの禁止などの事項について派遣元および派遣先双方に同法の事業主としての義務を負わせます。

解説

（1）派遣元および派遣先双方が義務を負う規定

　派遣労働者の就業に関しては、①育児休業の申出をし、または育児休業をしたことを理由とする解雇その他不利益取扱いの禁止（育児・介護休業法第10条）、②介護休業の申出をし、または介護休業をしたことを理由とする解雇その他不利益取扱いの禁止（同法第16条）、③子の看護休暇の申出をし、または子の看護休暇の申出をしたことを理由とする解雇その他不利益取扱いの禁止（同法第16条の4）、④介護休暇の申出をし、または介護休暇をしたことを理由とする解雇その他不利益取扱いの禁止（同法第16条の7）、⑤所定外労働の制限の請求をし、または所定労働時間を超えて労働しなかったことを理由とする解雇その他不利益取扱いの禁止（同法第16条の9）、⑥時間外労働の制限の請求をし、または制限時間を超えて労働しなかったことを理由とする解雇その他不利益取扱いの禁止（同法第18条の2）、⑦深夜労働をしない旨の請求をし、または深夜労働をしなかったことを理由とする解雇その他不利益取扱いの禁止（同法第20条の2）、⑧所定労働時間の短縮措置などの申出をし、または所定労働時間の短縮措置などが行われたことを理由とする解雇その他不利益取扱いの禁止（同法第23条の2）、⑨職場における育児休業などに関する言動に起因する問題に関する雇用管理上の措置（同法第25条）の各規定については、派遣元とともに、派遣先も事業主としての義務を負います（派遣法第47条の3）。

（2）育児・介護休業法の適用関係

　育児・介護休業法の適用関係は、次の通りです。

派遣元	派遣先
基本的理念	
育児休業の申出と事業主の義務	
育児休業の申出または育児休業の取得を理由とする不利益取扱いの禁止	育児休業の申出または育児休業の取得を理由とする不利益取扱いの禁止
介護休業の申出と事業主の義務	
介護休業の申出または介護休業の取得を理由とする不利益取扱いの禁止	介護休業の申出または介護休業の取得を理由とする不利益取扱いの禁止
子の看護休暇の申出と事業主の義務	
子の看護休暇の申出または子の看護休暇の取得を理由とする不利益取扱いの禁止	子の看護休暇の申出または子の看護休暇の取得を理由とする不利益取扱いの禁止
介護休暇の申出と事業主の義務	
介護休暇の申出または介護休暇の取得を理由とする不利益取扱いの禁止	介護休暇の申出または介護休暇の取得を理由とする不利益取扱いの禁止
所定外労働の制限の請求と事業主の義務	
所定外労働の制限の請求または所定外労働をしなかったことを理由とする不利益取扱いの禁止	所定外労働の制限の請求または所定外労働をしなかったことを理由とする不利益取扱いの禁止
時間外労働の制限の請求と事業主の義務	
時間外労働の制限の請求または時間外労働をしなかったことを理由とする不利益取扱いの禁止	時間外労働の制限の請求または時間外労働をしなかったことを理由とする不利益取扱いの禁止
深夜業の制限の請求と事業主の義務	
深夜業の制限の請求または深夜業をしなかったことを理由とする不利益取扱いの禁止	深夜業の制限の請求または深夜業をしなかったことを理由とする不利益取扱いの禁止
所定労働時間の短縮措置などの申出と事業主の義務	
所定労働時間の短縮措置などの申出または所定労働時間の短縮措置などが行われたことを理由とする不利益取扱いの禁止	所定労働時間の短縮措置などの申出または所定労働時間の短縮措置などが行われたことを理由とする不利益取扱いの禁止
職場における育児休業などに関する言動に起因する問題に関する雇用管理上の措置	職場における育児休業などに関する言動に起因する問題に関する雇用管理上の措置
労働者の配置に関する配慮	
再雇用特別措置など	
職業家庭両立推進者	
事業主等に対する援助	
苦情の自主的解決	
紛争の解決の援助	
報告の徴収ならびに助言、指導および勧告	

第12章
行政による指導監督など

　派遣事業の適正な運用を確保し労働力需給の適正な調整を図るとともに、派遣労働者の適正な就業条件を確保することにより、その保護と雇用の安定を図ることを目的として、次のような行政による指導監督などが行われています。

1　派遣労働者などからの相談に対する助言援助
2　派遣元などの法違反に関する派遣労働者の申告
3　派遣事業協力員による派遣元、派遣先、労働者などに対する相談・助言
4　報告の聴取
5　立入検査
6　派遣元および派遣先に対する指導・助言
7　労働者派遣の役務を特定の者に提供することのみを目的として行われる派遣事業についての目的・内容の変更の勧告
8　関係派遣先派遣割合に関する指示
9　特定有期雇用派遣労働者に対する雇用安定措置に関する指示
10　事業運営の改善命令
11　派遣先が派遣労働者を適用除外業務に従事させている場合の労働者派遣の停止命令
12　許可の取消しと事業の停止命令
13　是正防止措置の勧告と企業名の公表
14　無許可で派遣事業を行った事業主の公表

1 派遣労働者などからの相談に対する助言援助

趣旨

　派遣労働者の就業に関しては、適切な就業条件が確保されていない、あるいは違法行為があるといった相談が派遣労働者などから公共職業安定所に対して行われた場合には、公共職業安定所は問題事案を解消するための助言を行う必要があるため、公共職業安定所は、派遣労働者の就業に関する事項について、労働者などの相談に応じ、および必要な助言その他の援助を行うことができます（派遣法第52条）。

解説

（1）事業主に対する指導などに関する相談

　就業に関する労働者などからの相談については、公共職業安定所で受け付け、助言その他の援助を行いますが、派遣元または派遣先に対する事実確認、指導・助言、行政処分などは原則として都道府県労働局で行います（派遣則第55条）ので、違法性の疑いのある事業主に対する指導などに関する相談については、都道府県労働局の需給調整事業担当で受け付け、公共職業安定所で受け付けた場合には都道府県労働局の需給調整事業担当の相談窓口へ誘導されます。

（2）公共職業安定所に相談する者

　公共職業安定所に相談するのは、派遣労働者のほか、派遣労働者として雇用されることを予定する者、以前に派遣労働者として雇用されていた者を含みます。

2 派遣元などの法違反に関する派遣労働者の申告

趣旨

　違法事案の迅速かつ的確な是正を図るとともに、派遣労働者の保護を図るため、派遣労働者は派遣元や派遣先などに法違反の事実があった場合には、その事実を申告することができます（派遣法第49条の3）。

解説

（1）不利益取扱いの禁止

　派遣元および派遣先が派遣法令に違反していた場合には、派遣労働者は、その事実を申告することができますが、申告を行ったことを理由として、派遣元および派遣先は派遣労働者に対して解雇その他不利益な取扱いをしてはなりません（派遣法第49条の3）。

（2）違反の効果

　派遣労働者が申告したことを理由として不利益な取扱いをした派遣元または派遣先は、6か月以下の懲役または30万円以下の罰金に処せられる（派遣法第60条第2号）ほか、派遣元については許可の取消し（派遣法第14条第1項）、事業停止命令（同条第2項）、改善命令（派遣法第49条第1項）の対象となります。

3　派遣事業協力員による派遣元、派遣先、労働者などに対する相談・助言

趣旨

　派遣事業の適正な運営および派遣労働者の保護を図るため、派遣事業の運営および派遣労働者の保護について専門的な知識経験を有する者が派遣事業協力員として委嘱され、派遣元、派遣先、派遣労働者などに対する相談・助言を行います（派遣法第53条）。

解説

　社会的信望があり、派遣事業の運営および派遣就業について専門的な知識経験を有する者のうちから派遣事業協力員が委嘱されます。

　派遣事業協力員は、実際には、労使の関係者のうち、使用者団体または労働団体の中で会員企業や労働者からの相談業務の担当者・経験者を中心に構成されています。

　なお、派遣事業協力員は、業務の性格上、派遣元、派遣先、派遣労働者などの秘密に触れることが想定されるため、守秘義務が課されています。

4 報告の聴取

趣旨

定期報告（派遣法第23条第1項および第3項）だけでは事業運営の状況や派遣労働者の就業状況を十分把握できない場合で、違法行為の行われているおそれがあるなど特に必要があるときは、派遣法（第3章第4節の規定は除く）の施行に必要な限度で、個別的に必要な事項を報告するよう求められることがあります（派遣法第50条）。

解説

（1）報告の徴収の手続

必要な事項の報告は、報告すべき事項および理由ならびに報告期日を書面により通知した上で行われます（派遣則第47条）。

（2）報告事項

報告するよう求められる「必要な事項」とは、派遣事業の運営に関する事項または派遣労働者の就業に関する事項であり、例えば、個々の労働者の就業条件、派遣期間、派遣先における具体的就業の状況などです。

（3）権限の委任

報告に関する権限は、都道府県労働局が行いますが、厚生労働省でその権限を行うこともできます（派遣則第55条）。

5 立入検査

趣旨

違法行為の申告がある場合や許可の取消し、事業停止命令などの行政処分をするに当たって、その是非を判断する上で必要な場合など報告だけでは事業運営の内容や派遣労働者の就業の状況を十分に把握できないような場合には、派遣法（第3章

第4節の規定は除く）の施行に必要な限度で、厚生労働省や都道府県労働局の職員が、事業所その他の施設に立ち入り、関係者に質問し、帳簿、書類その他の物件を検査することがあります（派遣法第51条第1項）。

解説

（1）立入検査の対象

　立入検査の対象となるのは、立入検査の目的を達成するため必要な事業所および帳簿、書類その他の物件に限られています。

　「事業所その他の施設」とは、派遣元や派遣先の事業所その他の施設のほか、派遣労働者の就業を管理する施設などを、「関係者」とは、派遣事業運営の状況や派遣労働者の就業の状況について質問するのに適当な者で、具体的には、派遣労働者、派遣元、その雇用する一般の労働者、派遣先、その雇用する労働者などです。

　また、「帳簿、書類その他の物件」とは、派遣元管理台帳、派遣先管理台帳、派遣契約などはもちろんのこと、その他派遣事業の運営および派遣労働者の就業に関する労働関係に関する重要な書類が含まれます。

（2）証明書

　立入検査をする職員は、その身分を示す労働者派遣事業立入検査証（様式第14号）を携帯し、関係者に提示しなければなりません（派遣法第51条第2項、派遣則第48条）。

　なお、立入検査証に貼付する写真には、厚生労働省もしくは都道府県労働局の刻印または厚生労働大臣もしくは都道府県労働局長の印により割印されることになっています。

（3）立入検査の権限

　立入検査の権限は行政による検査のために認められたものですので、犯罪捜査のために認められたものではありません（派遣法第51条第3項）。

（4）権限の委任

　立入検査に関する権限は、都道府県労働局が行いますが、厚生労働省でその権限を行うこともできます（派遣則第55条）。

6 派遣元および派遣先に対する派遣事業の適正な運営や派遣労働者の適正な就業を確保するための指導・助言

趣旨

労働者派遣という複雑な労働関係において、派遣労働者の保護を図ること、あるいは労働力需給調整システムとしての派遣事業が適正に運営されるために、が派遣元、派遣先双方に対し、指導・助言が行われています（派遣法第48条第1項）。

解説

（1）指導・助言の目的

派遣事業においては、派遣元および派遣先が、派遣法に違反する行為をしたり、違反する行為を行うおそれがあったり、また、違反とはいえないまでも派遣事業の適正な運営や派遣労働者の適正な就業を阻害する行為が行われることも考えられます。

このような状況の是正、改善を図るため、派遣法においては、許可の取消し（派遣法第14条第1項）、事業停止命令（同条第2項）、改善命令（派遣法第49条第1項）などが設けていますが、軽微な違法行為の場合にこれらの措置を即時に行うことは、派遣元などによる自主的な改善努力を妨げることとなり、必ずしも適当とはいえません。このため、まず指導・助言によりその是正を図っていく必要があります。

また、違法とまではいえないが不当な状況を改善するためには、強制力はありませんが、臨機応変の対応措置を指導・助言という形で展開していくことが、派遣事業の適正な就業を確保していくうえできわめて重要です。このような観点から、派遣法の施行に関し必要があると認めるときは、派遣元および派遣先に対し、必要な指導・助言が行われています。

（2）派遣法の施行に関し必要があると認めるとき

指導・助言をすることができるのは、派遣法の施行に関し必要があると認めるときであり、派遣法の施行とは、労働基準法などの適用に関する特例などの規定（派遣法第44条から第47条の3まで）を除く部分の施行を意味します。

労働基準法などの適用に関する特例などの規定については、これらの規定により

適用される労働基準法や労働安全衛生法などそのものに基づく指導・助言などが行われます。

（3）権限の委任

指導・助言に関する権限は都道府県労働局が行いますが、厚生労働省でその権限を行うこともできます（派遣則第55条）。

> **コメント89　派遣法に関する指導・助言は、本当に派遣法の施行に関し必要があると認めるときにだけ行われているのか？**
>
> 指導・助言は都道府県労働局によって行われていますが、本当に派遣法の施行に関し必要があると認めるときにだけ行われているのか、疑問に感じることがしばしばあります。
>
> その際に感じるのは、派遣法に関しては、都道府県労働局では「指導」とさえ称していればどんなことを言っても良い（同様に、厚生労働省では「解釈」とさえ称していればどんなことを言っても良い）と思っているのではないかということです。
>
> 派遣法に関する指導は、本来なら都道府県労働局の側で同法の施行に関し必要があると認める根拠を示す必要があるのですが。

> **コメント90　派遣法に関する指導監督を行う態度に問題はないのか？**
>
> 26業務適正化プラン事件が起きた当時、業界団体が都道府県労働局の立入検査などに関して、厚生労働省に要望書を出したことがあります。
>
> その要望書に、都道府県労働局の派遣法に関する指導監督の態度などを問題とした次のような事例が記載されています。
>
> > （1）違法と決め付けて尋問
> >
> > 　派遣先担当者が不在であっても、派遣スタッフを拘束し、被疑者でもないのに、「あなたのやっていることは、違法なことだってわかっている？」と違法であると決め付け尋問をした。

（2）断るなら行政命令を発動する、電話1本とっても自由化業務

　派遣先責任者がいないので、内勤社員が調査協力を断ると、「断るなら行政命令を発動するからそのつもりでいろ」といわれ、社長が急遽戻ってきて対応した。

　指導官は、第5号業務（事務用機器操作）で「電話1本とっても、自由化業務だ」と決め付け、派遣先に是正指導をすると言ってきた。

　銀行のハイカウンター業務であり、従来の解釈と異なる見解ではないかと指摘したところ、「本省にも確認した」と述べ、具体的な確認内容について一切答えなかった。

（3）派遣スタッフを8時間拘束

　定期調査などに伴い、派遣スタッフは、派遣先の個別の部屋で午前9時から午後6時まで8時間拘束を受けた。警察権限がないのに、どのような根拠で身体の拘束をするのか聞くと「派遣法第51条に基づく。もし調査を拒否すると派遣法第61条第5号（検査拒否など）に該当し、30万円以下の罰金だ」と脅かされた。

（4）調査は午前0時を超えるから覚悟しておけ

　12月の最終営業日に電話が掛かってきて、「調査は午前0時を超えるから覚悟しておけ」と言われた。

（5）指導官から強圧的に署名を求められ、やむなく押印

　派遣会社の社員が聴取内容を帰社して確認したいと言ったところ、指導官から強圧的に署名を求められ、やむなく真実とは違うとは思いつつも押印した。

　現在ではこんな強圧的な態度などないことを祈っていますが、都道府県労働局の職員の態度に全く問題がないとは言えないと思われますので、注意が必要です。

7 労働者派遣の役務を特定の者に提供することのみを目的として行われる派遣事業についての目的・内容の変更の勧告

趣旨

　派遣事業は、労働力の需給調整システムの1つとして制度化されたものですので、その需給調整システムとして有する機能を有効に発揮し、労働者にはその希望、能力、経験などに適合した就業機会を提供するとともに、産業に必要な労働力を充足することが期待されています。

　ところが、派遣事業が特定の者に対してのみ労働者派遣の役務を提供することを目的として行われる場合には、労働力の需給調整としての機能を果たすよりも、単に使用者の労務管理の負担を軽減させる機能しか果たさず、さらに常用雇用労働者を派遣労働者によって代替させるという結果を招くおそれがあります。

　このような弊害の発生を防止するため、派遣事業の許可基準として「専ら労働者派遣の役務を特定の者に提供することを目的とするものでないこと」という要件が設けられています（派遣法第7条第1項第1号）が、許可を受けた後の派遣事業（ただし、同趣旨の内容を許可の条件として付す運用が行われています）の事業運営についても、是正措置を図り得るようにすることが必要です。

　このため、派遣事業が特定の者に対してのみ労働者派遣の役務を提供することを目的として行っている場合には、事業目的または内容を変更するよう勧告を受けることがあります（派遣法第48条第2項）。

解説

(1)「専ら労働者派遣の役務を特定の者に提供することを目的とする」とは

　「専ら労働者派遣の役務を特定の者に提供することを目的とする」とは、特定の者に対してのみ労働者派遣を行うことを目的として事業運営を行っているものであって、それ以外の者に対して、労働者派遣を行うことを目的としていない場合です。

　なお、派遣事業を不特定の者に対して行うことを目的として事業運営を行っている場合に、結果として、特定の者に対してしか労働者派遣をすることができなかったときは含まれません。

　「特定の者」とは、1つであると複数であるとを問わず対象が特定されているこ

とです。これに該当するか否かは、事業所ごとに判断されます。

（2）「専ら労働者派遣の役務を特定の者に提供することを目的とする」の判断基準など

「専ら労働者派遣の役務を特定の者に提供することを目的とする」か否かについては、定款などに記載され具体的に明らかにされている事業目的だけではなく、事業運営の実態に照らし客観的に特定の者への労働者派遣を目的としているか否かで判断され、次のいずれかに該当する場合は、その派遣事業が「専ら労働者派遣の役務を特定の者に提供することを目的とする」ものであると判断されます。

1) 定款、寄附行為、登記事項証明書などにその事業の目的が専ら労働者派遣の役務を特定の者に提供する旨の記載などが行われている場合
2) 派遣元に複数事業所があり、本社などで一括して派遣先の開拓を行っている場合を除き、派遣先の確保のための努力が客観的に認められない場合

「派遣先の確保のための努力が客観的に認められない場合」とは、不特定の者を対象とした派遣先の確保のための宣伝、広告、営業活動などを正当な理由なく随時行っていない場合で、「正当な理由」とは、①業務そのものが限定的に行われていることから他に派遣先を確保しようとしてもできない場合または②派遣労働者の確保のための努力が客観的に認められるにもかかわらず派遣労働者の人数が足りないことに起因して派遣先の確保ができない場合です。

3) 労働者派遣の役務の提供を受けようとする者からの労働者派遣の依頼に関し、特定の者以外からのものについては、正当な理由なく全て拒否している場合

「正当な理由」とは、派遣労働者の確保のための努力が客観的に認められるにもかかわらず派遣労働者の人数が足りない場合などです。

（3）勧告の対象とされない事由

勧告の対象とされない事由は、派遣元が雇用する派遣労働者のうち3割以上の者が60歳以上の「他の事業主の事業所を60歳以上の定年により退職した後雇い入れられた者」です（派遣則第1条の3）。

「派遣元が雇用する派遣労働者」とは、専ら労働者派遣の役務の提供を特定の者に提供することを目的として派遣事業を行う事業所において雇用する派遣労働者で

あり、派遣元が他の事業所で派遣事業を行っている場合には、他の事業所の派遣労働者は含みません。

「他の事業主の事業所」とは、派遣元以外の事業主の事業所であり、派遣元の事業所は全て含みません。

「60歳以上の定年により退職した後雇い入れられた者」とは、派遣元以外の事業主の事業所を60歳以上の定年により退職しまたは60歳以上の定年に達した後の再雇用、勤務延長もしくは出向が終了し離職した後その派遣事業を行う事業所で雇用される派遣労働者です。

（4）勧告の内容

特定の者に対してのみ派遣事業を行うことを目的としていると判断され、かつ、勧告の対象としない事由に該当しない派遣事業については、「（2）の1）から3）までのいずれにも該当しないように事業目的および運営の方法を変更しなければならない」旨の勧告が行われます。

（5）権限の委任

勧告に関する権限は、都道府県労働局が行いますが、厚生労働省でその権限を行うこともできます（派遣則第55条）。

（6）違反の効果

「専ら労働者派遣の役務を特定の者に提供することを目的として行うものではないこと」を許可条件としていますので、許可条件に違反した派遣元は、許可の取消し（派遣法第14条第1項）、事業停止命令（同条第2項）の対象となります。

8 関係派遣先派遣割合に関する指示

趣旨

グループ企業内の派遣元がグループ企業内派遣ばかりを行うとすれば、グループ企業内の第2人事部的なものとして位置付けられていると評価され、労働力需給調

整システムとして位置付けられた労働者派遣制度の趣旨から問題があります。

派遣元は、関係派遣先派遣割合報告書を厚生労働大臣に提出する（派遣法第23条第3項、派遣則第17条の2）とともに、関係派遣先への派遣割合を8割以下となるようにしなければなりません（派遣法第23条の2）。

関係派遣先派遣割合報告書を報告期限までに提出せず、または関係派遣先への派遣割合制限に違反し、指導・助言を受けたにもかかわらず、その指導・助言に従わず、なお関係派遣先派遣割合報告書を提出しなかった場合または関係派遣先への派遣割合制限に違反した場合には、必要な措置をとるべき旨の指示を受けることがあります（派遣法第48条第3項）。

解説

（1）指示の基準

1）関係派遣先派遣割合報告書の提出

指示の対象となるのは、「関係派遣先派遣割合報告書（様式第12号の2）」を報告期限までに提出せず、指導・助言（同法第48条第1項）を受けたにもかかわらず、合理的理由なく指導・助言に従わず、なお関係派遣先派遣割合報告書を提出しなかった場合です。

「合理的理由」とは、例えば、事業年度期間中に関係派遣先の範囲が大幅に変更され、派遣割合の計算に相当の時間を要さざるを得なくなった場合などです。

2）関係派遣先への派遣割合制限

指示の対象となるのは、関係派遣先への派遣割合を8割以下となるようにするという制限に違反し、指導・助言（同法第48条第1項）を受けたにもかかわらず、合理的理由なく指導・助言に従わず、なお関係派遣先への派遣割合制限に違反した場合です。

「合理的理由なく」とは、例えば、次のような場合です。

ア　派遣先の確保のための努力が客観的に認められない場合

「派遣先の確保のための努力が客観的に認められない場合」とは、不特定の者を対象とした派遣先の確保のための宣伝、広告、営業活動などを正当な理由なく随時行っていない場合で、「正当な理由」とは、①業務そのものが限定的に行われていることから他に派遣先を確保しようとしてもできない場合または②派遣労働者の確保のための努力が客観的に認められるにもかかわらず派遣労働者の人数が足りない

ことに起因して派遣先の確保ができない場合です。
イ　労働者派遣の役務の提供を受けようとする者からの労働者派遣の依頼に関し、関係派遣先以外からのものについては、正当な理由なく全て拒否している場合
「正当な理由」とは、派遣労働者の確保のための努力が客観的に認められるにもかかわらず派遣労働者の人数が足りない場合などです。

（2）指示の内容

派遣元に対しては、「「関係派遣先派遣割合報告書（様式第12号の2）」を速やかに提出すること」「関係派遣先への派遣割合制限の違反状態を是正するための改善措置を速やかに行うこと」が指示されます。

なお、改善措置を行うに当たっては、派遣労働者の雇用の安定を確保することが前提ですので、例えば、関係派遣先に派遣されている派遣労働者を解雇することなどによって派遣割合制限違反を是正するようなことはしてはなりません。

（3）権限の委任

指示に関する権限は、都道府県労働局が行いますが、厚生労働省でその権限を行うこともできます（派遣則第55条）。

（4）違反の効果

指示に従わない場合は、許可の取消し（派遣法第14条第1項）の対象となります。

9 特定有期雇用派遣労働者に対する雇用安定措置に関する指示

趣旨

派遣労働への固定化防止の観点から、派遣労働者については、派遣先の同一の組織単位において最長3年とする派遣労働者個人単位の期間制限が設けられていますが、この期間制限に達した後に次の就業先が確保されなければ職を失う可能性があります。

このため、派遣労働者の雇用の安定を図るために、雇用主である派遣元は、3年

間の個人単位の期間制限に達する見込みの派遣労働者が引き続き就業することを希望する場合は、次のいずれかの雇用の安定のため措置を行わなければなりません（派遣法第30条第2項）。また、①を行った場合に直接雇用に至らなかったときは、その後②から⑥のいずれかの措置を行わなければなりません（派遣則第25条の2第2項）。
① 派遣先への直接雇用の依頼
② 新たな就業機会（派遣先）の提供
③ 派遣元において無期雇用
④ 派遣元が職業紹介を行うことができる場合に、紹介予定派遣の対象とし、または紹介予定派遣の派遣労働者としての雇入れ
⑤ 新たな就業機会を提供するまでの間に報酬を与えて受けさせる教育訓練
⑥ その他安定した雇用の継続が確実に図られると認められる措置

このため、派遣先事業所等における同一の組織単位の業務について継続して3年間労働者派遣の労働に従事する見込みがある特定有期雇用派遣労働者に対して雇用安定措置を行わず、指導・助言を受けたにもかかわらず、合理的理由なく、その指導・助言に従わず、なお特定有期雇用派遣労働者に対して雇用安定措置を行わなかった場合には、必要な措置を行うべき旨の指示を受けることがあります（派遣法第48条第3項）。

解説

（1）指示の基準

「合理的理由なく」とは、例えば、雇用安定措置を行う努力が客観的に認められない場合です。

「雇用安定措置を行う努力が客観的に認められない場合」とは、雇用安定措置を正当な理由なく適切に行っていない場合で、「正当な理由」とは、派遣先への直接雇用の依頼、新たな派遣先の提供、派遣元での無期雇用、紹介予定派遣、有給の職業訓練、その他安定した雇用の継続が確実に図られると認められる措置を、派遣元として行う意思はあるが、派遣先の都合により派遣先を提供できるのが数日先であるといった他律的な要因などにより、やむを得ず行うことができないような場合をいうものであり、単に経営上の理由などにより行うことが困難というような派遣元の主観的理由だけでは、正当な理由とは言えません。

（2）指示の内容

派遣元に対しては、「特定有期雇用派遣労働者の雇用安定措置を速やかに行うこと」が指示されます。

（3）権限の委任

指示に関する権限は、都道府県労働局が行いますが、厚生労働省でその権限を行うこともできます（派遣則第55条）。

（4）違反の効果

指示に従わない場合は、許可の取消し（派遣法第14条第1項）の対象となります。

10　事業運営の改善命令

趣旨

派遣事業の運営に当たり、派遣元が労働関係法令に違反した場合には、派遣労働者の適正な就業を確保することが困難な場合も想定されます。労働関係法令の違反自体は、罰則の適用により対応することができますが、法違反を起こすような雇用管理体制その他事業運営に問題がある場合には、労働者を派遣して行われる事業であることから、他の事業とは異なり、労働者保護のために事業運営の改善を図ることができるようにする必要があります。このような趣旨で、事業運営についての改善命令制度が設けられています（派遣法第49条第1項）。

解説

（1）事業運営の改善命令の目的

事業運営についての改善命令は、派遣元が労働関係法令に違反した場合に限って、かつ、派遣労働者の適正な就業を確保するために必要があるときに行われるものですが、違法行為そのものの是正を図るのではなく、法違反を起こすような雇用管理体制その他の派遣事業の運営方法を改善するためのものです。

（2）事業運営の改善命令を行う場合

「その他労働に関する法律」とは、職業安定法、労働基準法、男女雇用機会均等法などの労働に関する法令の規定で法違反が確認できる規定はすべて含まれますが、派遣法第23条第3項、第23条の2および第30条第2項の規定により読み替えて適用する同条第1項については、第48条第3項に指示が定められていますので、除かれています。

「派遣労働者の適正な就業を確保するために必要があると認めるとき」とは、労働関係法規違反が派遣事業の実施に関する雇用管理体制その他事業運営の問題により生じたと認められる場合です。

(3) 事業運営の改善命令の内容

「雇用管理の方法の改善その他派遣事業の運営を改善するために必要な措置」とは、派遣労働者の保護を図るために派遣元の雇用管理体制、事業運営方法を改善させるための措置であり、例えば、派遣元責任者の交代、派遣元責任者の増員、派遣事業制度に関する教育の充実、派遣先との間における派遣労働者の苦情処理体制の確立などが考えられます。

(4) 権限の委任

命令に関する権限は、都道府県労働局が行いますが、厚生労働省でその権限を行うこともできます（派遣則第55条）。

(5) 違反の効果

事業運営の改善命令に違反した派遣元は、6か月以下の懲役または30万円以下の罰金が処せられる（派遣法第60条第1号）ほか、許可の取消し（派遣法第14条第1項）、事業停止命令（同条第2項）の対象となります。

11 派遣先が派遣労働者を適用除外業務に従事させている場合の労働者派遣の停止命令

趣旨

派遣先が派遣労働者を適用除外業務に従事させた場合には、一般的には派遣先に

対する勧告・公表が行われますが、違反の態様が極めて悪質で、派遣先における派遣労働者の就業を継続させることが労働者保護の観点から著しく不適当であると認められる場合には、派遣労働者の保護に責任を負うべき派遣元に対し、その法違反の有無にかかわらず公益的見地から労働者派遣の停止を命ずることができるようにすることが必要です。このような趣旨で、労働者派遣の停止命令制度が設けられています。

解説

(1) 労働者派遣の停止命令を行う場合

　労働者派遣の停止命令は、派遣先が派遣法第4条第3項に違反して派遣労働者を適用除外業務に従事させている場合で、違法な就業を継続させることが著しく不適当であると認められる場合に限って行われます。

　また、労働者派遣の停止命令は、派遣先の法違反に対応して設けられたものですので、派遣元の法違反の有無にかかわらず、停止を命ぜられる場合があります。

　「派遣労働者の就業を継続させることが著しく不適当であると認めるとき」とは、例えば、公衆衛生または公衆道徳上有害な業務への派遣労働者の就業など労働者保護に著しく欠ける状態のときです。

(2) 労働者派遣の停止命令の内容など

　労働者派遣の停止命令の内容は、継続させることが著しく不適当であると認められる派遣労働者の就業に関する労働者派遣の停止です。

　このため、派遣元の法違反などに対応して、派遣事業の停止を命ずる事業停止命令（派遣法第14条第2項）とは異なります。

　なお、派遣元は、労働者派遣の停止を命じられた場合には、派遣先に対し、労働者派遣の停止による損害の賠償を請求することができると考えられています。

(3) 権限の委任

　命令に関する権限は、都道府県労働局が行いますが、厚生労働省でその権限を行うこともできます（派遣則第55条）。

(4) 違反の効果

事業運営の改善命令に違反した派遣元は、6か月以下の懲役または30万円以下の罰金が処せられる（派遣法第60条第1号）ほか、許可の取消し（派遣法第14条第1項）、事業停止命令（同条第2項）の対象となります。

12　許可の取消しと事業の停止命令

趣旨

派遣元が、派遣事業の運営において不適当な行為を行った場合には、その行為の違反の程度やその性質などに応じて、その事業を停止したり、以後行わせないようにしたりする必要があるために、許可の取消しと事業の停止命令の制度が設けられています。

解説

（1）許可の取消しが行われる事由

許可の取消しは、次のいずれかに該当し、事業を引き続き行わせることが適当ではないときに行われます（派遣法第14条第1項）。

1）　次の場合を除く、許可の欠格事由（派遣法第6条）のいずれかに該当しているとき

ア　派遣事業の許可を取り消され、その取消しの日から起算して5年を経過しない者（派遣法第6条第4号）。

イ　派遣事業の許可を取り消された者が法人である場合（その法人が派遣法第6条第1号または第2号に該当する場合に限る）に、その取消しの処分を受ける原因となった事項が発生した当時現に法人の役員であった者で、その取消しの日から起算して5年を経過しないもの（派遣法第6条第5号）。

ウ　派遣事業の許可の取消しの処分に関する聴聞の通知があった日からその処分する日または処分しないことを決定する日までの間に派遣事業の廃止の届出をした者（事業の廃止について相当の理由がある者を除く）で、その届出の日から起算して5年を経過しないもの（派遣法第6条第6号）。

エ　派遣事業の許可の取消しの処分に関する聴聞の通知があった日からその処分する日または処分しないことを決定する日までの間に派遣事業の廃止の届出をした

者が法人である場合に、聴聞の通知の日前60日以内にその法人（事業の廃止について相当の理由がある法人を除く）の役員であった者で、その届出の日から起算して5年を経過しないもの（派遣法第6条第7号）。

　許可の欠格事由に該当するときは本来許可を受けることができません（派遣法第6条）。許可を受けた後に欠格事由に該当するに至ったときは、許可は取り消されます。

　アからエまでについては、現に許可がないので、許可の取消事由から除外されています。

2）派遣法（第23条第3項、第23条の2、第30条第2項の規定により読み替えて適用する同条第1項および第3章第4節の規定を除く）もしくは職業安定法の規定またはこれらの規定に基づく命令もしくは行政庁の処分に違反したとき。

　派遣法は、派遣事業の適正な運営および派遣労働者の保護などを図るため、所要の規定を設けており、また職業安定法は、労働力の需給調整に関する法律であって、これらの法律やこれに基づく処分に違反した者については引き続き派遣事業を行わせることには問題があるので、その違反の程度によってはその事業を行わせないようにする必要があります。このため、許可の取消し事由となっています。

3）派遣法第9条第1項の規定により付けられた許可の条件に違反したとき

　許可の条件は、派遣事業の適正な運営および派遣労働者の保護などを図るために、特に付けられたものであり、これに違反する者については、法違反の場合と同様、その違反の程度により、派遣事業を引き続き行わせることが適当でない場合もありますので、許可の取消し事由となっています。

4）派遣法第48条第3項の規定による指示を受けたにもかかわらず、なお派遣法第23条第3項、第23条の2または第30条第2項の規定により読み替えて適用する同条第1項の規定に違反したとき

　関係派遣先への派遣割合を厚生労働大臣に報告しなかった派遣元（派遣法第23条第3項）、関係派遣先への派遣割合が8割以下となるようにしなければならないという規定に違反した派遣元（派遣法第23条の2）または派遣先事業所等における同一の組織単位の業務に継続して3年間従事する見込みがあり、その後も働き続けることを希望する特定有期雇用派遣労働者に対して雇用安定措置を行わなかった派遣元（派遣法第30条第2項の規定により読み替えて適用する同条第1項）に対し、指

導・助言をした場合に、その者がなおこれらの規定に違反したときは、その者に対し、必要な措置を行うべきことを指示することができます（派遣法第48条第3項）が、その指示にも従わず、なお違反が是正されない場合には、許可の取消し事由となっています。

なお、派遣元が2か所以上の事業所を設けて派遣事業を行っている場合、許可の取消しの要件のうち1）については全事業所が対象となりますが、2）および3）の要件についても、1か所の事業所において違反行為があったときは、その事業所以外の事業所においても許可が取り消されます。

また、許可の取消しの要件の2）および3）の「違反」は、都道府県労働局などが判断するもので、派遣元がその違反を理由に刑を科せられ、逮捕されているなどを前提とするものではありません。

（2）事業停止命令が行われる事由

事業停止命令は、その事業運営において不適当な行為がありましたが、以後事業を引き続き行わせることが適当ではないとまではいえないような場合に、その停止期間中に事業運営方法の改善を図るため、また、一定の懲戒的な意味あいで行われます。

事業停止命令は（1）の2）または3）のいずれかに該当する場合に行われます（同法第14条第2項）が、許可の取消しが行われるか事業停止命令が行われるかは、違法性の程度などによって判断されます。

（1）の1）に該当するときについて規定されていないのは、欠格事由に該当するときには、そもそも事業が行えないので、許可の取消しがなされ、事業の停止という余地はないからです。

また、（1）の4）に該当するときについて規定されていないのは、関係派遣先への派遣割合の報告および制限ならびに派遣先事業所等における同一の組織単位の業務に継続して3年間従事する見込みがあり、その後も働き続けることを希望する特定有期雇用派遣労働者に対する雇用安定措置の実施については、是正のための指示を行ったにもかかわらず、その規定を遵守しない派遣元には、事業の停止ではなく、許可の取消しがなされることによるものです。

事業の停止命令は、期間を定めてその全部または一部について行われ、その期間

は、停止を命ぜられた部分の事業を行うことができません。

(3) 許可の取消しの効果

許可の取消しを受けた者は、その取消しを受けた日以降全ての事業所において派遣事業を行うことはできませんので、その取消しの日現在行っている労働者派遣についてもその取消しの日以後行うことはできず、また、既に派遣契約が締結され労働者派遣を行うのが取消しの日以降であったものについても行うことはできません。

また、取消しを受けた日以降5年を経過するまでの間、新たに派遣事業の許可を受けることはできません（派遣法第6条第4号）。

許可が取り消されるのは派遣事業だけですので、他の事業と兼業している事業所については、他の事業は許可の取消しにより影響を受けることはありません。

(4) 事業停止命令の効果

事業停止命令を受けた者は、派遣事業を行う事業所において、定められた期間、停止命令を受けた事業の部分の労働者派遣を行うことはできません。

部分的な停止としては、例えば、事業所を限っての停止、業務を限っての停止、派遣先の所在地域を限っての停止があります。

この場合、事業停止を受けた日以後新たに派遣契約を締結することができないだけではなく、事業停止命令を受けた日現在派遣契約が既に締結されている場合で労働者派遣の実施が事業停止命令の日以降のものについても労働者派遣を行うことはできません。

ただし、事業停止命令を受けた日現在行っている労働者派遣については、停止する必要はありません。

なお、事業停止命令は派遣事業に関するものなので、他の事業と兼業している事業所については、他の事業は事業停止命令により影響を受けることはありません。

(3) 権限の委任

許可の取消しに関する権限は、厚生労働省のみで行います

一方、事業停止命令に関する権限は、都道府県労働局が行いますが、厚生労働省

（4）違反の効果

許可の取消しを受けた派遣元が引き続き派遣事業を行った場合は、許可を受けず派遣事業を行った者として、1年以下の懲役または100万円以下の罰金に処せられます（派遣法第59条第2号）。

一方、事業停止命令に違反して派遣事業を行った者は1年以下の懲役または100万円以下の罰金に処せられる（派遣法第59条第4号）ほか、新たに、許可の取消し（派遣法第14条第1項）、事業の停止命令（同条第2項）の対象となります。

13 是正防止措置の勧告と企業名の公表

趣旨

派遣法においては、①適用除外業務についての労働者派遣の役務の提供の受入れ、②無許可の事業主からの労働者派遣の役務の提供の受入れ、③派遣先の事業所単位の期間制限に違反した労働者派遣の役務の提供の受入れなど、④派遣労働者個人単位の期間制限に違反した労働者派遣の役務の提供の受入れ、および⑤60歳以上の定年退職者を除く派遣先を離職して1年以内の者を派遣労働者として労働者派遣の役務の提供の受入れについては、派遣先に対して規制を設けています。

これらの派遣先が行うべき措置の履行を確保するため、指導・助言をしてもなお違反するおそれがあるときの是正または防止のための措置の勧告、その勧告に従わない場合の企業名の公表制度が設けられています（派遣法第49条の2）。

解説

（1）是正防止措置の勧告の対象となる事由

派遣先が次のいずれかに該当し、指導・助言（同法第48条第1項）を受けた場合に、なお違法行為を行っており、または違法行為を行うおそれがあるときは、派遣労働者の就業を是正するために必要な措置または派遣労働者の就業が行われることを防止するために必要な措置を行うべき旨の勧告を受けることがあります（派遣法第49条の2第1項）。

1）適用除外業務についての労働者派遣の役務の提供の受入れ（派遣法第4条第3項）
2）無許可の派遣事業を行う事業主からの労働者派遣の役務の提供の受入れ（同法第24条の2）
3）派遣先の事業所単位の期間制限に違反して派遣可能期間を超えて労働者派遣の役務の提供を受けていたこと、派遣可能期間を延長する場合に意見聴取期間に過半数組合等からの意見の聴取しなかったこと、労働基準法第41条第2号に規定する管理監督者を過半数代表に選任するもしくは投票、挙手などの民主的な方法による手続きによらず過半数代表者を選出するなど過半数代表者の選任手続に違反したこと、または過半数組合等が異議を述べたときに派遣可能期間の延長の理由などを説明しなかったこと（派遣法第40条の2第1項、第4項または第5項）
4）派遣労働者個人単位の期間制限に違反した労働者派遣の役務の提供の受入れ（派遣法第40条の3）
5）60歳以上の定年退職者を除く派遣先を離職して1年以内の者を派遣労働者として労働者派遣の役務の提供の受入れ（派遣法第40条の9）

　勧告は、法益侵害性の高い行為または指導・助言によってもなお違法行為を是正しないもしくは違法行為を行う可能性がある場合に行われます。
　なお、「違法行為を行うおそれがあると認めるとき」とは、現時点では法違反の状態にはないものの、例えば、これまでに不適正な派遣労働者の就業を行わせたことのある者で、その者における業務の処理状況、派遣先責任者などの業務の遂行状況、派遣契約の締結状況などから、今後再び法違反を犯すおそれがあると判断される場合を、「是正するために必要な措置」とは、違法な派遣労働者の就業を中止することを、「防止するために必要な措置」とは、例えば、派遣労働者が従事していた業務の処理体制の改善、派遣先責任者などによる適正な派遣労働者の就業を図るための業務遂行体制の確立などを、それぞれいいます。

（2）企業名の公表

　（1）の是正防止措置の勧告を受けた派遣先が勧告に従わなかったときは、その勧告を受けた派遣先の企業名・所在地、事業書名・所在地、指導・助言・勧告・公表の経緯などがプレス発表などにより公表されることがあります（派遣法第49条の

2第2項)。

企業名の公表によって、①公表された派遣先に対する制裁、②派遣元および派遣労働者に対する情報提供・注意喚起、③他の派遣先への抑止などの効果が期待されています。

(3) 権限の委任

是正防止措置の勧告に関する権限は、都道府県労働局が行いますが、厚生労働省でその権限を行うこともできます(派遣則第55条)。

一方、企業名の公表に関する権限は、厚生労働省のみで行います

14 労働契約申込みみなし制度に関する助言・指導・勧告

労働契約申込みみなし制度は、民事に関する問題であるとされていますが、派遣先の重大な法違反行為を防止することを目的とするとともに、行政による助言・指導や勧告、企業名の公表の対象となる場合があります(派遣法第40条の8。詳細については第9章417、418頁参照)。

15 無許可派遣事業主の公表

趣旨

派遣事業の許可を受けることなく派遣事業を行う無許可派遣事業主については、適正な事業運営の確保や派遣労働者の保護が十分に期待できないので、派遣労働者になろうとする者や労働者派遣の役務の提供の受入れを予定している派遣先などに対する情報提供を目的として、事業主名などの公表が行われています。

解説

(1) 無許可派遣事業主の公表の目的

無許可派遣事業主の公表は、情報提供を目的としているので、「公表される者に対する制裁効果や違法行為の抑止といった効果」を期待したり、処罰を目的とする

ものではないとされています。

(2) 無許可派遣事業主の公表の方法

　無許可で派遣事業を行っていることが疑われる事業主については、あらかじめ、公表について通告するとともに、指導（派遣法第48条第1項）にあわせて、違法状態の是正が明らかとなるまで、厚生労働省や都道府県労働局のホームページにおいて公表することになっています。

(3) 公表事項

　公表事項は、①事業主名、②事業所名、③所在地、④主たる派遣事業の内容、⑤許可申請などの予定日です。

> コメント91　無許可派遣事業主については、刑事告発するのが最優先なのではないか。
> 　上記のように無許可派遣事業主の公表が行われていますが、「許可を受けないで労働者派遣事業を行った者」は1年以下の懲役または100万円以下の罰金に処する（派遣法第59条第2号）となっていて、しかも「官吏は、その職務を行うことにより犯罪があると思料するときは、告発をしなければならない（刑事訴訟法第239条第2項）」訳ですから、厚生労働省や都道府県労働局の職員が派遣法の施行という職務を行うことにより、「許可を受けないで派遣事業を行った」という犯罪があると判断した場合には、当然告発をしなければならないので、仮に公表だけを行い、刑事告発を行わないとすれば、本末転倒ではないでしょうか。
> 　ただし、かつてのいわゆる偽装請負問題の騒ぎのときのように、法令・告示の規定に全く合致しないにも関わらず、いわゆる偽装請負（派遣事業）に該当するとして、派遣事業の許可を取得するよう強要するなどという事態は決してあってはならないことですが。

＜著者紹介＞

木村　大樹（きむら　だいじゅ）

　昭和52年東京大学法学部卒業、労働省（現厚生労働省）入省。同省労働基準局監督課（労働基準法を担当）、労政局労働法規課（労働組合法を担当）、職業安定局雇用政策課（労働者派遣法の制定に携わる）、労働基準局安全衛生部計画課長（労働安全衛生法を担当）、同局庶務課長、職業能力開発局能力開発課長、ベトナム・ハノイ工業短期大学（現ハノイ工業大学）プロジェクト・リーダー（ものづくり人材の養成やものづくりに携わる）、中央労働災害防止協会「派遣労働者の安全衛生管理に関する調査研究委員会」委員長、社会保険労務士試験委員などを歴任。現在、国際産業労働調査研究センター代表として、労働問題や国際問題などに関するコンサルティング、講演、執筆などの活動を行う。

主要著書　派遣・請負の労務管理Ｑ＆Ａ、実務解説・労災補償法、実務解説・労働安全衛生法、チェックポイント・労働者派遣法、請負を行うための実務知識、派遣と請負に関する行政指導と企業の対応（以上産労総合研究所　出版部経営書院）、職場の安全と健康〜会社に求められているもの、現代実務労働法—働き方　働かせ方のルール、非正規雇用ハンドブック（以上エイデル研究所）、実務家のための最新労働法規22、労働者派遣の法律実務（以上労務行政）、派遣と請負、業務請負の適正管理、労働契約法と労働契約のルールわかりやすい労働者派遣法（以上労働新聞社）、過重労働と健康管理　よくわかるＱ＆Ａ100、労働者派遣・業務請負の安全衛生管理（以上中央労働災害防止協会）、個人情報保護と労務管理（労働調査会）、高年齢者を活かす職場作り、サービス残業Ｑ＆Ａ、労働者派遣・業務請負の就業管理（以上全国労働基準関係団体連合会）、最新・ベトナムの労働法（日本労働研究機構）、人づくりハンドブック・ベトナム編（海外職業訓練協会）

主要な活動テーマ　偽装請負問題、派遣・請負事業の適正な管理、労働者派遣法、安全配慮義務、労働安全衛生法、メンタルヘルス、非正規労働者の労務管理、個人情報保護と労務管理、建設業の労務・安全衛生管理、ベトナム事情など

解説　労働者派遣法

2016年9月10日　第1版第1刷発行

著　者　　木　村　大　樹
発 行 者　　平　　盛　之

㈱産労総合研究所
発行所　出版部　経営書院

〒112-0011　東京都文京区千石4-17-10
産労文京ビル
電話　03-5319-3620
振替　00180-0-11361

無断転載はご遠慮ください。　　　　　　　　　印刷・製本　藤原印刷株式会社
乱丁・落丁本はお取り替えします。　ISBN 978-4-86326-222-5　C2034